Dubai

Gerhard Heck

Gratis-Download: Updates & aktuelle Extratipps des Autors

Unsere Autoren recherchieren auch nach Redaktionsschluss für Sie weiter. Auf unserer Homepage finden Sie Updates und persönliche Zusatztipps zu diesem Reiseführer.

Zum Ausdrucken und Mitnehmen oder als kostenloser Download für Smartphone, Tablet und E-Reader.
Besuchen Sie uns jetzt!
www.dumontreise.de/dubai

Reise-Taschenbuch

Inhalt

Dubai persönlich	6
Tipps für Stopover-Reisende	12
Lieblingsorte	14
Schnellüberblick	16

Reiseinfos, Adressen, Websites

Informationsquellen	20
Wann verreisen?	22
Anreise und Verkehrsmittel	24
Übernachten	30
Essen und Trinken	42
Einkaufen	53
Ausgehen, Abends und Nachts	62
Feste, Events, Termine	66
Aktiv sein, Sport, Wellness	68
Museen und Galerien	72
Reiseinfos von A bis Z	74

Panorama – Daten, Essays, Hintergründe

Steckbrief Vereinigte Arabische Emirate	84
Geschichte im Überblick	86
Von den ›Trucial States‹ zu den Vereinigten Arabischen Emiraten	92
Das Einmaleins der Herrschertitel	96
Dubai und seine Nachbaremirate	98
Der Prophet, der Koran und der Alltag	102
Erdöl – Dubais schwarzes Gold	106
Das Kamel	108
Die Dubai'in und ihre Gastarbeiter	111
Von der Frau des Propheten lernen	114
Familienleben und Familienstrukturen in Dubai	117

Inhalt

Sheikh Mohammed Bin Rashid Al Maktoum 119
Der Turmbau zu Dubai 122
Dubais ›Palmen‹ und die neue
   Insel-›Welt‹ des Emirats 125

Unterwegs in Dubai

Das historische Bur Dubai 130
Dubais Wurzeln am Creek 132
Bastakiya 132
Dubai Creek 140
Halbinsel Shindagha 141

Das ›neue‹ Bur Dubai 152
Hochhäuser und Flamingos 154
Die neuen Handelszentren 154
Neue Einkaufszentren 158
Karama und Dhiyafah Street 160
Kamele, Pferde und Flamingos 160

Deira 170
Historie trifft Moderne 172
Das alte Deira 172
Deira Old Souq 173
Sehenswertes rund um den Deira-Souq 174
Die alten Befestigungsanlagen 182
Das neue Deira 183
Hochhäuser am Creek 183
Deiras Shopping Malls 190
Am Creek entlang nach Süden 190
Dubai International Airport 193

Beiderseits der Sheikh Zayed Road 198
Eine prachtvolle Schnellstraße 200
Downtown Dubai 200
Visionen südlich der Sheikh Zayed Road 210

Jumeirah 216
Der neue Westen 218
Jumeirah Road 219
Jumeirah Beach 223

Inhalt

Jumeirahs Goldene Meile	228
Al Sufouh	232
The Palm Jumeirah	233
Strandhotels und die Dubai Marina	234
Jebel Ali	**240**
Oase zwischen futuristischen Projekten	**242**
Industrie- und Freizeitzone Jebel Ali	242
The Palm Jebel Ali	248
Dubai Waterfront	249
Al Maktoum International Airport	253
Ausflüge	**256**
Ausflug nach Hatta	**258**
Die historische Oasensiedlung Hatta	258
Das neue Hatta	260
Ausflug nach Al Ain	**261**
Die ›Gärten Arabiens‹	261
Eine Oase – zwei Städte und zwei Staaten	262
Al Ain	262
Historisches Zentrum	262
Rings um das Zentrum	265
Jebel Hafeet	268
Ausflug in die Wüste	**270**
Allein in die Wüste	270
Organisiert in die Wüste	271
Übernachten in der Wüste	271
Ausflug nach Sharjah	**275**
Sharjahs erste Touristen	276
Sharjah heute	276
Stadtbesichtigung	277
Al Khan	278
Stadtzentrum	279
Heritage Area	279
Art Area	281
Entlang der Küste	282
Cultural Square	282
Al Qasba-Kanal	283
Sprachführer Arabisch	284
Kulinarisches Lexikon	286
Register	288
Abbildungsnachweis/Impressum	292

Inhalt

Auf Entdeckungstour

Die Windtürme von Bastakiya	136
Dubai, der Creek und die Abras	144
Pferderennen in Meydan	162
Kardamom und Gold – die Souqs von Deira	176
Die Dhaus von Dubai	186
Eis und Schnee in Dubai	206
In der schönsten Moschee Dubais	220
Im Burj Al Arab	230
Falken als VIP-Patienten	250
Kamele zum Anfassen – auf dem Souq Jamal in Al Ain	266

Karten und Pläne

s. hintere Umschlagklappe

▶ Dieses Symbol im Buch verweist auf die Extra-Reisekarte Dubai

Das Klima im Blick

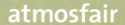

Reisen bereichert und verbindet Menschen und Kulturen. Wer reist, erzeugt auch CO_2. Der Flugverkehr trägt mit einem Anteil von bis zu 10 % zur globalen Erwärmung bei. Wer das Klima schützen will, sollte sich für eine schonendere Reiseform (z. B. die Bahn) entscheiden – oder die Projekte von *atmosfair* unterstützen. *Atmosfair* ist eine gemeinnützige Klimaschutzorganisation. Die Idee: Flugpassagiere spenden einen kilometerabhängigen Beitrag für die von ihnen verursachten Emissionen und finanzieren damit Projekte in Entwicklungsländern, die dort den Ausstoß von Klimagasen verringern helfen. Dazu berechnet man mit dem Emissionsrechner auf *www.atmosfair.de,* wie viel CO_2 der Flug produziert und was es kostet, eine vergleichbare Menge Klimagase einzusparen (z. B. Berlin – London – Berlin 13 €). *Atmosfair* garantiert die sorgfältige Verwendung Ihres Beitrags. Klar – auch der DuMont Reiseverlag fliegt mit *atmosfair!*

Liebe Leserin, lieber Leser,

Dubai – vor drei Generationen noch eine beduinische Ansiedlung von Perlenfischern – hat gerade einen besonderen Weltrekord aufgestellt: Es baute den Burj Khalifa, einen 828 m hohen Wolkenkratzer. Der Turm ist so riesig, dass die Besucher vor ihm in die Knie gehen, um ihn in ganzer Höhe auf ein Foto zu bannen.

Lohnt sich eine Reise nach Dubai? Aber ja, natürlich! Denn nirgendwo sonst im Umkreis von fünf Flugstunden findet man eine Destination mit ganzjähriger Sonnengarantie, sauberen Sandstränden, perfekter touristischer Infrastruktur, erschwinglichem Luxus, fantastischen Einkaufsmöglichkeiten und einmaligen Bauwerken der Moderne, wie der Burj Khalifa. Hauptziel der Touristen aus aller Welt ist die Hauptstadt des Emirats, die ebenfalls Dubai heißt.

Das Erdöl, die Quelle des heutigen Reichtums, wurde in Dubai erstmals in den 1960er-Jahren entdeckt, der Staat der Vereinigten Arabischen Emirate, zu denen Dubai gehört, erst 1971 gegründet. Binnen kürzester Zeit wurden die Menschen aus einem einfachen, kargen Beduinenleben in eine hochtechnologisierte Welt des finanziellen Überflusses katapultiert. Nur in der Golfregion gibt es Beispiele derartiger rasanter Entwicklungen. Dass nichts mehr so ist, wie es vor vier Jahrzehnten noch war, und dass die Emirati gerade deshalb an vielen ihrer Traditionen festhalten, macht eine Begegnung mit Dubai'in so spannend.

Mit meinem Reiseführer möchte ich Sie durch das Emirat Dubai begleiten und Ihnen dabei Geschichte, Kultur und Alltag der Emirati näher bringen. Aber auch auf den Luxus, den Touristen hier genießen können, möchte ich Sie hinweisen. Gönnen Sie sich beispielsweise einen halben Tag Wellness im Spa des Park Hyatt oder des Madinat Jumeirah Resort. Oder nehmen Sie einen Afternoon Tea hoch über Dubai im Burj Al Arab. Sollte während ihres Aufenthaltes der Dubai World Cup oder ein anderes großes Sportereignis stattfinden, wäre es unverzeihlich, nicht hinzugehen, zumal die Preise niedriger sind als bei Ihnen zu Hause.

Ich wünsche Ihnen für Ihren Aufenthalt in Dubai interessante Erlebnisse und Begegnungen und freue mich auf Ihre Rückmeldungen.

Ihr Gerhard Heck

Dubai – faszinierender Kontrast zwischen realisierten Visionen und Traditionen

Leser fragen, Autoren antworten
Dubai persönlich – meine Tipps

Was ist ein gutes erstes Ziel?

Der **Dubai Creek** und seine Überquerung mit einer Abra, einem der kleinen Passagierboote. Denn am Creek (arab. *al khor),* einem natürlichen Meeresarm, der von der Küste kilometerlang ins Landesinnere führt, begann die Geschichte des Emirats. An seinen Ufern liegen die historischen Häuser der ehemaligen Herrscher und daran anschließend zu beiden Seiten die alten Souqs. Weiter landeinwärts wurden seit den 1970er-Jahren die ersten Hochhäuser des Emirats errichtet. Und direkt vor den Hochhäusern an der Bani Yas Road werden noch immer die Dhaus per Hand beladen, jene hölzernen Frachtkähne, die seit jeher das Bild des Handelsplatzes Dubai prägen.

Nur wenig Zeit –
Dubai zum ersten Kennenlernen

Die Stadt Dubai dehnt sich heute über eine Länge von nahezu 50 km bis an die Grenzen der benachbarten Emirate Sharjah im Nordosten und Abu Dhabi im Südwesten aus. Hinzu kommen die vorgelagerten künstlichen Inseln, die überdimensionale Palmen oder die Weltkarte nachbilden. Die bedeutendsten Architekturikonen des Emirats sind über die ganze Stadt verteilt. Deshalb kann man bei knapper

Der Creek, die historischen Viertel und Museen

Dubai persönlich – meine Tipps

Ein Rundflug gibt den besten Überblick über die städtebaulichen Dimensionen und die bedeutenden Landmarks

Zeit die städtebaulichen Dimensionen des ›Gesamtkunstwerks Dubai‹ am besten und schnellsten aus der Luft ermessen, auf einem **Rundflug** in den kleinen, sicheren Wasserflugzeugen des Unternehmens Seawings.

Wenn man einen oder zwei Tage für ein erstes Kennenlernen einplant, sollte man sich auf drei Zentren konzentrieren: Zunächst streift man durch das **historische Bur Dubai** mit der **Halbinsel Shindagha**, dem alten Stadtviertel **Bastakiya** und dem **Al Fahidi Fort**. Danach geht es entlang der **Sheikh Zayed Road** zum neuen Viertel **Downtown Dubai** rund um den 828 m hohen **Burj Khalifa** und die **Dubai Fountains**. Anschließend verspricht der **Jumeirah Beach** mit seinen luxuriösen Strandhotels und der **Dubai Marina** Erholung. Von dort kann man auch der ersten fertiggestellten künstlichen Halbinsel **The Palm Jumeirah** und der Nobelherberge **Burj Al Arab**, jahrzehntelang das Wahrzeichen des Emirats, einen Besuch abstatten.

Wer das Ungewöhnliche sucht
In den »Guinness World Records« ist Dubai sehr oft als Standort einmaliger Weltrekorde aufgeführt. Einen dieser Rekorde können Touristen Ende März auf dem **Meydan Racecourse** live erleben: Der **Dubai World Cup** ist mit 10 Mio. US-$ Siegprämie das höchstdotierte Pferderennen der Welt. Eine andere Adresse für Rekorde ist der **Burj Khalifa** – mit 828 m das höchste Gebäude der Welt. Dank seiner Höhe ist der Riese nicht nur von jedem Punkt der Stadt aus zu sehen, sondern man kann dort auch dreimal am Tag einen Sonnenuntergang verfolgen: zuerst aus den Cafés im Parterre am Burj Khalifa Boulevard, zehn Minuten später in 400 m Höhe vom Observation Deck At The Top im 124. Stock und schließlich – allerdings nur als Bewohner oder als eingeladener Gast – aus den obersten Wohnungen und Büros.

Gibt es sehenswerte Museen?
Dubai besitzt mehrere kleine Museen, in denen man sich sehr gut über die Geschichte des Emirats und das alltägliche beduinische Leben vor der Entdeckung des Erdöls 1965 (!) informieren kann. Dazu gehören das **Dubai Museum** im **Al Fahidi Fort** und das **Sheikh Saeed House**. Ganz neu hinzu-

Dubai persönlich – meine Tipps

gekommen ist Ende 2012 das **Bait Al Banat,** das erste Frauenmuseum im Nahen Osten, das den historischen Beitrag der Frauen für die kultur- und gesellschaftspolitische Entwicklung der VAE dokumentiert.

Wohin geht man für den Einkaufsbummel?
Shopping als Erlebnis findet in den großen **Shopping Malls** der Stadt statt, wobei die meisten größer sind als die in Europa bekannten und fast alle erst um 23 Uhr schließen. An besonderen Feiertagen sind sie manchmal sogar bis morgens 4 Uhr geöffnet. Alle weltbekannten Marken sind in den Malls mit eigenen Filialen vertreten. Dubai besitzt über die ganze Stadt verteilt mehrere Dutzend solcher Malls, unter denen die **Dubai Mall** zurzeit die flächenmäßig größte der Welt ist. Aber genauso interessant sind die **Ibn Battuta Mall** oder die **Mall of the Emirates,** in der man sogar Skifahren kann. Das Kontrastprogramm bilden die alten **Souqs,** in denen Händler ein und dieselbe Ware an Dutzenden von Ständen nebeneinander anbieten und Handeln zur ›gerechten‹ Preisfindung dazu gehört. Zwei sollten Sie unbedingt kennenlernen: Den **Gewürzsouq** wegen seiner betörenden Gerüche und seiner orientalischen Atmosphäre und den **Goldsouq** mit dem weltweit größten Angebot an Goldschmuck in über 400 dichtgedrängten Läden.

In welcher Gegend wohnt man nett?
Das hat sehr viel mit den spezifischen Interessen der Besucher zu tun. Wer nur zum Einkaufen nach Dubai fliegt, kann zeitsparend und luxuriös in einem Hotel der exklusiven **Shopping Malls** absteigen. Golfer finden sehr schöne kleine Hotels unmittelbar bei den **Golfplätzen.** Andere Besucher müssen – nicht zuletzt wegen der großen innerstädtischen Entfernungen – die Entscheidung treffen, ob sie sich in erster Linie an sonnigen Sandstränden erholen wollen. Dann ist ein Hotel am **Jumeirah Beach** oder auf **The Palm Jumeirah** zu empfehlen. Sind Sie nicht festgelegt, dann besitzen die schönen Stadthotels entlang der **Sheikh Zayed Road** und um den **Burj Khalifa** besonders hohe Attraktivität. Bleibt die Frage, wo wohnt man ruhig oder wo wohnt man am ruhigsten? Überall! Denn in Dubai sind alle Hotels voll klimatisiert und daher die Fenster gegen Außenlärm dicht geschlossen.

Hotels der Superlativen: Burj Al Arab und Madinat Jumeirah im Vordergrund

Welche Stadtviertel sind besonders spannend?
Zwei sehr gegensätzliche und relativ weit auseinander liegende Stadtviertel haben ihren besonderen Reiz: einerseits die **Altstadt Bastakiya** mit der **Halbinsel Shindagha** und dem historischen (rekonstruierten) Dubai, andererseits der neue Stadtteil **Downtown**

Dubai persönlich – meine Tipps

Dubai um den **Burj Khalifa**, die **Dubai Mall** und die **Dubai Fountains**. Besonders am Abend ziehen beide viele Besucher und *expatriates* an, denn sie sind die Stadtviertel mit schönen Fußgängerzonen, Restaurants und Straßencafés, in denen auch *shishas* geraucht werden.

Dubai von oben – die besten Aussichtspunkte

Dubai besitzt viele Hotels, die höher als 250 m sind, also ideal für den Blick von oben auf die Stadt. Aus den oberen Stockwerken des **Shangri-La**, des **Jumeirah Emirates Towers** oder des **The Address Downtown Dubai** kann man beispielsweise die Stadt, die Küste und die vorgelagerten Inseln sehr gut sehen. Aber der Ausblick aus den noch höheren Restaurants **Al Muntaha** im **Burj Al Arab** oder des **At The Top** im **Burj Khalifa** ist unübertrefflich.

Wohin am Abend in Dubai?

Nightlife findet ausschließlich in den Restaurants, den Lounges und Bars der Luxushotels statt. Veranstaltungshinweise und Anzeigen in den Tageszeitungen verkünden, welche Band spielt oder welche Lounges mit ›Ladies Nights‹ Frauen freie Getränke anbieten. Unter den vielen Locations zeichnen sich das **IKandy** im **Shangri-La**, das **Vu's** im **Emirates Towers** und die **Jetty Lounge** im **One & Only Mirage** durch außergewöhnliche Atmosphäre aus. Zum abendlichen Bummel am Wasser laden die **Uferpromenaden am Creek** und **The Walk** entlang der **Dubai Marina** ein.

Landestypisch ist das gemeinsame Rauchen der Wasserpfeife unter Männern, das sich bis heute in den Teestuben der Souqs gehalten hat. Inzwischen verfügt aber jedes größere Hotel über einen schönen **Shisha-Spot,** in denen auch touristische Besucher willkommen sind. Jeder Gast besitzt sein eigenes Mundstück, über die Geschmacksrichtung des Früchtetabaks hat man sich schnell geeinigt, und der Kellner legt immer glühende Holzkohle nach, damit das Rauchen auch lange ein Genuss bleibt.

Der beste Tipp für ein ausgefallenes Reiseerlebnis

Zur arabischen Wüste gehören Kamele, aber wo in Dubai bekomme ich sie zu Gesicht? Auf dem **Kamelmarkt** in **Al Ain,** dem letzten großen Kamelmarkt der Arabischen Halbinsel oder bei Uschi Musch, einer Deutschen, die mitten in der Wüste in der Nähe von Dubai eine **Kamelfarm** besitzt und inzwischen auch Arabisch mit oberschwäbischem Akzent spricht.

Was tut sich in Dubai?

Wohl keine Hauptstadt der Welt verändert sich derart schnell wie Dubai. Das belegt allein schon die Tatsache, dass hier weltweit die meisten Baukräne im Einsatz sind. Jedes Jahr entstehen neue, immer höhere und beeindruckendere Architekturikonen, die Dubai seinen Besuchern präsentiert. Jüngstes Beispiel ist der **Burj Khalifa**. Auch gibt es keine Stadt in der Golfregion, die in puncto herausragende Unterhaltungsevents, kulturelle und

Dubai Fountains – ein ganz besonderes Erlebnis

sportliche Veranstaltungen und Erlebnisangebote für die ganze Familie mit Dubai mithalten kann.

Wie ist die politische Lage?

Dubai ist ein von beduinischen Traditionen geprägtes, politisch autoritär geführtes Scheichtum. Der Herrscher, Sheikh Mohamed Bin Rashid aus der Familie Al Maktoum genießt hohes Ansehen. Er bewegt sich unter der Bevölkerung (fast immer) ohne Bodyguard und gilt als Motor der ökonomischen Entwicklung Dubais. Das Herrschaftssystem und seine Rechtssicherheit auf der Grundlage eines liberalen islamischen Rechtsverständnisses haben hohe Akzeptanz bei der Bevölkerung. Frauen verfügen über die gleichen öffentlichen Rechte wie Männer, ausländische Besucher genießen die öffentliche Sicherheit. Ein langfristig ungelöstes Problem ist allerdings die Abhängigkeit des Emirats von seinen Gastarbeitern *(expatriates)*, ohne die der hohe Lebensstandard der Einheimischen und die Attraktivität Dubais nicht denkbar wäre.

Mein ganz persönlicher Tipp

Nach einem anstrengenden Besichtigungs- oder Badetag suche ich die weitläufige Gartenanlage des Hotels **The Palace** gerne auf. Sie ist für mich der ideale Ort, um die Wasserspiele der **Dubai Fountains** vor der Kulisse des **Burj Khalifa** bei einem heißen Tee zu genießen. Mich beeindrucken die Choreografie der auf- und absteigenden, bis zu 150 m hohen Fontänen, die synchronen Lichtbewegungen, die sich an den glänzenden Fassaden des Burj Khalifa spiegeln, und die darauf abgestimmte Musik.

NOCH FRAGEN?
Die können Sie gern per E-Mail stellen, wenn Sie die von Ihnen gesuchten Infos im Buch nicht finden:
info@dumontreise.de
heck@dumontreise.de
Auch über eine Lesermail von Ihnen nach der Reise mit Hinweisen, was Ihnen gefallen hat oder welche Korrekturen Sie anbringen möchten, würden wir uns freuen.

Selbst bei einem Stopover lohnt ein Ausflug in der Wüste

Auf der Durchreise in Dubai
Tipps für Stopover-Reisende

Emirates Airlines
Die Fluglinie des Emirats Dubai fliegt über Dubai zu mehr als 100 Destinationen rund um die Welt. Wer bei einem Flug mit Emirates einen Zwischenstopp in Dubai einlegt, dem bieten sich preisgünstige Angebote, die Stadt und das Emirat kennenzulernen. Alle Infos unter www.emirates.com.

Nur wenige Stunden Aufenthalt
Wenn Ihr Dubai-Aufenthalt sich auf wenige Stunden – drei bis fünf – beschränkt, bietet selbst der Flughafen ein ›bisschen‹ Dubai. Keinesfalls sollten Sie sich den größten **Duty Free Shop** der Welt entgehen lassen. Kleine Einkaufswagen für das eigene Handgepäck erleichtern die ›Wanderung‹ durch das 25 000 m² große Einkaufsparadies mit seinen teils preisgünstigen Markenartikeln.

Wer während des Flugs meint, etwas im Internet versäumt zu haben oder endlich seine Mails empfangen und verschicken möchte, sollte einen der beiden **Zen-Gärten** im **Terminal 3** aufsuchen. Unter Palmen und Farnen kann er in dieser Oase der Ruhe auf angenehmen Sesseln kostenlose WLAN-Verbindungen nutzen.

Mehr als einen halben Tag Zeit
Bei mehr als vier Stunden Zwischenaufenthalt lädt Emirates Sie zu einem Besuch in eines der vielen **Flughafenrestaurants** ein. Den Gutschein gibt es am Transferschalter.

Da der Flughafen mitten im Stadtzentrum liegt, und die Verkehrsanbindungen perfekt sind, lohnt es aber auch, einen Ausflug in den Stadtteil **Deira** zu unternehmen und entlang der **Sheikh Zayed Road** bis zum **Burj Khalifa** zu fahren. Am einfachsten nimmt man ein Taxi. Nach einem Kaffee in der Lobby des **Jumeirah Emirates Towers Hotels** stellt die neue Metro eine Alternative für die Rückfahrt zum Flughafen dar.

Tipps für Stopover-Reisende

Programm für einen längeren Stopover

Dubai ist groß und bietet eine bunte Palette an Sehenswürdigkeiten. Da sind u. a. die aus TV-Sendungen bekannten Architekturikonen und die künstlichen Inseln in Form überdimensionaler Palmen zu nennen. Es gibt interessante Museen, Dutzende außergewöhnliche Shopping-Malls und zwei unvergleichliche Basare.

Wie Sie bei einem Zwischenstopp Ihr Tagesprogramm einteilen und was Sie in Dubai erleben können, dabei unterstützt Sie dieser Reiseführer (s. ab S. 129). Auf die Hitliste, die Ihnen auch bei einem Kurzaufenthalt ein Gefühl für die Besonderheit der Stadt vermittelt, gehören:
– ein Besuch im **Gold-** und im **Gewürzsouq** sowie in der **Dubai Mall** (s. S. 176, S. 205),
– ein Abendessen auf dem **Creek,** z. B. auf dem Bateaux Dubai (s. S. 189),
– ein Spaziergang durch **Bastakiya,** der ›Altstadt‹ von Dubai (s. S. 132),
– ein Besuch der **Jumeirah Moschee** (s. S. 220),
– ein Blick auf die **Skyline,** z. B. beim Afternoon Tea im Burj al Arab oder Burj Khalifa (s. S. 203, S. 229).

Golfer werden einen Kurzaufenthalt nutzen, um einen der herrlichen **Golfplätze** des Emirates zu bespielen (s. S. 69).

Wer mit Kindern reist, verbringt erlebnisreiche Stunden in den gigantischen **Wasserparks** (s. S. 229, S. 239). Und nicht zuletzt lockt ein Ausflug in die aufregend schöne **Wüste** (s. S. 270).

Alle Ziele kann man dank sehr preisgünstiger **Taxis** bequem erreichen. Emirates ist aber auch bei der Anmietung eines preisgünstigen Autos behilflich. Am Flughafen bieten zwölf **Mietwagenfirmen** ihre Dienste an. Auch bei der Buchung von **Touren und Safaris** in die Wüste unterstützt Emirates seine Fluggäste.

Übernachtungsmöglichkeiten

Für Zwischenstopp-Passagiere vermittelt **Emirates** nach der Flugbuchung stark ermäßigte Unterkünfte. Die Angebote schließen die meisten Hotels der Stadt ein und reichen vom einfachen Apartment bis zum ›Sieben‹-Sterne-Hotel Burj Al Arab (Hotelauswahl s. ab S. 30). Der Transfer zum Hotel ist außerdem kostenlos. Wer sich erst kurzfristig oder vor Ort für ein Hotel entscheiden möchte, kann in der Ankunftshalle vor der Passkontrolle am Schalter **Hotel & Visa for Dubai** vielleicht ein günstiges Last-Minute-Angebot einzelner Hotels erhaschen. Eine Vorausbuchung solcher ›Schnäppchen‹ durch Emirates ist nicht möglich.

Formalitäten

Die Einreiseformalitäten zum Verlassen des Flughafens beschränken sich bei EU-Bürgern auf das Vorzeigen des Reisepasses, in den ein kostenloses und 30 Tage gültiges Besuchervisum gestempelt wird. Die ›Ausreise‹ aus Dubai nach dem Zwischenaufenthalt ist ebenfalls komplikationsfrei. Mitreisende Partner aus Nicht-EU-Ländern erhalten am Schalter Hotels & Visa for Dubai in Verbindung mit einer Hotelbuchung ebenfalls formlos ein 96-Stunden-Visum für die VAE.

Sehr empfehlenswert ist es, bereits bei der Buchung des gesamten Flugs die Dauer des Zwischenstopps festzulegen. Zwar kann man jederzeit vor Ort seinen Aufenthalt verlängern – EU-Bürger bis zu 30 Tage, die meisten Nationalitäten bis zu vier Tage –, aber dann fallen je nach Ticket und Flugklasse unterschiedlich hohe Umbuchungsgebühren an.

Ort der Muße: das Innenhof-Café des XVA-Hotels in Bastakiya, S. 148

Flamingos im Ras Al Khor Wildlife Sanctuary, S. 166

Lieblingsorte!

Cocktails unter Sternen nippen: in der Ikandy-Lounge, S. 212

Orientalisches Märchen: die Zelt-Lounge Amaseena im Ritz-Carlton-Hotel, S. 236

Oase am Creek: das Hotel Park Hyatt Dubai, S. 184

Exotische Spezialitäten auf dem Gewürzsouq, S. 194

Die Reiseführer von DuMont werden von Autoren geschrieben, die ihr Buch ständig aktualisieren und daher immer wieder dieselben Orte besuchen. Irgendwann entdeckt dabei jede Autorin und jeder Autor seine ganz persönlichen Lieblingsorte. Im schnelllebigen Dubai kommen dabei binnen kurzer Zeit immer neue attraktive Orte und Plätze hinzu – Wohlfühlorte, an die man gerne zurückkehren möchte.

Für Golfer und Nichtgolfer: das JA Jebel Ali Golf Resort, S. 246

In der Wüste: Bab Al Shams Desert Resort & Spa, S. 272

Schnellüberblick

Visionäre Projekte
Die Überblickskarte zeigt bereits die visionären Inselprojekte vor der Küste und den 75 km langen Arabian Canal im Landesinneren. Von diesen Projekten ist bisher nur The Palm Jumeirah größtenteils schon bebaut und für Besucher zugänglich.

Jumeirah
Dubais schönste Strände befinden sich im Stadtteil Jumeirah, dem Inbegriff für Erholung, Sport und Freizeit. Vor der Küste liegt die erste der drei künstlichen Palmeninseln, The Palm Jumeirah, mit vielen Villen und schönen Hotels. S. 216

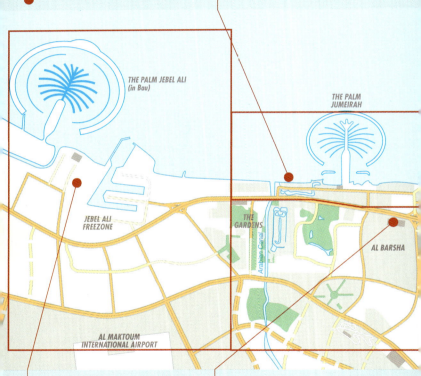

Jebel Ali
Vor den Toren Dubais liegen nicht nur der größte Hafen der VAE und die Freihandelszone, hier erstreckt sich auch ein sehr schönes Freizeitzentrum. Daneben wird die zweite der künstlichen Palmeninseln entstehen. S. 240

Beiderseits der Sheikh Zayed Road
Die mehrspurige Schnellstraße, die den Namen des Staatsgründers der Vereinigten Arabischen Emirate trägt und ins 200 km entfernte Abu Dhabi führt, ist die Schlagader des neuen Dubai, das Symbol seiner rasanten Entwicklung. S. 198

Das historische Bur Dubai
Auch wenn es sich bei vielen Gebäuden um Rekonstruktionen handelt, in der historischen Altstadt von Bur Dubai begann die Geschichte des Emirats, zum Beispiel im Al Fahidi Fort und im Sheikh Saeed House am Ufer des Creek. S. 130

Deira
Auf der anderen Seite des Creek bildet der große Gold- und Gewürzsouq einen faszinierenden Kontrast zu den Hochhaustürmen im modernen Deira. Am Creekufer ankern noch immer die schönen arabischen Frachtsegler, die Dhaus. S. 170

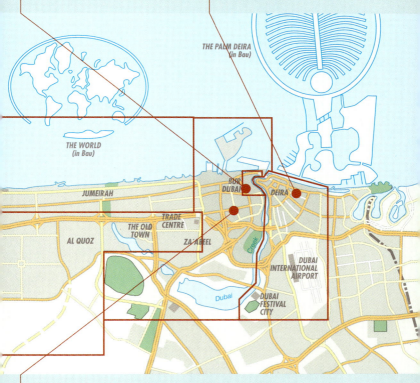

Das ›neue‹ Bur Dubai
Mit der Ölförderung setzte ein rasanter Bauboom ein, der bis heute anhält. Den Anfang machten das World Trade Centre, der Hafen Port Rashid, die Pferderennbahn, gefolgt von atemraubenden Hotels, Shopping Malls und der Festival City. S. 152

Ausflüge
Die Wüste kann man luxuriös in den Resorts Al Maha oder Bab Al Shams erleben oder auf Exkursionen zu Dubais Wüstenenklaven Hatta am Fuße des Hajar-Gebirges und Al Ain am Jebel Hafeet mit seinem historischen Kamelmarkt. S. 256

Reiseinfos, Adressen, Websites

In der Ibn Battuta Mall, einem der größten Einkaufstempel in Dubai

Informationsquellen

Infos im Internet

Dubai ist mit einer Vielzahl von offiziellen und privaten Websites im Netz präsent, die Informationen und Services bieten. Die Seiten der Regierung und die der Stadt sind überwiegend ins Englische übersetzt, man erkennt sie an der URL-Landeskennung ›ae‹. Hier eine Auswahl empfehlenswerter Adressen:

www.uaeinteract.com
Aktuelle und umfassende öffentliche Informationen über die gesamte VAE in Zusammenarbeit mit dem National Media Council; darin auch das offizielle Jahrbuch der VAE.

www.definitelydubai.com
Portal der Tourismusbehörde DTCM; umfassende Informationen zu Events, Sport, Shopping, Wetter, Hotels.

www.desertadventures.com
Homepage (auch in Deutsch) von **Desert Adventures Tourism,** einem örtlichen Tourismusunternehmen. Wer Dubai in einem Ballon überfliegen, im Arabischen Golf Hochseefischen oder einen nächtlichen Trip in die Wüste unternehmen möchte, wird unter »Touren« fündig (Spezialist für Gruppenreisen).

www.dm.gov.ae
Informationen der Stadtverwaltung von Dubai *(municipality)*.

www.expataktuell.de
Speziell für deutschsprachige Gastarbeiter in den Emiraten zugeschnittene Informationen mit ca. 50 Suchbegriffen von Bier bis Wüste. Auch für Dubai-Besucher interessant.

www.dubai.de und www.ewtc.de
Webseiten eines seriösen deutschen Reiseanbieters mit umfassenden Infos, u. a. zu Hotels, Ausflügen und Events. Unter dem Stichwort »Arbeiten in Dubai« finden Interessierte ein Verzeichnis meist englischsprachiger Jobbörsen mit Stellenangeboten in Dubai.

www.dubai-city.de
Homepage eines deutschen Reisebüros mit vielen Informationen zu Veranstaltungsterminen und ausführlicher Produktwerbung. Mit »Dubai-Reisecheckliste« zum Download.

www.dubai.diplo.de
Die Website des deutschen Generalkonsulats in Dubai umfasst u. a. einen Stadtplan von Dubai, Informationen für Auswanderer und Auslandstätige, eine Link-Sammlung, u. a. zu deutschen Institutionen sowie zu einer aktuellen Liste deutschsprachiger Ärzte in Dubai. Unter »Touristisches« findet man Informationen zu Shopping Malls, Mietwagen, Golfplätzen u. v. m.

www.dubai-forum.info
Wer die Vorteile der Internet Community nutzen möchte, sollte in diesem Forum einmal vorbeischauen: Hier werden verschiedene Themen rund um die ›Boomtown am Arabischen Golf‹ diskutiert. Man erhält Reiseinformationen und -tipps aus erster Hand und kann von Hotel- und Restaurantbewertungen anderer Forumnutzer profitieren.

www.dubaitourism.ae
Website des Departments of Tourism and Commerce Marketing (DTCM) mit vielen Informationen und nützlichen Hinweisen zu Veranstaltungen und Aktivitäten (in mehreren Sprachen).

Informationsquellen

www.godubai.com
Nützliche Portalseite mit aktuellen Informationen und Reisetipps.

www.hallodubai.com
Internet-Projekt mit vielen Informationen zu Veranstaltungen und einer großen Fotogalerie.

www.dubai.ae
Offizielles Portal der Regierung mit Informationen über Staat, Recht, Verwaltung, auch touristische Informationen.

www.praktikum-dubai.de
Informationen für Jugendliche, die an einem Praktikumsaufenthalt in Dubai interessiert sind. Neben Tipps für den einfachen Alltag werden Fragen zur Wohnungssuche und zu Versicherungen bei längeren Aufenthalten beantwortet. Der über die Website erhältliche »Praktikum Guide« enthält ein Verzeichnis von über 200 Firmen, die Praktikumsplätze vor Ort anbieten.

www.uae-pages.com
Verzeichnis der Internetseiten Dubais mit Suchmaschinenfunktion. Unter »*recreation*« gelangt man zu einer Auflistung aller Reiseveranstalter *(tour operator)* in Dubai.

www.vae-botschaft.de
Homepage der Botschaft der Vereinigten Arabischen Emirate (VAE) in Berlin. Unter dem Stichwort »Start deutscher Seiten« auf der linken Seite finden sich die Adressen aller Ministerien sowie ein Verzeichnis sämtlicher Regierungs-Websites.

www.visitdubai.info
Private Internetseite mit Reise- und Hotelwerbung eines Dubai-Magazins mit aktuellen Hinweisen auf Termine und Sonderangebote bei Hotels.

Fremdenverkehrsämter

Department of Tourism & Commerce Marketing (DTCM)
In Deutschland: Bockenheimer Landstr. 23, 60325 Frankfurt, Tel. 069 710 00 20, Fax 069 71 00 02 34, dtcm_ge@dubaitourism.ae. Sehr serviceorientiert, Versand von Informationsmaterial.
In der Schweiz (auch zuständig für **Österreich**)**:** Hinterer Schermen 29, 3063 Ittigen/Bern, Tel. 03 19 24 75 99, Fax 03 19 21 90 08, dtcm_ch@dubaitourism.ae.
In Dubai: DTCM, Al Fattan Plaza, Parterre und 8.–9. Stock, Airport Road, Garhoud, P. O. Box 594, Tel. 282 11 11, Fax 282 11 31, www.dubaitourism.ae, So–Do 9–14 Uhr (s. S. 173).
DTCM-Zweigstellen: In den Shopping Malls **Deira City Centre** (S. 190), **Bur-Juman Centre** (S. 158), **Wafi Mall** (S. 159), **Mall of the Emirates** (S. 209) und **Ibn Battuta Mall** (S. 210) sowie am **Banyas Square** in Deira, im **Kreuzfahrtschiffsterminal** (S. 157) und am **Flughafen** (Tel. 224 52 52). Die Zweigstellen sind täglich 10–22 Uhr geöffnet.

Lesetipps

Behrens-Abouseif, D.: Schönheit in der arabischen Kultur. München 1998.
Gellner, E.: Der Islam als Gesellschaftsordnung. Stuttgart 1995.
Heard-Bey, F.: From Trucial States to United Arab Emirates – A Society in Transition. London/New York 1996.
Naudin, J.-B./Godard, O.: Zu Gast bei Scheherezade – Kulinarische Genüsse aus 1001 Nacht. München 1994.
Wheeler, J. u. P.: Telling Tales. An Oral History of Dubai. Dubai 2005.
Williams, J.: Don't they know it's Friday? Dubai 1998.
Wilson, G.: Rashid's Legacy. The Genesis of the Maktoum Family and the History of Dubai. Dubai 2006.

Wann verreisen?

Dubai im Sommer …

Zwischen Juni und September kann die Tagestemperatur mehr als 40 °C betragen und das Thermometer im Juli und August – in Verbindung mit hoher Luftfeuchtigkeit – sogar auf 50 °C steigen. In dieser Zeit wird das Wasser in den Hotelpools gekühlt, das des Arabischen Golfs im September bis zu 28 °C warm. Die insgesamt hohen Hotelpreise in Dubai sind von Mai bis September sowie während des Ramadans (s. S. 75), der in den kommenden Jahren in die Sommermonate fällt, niedriger.

Deshalb ist Dubai heute für europäische Reiseveranstalter eine Ganzjahresdestination. Wer im Sommer die Hitze nicht verträgt, der bewegt sich im klimatisierten Taxi zwischen den klimatisierten Hotels und den klimatisierten Shopping Malls. Das machen bereits viele Besucher aus Ländern der Arabischen Halbinsel, weshalb die Luxussuiten im Sommer auch meist ausgebucht sind.

Was ist los?
Juni – August: Dubai Summer Surprise (DSS). Als Ergänzung zum Dubai Shopping Festival im Januar und Februar (s. S. 61) bietet Dubai in den Sommermonaten mit dem DSS-Programm seinen Gästen günstige Einkaufsmöglichkeiten, viele Kulturveranstaltungen und Sportwettbewerbe sowie attraktive Spa- und Wellnessangebote (www.mydsf.com).

… im Winter

Angenehm warm ist es von Oktober bis April, die Regentage kann man an einer Hand abzählen und die Sonne scheint 8–10 Stunden am Tag. Die Wassertemperatur des Golfs beträgt selbst im Januar noch 19 °C.

Was ist los?
November: International Aerospace Exhibition.
Dezember: Dubai International Jazz-Festival, Watch & Jewellery Exhibition.
Januar/Februar: Dubai Shopping Festival, Emirates International Luxury Fair (s. S. 60).
März: Dubai World Cup, hochdotiertes Pferderennen (s. S. 66).

Kleidung und Ausrüstung

Mit leichter Sommerkleidung liegt man in Dubai das ganze Jahr über richtig, in den Wintermonaten sollte man jedoch für abends eine Jacke oder einen Pulli einpacken. Ähnliches gilt ganzjährig für nächtliche Ausflüge in die Wüste, da es hier nachts empfind-

Klimadaten Dubai

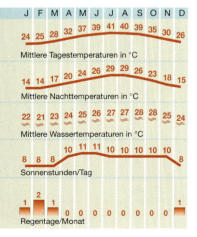

Wann verreisen?

lich kühl werden kann, sowie für den Aufenthalt in klimatisierten Räumen. Hut, Kopftuch oder eine andere Kopfbedeckung schützen vor der intensiven Sonnenstrahlung; eine gute Sonnenbrille braucht man auf jeden Fall.

Welche Kleidung?
Zwar ist die Kleiderordnung in Dubai (verglichen mit der anderer Länder der Arabischen Halbinsel) lockerer, dennoch sollten folgende Hinweise mit Rücksicht auf die religiösen und kulturellen Normen des Gastlandes befolgt werden. So sollten Frauen und junge Mädchen darauf achten, dass die Kleidung Arme und Beine bedeckt, nicht körpernah geschnitten, transparent oder tief dekolletiert ist. Das ist der offizielle Dresscode, auch wenn man im Straßenbild wahrnimmt, dass sich nicht alle Besucherinnen daran halten. Männer sollten niemals mit nacktem Oberkörper oder in kurzen Hosen in der Öffentlichkeit auftreten. Für Geschäftsbesuche oder bei wichtigen Einladungen tragen Männer in der Regel einen Anzug und auch im Sommer zu kurz- oder langärmeligen Hemden immer eine Krawatte. Ein Jackett ist jedoch nur bei ganz wichtigen Anlässen nötig.

> **Aktuelle Wetterinfos**
> **Internet:** www.uaeinteract.com (Stichwort »Reiseinformationen«).
> **Fernsehen:** N-tv zeigt viermal täglich Livebilder aus Dubai mit Wetterimpressionen via Webcam von earth tv. Aktuelle Klimadaten und Wettervorhersagen bieten u. a. die folgenden Websites unter Eingabe des gewünschten Reiselandes:
> **www.wetteronline.de**
> **www.wetter.com**
> **www.wetter.net**

Dubais Wolkenkratzer, eingehüllt in den Morgennebel des Arabischen Golfes

Anreise und Verkehrsmittel

Einreisebestimmungen

Besucher aus Deutschland, Österreich und der Schweiz erhalten ein gebührenfreies **Visum** in Form eines ›Visa on Arrival‹ an der Passkontrolle bei der Ankunft auf dem Flughafen in Dubai. Es berechtigt zu einem Aufenthalt von bis zu 30 Tagen. Eine Verlängerung um einen Monat ist bei den Immigration Offices (Department of Naturalization and Residency, Tel. 398 00 00, Trade Centre Rd.) gegen Gebühr (500 Dh) möglich. Informationen zur Einreise von Kindern erteilen die Botschaften der VAE (s. S. 75).

Zollbestimmungen

Nach Dubai dürfen 2000 (!) Zigaretten, 400 Zigarren, 2 kg Tabak und insgesamt 2 l Alkohol (nur von Nichtmuslimen) zollfrei eingeführt werden.

Bei der **Ausfuhr** gibt es von Seiten Dubais für die im Emirat erstandenen Waren keinerlei Beschränkung. Allerdings muss man bei der Rückkehr in das Heimatland die Einfuhrbestimmungen der **Europäischen Union** bzw. der **Schweiz** beachten: Es dürfen z. B. 50 Zigarren oder 200 Zigaretten oder 250 g Tabak, 1 l Spirituosen und 4 l Wein sowie Waren im Wert von 400 € zollfrei in die EU (Schweiz: 300 CHF) eingeführt werden. Bei exotischen ›Souvenirs‹ sollte man sicherheitshalber beim Auswärtigen Amt nachfragen (www.auswaertigesamt.de).

Anreise und Ankunft

Dubai liegt ca. 5000 km Luftlinie oder sechs Flugstunden von Deutschland entfernt. Die Zeitverschiebung beträgt plus drei Stunden, während der europäischen Sommerzeit zwei Stunden.

… mit dem Flugzeug

Seit Winter 2013/2014 wird Dubai pro Woche fast 80-mal aus Deutschland bzw. Österreich und der Schweiz direkt angeflogen, davon allein 63-mal von Emirates Airlines (täglich 3 x ab Frankfurt, 2 x ab München, Düsseldorf, Hamburg und Zürich; ab Wien Mi–Mo 2 x tgl., Di 1 x tgl.) sowie von Lufthansa ab Frankfurt und München (insgesamt 10 x pro Woche).

Für einen direkten Hin- und Rückflug zahlt man z. B. mit **Emirates Airlines** zwischen 500 € und 700 €. Dubais Fluglinie wurde mehrfach prämiert und gilt als eine der besten und sichersten der Welt. Weitere Vorteile: 30 kg Freigepäck, jeder Platz mit eigenem TV- und Video-Programm, beim Rückflug separater Terminal.

Emirates Airlines: Grüneburgweg 16, D-60322 **Frankfurt,** Tel. 069 95 96 88 20, www.emirates.de; Gerbergasse 5, CH-8001 **Zürich,** Tel. 08 44 11 15 55, www.emirates.com; Vienna Airport, Österreich, Flughafen **Wien** (z. Z. kein Stadtbüro), Tel. 01 206 09 19 99, www.emirates.com.

In Betracht kommen auch Flüge in das Nachbaremirat **Abu Dhabi** mit dessen Fluglinie **Etihad Airways** (www.etihadairways.com). Den Transfer nach Dubai (Dubai Marina oder Chelsea Tower, Sheikk Zayed Rd.) organisiert die Fluggesellschaft.

Flughäfen in Dubai

Der stadtnahe **Dubai International Airport – DXB** (www.dubaiairport.com), auf dem jährlich mehr als 50 Mio. Passagiere abgefertigt werden, erhielt mehrere Auszeichnungen für seine hohen Sicherheitsstandards. 2009 wurde der DXB um einen Terminal für den Airbus A-380 erweitert.

Anreise und Verkehrsmittel

Vom Flughafen in die Stadt: Ein Taxi in die Innenstadt (10–15 Min.) kostet (wegen der erhöhten Grundgebühr von 25 Dh) 30–50 Dh, zu einem Hotel in Jumeirah (ca. 30 Min.) ca. 70 Dh. Vom Terminal 1 fährt zwischen 5 und 24 Uhr alle 30 Minuten der **Dubai International Airport Bus** zu mehr als 80 Hotels und Apartementhäusern. Fahrpreis 3 Dh, gepäckfreundlich. Wer nur mit leichtem Gepäck ankommt, kann auch die **Metro** benutzen.

2010 eröffnete Dubais zweiter Flughafen, der **Al Maktoum International**, weit draußen in Jebel Ali. In den nächsten Jahren werden hier nur Frachtflugzeuge abgefertigt.

Wie bewegt man sich am besten in der Stadt?
– Mit einem der ca. 7000 Taxis, Grundpreis 3 Dh, 1,80 Dh/km (s. S. 26).
– Mit der **Metro** (s. S. 25).
– Mit dem **Shuttle-Bus** des Hotels, in dem man wohnt. Fast alle Hotels fahren ihre Gäste z. B. zu den Shopping Malls und ins Zentrum am Creek.
– Mit dem **Big Bus** (s. S. 28).
– Mit einem **Leihwagen,** am besten mit Chauffeur wegen der vielen Baustellen, der fehlenden Parkplätze und der *Zero-Tolerance-Drink-Drive-Policy* (0 Promille!).

... mit dem Schiff

Am Kreuzfahrtterminal des stadtnahen Port Rashid legen viele internationale **Kreuzfahrtschiffe** an, u. a. die deutschen Schiffe AIDA und MS Europa. Möglich ist auch die Anreise per Frachtschiff ab Hamburg (**Frachtschiff-Touristik Kapitän Zylmann GmbH,** Mühlenstr. 2, 24376 Kappeln, Tel. 04642 965 50, www.frachtschiffreise.de).

Verkehrsmittel in Dubai

Dubai verfügt über eine perfekte öffentliche Verkehrsinfrastruktur. Informationen unter www.rta.ae.

Metro

Von den vier geplanten Metrolinien wurde 2009 die 52 km lange **Red Line** als erste eröffnet. Sie beginnt in Rashidiya, endet in Jebel Ali und entlastet vor allem die Sheikh Zayed Road. 2011 kam die **Green Line** hinzu. Wenn 2020 alle vier Linien in Betrieb sind, wird Dubai über ein Metronetz von 300 km Länge verfügen.

Die Metro fährt Sa–Mi 6–24, Do 6–1 und Fr 13–1 Uhr im 4–8-Minuten-Takt. Der Betrieb funktioniert perfekt – und fast ohne Personal. Jeder Fahrgast sollte vor Fahrtantritt eine **Nol Card** (s. S. 26) erwerben, von der dann der Fahrpreis je nach Länge der Fahrtstrecke (4–6 Dh) abgebucht wird. Wer nur einmal die Metro nutzt, kann eine Einzel- oder Tageskarte am Automaten erwerben (16 Dh/Tag). Schweres Gepäck darf nicht mitgenommen werden. Streckennetz und Namen der Stationen s. Extra-Reisekarte.

Busse

Täglich verkehren von 5 bis 24 Uhr 30 Linien – mit Einschränkungen während der freitäglichen Mittagsgebetszeit. Alle Busse sind klimatisiert, nicht überfüllt (51 Sitzplätze, max. zehn Stehplätze) und preisgünstig (2 Dh pro Strecke). Bezahlt wird mit der **Nol Card** (s. S. 26), die ersten drei Reihen sind für Frauen reserviert. Essen, Trinken und Rauchen sind im Bus streng verboten. Klimatisierte Bushäuschen an den meisten Haltestellen sorgen für erträgliche Wartezeiten. Die größten Umsteigebahnhöfe sind die zentral gelegene **Gold Souq Bus Station** (Al Khor St.) in Deira und die **Al Ghubaiba Bus Station** (zwischen Al Rifa St. und Al Ghubaiba

Reiseinfos

Rd.) in Bur Dubai. Öffentliche Buslinien führen auch nach **Hatta** (12 Dh), **Al Ain** (15 Dh), **Sharjah** (5 Dh) und **Abu Dhabi** (20 Dh).

Informationen zu den einzelnen Linien und Fahrplänen sind erhältlich bei **Roads & Transport Authority (RTA),** Tel. 800 90 90 (gebührenfrei), www.rta.ae.

Taxis

Das Transportmittel Nr. 1 der Dubai-Touristen sind Taxis. Alle der rund 7000 Wagen werden staatlich kontrolliert, sind in ausgezeichnetem Zustand, klimatisiert und cremefarben mit unterschiedlich farbigen Dächern als Kennzeichen der verschiedenen Taxiunternehmen. Die Grundgebühr beträgt tagsüber 3 Dh, von 22 bis 6 Uhr 3,50 Dh, bei Bestellung 7 Dh, für Fahrten vom Flughafen 25 Dh, der Fahrpreis 1,80 Dh/km. Innerhalb Dubais gilt bei kurzen Strecken ein Mindestfahrpreis von 10 Dh (ca. 2 €), bei Fahrten nach Sharjah wird ein Zuschlag von 20 Dh erhoben. Taxis winkt man vom Straßenrand heran oder bestellt sie telefonisch.

Dubai Transport Company: Tel. 208 08 08 (rot; das größte Unternehmen)

Nol Card

Dubais ÖPNV funktioniert *prepaid,* d. h. Busse und Metro kann man nur mit der sogenannten Nol Card benutzen, die man vor Fahrtantritt an Automaten oder an Info-Schaltern größerer Metro-Stationen zu einem Preis ab 20 Dh (davon 10 Dh Pfand, wiederaufladbar) erwirbt. Das Metro- und Busnetz ist in Zonen eingeteilt, jede Fahrt innerhalb einer Zone kostet 2,30 Dh, mehr als zwei Zonen max. 5,80 Dh. Beim Betreten oder Verlassen der Bahnhöfe wird von der Nol Card der entsprechende Fahrpreis abgebucht.

National Taxis: Tel. 600 54 33 22 (gelb)
Car Taxis: Tel. 269 29 00 (blau)
Arabia Taxi: Tel. 285 55 11 (grün)
Bestellt man das Taxi beim Hotelservice, kommt meist ein hoteleigenes Limousinentaxi. Das ist zwar teurer, dafür bequemer und die Fahrer sprechen garantiert Englisch.

Sollten Sie etwas im Taxi vergessen, können Sie sich unter Tel. 26 40 00-0 oder per E-Mail-Formular unter http://dtc.dubai.ae erkundigen. Wird das Taxometer nicht eingeschaltet (absichtlich oder versehentlich), darf die Fahrt nicht berechnet werden.

Pink – Woman Only: Für Frauen und Frauen mit Kindern gibt es seit 2007 50 von Frauen gesteuerte großräumige Taxis – zu erkennen an ihren rosafarbenen Dächern und Sitzen. Männer werden nur in Begleitung von Frauen mitgenommen. Die Taxis verkehren von 6 bis 1 Uhr und stehen meist nur am Flughafen. Man kann sie bereits vor der Ankunft reservieren oder vom Hotel aus bestellen (Tel. 208 08 08).

Individuelles Sightseeing: Das Taxi-Unternehmen **Dubai Transport** bietet 12 Stunden Taxi-Nutzung innerhalb Dubais und in die nähere Umgebung zum Festpreis von 500 Dh, mit einem Minibus 600 Dh (Tel. 208 08 08). Mit dem Taxi nach Hatta s. S. 258.

Abras (Wassertaxis über den Creek)

Eine *abra* (Pl. arab. *abrat,* engl. *abras*) ist ein mittelgroßer, einfacher Holzkahn mit Sitzbänken für 20 Personen, um den Creek zwischen Bur Dubai und Deira zu überqueren (Fahrpreis: 1 Dh). Diese noch von Dieselmotoren betriebenen Boote (ab 2014 werden alle auf umweltfreundlicheres Gas umgestellt) pendeln zwischen 5 und 24 Uhr ohne festen Fahrplan zwischen Stationen beiderseits des Creek. Die Linien haben feste Routen (siehe Kar-

Anreise und Verkehrsmittel

te 1 der Extra-Reisekarte). Wer eine Abra exklusiv nutzen möchte, zahlt für eine Stunde Creekfahrt auf einer individuell bestimmten Route 100 Dh; Abfahrt von allen Anlegeplätzen.

Daneben gibt es den klimatisierten **Dubai Waterbus,** der alle 15 Minuten zwischen 8 und 23 Uhr in einem Rundkurs Stationen an beiden Ufern des Creeks ansteuert. Fahrkarten kauft man an der Marina Station am Dubai Creek, eine Tageskarte kostet 50 Dh, für Kinder 25 Dh. Reservierung und Information: Tel. 396 31 35.

Die RTA (Roads & Transport Authority) betreibt zudem luxuriösere **Water Taxis,** in denen bis zu elf Personen auf komfortablen Ledersitzen Platz haben. Sie verkehren zwischen mehr als 20 Anlegeplätzen vom Al Mamzar Beach Park im Osten bis zum Jebel Ali Beach Hotel im Westen bzw. bis zur Festival City im Süden des Creek. Die Fahrt im Wassertaxi kostet je nach Strecke 55–535 Dh. Man bucht es per Tel. (800 90 90) und bezahlt an Bord. Eine Stunde Privatcharter kostet 400 Dh.

Seit 2011 verkehrt außerdem die **Dubai Ferry,** zwei Schiffe (bis zu 100 Pers.), mit denen man eine Stunde lang entlang der Küste zu den großen Projekten The Palm Jumeirah und The World fahren kann. Abfahrt: Al Ghubaiba Marina oder Dubai Marina Mall, Festpreis 50 Dh (www.rta.ae).

Selbst am Steuer

Verkehrsmittel Nr. 1. ist in Dubai das Auto. Mehrspurige Straßen verbinden alle wichtigen Punkte und führen in alle Stadtteile. Doch verursachen die vielen Autofahrer enorme Verkehrsprobleme, lange Staus sind an der Tagesordnung. Dem versucht die Stadtverwaltung durch eine Maut *(Salik-Road-Toll)* auf stadtnahen Abschnitten der Sheikh Zayed Road und auf der Al-Maktoum-Brücke zu begegnen. Der Betrag wird automatisch von einem Chip in einem orangefarbenen Sticker an der Windschutzscheibe abgebucht und beträgt – unabhängig von der Entfernung – pro Strecke 4 Dh (www.salek.ae).

Wer in Dubai selbst Autofahren möchte, sollte wissen: Es gibt viele Radarkontrollen, hohe Geldstrafen bei Geschwindigkeitsübertretungen und eine Null-Promille-Grenze. Telefonieren während der Fahrt ist Autofahrern nur über eine Freisprechanlage erlaubt. Tanken ist sehr billig: 1 l Benzin kostet 1,50 Dh.

Leihwagen

Ein Auto bietet Unabhängigkeit, weniger im Innenstadtbereich als im Großraum Dubai City und im gesamten Emirat. Besucher benötigen in den VAE einen internationalen Führerschein, in Dubai genügt der nationale. Der Fahrer muss mindestens 21 Jahre alt sein. Ein Leihwagen kostet ab 200 Dh pro Tag, Benzin 1,50 Dh/l. Die folgenden Anbieter unterhalten Filialen am Flughafen und im Stadtgebiet.

Budget: Tel. 295 66 67, www.budgetuae.com, 24-Std.-Service.

Dollar Rent a Car: Tel. 336 50 65, www.dollaruae.com.

Thrifty: Tel. 337 07 43, Airport Tel. 575 74 00, www.thriftyuae.com.

Motorradverleih und Fahrräder

Harley Davidson: Sheikh Zayed Rd., Tel. 339 19 09, hddbai@emirates.net.ae.

Radfahren ist in der Autostadt Dubai mangels Radwegen nicht zu empfehlen.

Sightseeing und Touren

Tour Operator

So abenteuerlich es sein kann, das Emirat in Eigenregie zu erkunden, so

Reiseinfos

bequem ist es, sich bei einer Stadtrundfahrt oder Wüstensafari einem erfahrenen Veranstalter *(tour operator)* anzuvertrauen. In Dubai gibt es über 100 Reiseunternehmen, die in den Hotels mit bunten Hochglanzbroschüren für ihr Angebot werben. Eine Liste der ortsansässigen Reiseveranstalter kann man beim DTCM (s. S. 21) anfordern. Preisvergleiche lohnen sich! Hier eine Auswahl.

Arabian Adventures: Sheikh Zayed Rd., Emirates Holidays Bldg., 1. Stock, Tel. 343 99 66, www.arabian-adventures.com. Tochterunternehmen der Fluggesellschaft Emirates Airlines, zuverlässig, 40-seitige Broschüre auf Deutsch.

Lama Tours: Al Sayegh Building, Bur Dubai, Tel. 334 43 30, www.lamadubai.com. Empfehlenswert für persönlichen Limousinenservice.

Net Tours: Tel. 266 66 55, www.nettoursdubai.com. Mehrfach preisgekrönter Tourveranstalter und Spezialist für Touren in die Wüste, mehrsprachige Reiseleiter.

Orient Tours: Tel. 282 82 38, www.orienttours.ae. Der Veranstalter wurde mit dem Global Travel Award für seine touristische Pionierarbeit ausgezeichnet. Reiseleiter und Fahrer sind mehrsprachig und sehr verlässlich. In Deutschland: B. Breve, Tel. 089 322 74 88, orienttours@breve.com.

Big Bus
Der große doppelstöckige Bus mit Panoramadeck fährt auf zwei Routen durch Dubai: Auf der **City-Tour** durch die Innenstadt (rote Linie, 1 Std.) und auf der **Beach-Tour** zu den südwestlichen Außenbezirken in Jumeirah bis zur Mall of the Emirates (blaue Linie, 2,5 Std.). Dabei passiert er viele Sehenswürdigkeiten, Hotels, Museen und den Creek. Man kann an jeder Haltestelle aussteigen, etwas unternehmen, und mit dem nächsten Bus weiterfahren (tgl. 9–17 Uhr, Fahrten alle 30 Min.). Für einen ganzen Tag Busbenutzung einschließlich Erläuterungen in acht Sprachen (Audioguide auch in Deutsch) und freiem Museumseintritt zahlen Erwachsene 220 Dh, Kinder 100 Dh, Familien (2 Erw., 2 Kinder) 540 Dh, Tel. 38 99 16 00, www.bigbustours.com).

Im Bur Dubai Souq, dem ältesten Souq der Stadt

Anreise und Verkehrsmittel

Dubai aus der Luft
Einen unvergesslichen Eindruck von der Stadt und ihrer Umgebung vermittelt ein Rundflug, auf dem man nahezu alle bedeutenden Bauwerke überfliegt.

Mit dem Wasserflugzeug: Die kleinen sicheren Wasserflugzeuge des Unternehmens **Seawings** starten zwischen 10 und 16 Uhr zu ihrem 40-minütigen Rundflug entweder in der Innenstadt (auf dem Creek am Landungssteg des Hotels Park Hyatt) oder ganz im Westen Dubais an der Marina des JA Jebel Ali Golf Resorts. Jeder Sitz im Flugzeug ist ein Fensterplatz. Ab 1375 Dh, Tel. 883 29 99, www.seawings.ae.

Mit dem Hubschrauber: 20 Min. ab 875 Dh, 30 Min. ab 1250 Dh, Buchung über **Alpha Tours**, Tel. 294 98 88, www.alphatoursdubai.com.

Mit dem Heißluftballon: Über die Wüste zu fliegen bietet an **Balloon Adventures Emirates**, Tel. 285 49 49, www.ballooning.ae. Reservierung jeweils bis 18 Uhr für den nächsten Tag.

Ausflüge
Zum touristischen Programm einer Dubai-Reise gehört auch ein Tagesausflug in die Umgebung. Besonders beliebt sind Fahrten durch die wundervolle Wüstenlandschaft zum **Hajar-Gebirge** mit der Bergenklave **Hatta** oder nach **Al Ain,** einer blühenden Oasenstadt mit einem interessanten **Kamelmarkt.** Mehr hat man von einem solchen Ausflug, wenn man eine Übernachtung einplant. Wer nicht so weit fahren möchte, besucht die kulturell bedeutende Hauptstadt des Nachbaremirats **Sharjah** mit ihren vielen Museen.

Dank der ausgezeichneten Straßenverbindungen muss man für eine Strecke mit dem Pkw nach Sharjah ca. 30 Minuten, nach Hatta eine gute Stunde und nach Al Ain ca. 1,5 Stunden ein-

Stadtrundfahrten und Ausflüge mit dem Tour Operator
Die folgenden Touren gehören zum Standardprogramm der Reiseveranstalter vor Ort (inkl. Abholen vom Hotel).

Dubai-Stadtrundfahrt: halber Tag, ab 150 Dh, Kinder 75 Dh.

Creek-Rundfahrt: auf einer Dhau, den traditionellen arabischen Schiffen, ca. 1 Std., ca. 120 Dh.

Dhau-Fahrt: mit Abendessen an Bord, 3 Std., Beginn 20 Uhr, ab 300 Dh.

Shopping-Tour: Einkaufsbummel, halber Tag, ca. 100 Dh.

Touren in die Wüste: mit Beduinenbegegnung, Kamelritt und Bauchtanz-Aufführung, ein halber Tag, Beginn am Spätnachmittag, ab 325 Dh, mit Übernachtung ab 480 Dh.

Tagestouren in die benachbarten Emirate, z. B. nach:
Sharjah (ab 150 Dh, halber Tag),
Abu Dhabi (ab 240 Dh),
in die Oasenstadt **Al Ain** (ab 200 Dh),
Ras Al Khaimah (wegen der Bergstrecken mit Geländewagen, ab 220 Dh),
Hatta (ab 300 Dh),
zur omanischen Halbinsel **Musandam,** deren Fjorde man von Khasab aus mit einer Dhau erkundet (ab 650 Dh).

planen. Diese Ausflugsziele sind aber auch mit dem Bus oder mit einem Tour Operator zu erreichen. Zu den östlich gelegenen Emiraten **Ajman** (40 km) und **Ras Al Khaimah** (120 km) führen ebenso gute Straßen und Buslinien.

Dubai-Reiseveranstalter in Deutschland
Emirates World Travel Cologne (EWTC): Eigelstein 80–88, 50668 Köln, Tel. 02 21 80 11 12 40, www.ewtc.de.
JT Touristik (Just Travel): Spreetalallee 1, 14050 Berlin, Tel. 0180 505 55 59, www.jt.de.

Übernachten

Superluxuriös bis günstig

Dubai ist die Stadt der Luxushotels. Nirgendwo auf der Welt gibt es so viele in einer einzigen Stadt. Weil Luxus auch im fernen Arabien seinen Preis hat, bewegen sich die Hotelpreise in Dubai inzwischen auf Weltstadtniveau. Billiger sind sie nur während des heißen Sommers von Mai bis September und während des Ramadan, weil dann Muslime weniger verreisen.

Nach dem Abriss des alten Chicago-Beach-Hotels 1997 am heutigen Jumeirah Beach vollzog sich in Dubai ein Wandel in der Hotelbaustrategie.

Stark nachgefragt

Hotelarchitekten wurden in Dubai keine Grenzen mehr gesetzt. Einige der neuen, imponierenden Hotelpaläste aus Glas und Marmor sind deshalb zu *landmarks* innerhalb der Stadt avanciert. Überhaupt spielen Hotels eine maßgebliche Rolle im Alltag und im Sozialleben der Dubai'in. Denn nur sie verfügen über großzügige Empfangshallen mit vielen Sitzgelegenheiten, mehrere schöne Restaurants und ein abendliches Unterhaltungsangebot mit Künstlern aus aller Welt.

Dubai verzeichnet im Segment der Luxushotels eine der weltweit höchsten Belegungsraten von über 80 %. Besonders im Frühjahr wird man nur schwer ein Hotelzimmer finden.

Pauschal oder individuell?

Bei der Kalkulation der Reisekosten lohnt es sich zu prüfen, ob es günstiger ist, eine Pauschalreise oder Flug und Hotel über ein Reisebüro oder beides direkt per Internet zu buchen. Die Hotelpreise, die in den Zimmern per Aushang ausgewiesen werden und die an der Rezeption zu zahlen sind *(rack rates)*, liegen oft bis zu 50 % über den *corporate rates,* die die Hotels Reiseveranstaltern und Firmen anbieten. Bei Last-Minute- und Internetangeboten findet man eventuell noch günstigere Preise. Hinzu kommen 10 % für Service und 10 % *municipality tax*. Einzelzimmer sind kaum billiger als Doppelzimmer.

Strandnah und luxuriös

Strandhotels am Jumeirah Beach gehören ausnahmslos zum Luxus- und Superluxus-Segment. Hotels mit moderaten Preisen (Mittelklasse) liegen in der Innenstadt. In den billigen, sehr einfach ausgestatteten Unterkünften in den Stadtteilen Deira und Bur Dubai trifft man hauptsächlich Gäste aus Asien oder Afrika, die ihre in Dubai arbeitenden Verwandten besuchen. Bei der Wahl der Unterkunft ist zu be-

---

Informationen und Buchung im Internet
www.dubaitourism.ae
www.dubai.de
www.ewtc.de und www.jt.de: beides empfehlenswerte Reiseveranstalter für Pauschalangebote

Beachten! Wenn Sie nicht sicher sind, ob das Renommee einer internationalen Hotelkette dafür bürgt, dass erwartete Standards eingehalten werden, entscheiden Sie sich für ein neueres Hotel. Dubai ist schnelllebig, Hotels sind rasch abgewohnt. Besonders bei Mittelklassehotels lassen Reparaturen und Renovierungen mitunter lange auf sich warten bzw. werden erst bei einem Besitzerwechsel vorgenommen.

Übernachten

denken, dass zwischen dem Stadtzentrum am Creek und den Stränden von Jumeirah 25 km und denen von Jebel Ali 50 km liegen.

Superluxus am Strand

The world's most luxurios hotel – **Burj Al Arab:** ▶ Karte 3, N 3, Jumeirah Rd., Tel. 301 77 77, www.jumeirah.com, 202 Luxussuiten, DZ ab 5000 Dh. Der extravagante Hotelturm gleicht dem Segel einer Dhau vor dem Wind und erhebt sich 321 m über dem Arabischen Golf auf einer 280 m vor der Küste angelegten Insel. Das Wahrzeichen Dubais gehört zu den bekanntesten und teuersten Hotels der Welt. Alle 202 Suiten sind zweistöckig und zwischen 170 und 780 m² groß. Unter den Restaurants des Hotels beeindrucken zwei besonders: Al Muntaha in 200 m Höhe mit einem atemraubenden Blick über den Arabischen Golf (s. S. 48) und das Fischrestaurant Al Mahara, das man in der Tiefe des Meeres vermuten könnte (s. S. 46).

Urlaub pur – **JA Jebel Ali Golf Resort:** ▶ Karte 3, B 2, 50 km südwestlich von Dubai City, Sheikh Zayed Rd. (Nationalstr. 11), Tel. 814 55 55, www.jaresortshotels.com, 260 Zi. und 134 Suiten, DZ ab 3600 Dh. Das Resort liegt inmitten der ältesten und einer der schönsten Gartenanlagen Dubais und ist ein Ort der Ruhe und ein Paradies für Vögel. Es verfügt über einen eigenen Golfplatz und Jachthafen. Zur Anlage gehört das renovierte JA Jebel Ali Beach Hotel, ein ideales Familienhotel mit einem 800 m langen Sandstrand (s. S. 245). Besonders schön ist The Palm Tree Court, ein Komplex aus dreistöckigen Terrassenhäusern mit großen Suiten, alle mit Balkon und Meerblick, inmitten von Grünanlagen mit Blumen, Bachläufen und kleinen Wasserfällen. Perfekter Service rund um die Uhr.

Preiskategorien
Ein Standard-Doppelzimmer *(rack rate)* kostet in der Hauptsaison mit Frühstück:
– Superluxus über 3000 Dh
– Luxus ab 2000 Dh
– Mittelklasse de luxe bis 1800 Dh
– Mittelklasse bis 1200 Dh
– Einfach bis 600 Dh
– Jugendherberge 250 Dh

Familien willkommen – **Jumeirah Beach Hotel:** ▶ Karte 3, N 4, Jumeirah Rd., Tel. 348 00 00, www.jumeirah.com, 617 Zi., Suiten und Villen, DZ ab 3600 Dh. Ambitionierte Architektur, 26-stöckige Glas- und Stahlkonstruktion in Form einer sich brechenden Welle, großzügige Zimmer, alle mit Blick auf den Arabischen Golf und den Burj Al Arab. Als Familienhotel bietet das Haus einen umfassenden Service für Kinder im Sindbad's Kid's Club. Zum Hotel gehört auch die Bungalow-Anlage Beit Al Bahar mit 19 luxuriösen Villen.

Sorgenfreier Luxus – **Kempinski Hotel & Residences Palm Jumeirah:** ▶ Karte 3, J 2, Crescent West, Tel. 444 20-0, www.kempinski.com/palmjumeirah, DZ ab 3500 Dh. Ein Wohlfühl-Hotel für gehobene Familienansprüche, nur große Suiten mit voll eingerichteten Küchen, riesige Parkanlage mit vielen Palmen zu beiden Seiten eines großen Pools, tagsüber Vogelgezwitscher, abends romantische Stille. Rund um die Uhr Kempinski-Service vom Feinsten.

Dreimal Luxus – **Madinat Jumeirah:** ▶ Karte 3, M 4, Jumeirah Rd., neben dem Burj Al Arab, Tel. 366 88

Reiseinfos

88, www.jumeirah.com, DZ ab 3450 Dh. Ein orientalisches Resort als gelungene Verbindung von arabischer Tradition, modernster Ausstattung und luxuriösem Design. Konzipiert ist es als autarkes Urlaubsresort (arab. *madinat,* Stadt) mit einem schönen Souq und großem Amphitheater, dem Spa- und Wellnessbereich Talise, der zu den besten in Dubai gehört (s. S. 71). Außerdem gibt es 15 Restaurants, mehrere Cafés und Bars. Die Gäste wohnen in zwei getrennten, durch das Gartengelände jedoch miteinander verbundenen Luxushotels – Al Qasr (202 Zi.) und Mina A'Salam (292 Zi.) – und in 29 noch luxuriöseren zweistöckigen Sommerhäusern, den Dar Al Masyaf (283 Zi.). Die grüne Anlage mit Palmen und mehreren Pools wird von Wasserstraßen durchzogen, auf denen man sich mit Abras (Wassertaxis) zwischen den Hotels und dem Souq bewegt. Die traumhaft gestaltete Hotelanlage gehört zu den erlesensten Dubais.

Very sophisticated – **The Ritz Carlton:** ▶ Karte 3, J 3, Al Sufouh Rd., Jumeirah Beach, Tel. 399 40 00, www.ritzcarlton.com, 138 Zi. und Suiten, DZ ab 3100 Dh. Es ist das persönlichste und kleinste unter den Luxushotels am Jumeirah Beach: ein französisches Grandhotel am weißen Sandstrand, voller Flair und Eleganz, mit Spa und großem Sportangebot, Bibliothek, großzügiger Lobby sowie geräumigen Zimmern, die alle einen Balkon oder Innenhof aufweisen.

Fashion Brand – **Grosvenor House:** ▶ Karte 3, J 4, West Marina Beach, Dubai Marina, Tel. 399 88 88, www.starwoodhotels.com, 422 Zi., ab 3200 Dh. Mit dem Grosvenor House besitzt die Dubai Marina seit 2005 ein Luxushotel, dessen Innenarchitektur alle anderen Hochhäuser an diesem Abschnitt des Jumeirah Beach in den Schatten stellt. 2011 wurde das Haus um einen Turm erweitert. Eleganz ist das Markenzeichen aller Zimmer, besonders ausgeprägt in den großzügigen Bädern. Die Restaurants des Hotels gehören zu den meistbesuchten Dubais, allen voran die Buddha Bar (s. S. 50), eine originalgetreue Kopie der Pariser Vorlage. Von der Bar 44 (s. S. 62) auf dem Dach des Hotels ist der Blick atemraubend. Alle Gäste haben Zugang zum Strand des gegenüberliegenden Royal Meridien Beach Resorts und dessen Einrichtungen (s. S. 37).

Wieder aufgetaucht – **Atlantis The Palm:** ▶ Karte 3, K/L 1, Crescent Rd., The Palm Jumeirah, Tel. 426 00 00, www.atlantisthepalm.com, DZ 3000 Dh. Das 2008 eröffnete größte Hotel Dubais liegt am äußersten Rand der ersten der drei Palmeninseln. Die 1539 Zimmer, alle mit Balkon, verteilen sich über mehrere Türme eines gigantischen rosafarbenen Hotelkomplexes. Markenzeichen des Atlantis ist ein hoher Torbogen in seiner Mitte. Vorbild in Programm und Architektur war das Atlantis Resort auf den Bahamas: Ferien total in einer Fantasiewelt des untergegangenen Atlantis. Zum Hotel gehören ein riesiges Aquarium mit den *Lost Chambers* und das Aquaventure, ein 17 ha großer Wasserpark mit langen Lagunen, Wasserrutschen und der Dolphin Bay, ein Becken, in dem die Gäste mit Delfinen schwimmen können.

Königlich und einzigartig – **The One & Only Royal Mirage Dubai:** ▶ Karte 3, K 3/4, Al Sufouh Rd., am Zugang zu The Palm Jumeirah, Tel. 399 99 99, www.

Ein Wahrzeichen Dubais:
die Nobelherberge Burj Al Arab

Reiseinfos

oneandonlyresorts.com, DZ ab 3000 Dh. Eigentlich sind es drei Hotels, die sich in der aufwendig gestalteten, riesigen Parkanlage ausdehnen: The Palace, ein orientalischer Palast im Stil von »1001 Nacht« (250 Zi.), der Arabian Court, eine beduinisch dominierte Edelherberge (170 Zi.), und die Residence & Spa, ein der Ruhe und Erholung gewidmeter Komfortkomplex, der zu Recht zu den Leading Hotels of the World zählt (50 Zi.). Das Royal Mirage ist eine architektonische Vision aus Tradition und Moderne, die Inneneinrichtung dank orientalischem und mediterranem Interieur eine Hommage an das Reich von Scheherezade. Alle Zimmer und Suiten haben Meerblick, zur Anlage gehören außerdem ein herrlicher Sandstrand, eine abwechslungsreiche Pool-Landschaft in einer prächtigen Gartenanlage, ein herausragender Spa- und Wellnessbereich sowie mehrere ausgezeichnete Restaurants. Ein exklusives, sehr persönliches Hotel, in dem sich auch Kinder wohlfühlen.

Die Goldene Palme – **One & Only The Palm:** ▶ Karte 3, K 3, The Palm Jumeirah, Tel. 440 10 10, www.oneandonlyresorts.com, 100 Suiten ab 2800 Dh. Das schönste aller Strandhotels auf The Palm Jumeirah zeigt sich als ein Traum maurisch-arabischer Architektur. Es gibt ausschließlich Suiten, die in zeitgenössischer Eleganz eingerichtet sind, z. B. mit Marmorbad und freistehender Badewanne. Natürlich haben alle Suiten eine Terrasse. Das Hotel ist eingebettet in eine üppige Gartenlandschaft mit großem Schwimmbad und einem eigenen Palast für ein ausgefallenes Spa. Es herrscht höchste Privatsphäre. 2011 als Hideaway of the Year prämiert und zu den Leading Hotels of the World aufgestiegen (www.lhw.com).

Traumhaft schlafen: im The One & Only Royal Mirage Dubai

Übernachten

Superluxus in der Stadt

Weithin sichtbar – **Jumeirah Emirates Towers:** ▶ Karte 2, T 5, Sheikh Zayed Rd., Tel. 330 00 00, www.jumeirah. com, 360 Zi., DZ ab 3400 Dh. Die im Jahr 2000 eröffneten Emirates Towers sind architektonische Meisterleistungen und mit 350 m Höhe im Stadtbild unübersehbar. Einer der Zwillingstürme beherbergt das gleichnamige Luxushotel, das perfekt auf die Bedürfnisse von Geschäftsreisenden zugeschnitten ist: Rund-um-die-Uhr-Betreuung im Business Centre, im Talise-Spa, im eigenen Chopard Ladies Floor. Überall begegnet dem Gast größte Aufmerksamkeit, z. B. liegt für Jogger im Bad eine Karte mit einer empfehlenswerten Strecke und Hinweisen, wie man wieder ins Hotel zurückfindet. Seit der Eröffnung hat das Emirates Towers eine stattliche Zahl von Preisen gewonnen.

Beste Lage – **The Address Downtown Dubai:** ▶ Karte 2, S 5, Mohammed Bin Rashid Boulevard, Downtown Dubai, Tel. 436 88 88, www.theaddress.com, 196 Zi., DZ ab 3600 Dh. Von der Reservierung bis zum Check-out erfährt man in diesem 2008 eröffneten Luxushotel den besten Service. Man wird vom Flughafen abgeholt, wann immer man ankommt. Die Einrichtung, vor allem auch die der Badezimmer, ist ein Traum. Die unmittelbare Nachbarschaft zur Dubai Mall und der unverstellte Blick auf den Burj Khalifa adeln The Address zu einer der ersten Adressen im Zentrum der Stadt.

Ein Märchenpalast – **The Palace Downtown Dubai:** ▶ Karte 2, S 5, Emaar Boulevard, Downtown Dubai, Tel. 428 78 88, www.theaddress.com, 242 Zi, DZ ab 2600 Dh. Das Hotel, auf einer Insel inmitten eines künstlichen Sees zu Füßen des Burj Khalifa gelegen, gleicht einem orientalischen Palast: Großzügige Lobby, riesige Fenster mit Blick über die Poollandschaft und zum Burj Khalifa, große Zimmer mit schwerem Mobiliar, Kristallleuchtern und üppigen Blumenbuketts – so stellt man sich eine Oase aus Scheherazades Zeiten vor. 2010 wurde das Hotel mit dem Green Globe Certification für seine Umweltfreundlichkeit ausgezeichnet.

Gläserne Pyramide – **Raffles:** ▶ Karte 2, U 6, Sheikh Rashid Rd., Tel. 324 88 88, www.dubai.raffles.com, 3200 Dh. Seit seiner Eröffnung neben der Wafi Mall hat das Flair des ursprünglich in Singapur beheimateten historischen Luxushotels auch Dubai erreicht. In dem Hotel, das wie die Mall in Pyramidenform errichtet und durch eine Ladengalerie mit dieser verbunden ist, wohnt man quasi direkt neben dem Einkaufszentrum. Großzügige, elegante Lobby, geräumige Zimmer, aufmerksamer Service – ein historisches Raffles in modernem Design.

Traumhaft – **Park Hyatt Dubai:** ▶ Karte 2, V 6, Dubai Creek Golf & Yacht Club, Tel. 602 12 34, www.dubai.park. hyatt.com, 225 Zi. und Suiten, DZ ab 3100 Dh. Stilvoller Luxus und persönliche Atmosphäre kennzeichnen diese Oase der Eleganz und Ruhe mit unübertrefflichen Standortvorteilen: Sie befindet sich auf dem Gelände des schönsten Golf Clubs von Dubai nahe Stadtzentrum und Flughafen (dennoch vom Fluglärm verschont). Architektur und Innenausstattung werden von landestypischen Elementen bestimmt, historische Fotos erinnern an die Traditionen. Großzügige Zimmer, alle mit Balkon und Aussicht auf den Creek. Inmitten von 2000 Palmen mit großem Pool und einem Spa für höchste Ansprüche ist das Park Hyatt

Reiseinfos

Komfort am Jumeirah Strand

eines der schönsten Hotels der Stadt (s. S. 184).

Urlaub und Business – **Grand Hyatt Dubai:** ▶ Karte 2, U 6, Al Quta'eyat Rd., Ecke Riyadh Rd., Tel. 317 12 34, www.dubai.grand.hyatt.com, 674 Zi., 186 Apartments, DZ ab 3000 Dh. Es gibt keine bessere Möglichkeit, im Zentrum Dubais Urlaub und Business in einem Hotel zu verbinden. Das weithin sichtbare, halbrunde Gebäude liegt in einer blühenden Gartenlandschaft, die sich hinter der eindrucksvollen Lobby im Inneren des Hotels als tropischer Regenwald mit Brücken und Bachläufen fortsetzt. Die sehr geräumigen Zimmer sind funktional und stilvoll eingerichtet, die Badezimmer zählen zu den größten in Dubai. 14 exzellente Restaurants, Tennisplätze, eine große Schwimmbad-Landschaft, Bade- und Spielanlage mit Kinderhaus und ein Ahasees Spa (s. S. 169) runden den Komfort ab.

Luxus am Creek – **InterContinental Festival City:** ▶ Karte 2, V 7, Festival City, Tel. 701 11 11, www.ihg.com, 498 DZ, ab 2900 Dh. 2008 eröffnete

Übernachten

das InterContinental in bester Lage am Dubai Creek. Mit seinen 36 Stockwerken ist es eine unübersehbare Architekturikone in der Festival City. Es fehlt an nichts, weder in den perfekt gestylten, geräumigen Zimmern noch auf dem *leisure deck;* auch hier schickes Design: dunkles Holz, weißes Leinen, viel Chrom und Glas. Mit schönem Blick auf den Jachthafen. Für stadtnahes Business mit großem Erholungswert und eigenem Golfclub (Al Badia, s. S. 69).

Luxus am Strand

Königliches Strandbad – **Le Royal Meridien Beach Resort & Spa:** ▶ Karte 3, J 3, Al Sufouh Rd., Dubai Marina, Tel. 399 55 55, www.starwoodhotels.com, 500 Zi. und Suiten, DZ ab 2800 Dh. Großzügige Hotelanlage am Eingang zur Dubai Marina. Alle Zimmer mit Balkon. Im Rundturm neben dem geschwungenen 10-stöckigen Hotelkomplex befindet sich der VIP-Royal Club. Die Badelandschaft mit Liegewiesen und drei Pools grenzt an den weißen Sandstrand. Eigener Kinderclub mit Babysitter-Service, 14 Restaurants und Bars, breites Sportangebot; mit dem ECO-Hotel-Award als umweltfreundliches Hotel ausgezeichnet.

Sportlich und schick – **Hilton Dubai Jumeirah Resort:** ▶ Karte 3, J 3, Al Sufouh Rd., Tel. 399 11 11, www.hilton.com, 389 Zi. und Suiten, DZ ab 2400 Dh. Der 10-stöckige Glasbau zählt zu den schönen und angenehmen Strandhotels an der ›Goldenen Meile‹ des Jumeirah Beach in unmittelbarer Nähe der Dubai Marina. Schöne, großzügige und moderne Zimmer, alle mit Balkon und meist mit Meerblick. Poolanlage, spektakulärer Strandabschnitt, familienfreundlich.

Luxus in der Stadt

Stadtgespräch – **Kempinski Hotel Mall of the Emirates:** ▶ Karte 3, M 5, Sheikh Zayed Rd., Interchange 4, Tel. 341 00 00, www.kempinski.com, 393 Zi. und Suiten, 15 Ski-Chalets, DZ ab 2900 Dh. Die älteste europäische Luxus-Hotelkette ließ in Dubai einen Traum Wirklichkeit werden: Wohnen in einem luxuriösen Hotel mit allem nur erdenklichen Komfort und zugleich in der aufregendsten Shopping Mall Dubais (s. S. 209) am Rande einer Skipiste mitten in der Wüste (s. S. 206). Die ungewöhnlichste Unterkunft bieten 15 Ski-Chalets: zweistöckige Suiten, von denen man auf der einen Seite auf den sommersonnigen Jumeirah Beach mit dem Burj Al Arab blickt, und auf der anderen Fensterseite auf die winterliche Szenerie mit den Wintersportlern im Ski Dome. Das Hotel ist Stadtgespräch. Hier muss man wohnen!

Star-Design – **Hilton Dubai Creek:** ▶ Karte 2, W 5, Baniyas Rd., Deira Zentrum, Tel. 227 11 11, www.hilton.com, 154 Zi., DZ 2800 Dh. Stararchitekt Carlos Ott, der die Opéra La Bastille in Paris entworfen hat, baute dieses Boutiquehotel für Designliebhaber. Außen Stahl und Glas, dominieren innen helles Holz, Chrom und schwarze Ledermöbel. Auf dem Dach befindet sich das Schwimmbad. Die großen Zimmer bieten mit erlesenem, modernem Mobiliar Luxus mit Understatement. Leisten Sie sich die Suite 1307. Kein anderes Hotelzimmer in Dubai hat einen schöneren Blick über den Creek.

Schweizer Qualität – **Mövenpick Bur Dubai:** ▶ Karte 2, U 5, 19th St., Oud Metha, gegenüber vom Ameri-

Reiseinfos

can Hospital, nahe Wafi und Lamcy Plaza, Tel. 336 60 00, www.moevenpick-hotels.com, 255 Zi. und Suiten, DZ ab 2300 Dh. 5-stöckiger Bau mit einem großen Innenhof und einem Schwimmbad auf dem Dach. Ockerfarbene Töne bestimmen die Flure und Zimmer. Funktionale Ausstattung (u. a. Internet, Kaffeemaschine und Bügelbrett), Schweizer Qualität auf höchstem Niveau.

Bewährte Gastlichkeit am Meer – **Hyatt Regency Dubai:** ▶ Karte 1, W 4, Deira Corniche, Tel. 209 12 34, www.dubai.regency.hyatt.com, 414 Zi., DZ ab 2200 Dh. Das 28-stöckige traditionsreiche Hotel wurde 2005 aufwendig renoviert und umgestaltet. Lobby und hoteleigene Eisbahn sind abends ein beliebter Treffpunkt. Die Ausstattung der Zimmer orientiert sich an den Bedürfnissen von Geschäftsreisenden. Exzellenter Service. Der Blick auf den Arabischen Golf, die Mündung des Creek und die entstehende Deira-Palme sind einmalig; der Goldsouq ist zu Fuß erreichbar. Zum Hotel gehören fünf Restaurants, darunter das sich drehende Dachrestaurant Al Dawaar mit dem schönsten Panoramablick über die Stadt (s. S. 48).

Where life happens – **The Address Dubai Mall:** ▶ Karte 2, S 5, Doha St., neben dem Burj Khalifa, Tel. 438 88 88, www.theaddress.com, 245 DZ und Suiten ab 2200 Dh. Perfekt geführtes Luxushotel, stilvolles Inventar, große Zimmer mit vielen liebevollen Details (z. B. Espressomaschine), Privateingang vom Hotel zur **Dubai Mall,** dem größten Einkaufszentrum der Emirate (s. S. 205): Wohnen und Einkaufen als Erlebnis unter einem Dach.

Nr. 1 – **The H-Dubai:** ▶ Karte 2, T 5, Sheikh Zayed Rd. 1, Tel. 501 82 70, www.h-hotel.com, 236 Zi. Ab 2200 Dh. Das erste Hotel, die Hausnummer 1, an der bedeutendsten Straße der Stadt, ein Leading Hotel of the World (www.lhw.com). Ideal für Geschäftsleute, mit großen Zimmern, bestem Service, Ruth's Chris Steak House (s. S. 50) und einem Mandara Spa. Schweizer Leitung.

Komfort am Creek – **Radisson Blu Hotel Dubai Deira Creek:** ▶ Karte 1, V 4, Dubai Deira, Baniyas Rd., Tel. 222 71 71, www.radissonblu.com, 287 Zi., DZ ab 2100 Dh. Dubai-Kenner schätzen die zentrale Lage dieses beliebten Hotels und die wunderbare Aussicht auf den Creek. Die Hotellobby mit ihren sanft plätschernden Brunnen und dem arabischen Flair bietet wohltuende Kühle und Erholung vom geschäftigen Treiben am Hafen. Mit mehreren Restaurants, u. a. der Fish Market, eines der ältesten Fischlokale in Dubai, dem Ku-Bu-Nachtclub und der Jazzbar Up on the 10th, Weinliebhabern steht eine Weinbar zur Verfügung.

Fernöstlicher Luxus – **Shangri-La:** ▶ Karte 2, S 5, Sheikh Zayed Rd., Tel. 433 88 88, www.shangri-la.com, DZ ab 2000 Dh. Im Inneren des 200 m hohen Doppelturms herrscht jene wohltuend ruhige Atmosphäre, die man sich bei dem paradiesischen Namen des Hauses (entlehnt aus James Hilton's Roman »Lost Horizon«) vorstellt. Jedes der 300 Zimmer (ab 50 m^2) verfügt über den neuesten elektronischen Komfort und eine stilvolle Einrichtung. Der Service ist perfekt. Vom Horizon Club Pool im 41. Stock hat man eine herrliche Aussicht über Dubai. Ideale Lage: schräg gegenüber von Dubai Exhibition Centre, Burj Khalifa und der Dubai Mall. Und The Spa im Shangri-La (s. S. 71) ist einer der besten Dubais.

Übernachten

Mittelklasse de luxe in der Stadt

Ideal für Messebesucher – **Novotel World Trade Centre Dubai:** ▶ Karte 2, T 5, Za'abeel Rd., International Exhibition & Convention Centre, Tel. 332 00 00, www.novotel.com, 182 Zimmer und Suiten, DZ ab 1600 Dh. Quadratisch funktionaler Zweckbau mit 13 Stockwerken. Mittelgroße Zimmer mit modernem, standardisiertem Mobiliar, Internetanschluss und großem Bad. Zielgruppe: Geschäftsleute.

Ideale Lage – **The Traders:** ▶ Karte 2, W 5, Abu Bakr Al Siddique, Ecke Salah Al Din Rd., Tel. 265 98 88, www.shangri-la.com/dubai/traders, 250 DZ ab 1100 Dh. Sechsstöckiges freundliches Stadthotel mit Indoor-Schwimmbad, alle Zimmer modern möbliert (inkl. großem TV und Kaffeemaschine), sehr guter Service, deutsche Leitung, bestes Preis-Leistungs-Verhältnis.

Mittelklasse in der Stadt

Hauch des Orients – **Arabian Courtyard Hotel & Spa:** ▶ Karte 1, V 4, Al Fahidi St., Tel. 351 91 11, 173 Zi., www.arabiancourtyard.com, DZ ab 900 Dh. Gegenüber des Al Fahidi Fort und der Großen Moschee steht mitten in Bur Dubai der ›Arabische Hof‹, der nach gründlicher Renovierung viel orientalisches Flair ausstrahlt: große Zimmer mit massiven Möbeln und viel Plüsch, aber voller Hightech. Das Wellness-Spa Zaitoon ergänzt die Attraktivität des Hauses.

Für Messegäste – **Ibis World Trade Centre:** ▶ Karte 2, T 5, Sheikh Zayed Rd., Tel. 332 44 44, www.ibis.com, www.accor.com, 210 Zi., DZ ab 795 Dh (während Messezeiten 895 Dh)

Mein Tipp

Wohnen in der Altstadt

Drei alte, arabische Stadthäuser wurden liebevoll zu Hotels umgebaut. Sie sind der wahre Kontrast zu den modernen gläsernen Hotelpalästen entlang der Sheikh Zayed Road oder am Jumeirah Beach.

Historisches Stadthaus – **XVA:** ▶ Karte 1, V 4, Bastakiya Fußgängerzone, Tel. 353 53 83, www.xvahotel.com, 9 Zi., DZ ab 800 Dh. Die Britin Mona Hauser hat in dem alten arabischen Stadthaus Nr. 15a (die Haus-Nr. ist der Name des Hotels) eine Komposition aus Pension, Galerie und Café geschaffen. Liebevoll eingerichtete Zimmer gruppieren sich um einen Innenhof (s. S. 148).

Alt-Dubai – **Orient Guest House:** ▶ Karte 1, V 4, Bastakiya Zentrum, Tel. 351 91 11, 12 Zi, www.orientguesthouse.com, DZ ab 880 Dh. Um den hübschen Innenhof gruppieren sich die mit orientalischen Möbeln eingerichteten Zimmer. Das Guest House gehört zum nahegelegenen Arabian Courtyard Hotel (s. S. 39), dessen Einrichtungen (z. B. das Zaitoon Wellness Spa) den Gästen zur Verfügung stehen.

Traditionell wohnen – **Ahmedia Heritage Guest House:** in Al Ras Deira, hinter dem Museum Al Madrassah Al Ahmadiya (s. S. 179), Tel. 225 00 85, www.ahmediaguesthouse.com, DZ ab 600 Dh. Kleines, liebevoll restauriertes Stadthaus mit schönem Innenhof und Dachterrasse, nur fünf traditionell eingerichtete Zimmer, aber mit technischem Komfort (z. B. TV und freies WLan).

Reiseinfos

von Sa–Mi, Frühstück 55 Dh. Es ist das Hotel mit dem besten Preis-Leistungs-Verhältnis der Stadt und Teil des Dubai International Exhibition & Convention Centre: Hier wohnen vor allem eilige Geschäftsleute, deren Interessen die Konzeption bestimmen: geräumige Zimmer, funktionale Ausstattung, freundliches Restaurant; kein Schwimmbad, kein Unterhaltungsangebot.

Bekannt und gut – **Ramada Hotel Dubai:** ▶ Karte 1, V 4, Mankhool St., neben dem Al Ain Centre, Tel. 351 99 99, www.ramadadubai.com, 172 Zi., DZ ab 880 Dh. Der 13-stöckige Doppelkomplex unterscheidet sich wenig von den Ramada-Hotels in Europa: geräumige Zimmer mit standardisierter, funktionaler Einrichtung samt Kaffeemaschine und Bügelbrett. Mit Schwimmbad, Fitnesscentre und Disco. Eindrucksvoll ist das riesige bunte Bleiglasfenster in der Cascade Lounge.

Tradition am Creek – **Riviera Hotel:** ▶ Karte 1, V 4, Baniyas Rd., Deira, Tel. 222 21 31, www.rivierahotel-dubai.com, 109 Zi., DZ ab 780 Dh. In Dubai kennt es jeder, denn es gehört zu den ältesten Hotels der Stadt. Im Zuge mehrerer Renovierungen (zuletzt 2008) wurden die Zimmer komplett neu eingerichtet. Das 8-stöckige Gebäude direkt am Creek liegt nur einen Katzensprung vom pulsierenden Leben am Hafen und den Souqs entfernt.

Einfach in der Stadt

Zentrale Lage – **Regal Plaza Hotel:** ▶ Karte 1, V 4, Al Mankhool Rd./Khalid Bin Al Waleed Rd., Tel. 355 66 33, www.rameehotels.com, 87 Zi., DZ 600 Dh. Moderner Zweckbau mitten in Bur Dubai. Mit freundlichem Personal, großem Sportzentrum und Pool, Frühstückssalon und Disco Rockafellas.

Weithin sichtbar – **St. George Hotel:** ▶ Karte 1, V 4, Baniyas Rd., nahe Goldsouq, Tel. 225 11 22, www.stgeorgedubai.ae, 140 Zi., DZ 580 Dh. 12-stöckiger Zweckbau am Creek, alle Zimmer mit Aussicht zum Meer oder zum Creek. Mit iranischem Restaurant, Nachtclub, Disco und Coffee Shop auf dem Dach.

Mitten in Deira – **Comfort Inn Hotel:** ▶ Karte 1, W 5, Al Riqqa Rd., gegenüber Al Ghurair City, Tel. 222 73 93, www.hotelcomfortinn.com, 112 Zi., DZ 500 Dh. Kühler Zweckbau mit Pool und Jacuzzi auf dem Dach über dem 7. Stock. Zum Haus gehören außerdem eine Disco, ein Nachtclub und ein indisches Restaurant.

Für Sparsame – **Orchid Hotel:** ▶ Karte 2, W 5, Al Riqqa Rd., Deira, hinter dem Clock Tower, Tel. 295 69 99, www.dubaiorchidhotel.com, 84 Zi., DZ 480 Dh. 8-stöckiges, schneeweißes Gebäude mit brauner Bänderung. Die Zimmer sind klein, dafür bietet das Hotel Pool, Sauna, Jacuzzi sowie einen philippinischen Nachtclub.

Sehr einfach in der Stadt

Einfach und zentral – **West Hotel:** ▶ Karte 1, W 4, Naif Rd., Tel. 271 70 01, Fax 271 78 82, 72 Zi., DZ ab 275 Dh. Älteres Haus mit einfachen, kleinen Zimmern mitten im geschäftigen Deira.

Am Goldsouq – **Royal Garden Hotel:** ▶ Karte 1, V 4, Al Khor St., neben dem hohen Gold-Land-Gebäude am Eingang zum Goldsouq, Tel. 225 51 00, royalgarden@hotmail.com, 60 Zi., DZ

Übernachten

260 Dh. Kleine und einfach eingerichtete Räume, aber alle mit Aircondition und TV.

Jugendherberge

Unter Jugendlichen – **Dubai Youth Hostel:** ▶ Karte 2, X/Y 6, südöstlich von Al Mulla Plaza, Al Nahda Rd. 39, im Bezirk Al Nahda 2 zwischen Al Ahli Sport Club und Al Bustan Centre, 15 Autominuten vom Flughafen, Metro vor der Tür, Tel. 298 81 51, www.uaeyha.com. Rund um die Uhr geöffnet, einchecken 9–13 und 17–20 Uhr, auschecken bis 12 Uhr. Übernachtung im Mehrbettzimmer (max. 6 Betten) 95 Dh inkl. Frühstück (Buffet), im DZ für 2 Pers. 220 Dh (Nicht-Mitglieder 250 Dh) inkl. Frühstück. Für 15 Dh erhalten Gäste ein Abendessen. Insgesamt 102 Betten, davon die meisten in Zweibett-Zimmern. Alle Zimmer sind mit Dusche/WC, TV und Aircondition ausgestattet. Nach Geschlechtern getrennte Flure sowie eine eigene *family section* für Paare. Das Haus ist dank kameraüberwachter Flure sicher. Es gibt ein schönes Schwimmbad sowie ein eigenes Tour-Angebot.

Apartments

Ab drei Übernachtungen sind Apartments meist günstiger als Hotels. Das Angebot reicht auch hier von der luxuriös ausgestatteten Großraumwohnung bis zum kleineren und einfacheren Apartment mit zweckdienlichem Komfort.

Fast alle großen Hotels unterhalten auch eigene Apartmenthäuser, deren Zimmerpreise ab einer Anmietung von mehr als zwei Wochen ungefähr 50 % der Hotelpreise betragen. Besonders komfortabel sind die Wohnungen der stadtnahen, sehr schönen Hotels **Shangri-La** und **Grand Hyatt**, weil die Gäste auch die Annehmlichkeiten des Hotelservices inklusive Schwimmbadbenutzung in Anspruch nehmen können.

Stay different – **Jumeirah Living – World Trade Centre Residences:** ▶ Karte 2, T 5, 2nd Zabeel Rd., Ecke Sheikh Zayed Rd., Tel. 511 00 00, www.jumeirah.com. Ab 4300 Dh/Tag. 2008 eröffnete neben dem Dubai World Trade Centre die erste Apartmentanlage der Luxushotelgruppe Jumeirah. In 377 komfortablen, zweistöckigen Wohnungen mit Panoramafenstern erfahren die Gäste die Vorzüge des ›Jumeirah-Living‹-Stils: modernste Technologie, edles Design und perfekter Service. Hier wohnt man nicht, hier lebt man! Und wenn etwas fehlt: Der 24-stündige Butlerservice kann es garantiert besorgen.

Traumhafte Aussicht – **JA Oasis Beach Tower:** ▶ Karte 3, J 3, Dubai Marina, Tel. 39 99 44 44, www.jaresortshotels.com. Ab 1800 Dh/Tag (ab drei Tagen). Der 245 m hohe Oasis Beach Tower liegt direkt an der Strandseite der Dubai Marina. Die 2–4-Zimmer-Wohnungen bieten eine fantastische Aussicht auf die Golfküste und ihre ›Neubebauungen‹ (z. B. The Palm Jumeirah), sehr empfehlenswert!

Oldie but goodie – **Golden Sands:** ▶ Karte 1, V 4, P. O. Box 91 68, Tel. 355 55 53, www.goldensandsdubai.com, ab 3 Tage, 800 Dh/Tag. Der Anbieter Golden Sands unterhält insgesamt elf Hochhäuser mit je rund 100 Wohneinheiten vom Studio bis zum 3-Zimmer-Apartment. Die durchnummerierten Häuser liegen alle in Bur Dubai zwischen Al Mankhool, Khalid Bin Al Waleed, Sheikh Kalifa Bin Zayed und Al Adhid Road. Standardisierter zweckdienlicher Komfort.

Essen und Trinken

Wie Sie das richtige Restaurant finden

Mit diesem Buch
Auf den folgenden Seiten finden Sie eine Auswahl von Restaurants, die zu den besten und ausgefallensten der Stadt zählen, für die sich auch der Weg quer durch Dubai lohnt. Sofern Sie keine langen Wege zurücklegen möchten, finden Sie weitere Restaurantempfehlungen bei den Beschreibungen der einzelnen Stadtviertel.

Hier können Sie sich informieren
In Dubai erscheinen monatlich mehrere Veranstaltungsmagazine (s. S. 62) mit umfangreichen Restauranthinweisen und -anzeigen, die Ihnen der Concierge Ihres Hotels gerne aushändigt; in manchen Hotels der Luxusklasse liegen sie in den Zimmern aus.

Die Gastronomie der Stadt

An einem Ort, an dem Menschen aus über 100 Ländern der Welt zusammenkommen, um dort für längere Zeit zu leben und zu arbeiten, etabliert sich immer auch eine internationale Gastronomie. In Dubai erreicht sie höchstes Niveau, an ihrer Spitze stehen die Nationalitäten-Restaurants der großen Hotels. Hier findet man an Wochenenden ohne Reservierung kaum einen Platz, zumal sie auch bei der einheimischen Bevölkerung sehr beliebt sind. Wein und andere alkoholische Getränke werden nur in den Hotelrestaurants ausgeschenkt.

Das Speiseangebot orientiert sich an den beliebtesten National- oder Regionalküchen der Kontinente: Aus Europa sind Frankreich und Italien besonders häufig vertreten, Asien wird umfassend von chinesischen, japanischen und indischen Restaurants kulinarisch repräsentiert. Für Amerika stehen mexikanische Lokale, Steakhäuser und natürlich die üblichen Fast-Food-Ketten. Aber auch Freunde kulinarisch weniger bekannter Länder finden in Dubai das passende Restaurant.

Gastronomie in Dubai

Historisches Bur Dubai
- Stadtviertelkarte S. 134
- Restaurantbeschreibung S. 150

›Neues‹ Bur Dubai
- Stadtviertelkarte S. 157
- Restaurantbeschreibung S. 168

Deira
- Stadtviertelkarte S. 174
- Restaurantbeschreibung S. 193

Sheikh Zayed Road
- Stadtviertelkarte S. 202
- Restaurantbeschreibung S. 211

Jumeirah
- Stadtviertelkarte s. S. 224
- Restaurantbeschreibung S. 235

Jebel Ali
- Stadtviertelkarte S. 245
- Restaurantbeschreibung S. 253

Essen und Trinken

Selbst diejenigen, denen die deftige Variante der deutschen Küche nach ein paar Tagen fehlt, werden fündig. Vor allem aber lädt Dubai ein, die arabisch-orientalische Küche und ihre Variationen kennenzulernen.

Ein Restaurantbesuch in Dubai dient jedoch selten nur dem kulinarischen Genuss, sondern ist ein Gesamterlebnis: Sei es wegen der schönen Aussicht (auf dem Dach eines Hochhauses, am oder auf dem Creek, am Meer), sei es wegen des ausgefallenen Ambientes – z. B. ein Dinner neben einem riesigen Aquarium oder an einer Skipiste oder, sehr romantisch, in der Wüste. Wer an einem Freitag in Dubai weilt, sollte sich in einem der großen Hotels einen Friday's Brunch nicht entgehen lassen. Ein Erlebnis!

Die traditionelle Küche der Dubai'in

In Dubai gibt es etwa 3000 Restaurants für gehobene Ansprüche, doch nach einem Restaurant mit traditionellen Gerichten der Dubai'in muss man lange suchen. Denn die einheimische Küche ist relativ einfach im Vergleich zur arabischen Küche, bei der viele Köstlichkeiten aus dem Libanon fester Bestandteil sind. Die Grundnahrungsmittel der beduinisch geprägten Bevölkerung an den Küsten waren einst Fisch und Meeresfrüchte (Dorade, Sardinen, Hummer und Krabben), Fleisch (Kamel, Ziege und Lamm), Reis und vor allem Fladenbrot. Bei den Süßspeisen spielten Datteln die Hauptrolle.

Hauptzubereitungsarten für Fisch und Fleisch waren das Grillen auf Spießen oder langes Kochen in Tontöpfen, die mit glühender Kohle in den Sand eingegraben und ein, mitunter zwei Tage dem Garprozess überlassen wurden. Wenn auch das Garen im Erdofen in den Restaurants nicht mehr praktiziert wird, einige lokale Gerichte sind auch heute noch sehr beliebt. Dazu gehören u. a.

Harees: Eine einfache, breiähnliche Speise aus kleinen Fleischstücken, grobgemahlenen Weizenkörnern, Wasser und Gewürzen, die so lange im Tontopf auf kleiner Flamme gekocht wird, bis das Fleisch gar ist und der Weizen eine breiige Konsistenz hat.

Machboos: Eine Art Eintopf aus Lamm bzw. Hühnerfleisch, der zusammen mit Zwiebeln, Reis, Salz und Gewürzen sowie getrockneten Zitronen ebenfalls über mehrere Stunden gekocht bzw. gegart wird.

Fareed: Ein sehr populäres Abendessen, vor allem während des Ramadans. Die Grundlage ist ein sehr dünnes, frischgebackenes Fladenbrot, auf welches eine Mischung aus scharf gewürztem Lamm- oder Hühnerfleisch und gewürfelten Karotten, Kartoffeln und Kürbisstücken gelegt wird.

Balaleet: Eine Art Omelette, das gerne zum Frühstück gereicht wird, zubereitet aus Eiern, Zwiebelwürfeln, Zimt und Zucker. Dazu gibt es *mohalla*, ein mit Honig oder Dattelsirup bestrichenes Fladenbrot.

Batheeth: Dessert aus frischen, reifen Datteln und einer süßen Soße.

Lukaimat: Teigbällchen in Dattelsoße

Khamir: Ein dickeres, in der Pfanne gebratenes Fladenbrot aus Mehl, Zucker, Eiern, Sesamkörnern und *ghee* (Butterfett), das gerne mit Dattelsirup gegessen wird.

Khabeesah: Süßspeise aus geröstetem Mehl, Wasser, Zucker und Safran, die in einer Pfanne zubereitet wird.

Probieren kann man die typische Dubai'in Küche noch in den Restaurants **Bastakiah Nights** (s. S. 50), **Local House** (s. S. 51) und im **Basta Art Café** (s. S. 150).

Reiseinfos

Die Vielfalt der arabischen Küche

Wer die Köstlichkeiten der arabischen Küche probieren und neben den lokalen beduinischen auch die feinen Unterschiede zwischen iranischen, marokkanischen oder libanesischen Spezialitäten kennenlernen möchte, für den ist Dubai genau der richtige Ort. Denn unter den mehr als eine Million Gastarbeitern im Emirat kommen viele aus arabischen Ländern, von denen sich einige mit einem eigenen Restaurant und den Gerichten aus der Heimat erfolgreich selbstständig gemacht haben. Die Palette reicht dabei vom einfachen Speiselokal bis zum Gourmet-Restaurant. Und da nicht nur ihre Landsleute, sondern auch die Dubai'in gerne dort speisen, erfreuen sich arabische Restaurants großer Beliebtheit, und die besten werden regelmäßig ausgezeichnet.

Übereinstimmend gilt für alle arabischen Küchen von Marokko bis Jemen: Arabische Gerichte sind wesentlich stärker gewürzt als europäische. Jede Speise wird von flachem Fladenbrot *(pita)* begleitet, das zum Teil die Gabel ersetzt, denn man bricht davon kleine Stücke ab, umwickelt damit Teile der Speisen und führt das Essen so zum Mund. Fast immer gibt es dazu Reis, der mit verschiedenen Soßen *(curries)* und Kichererbsenpüree *(hoummus)* serviert wird. Lamm und Huhn sind die bevorzugten Fleischsorten, eine lokale Spezialität ist Kamelfleisch, Rindfleisch ist rar und teuer, Schweinefleisch gibt es gar nicht. Dank des nahen Meeres findet man auf jeder Speisekarte frischen Fisch, der immer schon zu den Köstlichkeiten der Region zählte.

Desserts
Die beliebtesten Nachspeisen am Golf sind **Umm Ali** (›Alis Mutter‹), ein köstlicher Brotpudding mit Zucker,

Pita, das arabische Fladenbrot, begleitet jede Speise

Essen und Trinken

Zimt, Muskat und Rosenwasser, oder **Mehalabiya,** ein Pudding mit Rosenwasser, gehackten Mandeln und Pistazien. Und zum Abschluss eines Essens gehört immer ein arabischer **Kaffee,** zu dem meist auch Datteln gereicht werden. Wer Spaß daran findet, kann anschließend noch eine **Shisha** (Wasserpfeife) probieren.

Sharwarma-Stände
Zu den gastronomischen Abenteuern im Emirat gehören die Imbissstände, die gegrilltes Lamm- oder Hähnchenfleisch, Salat und Fladenbrot für 4–5 Dh zubereiten. Ideal für den kleinen Hunger zwischendurch.

Wasser
Leitungswasser ist genießbar. Beliebter ist Trinkwasser in Plastikflaschen (im Supermarkt: 1,5 l ca. 2 Dh).

Spitzengastronomie

Legendärer Gourmet-Tempel – **Celebrities:** im Hotel The One & Only Royal Mirage Dubai (s. S. 32), ▶ Karte 3, K 3/4, Al Sufouh Rd., Tel. 399 99 99, tgl. außer Sa 19–23.30 Uhr, 4-Gänge-Menü ab 450 Dh, Glas Wein ab 40 Dh. Das Restaurant bietet den Rahmen für große Auftritte. Man schreitet wie ein Star eine breite Marmortreppe hinunter und blickt durch riesige Panoramascheiben in die mit Fackeln erleuchtete Gartenanlage. Das lodernde Licht der Flammen spiegelt sich in den Wasserbecken und Brunnenanlagen und ist Teil des beeindruckend edlen Ambientes, das den Rahmen für ein vorzügliches 4-Gänge-Menü bietet. Das Personal ist sehr aufmerksam, gute Livemusik. Unbedingt reservieren!

Sehr elegant – **La Baie:** im Hotel The Ritz Carlton (s. S. 32), ▶ Karte 3, J 3, Al Sufouh Rd., Tel. 318 61 50,

Dinner in der Wüste
Ein Abendessen unterm Sternenhimmel mitten in der Wüste – das muss eine 45-minütige Anreise wert sein. Zumal das Essen mit einem attraktiven Kulturprogramm verbunden ist.

Beste arabische Küche – **Al Hadheerah Desert Restaurant:** ▶ Karte 4, C 3, Nähe Bab Al Shams Desert Resort & Spa (S. 271), Tel. 809 61 00, www.themeydan.com, tgl. ab 19 Uhr, Buffet 250 Dh. Anfahrt: Am Interchange 4 von der Sheikh Zayed Road Richtung Süden abbiegen, dann 40 km bis zum Hotel Bab Al Shams. Vom Hotel führt ein kurzer, fackelmarkierter Fußweg zum Al Hadheerah. Das Restaurant im Stil einer offenen Karawanserei bietet einen Souq, Kamele und einen aufregenden Kochbereich. Auf großen Steintischen türmen sich köstliche Speisen, über offenem Feuer wird Fleisch gegrillt und in den Töpfen köcheln delikate Gerichte. Am Ende der ›Buffetstraße‹ wartet eine Vielfalt verführerischer Desserts. Begleitet wird das Essen von arabischer Livemusik und einer Heritage Show.

tgl. 11–23 Uhr, Vorspeise ab 40 Dh, Hauptgericht ab 150 Dh, Dessert ab 45 Dh. ›*Going to the Ritz*‹ – das verspricht Stil und Eleganz. Ohne Zweifel gehört La Baie zu den besonderen Restaurants der Stadt. Leichte Küche mit Schwerpunkt Fisch, aber auch mehrere Fleischgerichte. Wer als Vorspeise Fernöstliches schätzt, kann sich an der Sushi-Bar bedienen. Kerzen und frische Blumen, edles Dekor und freundlicher Service tragen zu einem beeindruckenden Abend bei.

Reiseinfos

Für besondere Momente: das Gourmet-Restaurant Celebrities

London in Dubai – **Table 9**: im Hilton Dubai Creek Hotel (s. S. 37), ▶ Karte 2, W 5, Baniyas Rd., So–Fr 19–24 Uhr, Tel. 212 75 51, www.table9dubai.com, Menü ab 250 Dh. Als das Restaurant noch Verre hieß, kochte hier der hoch dekorierte britische Chef Gordon Ramsey. Sein Konzept des *temporary fine dining,* das sich durch Einfachheit und Leichtigkeit auszeichnet, wird seitdem von seinen Kollegen Nick Alvis und Scott Price ebenfalls auf höchstem Niveau zelebriert. Wer ein Abendessen besonderer Art wünscht, bespricht das mit der Restaurantmanagerin Victoria Poplauskiene. Abends sitzt man dann als *special guest* mit Nick und Scott am *chief table* und Victoria führt durch das Menü. Einen solchen Restaurantbesuch vergisst man nicht.

Klassiker

Zu Gast bei Fischen – **Al Mahara**: im Hotel Burj Al Arab (s. S. 31), ▶ Karte 3, N 3, Tel. 301 76 00, tgl. 12.30–15 19–24 Uhr, 3-Gänge-Menü ab 350 Dh. Das Restaurant in Dubais Architekturikone ist immer ausgebucht, sodass man eigentlich lange vorab reservieren muss, aber vielleicht hat der Spontangast einmal Glück. Das kulinarische Abenteuer beginnt mit einer simulierten dreiminütigen Fahrt im Unterseeboot zum Restaurant. Die Tische sind um ein riesiges Aquarium, das vom Fußboden bis zur Decke reicht, herum gruppiert. Auf den Tisch kommt nur höchste Qualität.

Frisch vom Markt – **Fish Market**: im Radisson Blu Hotel Dubai Deira Creek (s. S. 38), ▶ Karte 1, V/W 4, Baniyas Rd., Tel. 222 71 71, tgl. 12.30–15.30 und 19.30–23.30 Uhr, Gerichte ab 110 Dh. Das traditionsreichste Fischrestaurant der Stadt wurde mehrfach preisgekrönt. Wie auf einem richtigen Markt sucht der Gast die frischen Zutaten für sein Essen aus, z. B. Fisch oder Meeresfrüchte, die Beilagen und das Gemüse. Dann wird er von der kompetenten Bedienung über die Zubereitung beraten und kann dank einer offenen ›Show-Küche‹ alle Handgriffe der Köche verfolgen. Der

Essen und Trinken

herrliche Blick auf den Creek macht den Genuss perfekt.

Erlebnisse inklusive

Unter Fischen – **Aquarium:** im Dubai Creek Golf & Yacht Club (s. S. 190), ▶ Karte 2, V 6, Clubhaus des Jachtclubs, Tel. 295 60 00, tgl. 12–15 und 19–23 Uhr, Suppen ab 40 Dh, Hauptgerichte ab 120 Dh. Mittelpunkt des Restaurants ist das riesige runde Aquarium, in dem Fische in prachtvollen Farben zwischen Fußboden und Decke ihre Runden drehen. Nach draußen hat man einen herrlichen Blick auf den Creek. Der perfekte Service passt zur dezenten Eleganz dieses Jachtclubs. Zubereitet werden alle Speisen – vor allem Fischgerichte – in einer einsehbaren Küche, wobei die Köche charmant ihre Künste erklären. Zum Restaurant gehört eine Wein-Lounge mit vorzüglicher Auswahl (Glas 25–40 Dh, Flasche ab 130 Dh).

Indian Tandoori – **IZ:** im Hotel Grand Hyatt Dubai (s. S. 36), ▶ Karte 2, U 6, tgl. 12.30–15 und 19–24 Uhr, Vorspeisen ab 20 Dh, Chicken Tandoori 70 Dh, Lassi 25 Dh. Authentische indische Küche als Livecooking Erlebnis. Man wählt ein Stück Fleisch, einen Fisch oder Vegetarisches aus und erlebt, wie daraus zusammen mit gebratenem Naan, Curries und Biryani-Dishes ein köstliches Gericht wird. Die Bar des IZ bietet viele Whiskysorten.

Herrlicher Ausblick – **AOC – French Brasserie:** im Sofitel Dubai Jumeirah Beach, Dubai Marina, ▶ Karte 3, J 3, Tel. 448 48 48, tgl. 12–23.30 Uhr, Menü ab 140 Dh, Tellergerichte ab 90 Dh. Ob Lunch oder Dinner: Französische Spitzenprodukte werden unter Anleitung eines französischen Küchenchefs köstlich zubereitet und dekorativ serviert. Die Weinliste lässt keine Wünsche offen (ausschließlich AOC-Weine), das Interieur lädt zum Verweilen ein. Von der Terrasse blickt man auf den Strand und hinüber zur The Palm Jumeirah. Freitags Buffet mit Live-Rotisserie und Sushi-Corner (ab 13 Uhr, ab 220 Dh).

Blick auf den Burj Khalifa – **Hukama:** im The Address Downtown Dubai (s. S. 35), ▶ Karte 2, S 5, Tel. 888 34 44, tgl. 18.30–23 Uhr, Fr 12–15 Uhr, Suppen ab 20 Dh, Gemüseteller 50 Dh. Das Restaurant vermittelt die Erlebniswelt einer *izakaya*, einer gehobenen japanischen Kneipe. Es gibt köstliche *dim sum* (kleine gedämpfte oder frittierte Gerichte) in asiatischen und europäischen Geschmackskombinationen, dazu eine große Auswahl an Tee. Dank der deckenhohen Fenster hat man einen traumhaften Blick auf den Burj Khalifa und die Dubai Fountains.

Dinner Cruises

Während man sich am üppigen Buffet bedient, fährt vor der eindrucksvoll angestrahlten Skyline Dubais die Dhau den Creek hinauf und hinunter. Die meisten Dinner-Dhaus legen am Quai der Al Seef Road in Bur Dubai ab, einige wenige hinter dem Hotel Sheraton Dubai Creek & Towers auf der Deira-Seite des Creek. Die Preise liegen zwischen 200 und 350 Dh pro Person. Abfahrt ist meist um 19.30 Uhr, gegen 22 Uhr legt das Schiff an der Abfahrtstelle wieder an. Eine Dinner Cruise bucht man am besten bei einem Tour Operator (s. S. 27). Die **Al Mansour** kann direkt im Hotel Radisson Blu (s. S. 38) gebucht werden. Die Dhau legt am Creek vor dem Hotel ab.

Wer etwas ganz Besonderes erleben möchte, bucht das Restaurantschiff Bateaux Dubai, für dessen Qualität sich das Luxusresort JA Jebel Ali (s. S. 31) verbürgt:

Reiseinfos

À la parisienne – **Bateaux Dubai:**
▶ Karte 1, V 5, Tel. 337 19 19, www.bateauxdubai.com, Anlegestelle Bur Dubai am Creek, Al Seef Rd., Menü 470 Dh ohne Getränke. Es erinnert an eine Abendfahrt auf der Pariser Seine, denn die 65 m lange Bateaux Dubai ist keine Dhau, sondern ein vollklimatisiertes, elegantes, gläsernes Speiselokal, das von der französischen Seine Design für 200 Gäste gebaut und in den Dienst des Luxushotels JA Jebel Ali Golf Resort gestellt wurde. Dank der Glasbauweise genießt man von allen Plätzen einen 360°-Panoramablick auf der dreistündigen Fahrt zwischen der Al Maktoum-Brücke und der Creekmündung. An Bord erwartet die Passagiere ein 4-Gänge-Captains-Dinner vom Feinsten, begleitet von Klavier- und Gitarrenmusik. Auf der Fahrt begegnet man vielen beleuchteten Dhaus (s. auch S. 189).

Speisen mit Aussicht

360°-Panorama – **Al Dawaar:** im Hyatt Regency Hotel (s. S. 38), ▶ Karte 1, W 4, Deira Corniche, Tel. 209 11 00, tgl. 12.30–15.30 und 18.30–24 Uhr, Buffet mittags 175 Dh, abends 300 Dh. Seit über 20 Jahren dreht sich das Al Dawaar auf dem Dach des 25-stöckigen Hyatt Regency Hotels. Man muss Zeit mitbringen für die – zwar nicht höchste, aber unbestritten spektakulärste – Aussicht über die ganze (!) Innenstadt Dubais. Denn für eine 360°-Drehung braucht das Restaurant immerhin eine Stunde und 45 Minuten.

Hoch über den Wolken – **Al Muntaha:** im Hotel Burj Al Arab (s. S. 31), ▶ Karte 3, N 3, Jumeirah Rd., Tel. 301 76 00, tgl. 12.30–15, 19–24, Fr Brunch 11–15 Uhr, Hauptgerichte ab 400 Dh, Freitags-Brunch 525 Dh. Mit einem lautlosen, gläsernen Expressaufzug fährt man in weniger als einer Minute vom Erdgeschoss ins 200 m hohe ›Himmelsblick‹-Restaurant. Von unten betrachtet scheint das Al Muntaha in Form eines Zigarettenetuis kurz unterhalb der Turmspitze zu schweben. Innen fühlt man sich in ein riesiges blau-grünes Raumschiff versetzt. Der Blick aus den Panoramafenstern gehört mit Sicherheit zu den einmaligen Eindrücken im Emirat. Über die Küche braucht man nicht viel zu sagen. Die Gäste kommen nicht in erster Linie ihretwegen, aber sie ist von hoher Qualität. Nur mit Reservierung!

Am Creekufer – **Bayt Al Wakeel:**
▶ Karte 1, V 4, im Souq Al Kabeer, Bur Dubai direkt am Creek, Tel. 353 05 30, tgl. 10–24 Uhr, *mezze* 10–18 Dh, Softdrinks 10 Dh, Tee 20 Dh, *shisha* ab 45 Dh. Traumhafter Blick auf das Leben am und auf dem Creek von der großen Außenterrasse und vom überdachten Balkon im ersten Stock; in den Innenräumen schmücken schöne alte Fotos die Wände, arabisch-thailändische Küche.

Essen und Trinken

Flanieren und Speisen am Creek, Halbinsel Shindagha

Draußen im Meer – **Pierchic**: im Hotel Madinat Jumeirah (s. S. 31), ▶ Karte 3, M 4, Jumeirah Rd., Tel. 366 67 30, tgl. 13–15 und 19–23.30 Uhr, Vorspeise ab 55 Dh, Hauptgerichte 130–450 Dh. Einige Tage im Voraus reservieren! Fischrestaurant mit viel Atmosphäre: ein luftiger, meerumspülter Holzpavillon auf Stelzen weit draußen im Meer, zu erreichen über einen 250 m langen Holzpier. Die Gäste sitzen in einem eleganten Bootshaus, auf Veranden unter Sonnenschirmen bzw. abends unterm Sternenhimmel und genießen einen traumhaften Blick auf das Hotel Madinat Jumeirah mit seinen nachts beleuchteten Gartenanlagen sowie auf den alles überragenden Burj Al Arab.

Hoch und edel – **Vu's Restaurant**: im Hotel Jumeirah Emirates Towers (s. S. 50), 50. Stock, ▶ Karte 2, T 5, Sheikh Zayed Rd., Tel. 33 19 80 88, So–Do 12–15, So–Fr auch 19–24 Uhr, Businesslunch 150 Dh, am Abend 8-Gänge-Menü 520 Dh, unbedingt mehrere Tage vorab reservieren! Ob am Tag oder bei Nacht: Die Aussicht aus 217 m Höhe auf die Stadt ersetzt die Vorspeise. Exzellente europäische Küche mit asiatischem Touch in elegantem, postmodernem Ambiente; Platz für max. 50 Personen. Zum Abschluss geht es eine Etage höher in die Bar.

Unter freiem Himmel

Dinner unter Sternen – **The Beach Bar & Grill**: im The One & Only Royal Mirage Dubai (s. S. 32), ▶ Karte 3, K 3/4, Al Sufouh Rd., Tel. 399 99 99, tgl. 12.30–15, 19–23.30 Uhr, Vorspeisen, z. B. griechischer Salat 45 Dh, Fleisch- und Fischgerichte ab 80 Dh, Zitronensorbet 25 Dh. Man durchschreitet zuerst die beeindruckenden Hallen des Hotels und den herrlichen Garten und erreicht schließlich das direkt am Strand gelegene Terrassenrestaurant: Toskana-Mobiliar auf Holzplanken, edles Dekor, direkter Blick auf The Palm Jumeirah, ausgezeichnete Küche mit Fisch- und Fleischgerichten und einer guten Auswahl vegetarischer Menüs.

Reiseinfos

Küche an Bord – **The Boardwalk:** im Dubai Creek Golf & Yacht Club (s. S. 190), ▶ Karte 2, V 6, Tel. 295 60 00, tgl. 9–24 Uhr, Fr/Sa ab 8 Uhr Frühstück 50 Dh, Cola 20 Dh, Tee 20 Dh, Clubsandwich 68 Dh, Steak-Baguette 82 Dh. Der Jachthafen, die Geschäftigkeit am und auf dem Creek und das internationale Publikum erklären die Beliebtheit dieses Lokals. Die große Holzterrasse bietet auf mehreren Ebenen eine schöne Aussicht hinüber zum Burj Kahalifa und zur Skyline an der Sheikh Zayed Road. Wer im Freien gerne auf jüngeres Publikum trifft und standardisierte Küche (vor allem Club Sandwich with *frenchfries*) mag, der ist hier gut aufgehoben.

Multikulti Open Air – **QD's:** ▶ Karte 2, V 6, neben dem Dubai Creek Golf & Yacht Club, Tel. 262 44 44, www.dubaigolf.com, Sa–Do 18–2 Uhr, Fr ab 17 Uhr, Pizza ab 46 Dh, Cocktails ab 35 Dh, Bier ab 36 Dh, Wasser 12 Dh. Das ›Quarterdeck‹ neben dem Clubhaus des Dubai Creek Golf & Yacht Club ist ein Open-Air Spot. Hier gibt es kleine Gerichte wie Snacks und Pizzen, gute Cocktails und – fantastische Sonnenuntergänge. Beliebt bei Shisha-Rauchern.

Für Heimwehgeplagte

Italienischer Klassiker – **La Cucina:** im Hotel J. W. Marriott, ▶ Karte 2, W 5, Abu Bakr Al Siddique Rd., gegenüber Hamarain Centre, Tel. 262 44 44, tgl. 12–24 Uhr, Suppen und Vorspeisen ab 30 Dh, Menüs ab 50 Dh, italienisches Eis pro Kugel 8 Dh. Eines der ältesten italienischen Restaurants in Dubai und stadtbekannt, weil es beste italienische Küche bietet. Stimmungsvolle Enge auf zwei Etagen, mit viel Liebe zum Detail und schwerem Holzmobiliar. Das Personal verbreitet gute Laune und erfreut die Gäste mit Livegesangsdarbietungen klassischer italienischer Weisen. Nach mehreren Gläsern Rotwein stimmt das ganze Lokal mit ein.

Bayerische Hausmannskost – **Hofbräuhaus:** im Hotel J. W. Marriott, ▶ Karte 2, W 5, Abu Bakr Al Siddique Rd., gegenüber Hamarain Centre, Tel. 262 44 44, tgl. 18–2 Uhr, Mi abends Buffet für 125 Dh, sonst moderate Preise. Authentische Kopie des Münchner Originals unter deutscher Leitung, Münchner Bier vom Fass, alle erdenklichen bayerischen Spezialitäten vom Brotzeitteller bis zum Semmelknödel, Lederhosenbedienung und Trachtenkapelle inbegriffen.

Steak's Heaven – **Ruth's Chris Steak House:** im The H-Dubai (s. S. 38), ▶ Karte 2, T 5, Tel. 501 82 70, tgl. 18–1 Uhr, ab 20 Uhr Livemusik. 750 g Ribeye Steak ab 235 Dh. Ruth Fertel erwarb 1965 ein kleines Steak House in New Orleans, das Chris hieß. Dies war der Beginn einer klassischen amerikanischen Erfolgsgeschichte. Heute besitzt Ruth Fertel über 200 Steakhäuser weltweit, davon eines im H-Hotel in Dubai. Beste Qualität.

Arabisch-Orientalisch

Verlockender Orient – **Awtar:** im Grand Hyatt Dubai (s. S. 36), ▶ Karte 2, U 6, tgl. 19.30–3 Uhr, Menü ab 90 Dh. Beste libanesische Küche in orientalisch-eleganter Atmosphäre, stilvoll schweres Mobiliar und zeltähnliches Deckendekor, angrenzende Terrasse, interessantes Publikum, Livemusik, Sänger und Bauchtanz (ab 21 Uhr).

Alles Arabisch – **Bastakiah Nights**: ▶ Karte 1, V 4, am Eingang des Bastakiya-Viertels, Tel. 353 77 72, tgl. 12.30–15, 18.30–24 Uhr, tagsüber à la

Essen und Trinken

carte (Sandwich 25 Dh, *hoummus* 12 Dh, Kaffee 12 Dh), abends nur 4-Gänge-Menü mit großer Auswahl bei jedem Gang, 130 Dh. Das Restaurant mit bester arabischer (genauer: libanesisch-iranischer) Küche nimmt beide Stockwerke des eindrucksvollen Hauses aus dem Jahr 1890 ein, das vollständig restauriert wurde. Man speist entweder sehr privat in kleinen Räumen mit traditioneller Ausstattung oder im großen Innenhof mit anderen Gästen. Vom Dach hat man beim abschließenden türkischen Mokka einen traumhaften Blick über den Creek.

Menü à la Dubai – **Local House**: ▶ Karte 1, V 4, in Bastakiya zwischen Dubai Museum und Majlis Gallery, Tel. 354 07 05, www.localhousedubai.com, tgl. 10.30–23, Fr 12–23 Uhr, Salate ab 20 Dh, Fleischgerichte ab 30 Dh, *sharwarma* 15 Dh, Cola 10 Dh. Das ›local‹ im Namen ist wörtlich gemeint: nur Gerichte, deren Zutaten ausschließlich frisch aus Dubai kommen.

Gut und schnell

Food Courts in den Malls

Natürlich findet man an jeder Straßenecke jede Menge Filialen der amerikanischen Fastfoodketten. Doch es gibt auch eine Alternative: In jeder Shopping Mall reihen sich im sogenannten Food Court im obersten Stockwerk mehrere Selbstbedienungsrestaurants aneinander. Gekocht wird hinter der Theke, besonders beliebt sind Gerichte der arabischen und indischen Küche sowie italienische Nudelgerichte.

In anderen Food Courts können sich die Besucher auf eine kulinarische Weltreise begeben. Zwar wird das Essen auf Plastikgeschirr gereicht, dafür sitzt man unter einer lichtdurchfluteten Glaskuppel und kann dem Treiben auf der Einkaufsebene zusehen (einfacher Mittagstisch etwa 20 Dh).

In den edleren Shopping Malls gibt es immer auch eine gehobene Variante, so ist z. B. der Food Court im 4. Stock der **Wafi Mall** (s. S. 159,

Überraschend gut: Selbstbedienungs-Restaurants in den Shopping Malls

Reiseinfos

▶ Karte 2, U 6) ein wahres Gourmetrestaurant, und in der **Mall of the Emirates** (s. S. 209, ▶ Karte 3, M 6) bietet die Kempinski-Hotel-Restauration herrliche Köstlichkeiten an.

Friday's Brunches

Der Freitag und alle Feiertage sind in Dubai Brunch-Tage, die Hotelrestaurants laden zu **All you can eat-Buffets** ein (11.30–15/16 Uhr, ca. 100–600 Dh). Ein Fischbuffet mit Hummer und Langusten gibt es z. B. im **Fish Market** im Radisson Blu Hotel Dubai Deira Creek ab 280 Dh (s. S. 46, ▶ Karte 1, V/W 4). Im **Al Muntaha** im Burj Al Arab bezahlt man für einen Friday's Brunch 525 Dh (s. S. 48, ▶ Karte 3, N 3).

Ein vielfältiges, ausgefallenes Angebot bietet das **Focaccia** im Hyatt Regency (s. S. 38, ▶ Karte 1, V/W 4, 270 Dh inkl. Getränke). Ein asiatisches Buffet mit Blick auf den Creek bekommt man in der **Thai Kitchen** im Park Hyatt Dubai (s. S. 35, ▶ Karte 2, V 6, 275 Dh inkl. Getränke). Eine opulente Version in höchster Schweizer Qualität serviert das **Fountain** im Hotel Mövenpick Bur Dubai (s. S. 168, ▶ Karte 2, U 5, 220 Dh). Anhänger der französischen Küche sollten zum Brunch das **AOC** im Sofitel Dubai Jumeirah Beach (s. S. 47, ▶ Karte 3, J 3, 300 Dh inkl. Getränke) besuchen.

Ausgefallen ist auch der Brunch im **Nineteen** im Clubhaus des The Address Montgomerie Golf Clubs (s. S. 210, ▶ Karte 3, J 5). Vor der prächtigen Kulisse eines Golfplatzes und der Sheikh Zayed Road werden vorzügliche Grillgerichte und Weine serviert.

Wer am Freitag eines der **Strandhotels** zum Brunch aufsucht, kann auch das Schwimmbad und den Strand mitbenutzen (s. S. 68). Ein Preisvergleich in den Donnerstagsausgaben der Tageszeitungen lohnt sich.

Cafés

Cafés in Dubai sind keine Konditoreien wie in Deutschland. Neben Kaffee und einer bescheidenen Kuchenauswahl gibt es kleine Gerichte, Sandwiches, Suppen und Kebabs.

Geöffnet bis Sonnenaufgang – **Al Mallah Caféteria:** ▶ Karte 2, T 4, Dhiyafah St., Tel. 398 49 62, tgl. 10–4 Uhr, Kaffee 4 Dh, Fruchtsäfte und Milchshakes je nach Größe 6–14 Dh, *sharwarma* (ab 17 Uhr) 5 Dh, Pommes frites 7 Dh, Grill- oder Fischplatte 40 Dh. Beliebtes Straßenrestaurant, in dem man auf Plastikstühlen unter Sonnenschirmen sitzt und die Szenerie genießt.

Berge und Schnee – **Aspen:** im Kempinski Hotel Mall of the Emirates (s. S. 37), ▶ Karte 3, M 5, tgl. 0–24 Uhr, Harfenmusik Di und Mi 16–19, Do–Sa 15–18 Uhr, direkter Zugang zur Mall of the Emirates. Das Cafe trägt wegen des nahen Ski Dubai den Namen des bekanntesten US-amerikanischen Skigebiets und besitzt auch dessen Atmosphäre.

Himmelsstürmend – **Bridges:** ▶ Karte 2, T 5, im Hotel The Fairmont Dubai, Sheikh Zayed Rd., gegenüber dem Dubai World Trade Centre, Tel. 311 83 16, tgl. 8–2 Uhr, Tee 30 Dh, *sharwarma* mit Pommes frites 50 Dh, Sandwich 60 Dh. Das Café in der Lobby des Hotels ist eine Oase der Ruhe an der verkehrsreichen Sheikh Zayed Road.

Bezauberndes Kulturcafé – **XVA:** im XVA-Hotel (s. S. 148), ▶ Karte 1, V 4, in der Fußgängerzone des Bastakiya-Viertels, Tel. 353 53 83, So–Do 9.30–20 Uhr, arabischer Kaffee 10 Dh, Frühstück 50 Dh. Café und Galerie im Innenhof des restaurierten arabischen Hauses Nr. 15a.

Einkaufen

Shopping Eldorado

In keiner anderen Stadt am Golf dreht sich das Leben derart ums Einkaufen. »*Do buy!*« – die Aufforderung zu kaufen – so behaupten die Tour Guides bei ihren Stadtführungen, habe bei dem Namen der Stadt phonetisch Pate gestanden.

Souqs und Shopping Malls
Das Einkaufsparadies Dubai hat viele Gesichter: Traditionell sind die **Souqs,** die überdachten arabischen Basare, unter denen Gewürz- und Goldsouq eine Sonderstellung einnehmen. Hinzu gekommen sind seit Beginn der 1990er-Jahre immer mehr klimatisierte **Shopping Malls,** wahre Einkaufstempel, wie man sie sonst nur in Weltstädten findet, wie Harrods in London, Bloomingdale's oder Saks in New York, die Gallerie LaFayette in Paris oder das KaDeWe in Berlin. Inzwischen gibt es in Dubai mehr als 50 (!) dieser edlen Konsumpaläste, die hier nach US-amerikanischem Vorbild Shopping Malls heißen. Über die ganze Stadt verteilt, entwickeln sie sich zu neuen Zentren des gesellschaftlichen Lebens. Wer das Besondere sucht oder auch nur der Mittagshitze entfliehen möchte, ist hier richtig.

Duty Free und Shopping Festival
Da in Dubai keinerlei Steuern auf die Waren erhoben werden (sieht man von einer minimalen Importgebühr ab), sind die Preise internationaler Markenartikel in der Regel niedriger als im Heimatland. Und wer von Dubai zurückfliegt, verbringt die Wartezeit

In einem der über 40 Teppichgeschäfte im Deira Tower am Banyas Square

Einkaufen

mitten in einem riesigen Einkaufsparadies, denn kein **Duty Free Shop** der Welt ist so groß und derart gut bestückt wie der des Dubai International Airport.

Jedes Frühjahr kulminiert der Einkaufsrausch im **Dubai Shopping Festival,** das einen Monat lang mit Preisnachlässen, eindrucksvollen Veranstaltungen und bedeutenden Kulturereignissen aufwartet.

Souqs

In arabischen Städten ist der Souq traditionell Zentrum des gesellschaftlichen Lebens. Auch wenn heute die Shopping Malls hohe Attraktivität genießen und die täglichen Einkäufe vor allem in Supermärkten getätigt werden, ist der Souq bei Arabern wie Europäern gleichermaßen beliebt. Atmosphäre, Stimmengewirr, Gedränge, eindrucksvolle Handelsszenen – ein Besuch im Souq gehört zu jedem Besichtigungsprogramm.

Bur Dubai und Deira Old Souq

In Hafenstädten befanden sich die großen Souqs meist in der Nähe der Ufer, weshalb Dubai gleich über zwei verfügt: einen in **Bur Dubai** und einen in **Deira.** Im Umkreis der traditionellen Souqs haben sich später weitere Einkaufsstraßen etabliert. So liegt heute die Al Fahidi Street mit ihren Elektronikläden im **Bur Dubai Old Souq** (▶ Karte 1, V 4), dessen Kernbereich sich neben der Großen Moschee am Ufer des Creek erstreckt. Der **Deira Old Souq,** zu dem auch der **Goldsouq** (▶ Karte 1, V 4, s. S. 176) gehört, dehnt sich auf der gegenüberliegenden Seite des Creek von der Al Sabkha Road bis zur Al Khor Street aus. In beiden Souqs

Eingang zum Deira Old Souq

ist das Angebot ähnlich, und mit einer Abra, den traditionellen Booten, gelangt man schnell über den Creek.

Teppiche und Gewürze

Einen eigenen Teppichsouq gibt es in Dubai nicht mehr, obwohl das häusliche Leben ohne Teppiche nicht vorstellbar ist. Einzelne alte Stücke findet man heute im **Teppichbazar** (▶ Karte 1, V/W 4, s. S. 196)) des Deira Tower. Ausgefallene Teppiche bietet auch das Unternehmen **National Iranian Carpets** in seinen Geschäften im Deira City Centre, in der Mercato Mall oder im Souq Madinat Jumeirah an (Tel. 221 98 00, www.niccarpets.com).

Den **Gewürzsouq** *(spice souq)* am Eingang des Deira Old Souq kann man nicht verfehlen (s. S. 176).

Weitere Souqs

Ein traditioneller Souq gehört auch zum **Heritage and Diving Village** (▶ Karte 1, V 4, s. S. 143) auf der Bur Dubai-Seite im alten Stadtteil Shindagha. Obwohl alle Häuser, Straßen und Plätze neu errichtet wurden, ist es gelungen, ein Stück Dubai aus der Zeit vor dem Ölboom zum Leben zu erwecken. Das gilt zum Teil auch für die kleinen Läden, die Bücher, Gewürze und Antiquitäten anbieten. Gegenüber dem Burj Khalifa befindet sich der neue, aber ganz im Stil eines traditionellen Souqs erbaute **Souq Al Bahar** (▶ Karte 2, S 5), der sehr gut in das Gebäudeensemble von Downtown Dubai passt und in dessen ca. 50 Läden arabisch-orientalisches Kunsthandwerk und Teppiche angeboten werden.

Ein Souq der besonderen Art ist der in der Hotelanlage **Madinat Jumeirah** (▶ Karte 3, M/N 4, tgl. 10–22 Uhr). Ganz im Stil eines traditionellen Souqs mit engen überdachten Gassen werden hier in ca. 200 dichtgedrängten kleinen und größeren Ladennischen sehr schö-

Reiseinfos

ne Waren – u. a. Kunstgegenstände – angeboten. Dazwischen laden Restaurants und Cafés zum Verweilen ein.

Eine ganz andere Atmosphäre bietet der **Fisch- und Gemüsemarkt** (▶ Karte 1, W 4) an der Creekmündung auf der Deira-Seite. Täglich – außer freitags – werden hier von Sonnenaufgang bis zum Mittagsgebet und vom Abend bis in die Nacht frischer Fisch und den ganzen Tag über Obst und Gemüse verkauft.

Feilschen im Souq

In den Souqs ist das Aushandeln der Preise Voraussetzung für ein gutes, beide Seiten zufriedenstellendes Geschäft. Denn zahlt ein Käufer den vom Händler ursprünglich geforderten Preis, ist dieser unzufrieden, keinen höheren gefordert zu haben, und der Käufer ist ebenfalls unzufrieden, weil er den gerade erworbenen Gegenstand beim nächsten Händler billiger angeboten bekommt. Nur wenn beide Seiten sicher sind, den für sie optimalen Preis erzielt zu haben, breitet sich Zufriedenheit aus. Handeln ist ein traditioneller Bestandteil der **arabischen Preisfindungskultur**.

Handeln ist zwar für Europäer eine ungewohnte Angelegenheit, doch kann man es schnell lernen, wenn man die Rituale kennt. Ein bewährtes Ritual läuft in etwa so ab wie nachfolgend beschrieben.

Vorbereitung

Man nehme genügend Geld in kleinen Scheinen mit, die man auf mehrere Hosen- und Jackentaschen verteilt und verschließe sie gut. Hat man eine bestimmte Ware – z. B. einen antiken Armreif – ins Auge gefasst, mustert man ihn geringschätzig, legt ihn zur Seite und feilscht um einen anderen. Nachdem der einem zu teuer ist, nimmt man den gewünschten, betrachtet ihn abwertend und fragt nach dem Preis.

Das erste Angebot

Der Händler sagt z. B. 1000 Dh. Jetzt lächelt man und erwidert, dass das Schmuckstück dies möglicherweise wert sei, man aber nicht über genügend Dirham verfüge, weil man zu Hause eine große Familie zu ernähren habe. Da der Armreif einem aber gefalle, würde man 300 Dh bezahlen. Jetzt lacht der Händler und erzählt von Schwierigkeiten des schwankenden Silberpreises und unterstreicht noch einmal die hohe Qualität. Sein letzter Preis wären 800 Dh. Man dreht den Reif um, fährt prüfend mit der Hand über die Innenseite, findet einen Fleck und sagt: »*Shuf!*« (Schau mal hier!) Der Händler bietet nun 750 Dh, betont aber, dass es sich um ein absolutes Einzelstück handelt und er nur deshalb mit dem Preis heruntergehe, weil man sein Freund *(sadiq)* sei.

Nerven behalten!

Man nimmt 400 Dh abgezählt aus der Tasche und übergibt sie mit der Bemerkung *hallas* (genug) und *shukran* (danke)! Der Händler nimmt die 400, verlangt aber 250 mehr, weil 650 Dh sein letzter Preis sei. Nach einigem Überlegen fingert man aus der nächsten Tasche weitere 50 Dh. Die gibt man dem Händler mit der Geste, dass man nicht über mehr verfüge (z. B. durch Umkrempeln der Hosentasche). Der Händler erwidert: »*mafi*« (auf keinen Fall), gibt einem die insgesamt 450 Dh zurück und wendet sich ab. Man sagt noch einmal »*shukran*«, dreht sich um und geht einige Schritte, bis der Händler einen zurückruft und 550 flüstert. Nun schüttelt man den Kopf, lächelt aber und sagt nicht sehr entschieden »*mafi*«, zieht die 450

Einkaufen

Dh wieder aus der Tasche und drückt sie dem Händler in die ausgestreckte Hand.

Geschafft!

Der Händler klagt über die schlechte Geschäftssituation, aber ein letzter Preis von 500 kommt dabei über seine Lippen. Man holt noch einmal 50 Dh aus der dritten Tasche. Der Händler richtet den Blick gen Himmel, nickt aber mit dem Kopf. Nun hat man den Armreif für 500 Dh erworben – und freut sich riesig. Auch der Händler strahlt und betont, dass man der zäheste Verhandlungspartner gewesen sei, der sich je in seinen Laden verirrt habe. Während er das Schmuckstück einpacken lässt, bietet er einem einen Tee an und holt einen zweiten Armreif aus der hintersten Ecke, der zu dem gerade erworbenen passt. Dafür verlangt er von vorneherein nur 700 Dh, weil man sein bester Kunde wer-

Was man beim Kauf von Gold im Goldsouq wissen sollte

Um es gleich vorwegzunehmen: Gold ist in Dubai nicht billiger, es kostet weltweit gleich viel. Nur Goldschmuck ist im Emirat preisgünstiger aufgrund der niedrigeren Lohnkosten der örtlichen Goldschmiede. Der Preis für Gold, der weltweit in der Einheit Feinunze (1 Feinunze ≈ 31 g) notiert wird, ist einheitlich großen Schwankungen unterworfen. Einen historischen Höchststand erreichte er am 21. Januar 1980, als die damalige Sowjetunion in Afghanistan einmarschierte: Zu dieser Zeit betrug der Goldpreis 850 US$. Im Sommer 2003 lag er bei 375 US$, kletterte im Januar 2008 erstmals auf über 900 US$ und im Herbst 2012 sogar auf 1800 US$. Danach fiel der Wert wieder und schwankte im Herbst 2013 um die 1300-US$-Marke.

Über den jeweils aktuellen Goldpreis sollte man vor einem Kauf informiert sein. Denn der bestimmt im Wesentlichen den Preis der Schmuckstücke im Goldsouq von Dubai. Goldschmuck besteht ganz selten aus reinem Gold, sondern fast immer aus Legierungen. Der Anteil des Goldes, d. h. seine unterschiedliche Feinheit, wird weltweit in Karat angegeben. 24 Karat sind 100 % Gold, 18 Karat nur 75 %, 14 Karat 58 % und 10 Karat 42 %. Goldschmuck wird in Dubai in erster Linie nach Gewicht und Karat gehandelt, weil der Wert des Metalls und nicht die Arbeit der indischen Goldschmiede den Preis eines Schmuckstücks bestimmen.

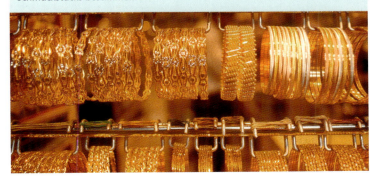

Reiseinfos

den solle. Man bedankt sich für das Kompliment, lässt dem Händler die Hoffnung, *in sha'allah bukhra* – so Gott will morgen –, mit seinem Bruder wiederzukommen, verabschiedet sich mit Handschlag und einem freundlichen »*ma'as salama*« (Auf Wiedersehen).

Shopping Malls

In Dubai werden die Shopping Malls immer größer, und je neuer sie sind, umso mehr verschieben sich die Grenzen vom Einkaufstempel hin zum Erlebnispark. Die spektakulärsten unter den 50 Malls gehören zu den touristischen Attraktionen des Emirats. Welche enorme ökonomische Bedeutung sie haben, kann man daran sehen, dass von allen Einkäufen der heute 7 Mio. Touristen mehr als die Hälfte in den Shopping Malls getätigt werden. Die Hotels unterhalten für ihre Gäste Pendelbusdienste zwischen Unterkunft und Shopping Malls. Um Besuchern, die zum Shoppen nach Dubai kommen, die Anfahrt zum Einkaufszentrum zu ersparen, gibt es Hotels direkt in den Malls (s. S. 60).

Shopping Malls findet man in allen Teilen der Stadt. Auf der **Deira-Seite** des Creek stehen z. B. das Al Ghurair Centre, das Deira City Centre und die 2007 eröffnete Mall der Festival City mit einer Ikea-Filiale. Auf der **Bur-Dubai-Seite** sind stadtnah Wafi City, Bur Juman Centre und Lamcy zu nennen, weiter draußen in **Jumeirah** hat die Mercato Mall eröffnet, und an der **Sheikh Zayed Road** laden der Emirates Towers Boulevard sowie die drei ganz großen – Dubai Mall, Mall of the Emirates und Ibn Battuta Mall – ein.

Al Ghurair City, ▶ Karte 1, W 5, Al Riqqa St., s. S. 197
Bur Juman Centre, ▶ Karte 1, V 4/5, Trade Center Road, s. S. 158
Deira City Centre, ▶ Karte 2, W 6, gegenüber dem Dubai Creek Golf & Yacht Club, Bur Dubai, s. S. 190
Dubai Mall, Karte 2, S 5, Sheikh Zayed Road. s. S. 205
The Boulevard at Emirates Towers, ▶ Karte 2, T 5, Sheikh Zayed Road, Verbindung der beiden Emirates Towers, s. S. 202
Ibn Battuta Mall, ▶ Karte 3, G 4, Sheikh Zayed Road, s. S. 210
Lamcy Plaza, ▶ Karte 2, U 5, Al Quta'eyat Rd., gegenüber dem American Hospital, s. S. 169

Einkaufen

Die Ibn Battuta Mall, benannt nach dem berühmten arabischen Forschungsreisenden

Mall of the Emirates, ▶ Karte 3, M 6, Sheikh Zayed Road, s. S. 209
Mercato Mall, ▶ Karte 2, S 4, Jumeirah Road, s. S. 223
Wafi Mall, ▶ Karte 2, U 6, Al Quta'eyat Road, s. S. 159

Duty Free Shop

»Fly, buy, Dubai« – mit diesem Reim wirbt der größte und eleganteste Duty Free Shop der Welt: **Dubai Duty Free** (DDF; ▶ Karte 2, W 7), der bereits mehrfach international ausgezeichnet wurde, z. B. 2010 vom britischen Magazin »Business Travel« als »Best Duty Free Shopping«, und das bereits zum zweiten Mal.

Neben dem in Duty Free Shops üblichen Angebot an Zigaretten, Alkohol und Parfum kann man im Dubai Duty Free Bücher, Computer-Software, Elektrogeräte, Feuerzeuge, Fotoapparate, Herren- und Damenbekleidung, Kristall, Leder- und Schreibwaren, Sonnenbrillen, Sportartikel, Uhren und Unterhaltungselektronik zollfrei einkaufen. Im *Food-Plus*-Laden gibt es von Kaviar

Reiseinfos

Mein Tipp

Wohnen in der Shopping Mall
Wer sich ganz aufs Einkaufen konzentrieren möchte, kann direkt in einer Shopping Mall wohnen bzw. findet gleich neben einer Mall das passende Hotel – beides natürlich auf höchstem Niveau. Die Kombination ist durchaus beliebt, wie man an den Belegungszahlen dieser Hotels ablesen kann. Und je luxuriöser Hotel und Mall sind, um so schwerer ist es, ein Zimmer zu bekommen. Versuchen Sie es trotzdem, z. B. bei den folgenden Häusern:
The Address Dubai Mall (s. S. 38): Der Name des Hotels ist sein Programm: Das Haus ist ein Traumhotel und die Mall die größte Dubais (s. S. 205); beide liegen zu Füßen des Burj Khalifa.
Kempinski Mall of the Emirates (s. S. 37): Auch hier drückt der Name des Hotels bereits die Symbiose aus. Es ist Teil der Mall (s. S. 209) und beide gehören zu den besten der Stadt.
Jumeirah Emirates Towers (s. S. 50): Das Hotel und die Shopping Mall **The Boulevard** s. S. 202 sind durch eine Glastür verbunden, beide garantieren nur Edles und Teures.
Raffles Dubai (s. S. 35): Direkt neben der **Wafi Mall** (s. S. 159) hat das Luxushotel Raffles eröffnet; genau wie diese hat es die Architektur einer Pyramide und ist durch die Einkaufsgalerie mit der Mall verbunden.

Eine ›Nummer kleiner‹ ist die Kombination von ›Wohnen und Shoppen‹ ebenfalls möglich, z. B. im **Novotel Deira City Centre** (Tel. 292 52 00, s. S. 190): Auch hier bilden Hotel und Mall bereits im Namen eine Einheit, liegen sie doch direkt nebeneinander.

über Körperpflegeprodukte bis zu Haushaltswaren auch viele Alltagswaren sehr preisgünstig. Die Schmuck- und Goldabteilung des Duty Free Shops ist besonders groß – 20 % des Gesamtumsatzes werden hier erzielt.

Die teuren Autos, die ebenfalls im DDF präsentiert werden, können zwar nicht gekauft, aber gewonnen werden. Ein Los kostet 500 Dh. Sobald 1000 Lose verkauft sind, wird der Gewinner ermittelt. Und wenn dieser dann schon im Flugzeug sitzen sollte, wird das gewonnene Auto kostenfrei nach Hause geliefert. Für eine Harley Davidson als Gewinn kostet das Los nur 100 Dh. Weitere Informationen: **Dubai Duty Free Shop,** Customer Service, Tel. 206 24 53, www.dubaidutyfree.com.

Dubai Shopping Festival

Vor mehr als zehn Jahren startete das erste Dubai Shopping Festival (DSF), ein einmonatiger Einkaufsmarathon im Jan./Febr. jeden Jahres, an dem sich über 2000 Geschäfte, die örtliche Hotellerie und mehrere Fluglinien beteiligen. Brachte das DSF 1996 dem Emirat einen Gesamtumsatz von knapp 500 Mio. US$, so erreichte es 2009 zum ersten Mal 4 Mrd. US$.

Das Shopping Festival, das terminlich den Schul- und Hochschulferien in den Staaten der Arabischen Halbinsel entgegenkommt, überzeugt nicht nur durch ein attraktives Einkaufsangebot, es bietet auch Unterhaltung für die ganze Familie sowie ein reichhaltiges kulturelles Programm. Dubai verwandelt sich in dieser Zeit in eine große Bühne und zeigt sich des Abends mit unzähligen Lichterketten und Feuerwerk von seiner eindrucksvollsten Seite. Einkaufsfieber und Straßenfestatmosphäre erfüllen die Szenerie. Auch luxuriöse Läden gewähren hohe

Einkaufen

Nachlässe. Dabei kann der Kunde sicher sein, dass es sich nicht um eigens hergestellte ›Ausverkaufsware‹ handelt. Ein von Sheikh Ahmed Bin Saeed Al Maktoum eingerichtetes Büro kontrolliert die DSF-Angebote auf ihre Seriosität.

Während des Festivals treten internationale Künstler auf, gastieren große Orchester und finden originelle Sportveranstaltungen statt. Weitere Informationen unter Tel. 600 54 55 55 und www.dubaicalendar.ae.

In den heißen Sommermonaten Juni und Juli findet jedes Jahr auch der **Dubai Summer Surprise** statt, ein sich über die ganze Stadt ausdehnendes Festival, bei dem Einkaufen, Kultur und Kinder im Mittelpunkt stehen (www.summerisdubai.com).

Schnäppchen

Karama (▶ Karte 2, U 5) heißt das Viertel im Stadtteil Bur Dubai, und jeder Taxifahrer kennt es. Denn hier gibt es preiswerte Konsumgüter aller Art und vor allem unvergleichlich günstige ›Markenartikel‹. In den vollgestopften kleinen Läden findet man Mode, auf deren Etiketten kein Designername von Rang fehlen dürfte. Hier ersteht man Louis-Vuitton-Handtaschen für nur 80 Dh, für einen ›echten‹ Boss-Anzug zahlt man nicht einmal 400 Dh. Nie würde der Verkäufer zugeben, dass es sich um Imitate (*fakes*) handelt. Aber Achtung: Wenn es sich um gefälschte Markenprodukte handelt, können die Kontrollen an deutschen Flughäfen unangenehme Folgen haben.

Es gibt jedoch eine Shopping Mall, die auch preiswerte Originalware führt: Außerhalb der Stadt hat 2007 die **Dubai Outlet Mall** eröffnet (▶ Karte 4, C 2, an der E66 Richtung Al Ain, Tel. 423 46 66, tgl. 10–22 Uhr, www.dubaioutletmall.com), die viel Billigware aus China, aber auch bekannte Modemarken anbietet.

Spezialgeschäfte

Antiquitäten

Arabische Antiquitäten werden in Dubai nur noch selten zum Verkauf angeboten. Wenn man intensiv sucht, findet man noch einzelne Stücke der Alltagskultur (z. B. Kaffeeröster, Kamelsättel) in den Souqs, aber große, gut sortierte Antiquitätengeschäfte wie in Europa gibt es nicht. Dafür ist das einheimische Angebot heute zu klein, denn beim Aufbruch in die Moderne hat man sich zu schnell von solchen Stücken getrennt. Krummdolche *(khanjar)*, Silberschmuck, Münzen usw. findet man vereinzelt in den Läden im ersten Stock des **Souqs von Sharjah** (s. S. 279) im Nachbaremirat. In Dubai lohnt ein Besuch im **Antica Dubai** im Times Square Center (▶ Karte 2, O 5, s. S. 205), Tel. 050 485 15 83, tgl. 10–23 Uhr, und im **O'de Rose** (▶ Karte 2, O 4), Al Wasl Rd. 999, Um Suquein, Tel. 348 79 90, Sa–Do 9–19 Uhr, www.o-derose.com. Hier findet man eine große Auswahl an orientalischem Kunsthandwerk und günstige Angebote an arabischem Schmuck, Truhen und Türen.

Schmuck

Die meisten Besucher kaufen Schmuck im **Goldsouq** – dafür gibt es gute Gründe (s. S. 57). Wer ein ausgefallenes arabisch-orientalisches Designer-Stück erwerben möchte, der sollte die Schmuckläden in der Dubai Mall und in der Mall of the Emirates oder die in den Luxushotels The Ritz Carlton und Grand Hyatt Dubai aufsuchen. Hier findet man wunderschöne Einzelstücke aus Gold und Silber nach alten Vorlagen, aber auch in modernem Design.

Ausgehen, Abends und Nachts

Nachtleben in Dubai

Es gibt Städte, die für ihr Nachtleben berühmt sind. Dubai noch nicht. Nur in der Region schwärmen die *locals* (Einheimische) vom ›Las Vegas am Golf‹. Auch wenn Dubai kein Eldorado für Nachtschwärmer ist, ist das Unterhaltungsangebot so vielfältig, dass man den Tag nicht nach dem Abendessen beenden muss. Ein Nachtleben mit attraktivem Unterhaltungsangebot findet in Dubai allerdings fast ausschließlich unter dem Dach oder im Umfeld der Hotels statt. Denn nur dort ist der Alkoholausschank gestattet, und der scheint für viele Menschen dazuzugehören. Ausgehabend in Dubai ist der Donnerstag. Dann sind wegen des arbeitsfreien Freitags viele *expatriates* (Gastarbeiter) auf den Beinen, in Bars und Diskotheken gibt es Livemusik, man bekommt nur schwer einen guten Platz und die meisten verlangen zwischen 50 und 100 Dh Eintritt.

In den Wintermonaten und besonders während des Shopping Festivals gastieren in der Arena der **Dubai Media City** internationale Musikstars aus aller Welt. Die Eintrittskarten sind in der Regel günstiger als bei vergleichbaren Konzerten in Deutschland.

Da die Musik- und Unterhaltungsstätten in Dubai Wert auf ein Publikum aus beiden Geschlechtern legen, haben sie die *Ladies Nights* eingeführt. An diesen Abenden (meist So und Di) sind Eintritt und Getränke für Frauen frei.

Was ist wo los?
In Dubai erscheinen am Monatsanfang mehrere **Veranstaltungsmagazine.** Das weit verbreitetste ist »What's on«. Es liegt in allen 5-Sterne-Hotels aus, ist aber auch für 12 Dh in Hotelbuchläden erhältlich. Ebenfalls monatlich erscheint »Time out Dubai«, eine Zeitschrift, die sich als Lifestyle-Magazin versteht und ebenfalls alle Kultur-, Unterhaltungs- und Musikevents aufführt (www.timeoutdubai.com). Es kostet ebenfalls 12 Dh, liegt aber auch in den Hotelzimmern aus. Dort findet man manchmal auch das kostenlose, sehr aufwendig gestaltete Informationsmagazin »Concierge« (www.conciergedubai.com) oder die Hochglanzbroschüre »Visitor« (www.itp.com), die von der örtlichen ITP Customers Publishing herausgegeben wird; beide informieren ausführlich über das Nachtleben in Dubai.

Bars & Lounges

Manhattan Style – **Bar 44:** im Grosvenor House, ▶ Karte 3, J 4 (s. S. 32), Dubai Marina, Tel. 399 88 88, Fr–Mi 18–2, Do 18–3 Uhr. Softdrinks ab 20 Dh, Glas Wein ab 36 Dh, Glas Champagner ab 10 Dh. Champagner- und Cocktailbar hoch über dem Jumeirah Beach mit traumhaftem Blick über die Dubai Marina und den Arabischen Golf. Eingerichtet im Manhattan-Dekor, viel Kerzenlicht, bequeme Sessel. Jeden Abend Klavier-Livemusik. Die Bar 44 ist *der* In-Treff an der Dubai Marina.

Jazz und Blues – **Blue Bar:** im Hotel Novotel, ▶ Karte 2, T 5 (s. S. 39), Tel. 332 00 00, tgl. 14–2 Uhr, Bier 35 Dh. Die erste und bisher unübertroffene Jazz- und Bluesbar Dubais. Sehr gemütlich, belgisches Bier. Jeden Donnerstag Livemusik. Attraktive Lage zwischen Zentrum und Jumeirah.

Ausgehen, Abends und Nachts

Cocktails mit Meerblick: auf dem Dach des The One & Only Royal Mirage Dubai

Top in Place – **Buddha Bar:** im Hotel Grosvenor House, ▶ Karte 3, J 4 (s. S. 32), Tel. 399 88 88, Sa–Mi 20–2, Do, Fr 20–3 Uhr, Getränke ab 20 Dh, Tellergerichte ab 80 Dh, Burger ab 60 Dh. Wer das Original in Paris kennt, weiß, dass die Buddha Bar gar keine Bar, sondern ein Restaurant ist. Allerdings ein ganz besonderes. Eingerichtet im asiatischen Dekor mit Drachen- und Buddha-Statuen, serviert das Restaurant ausgezeichnete vietnamesische, chinesische und japanische Küche, angereichert mit arabischen Elementen. Dezente Sphärenmusik sorgt für eine angenehme Atmospäre. Ein Erlebnis! Wer nicht essen möchte, findet an der langen, stilvollen Theke passende Getränke und neue Freunde. Seit ihrer Eröffnung ist die Buddha Bar jeden Abend ausgebucht. Daher frühzeitig reservieren! 2008 und 2012 wurde das Lokal als beste Bar und bestes Restaurant vom Veranstaltungs-Magazin »Time-Out« ausgezeichnet.

Champagner mit Aussicht – **China Moon Champagne Bar:** im Raffles, ▶ Karte 2, U 6 (s. S. 35), tgl. 19–3 Uhr. Ein Glas Champagner ab 120 Dh. In der Spitze der gläsernen Pyramide, die als Architekturikone des Stadtteils Bur Dubai besonders am Abend durch ihre Illumination weithin sichtbar ist, ist die Bar des Luxushotels Raffles eingezogen. Bei spektakulärer Aussicht im 19. Stock kann man aus 53 (!) Champagner- und Cognacsorten wählen. Auch edle Weine und Liköre, der Kaviar wird aus Paris eingeflogen.

Weinbar – **Cin Cin:** im Hotel The Fairmont Dubai, ▶ Karte 2, T 5 (s. S. 215), Tel. 311 83 16, tgl. 18–2 Uhr. Beliebter Treff europäischer *expatriates*, die die zentrale Lage, dezente Musik, gute Weine und Gespräche schätzen.

Wohltuend und entspannend – **Eclipse:** im InterContinental Hotel, Dubai Festival City, ▶ Karte 2, V 7/8, Tel. 701

Reiseinfos

11 27, tgl. 18–2 Uhr, So–Do 18–20 Uhr, jeder Drink 25 Dh. Ideal für Fans von Sonnenuntergängen und dezenter Lounge-Musik.

Zwei Top-Locations – **Jetty Lounge** und **The 101:** in den Hotels One & Only Royal Mirage, ▶ Karte 3, K 3/4 (s. S. 32), und One & Only The Palm, ▶ Karte 3, K 3 (s. S. 34), tgl. 16–2 Uhr. In der Jetty Lounge, direkt am Strand des Royal Mirage Hotels, sitzt man unter Palmen und aufgespannten Segeln, spürt den Sand unter den Füßen und genießt die stimmungsvolle Musik. The 101-Lounge liegt ca. 500 m Luftlinie jenseits des Wassers auf der Westspitze der Palm Jumeirah, gehört zum One & Only The Palm Hotel und ist Restaurant und Lounge unter einem Dach. Erbaut auf Pfählen und Planken im Meer, zieht das 101 stets viele Besucher an. Zwischen beiden Locations verkehrt ein kleines Fährboot im Viertelstundentakt.

Blick auf den Burj – **Neos:** im Hotel The Address, Karte 2, S 5 (s. S. 35), Tel. 436 88 88, tgl. 18–3 Uhr, Mindestalter 21 Jahre, Cocktails ab 60 Dh und Snacks ab 70 Dh. Der gläserne Aufzug, der die Gäste in den 63. Stock des Hotels bringt, gibt bereits den Blick frei auf den Burj Khalifa vis-á-vis und das Licht- und Wasserschauspiel zu seinen Füßen. Im Neos – *Dubais highest Sky Lounge* – kann man dann von oben dank des 360°-Rundblicks das Schauspiel der Dubai Fountains erleben. Kerzenlicht und Kristall, ausgezeichnete Cocktails und exzellente CD-Musik.

Cocktails mit Meerblick – **The Bar:** im Hotel Hyatt Regency Dubai, ▶ Karte 1, W 4 (s. S. 38), tgl. 21–3 Uhr. Wegen der riesigen Glasfront und dem fantastischen Blick aufs Meer heißt der Hauscocktail *Ocean View.*

Unter den Wolken – **Skyview Bar:** im Burj Al Arab, ▶ Karte 3, N 3 (s. S. 31), Tel. 301 76 00, tgl. 12–2 Uhr, Drinks ab 200 Dh. Eigentlich ist diese Bar in 200 m Höhe nur für Gäste des *World's most luxury Hotel* gedacht, aber auch Nichthotelgäste werden eingelassen. Ein Muss wegen der Aussicht.

Good Rock, good food – **Hard Rock Café Dubai:** ▶ Karte 2, V 7, Dubai Festival City hinter dem InterContinental, Tel. 332 89 00, www.hardrock.com, tgl. 12–1 Uhr, Do/Fr 13–2 Uhr, Livemusik ab 21 Uhr, Cola 12 Dh, Bier 35 Dh, Burger 58 Dh. Seit 2011 gibt es wieder ein Hard Rock Café in Dubai, nachdem das alte 2008 geschlossen wurde. Diesmal noch größer, noch schöner, und doch wie alle anderen: *good food, good rock;* zwei Merchandise-Läden.

Discos

Auch im muslimischen Emirat Dubai gibt es heute Diskotheken und sie unterscheiden sich nicht von ihren Vorbildern in Europa oder den USA. Da aber beim Tanzen körperlicher Kontakt nicht auszuschließen und dieser im öffentlichen Raum unschicklich ist, sind Discos in Dubai als private Clubs organisiert. Sie kosten Eintritt, man muss Mitglied sein (als Gast des Hotels ist man es automatisch!) und es gibt alkoholische Getränke. Einheimische dürfen in ihrer Nationalkleidung keine Disco besuchen; deshalb sieht man dort nie Gäste in einer *dishdasha* oder *abaya.* Und: Nur Gäste über 21 Jahren haben Zutritt (strenge Passkontrolle). In den Veranstaltungsmagazinen (s. S. 62) werden die Monatsprogramme der Club-Discos bekannt gegeben.

Top Sound – **Kasbar:** im Hotel The One & Only Royal Mirage, ▶ Karte 3, K 3/4 (s. S. 32), Mo–Sa ab 21–3 Uhr.

Ausgehen, Abends und Nachts

Seit Jahren zählt dieser Club zu den besten ›In-Places‹ in Dubai. Es treten hervorragende Livebands auf. Auf einer kleinen Tanzfläche tanzt bestes Publikum zu erstklassigem Sound.

Nightspot – **Rock Bottom:** ▶ Karte 1, V 5, im Regent Palace Hotel, Trade Centre Rd., gegenüber Bur Juman Centre, Tel. 396 38 88, tgl. 20–2 Uhr, Eintritt 100 Dh (Getränke-Bon). Im Foyer wird man von einer Harley Davidson Sportster 883 begrüßt. *Dine and Dance* bei lauter Rockmusik, Di Abend *Ladies Night.*

Immer ›In‹ – **Zinc:** ▶ Karte 2, T 5, im Hotel Crown Plaza, Sheikh Zayed Road, Tel. 331 11 11,tgl. 22–4 Uhr (22–23 Uhr *happy hour*), DJ und Livemusik (dann Eintritt). Das Zinc war bereits Ende der 1990er-Jahre der Geheimtipp für Nachtschwärmer unter dem fliegenden Personal der internationalen Airlines. Bis heute ist es der Bar mit der überschaubaren Tanzfläche und einem abgetrennten Restaurantbereich gelungen, diese Attraktivität zu halten.

Top location – **Trilogy:** ▶ Karte 2, N 4, am Eingang des Souq Madinat Jumeirah (s. S. 55), Tel. 366 69 17, Mo–Sa 22–3 Uhr, stadtbekannte Disco auf zwei Etagen, zudem eine Außenterrasse zum Abkühlen, Topevents nach Ankündigung, hohe Eintrittspreise.

Kinos

Jedes Jahr im Dezember findet das große **Dubai International Film Festival** statt (www.dubaifilmfest.com), bei dem auch Stars aus Hollywood vertreten sind. Filme sind als Unterhaltungsmedium am Golf überaus beliebt, was die große Zahl der Kinos im Emirat erklärt. In der eigens geschaffenen Media City produziert Dubai auch selbst Filme. Alle neuen Shopping Malls verfügen über mehrere Kinos, die Ibn Battuta Mall z. B. über ein gigantisches **Megaplex-Kino,** die Deira City Centre Mall über einen **Cinestar** mit zehn Kinos. Spielorte und Programme s. Tagespresse.

Open-Air – **Movies under the Stars:** An mehreren Orten Dubais werden von Okt.–Mai Filme unter freiem Himmel vorgeführt, z. B.: **Roof Top Gardens,** Wafi City, ▶ Karte 2, U 6, Tel. 324 41 00. So 20.30 Uhr, US-amerikanische Klassiker im O-Ton, Eintritt frei.

Konzerte und Oper

Große Orchester und Opernensembles geben in Dubai auf der Bühne des **Madinat Theatre** im Hotelresort Madinat Jumeirah (s. S. 31) manchmal Gastspiele. Für diejenigen, die im Urlaub klassische Musik vermissen, zum Trost: Dubai plant ein eigenes Opernhaus nach den Entwürfen der Star Architektin Zaha Hadid, Eröffnung 2016.

Orientalische Livemusik

Auf weichen Kissen unter Baldachinen im Garten oder begrünten Innenhof sitzen, dazu Tee oder arabischer Kaffee bei Mond- und Kerzenlicht, das sanfte Blubbern einer Wasserpfeife und im Hintergrund orientalische Musik – so berichten arabische Märchenerzähler aus vergangenen Zeiten über das Leben am Hofe der Kalifen. Im heutigen Dubai kann man so eine stimmungsvolle Atmosphäre durchaus noch erleben. Besonders empfehlenswert ist das **Kasbar,** ▶ Karte 3, K 3/4, im Hotel The One & Only Royal Mirage (s. S. 64), tgl. 18–24 Uhr.

Arabische Musik wird während des Shopping Festivals auch im Heritage Village geboten (s. S. 143).

Feste, Events, Termine

Feiertage

Alle großen islamischen Feste sind zugleich staatliche Feiertage (s. S. 75). Der Freitag ist gesetzlicher Feiertag (in den meisten arabischen Staaten Donnerstag und Freitag!), Freitag und Samstag sind Wochenende in Dubai.

Nationalfeiertag
Eine besondere Rolle spielt der Nationalfeiertag der Vereinigten Arabischen Emirate (VAE) am 2. Dezember. An diesem Tag im Jahre 1971 schlossen sich die sieben Emirate zu den VAE zusammen. In allen Emiraten wird dieser Jahrestag mit großen Feierlichkeiten begangen. Dazu gehören große Staatsakte, opulente Galaessen, spektakuläre Kamelrennen, folkloristische Veranstaltungen mit Tanz- und Musikdarbietungen und Feuerwerk am Abend.

Feste und Events

Der Herrscherfamilie Al Maktoum ist es gelungen, ihr Emirat Dubai durch aufsehenerregende Veranstaltungen weltweit bekannt zu machen. Dazu gehört z. B. das teuerste Pferderennen der Welt, der **Dubai World Cup**. Derartige Veranstaltungen rücken Dubai international in den Fokus der Medien.

Das **Department of Tourism and Commerce Marketing** (DTCM) veröffentlicht auf seiner Homepage (www.dubaitourism.ae) jedes Jahr alle Veranstaltungen. Aktuelle Informationen: www.dubaicalendar.ae/en.

Der Nationalfeiertag wird in den Emiraten feierlich zelebriert

Feste, Events, Termine

Festkalender

Oktober
Cityscape: Internationale Messe rund um Immobilieninvestitionen und Entwicklung (www.cityscape.ae).

November
Dubai Airshow, International Aerospace Exhibition: Gigantische Flugzeugschau (www.dubaiairshow.org).
Dubai International Motor Show: Die größte Ausstellung von Luxusautos weltbekannter Hersteller im Mittleren Osten (www.dubaimotorshow.com).
Dubai International Rallye: Spannendes Autorennen um die Rallyemeisterschaft quer durch das Emirat (atcuae@emirates.net.ae).
Global Village: Beginn einer mehrmonatigen internationalen Kultur- und Verkaufsausstellung (s. S. 211).

Dezember
Feiern zum **Nationalfeiertag** am 2. Dezember (www.dubaitourism.ae).
Watch & Juwellery Dubai Exhibition: Größte Juwelen- und Uhrenmesse im Mittleren Osten (www.intexdubai.com).
Shamal Battle: Musikfestival für junge Bands aus dem arabischen Raum im Dubai Country Club (www.desertrythmfestival.com).
Dubai International Film Festival: s. S. 65.

Januar
Mohammed Bin Rashid International Football Championship: Millionenschweres Fußballturnier unter Beteiligung großer europäischer Mannschaften (www.dubai.cup).
Dubai Marathon: Großer internationaler Marathon mit Wohltätigkeitsläufen (www.dubaimarathon.org).

Dubai Shopping Festival: Gigantisches Einkaufsevent mit breitem Kultur- und Unterhaltungsprogramm (s. S. 60).
Dubai Desert Classics: Das bedeutendste Ereignis für Golfer am Golf, zu der die gesamte Weltelite anreist (s. S. 245, www.dubaidesertclassics.com, www.golfindubai.org).

Februar
Emirates International Luxury Fair: Messe für Luxusgüter (www.promoteam.ae).
Art Dubai: Große Kunstmesse mit internationaler Beteiligung in mehreren Stadtteilen (www.artdubai.ae).

März
Dubai International Boat Show: Eine Woche lang liegen die schönsten Jachten in der Dubai Marina (www.boatshowdubai.com).
Dubai International Horse Fair: Pferde und viel Atmosphäre (www.dihf.ae).
Dubai Duty Free Tennis Championship: Weltstars spielen zwei Wochen lang um insgesamt 2 Mio. US$ Preisgeld (www.dubai-tennischampionships.com).
Dubai Art: Größte Kunst- und Künstlermesse der VAE im Madinat Jumeirah (www.dubaiart.com).
Dubai International Jazz Festival: Top-Jazzkonzerte in der Dubai Media City (s. S. 232, www.jazzfest.com).
Dubai World Cup: Das höchstdotierte Pferderennen der Welt (www.worldcup.com, www.dubairacingclub.com).

April
The Bride Show: Drei Tage lang werden die schönsten und teuersten Brautkleider vorgeführt und verkauft (www.thebrideshow.com).

Aktiv sein, Sport, Wellness

Dubai ist die Sport- und Wellnessmetropole im Mittleren Osten – kein anderes Emirat kann mit so vielen Wellnesstempeln und großen Sportereignissen aufwarten. Auch für sportlich aktive Besucher ist Dubai die Nummer Eins in der Region. Das monatlich erscheinende Veranstaltungsmagazin »Time out Dubai« nennt in der Rubrik ›Sport and Outdoor‹ über 70 (!) verschiedene Sportarten, die man in Dubai betreiben kann, und stellt die jeweiligen Angebote mit den Adressen der Sport- und Übungsstätten vor.

Zwischen Mai und September ist von sportlichen Aktivitäten an Land und unter freiem Himmel wegen der hohen Außentemperaturen abzuraten. Inzwischen gibt es aber klimatisierte Sportstätten, z. B. für Tennis, Squash, Klettern oder sogar Skifahren und Eislaufen.

Dubai ist vielleicht der richtige Ort, um einmal ausgefallene Sportarten wie **Gokartfahren** (s. S. 244), **Schießen** (s. S. 243) oder **Skifahren** in der Wüste (s. S. 206) auszuprobieren.

Beach Clubs

Der Zugang zu den Stränden und Schwimmbädern der Hotels am **Jumeirah Beach** ist nicht billig. Die Strandhotels haben ihre Strände und Wassersportanlagen als Clubs organisiert, in denen Nichthotelgäste Tagesmitglieder werden können. Dafür zahlt man unter der Woche zwischen 120 Dh im Beach Club des Royal Meridien Beach Resort & Spa (s. S. 37) und 180 Dh im Beach Club des Hilton Dubai Jumeirah Resorts (s. S. 37). Do–So ist es teurer, dafür erhält man einen Gutschein für ein Mittagessen im Strandrestaurant (z. B. für 400 Dh im Jumeirah Beach Hotel). Detaillierte Auskünfte über Tagesmitgliedschaften bei den einzelnen Hotels (s. ab S. 30).

Beach Parks

Die öffentlichen Parkanlagen mit jeweils eigenem Strandabschnitt, Beach Parks genannt, sind vorbildlich sauber. Sie verfügen über Süßwasserduschen und Toiletten, es gibt mehrere Restaurants, ausgedehnte Liegewiesen mit Bäumen, am Strand stehen Schattenspender, und junge *bay watcher* achten auf die Sicherheit der Badegäste.
Al Mamzar Beach Park: ▶ Karte 2, Z 4, Al Mamzar Creek, an der Grenze zu Sharjah, Tel. 296 62 01, tgl. 8–23 Uhr, Mi nur für Frauen, 5 Dh, Auto 30 Dh. Ein beschaulicher Erholungspark mit langem Sandstrand, schönem alten Baumbestand und drei Schwimmbädern.
Jumeirah Beach Park: ▶ Karte 2, R 4 (s. S. 224). Am **Jumeirah Beach** gibt es stadtauswärts auch größere, frei zugängliche öffentliche Strände, die sehr sauber sind, aber weder Aufsicht noch Infrastruktur bieten. Besonders an den Wochenenden kommen viele *expatriates* an diese als **Public Beach** ausgewiesenen Strandabschnitte (z. B. östlich des Hotels Burj Al Arab oder westlich des Jumeirah Beach Parks).

Fallschirmspringen

Die **Emirates Parachute Sports Association** (Tel. 06 768 14 47) im Emirat Umn Al Quwein bietet Sprünge (auch im Tandem mit Lehrer) für 1000 Dh an. Ein Video Ihres Sprungs kostet 400 Dh zusätzlich.

Aktiv sein, Sport, Wellness

Golfen

Sieben Golfplätze, nicht weit voneinander entfernt und vier davon sogar Austragungsort internationaler Turniere und Weltmeisterschaften – damit gehört Dubai zum weltumspannenden *Golf Circuit.* Die Plätze unterscheiden sich wesentlich und fordern selbst sehr gute Golfer heraus. Fünf davon verfügen über 18-Loch-Parcours auf Weltniveau, nur der Jebel Ali Parcours beschränkt sich auf 9 Loch, und auf dem Parcours des Dubai Country Club, der ältesten 18-Loch-Anlage Dubais, muss man auf Sand spielen; *browns* (statt *greens*) bestimmen hier die *fairways.*

Gäste sind in allen Clubs willkommen, die Ausrüstung kann man ausleihen, angemessene Kleidung wird erwartet. Nach dem Handicap (Männer 28, Frauen 45) wird selten gefragt. (Winter-) Preise für Gäste: 18-Loch zwischen 500 und 900 Dh, 9-Loch zwischen 250 und 600 Dh. UGA-Mitglieder erhalten auf allen Plätzen Ermäßigungen.

Dubai Creek Golf & Yacht Club: ▶ Karte 2, V 6, www.dubaigolf.com (s. S. 190). Der bekannteste Golfclub Dubais mitten in der Stadt.

Emirates Golf Club: ▶ Karte 3, K 4, www.dubaigolf.com (s. S. 209). Dubais ältester Golf Club liegt im Stadtteil Jumeirah.

Peter Cowen Golf Academy: ▶ Karte 3, K 4, Sheikh Zayed Rd., Tel. 380 22 22, www.petecowen.com. Im Emirates Golf Club hat Peter Cowen 2003 seine *Golf Academy* eröffnet. Anfänger zahlen für zehn Übungsstunden 1800 Dh, Fortgeschrittene für einen halben Tag Intensivtraining 900 Dh. Einzelunterricht bei einem Profi kostet 800 Dh die Stunde.

Jebel Ali Golf Course: Auf dem Gelände des JA Jebel Ali Golf Resort, ▶ Karte 3, B 2, Tel. 883 60 00, www.jaresortshotels.com (s. S. 245)

The Address Montgomerie Golf Club: ▶ Karte 3, J 5, www.themontgomerie.com (s. S. 210). Man spielt vor der Skyline der Sheikh Zayed Road.

Al Badia Golf Club by InterContinental: ▶ Karte 2, V 8, Al Rebat St., Dubai Festival City, Tel. 601 01 01, www.albadiagolfclub.ae. Der Al Badia Golf Club wurde von dem Ex-Golfer Robert Trent Jones Jr. gestaltet und gleicht einer Oase inmitten einer Wüstenlandschaft. Mehrere große Seen und kleine Teiche, aber auch lange Sandbunker unterbrechen die Fairways. Landestypische Pflanzen und Bäume unterstreichen den parkartigen Charakter des Platzes. Zur Verbesserung des Handicaps bietet die Al Badia Academy Kurse an (ab 1400 Dh im Monat). Das imposante Clubhaus hebt sich wohltuend von der Hochhausbebauung der Festival City ab. Zum Club gehören ein eigener Spa und zwei vorzügliche Restaurants.

The Track Meydan Golf Course: ▶ Karte 2, R 8, Al Meydan Road, nördlich der Pferderennbahn, Tel. 381 37 33, www.meydangolf.com, 18 Loch, 600 Dh, 9 Loch, 350 Dh. Der neue Golfplatz mit eindrucksvollem Clubhaus (tgl. 6.30–24.30 Uhr) wurde von Peter Harradene entworfen und um sechs größere Seen angelegt. Er gehört zu den schönsten Golfplätzen Dubais und besitzt eine Flutlichtanlage.

Arabian Ranches Golf Club: ▶ Karte 4, C 4, Arabian Ranches, Tel. 884 67 77, www.arabianranchesgolfdubai.com. Den 2004 eröffneten Platz am Rande des Stadtteils Jumeirah gestalteten Jan Baker-Finch und Nicklaus Design als grüne Oase in der Wüstenlandschaft. Der Golfplatz ist Teil der eleganten Neubausiedlung Arabian Ranches. Hier ist Spielen zurzeit noch günstig: Green Fee verhandelbar.

Reiseinfos

Kitesurfen

Wen Windsurfing nicht mehr herausfordert, der sollte es mit Kitesurfen probieren. Dabei steht man auf einem Wakeboard und lässt sich von einem Lenkdrachen übers Wasser ziehen, wobei höhere Sprünge möglich sind. Kurse in der Trendsportart bietet der **Dubai Kite Club** in Dubai an (Jumeirah Beach, ▶ Karte 2, O/P 4, www.kitesurf.ae).

Polo

Die **Dubai Polo Academy** (▶ Karte 3, außerhalb L 8, Tel. 05 08 87 98 47, www.dubaipoloacademy.com, Mai–Okt., Mo–Sa 6–10 und 15–18 Uhr, 1 Std./450 Dh.) bietet Anfängern *(no previous riding experience recquired* – Reiterfahrung nicht erforderlich) die Möglichkeit, den ausgefallenen Sport kennenzulernen. Allein schon die gepflegte Anlage und das beeindruckende Clubhaus lohnen den Besuch.

Reiten

Reiten ist ein überaus beliebter Sport in Dubai. Sheikh Mohammed Bin Rashid, der Herrscher des Emirats, ist begeisterter Pferdeliebhaber. Auch deshalb gibt es in Dubai mehrere Reitclubs, die Unterricht und Ausritte anbieten, darunter der **Jebel Ali Equestrian Club** mit trainierten Pferden und erfahrenen Reitlehrern (▶ Karte 3, außerhalb L 8, Tel. 88 36 00 00, So–Do 8–11 und 16–19 Uhr, 45 Min. Unterricht 150 Dh, Ausritte 200 Dh).

Wer gerne einmal auf einem echten Araberpferd durch die Wüste reiten möchte, kann dies vor den Toren Dubais im **Bab Al Shams Desert Resort** (in Begleitung eines Reitlehrers, 300 Dh/Std., s. S. 271) oder im **Resort Al Sahra** (s. S. 215) in die Tat umsetzen.

Der Ausritt in die Wüste auf einem Kamel (in Begleitung eines erfahrenen Kamelreiters) kostet dasselbe. Die Deutsche **Uschi Musch** bietet auf ihrer Farm (Richtung Bab Al Shams) und am Jumeirah Beach in Dubai ebenfalls Kamelreiten an (s. S. 110).

Wassersport

Etliche Wassersportarten wie Surfen, Segeln, Tauchen und viele andere mehr sind in Dubai ganzjährig sehr beliebt. Südwestlich von Dubai City erstrecken sich kilometerlange, saubere, flache Sandstrände. Hier ist das Meer sicher und ideal für viele Wassersportarten. Alle Strandhotels verleihen Ausrüstungen und bieten Kurse mit erfahrenem Personal an. Wer in einem Hotel ohne Strandzugang wohnt, kann zum Baden entweder die beiden öffentlichen Beach-Parks aufsuchen oder eine Tageskarte für die Badeanlagen in einem der Strandhotels erwerben.

Wellness

Alle Luxushotels in Dubai verfügen über große Wellness- und Spa-Bereiche, die ganz auf das Wohlbefinden ihrer Gäste ausgerichtet sind und luxuriöse Ausstattung und hohe Qualität der Behandlungen zu relativ günstigen Preisen bieten. Das qualifizierte Personal ist freundlich und einfühlsam, die Spas sind architektonische Wohlfühltempel. Somit ist Dubai der richtige Ort, sich den Ritualen des Pflegens, Entspannens und Belebens hinzugeben, um unter geschulten Händen in schöner Umgebung und mit der richtigen Kosmetikmarke jene glücklichen Momente zu erfahren, die totale Entspannung verheißen.

Wer vor Reiseantritt im Wellnessdschungel Orientierung sucht, findet sie unter www.wellnessverband.de.

Aktiv sein, Sport, Wellness

Amara: im Hotel Park Hyatt Dubai, ▶ Karte 2, V 6 (s. S. 35), Tel. 602 12 34, tgl. 9–22 Uhr. Hier konzentriert man sich auf das individuelle Spa-Erlebnis. In edlen Einzelbehandlungszimmern mit großzügiger, nicht einsehbarer Außenterrasse kann der Gast wählen zwischen *shiffa hammam*-Ritual mit Damaszener Rosenöl oder andalusischem Jasminöl, Aromatherapie, Reflexzonenmassage und verschiedenen Gesichtsbehandlungen (auch speziell ›Für Ihn‹). Individualität und Komfort lassen sich noch toppen: die Residential Spa Rooms sind Komfortsuiten, in denen ein Zimmer mit eigenem Dampfbad, Massageliege und Behandlungsstuhl ›möbliert‹ ist!
Ahasees Spa: im Grand Hyatt Dubai Hotel, ▶ Karte 2, U 6, s. S. 169
Assawan Spa & Health Club: im Burj Al Arab, ▶ Karte 3, N 3, s. S. 238
Caracalla Spa & Health Club: im Le Royal Meridien Beach Resort, ▶ Karte 3, J 3, s. S. 238
Cleopatra Spa: in der Wafi Shopping Mall, ▶ Karte 2, U 6, s. S. 159
Givenchy Spa: im Hotel The One & Only Royal Mirage Dubai, ▶ Karte 3, K 3/4, s. S. 211
The Spa: im JA Jebel Ali Beach Hotel, ▶ Karte 2, B 2, s. S. 254
The Spa at The Address: im Hotel The Address Dubai Mall, ▶ Karte 2, S 5, s. S. 215
The Talise Spa: im Madinat Jumeirah Hotel, ▶ Karte 3, M 4, tgl. 9–22 Uhr (s. S. 31, s. auch S. 214.). Talise ist ein eigenes, für Jumeirah entwickeltes Konzept, das alle für das Wohlbefinden relevanten Elemente berücksichtigen will. Alle Anwendungen sollen nicht nur zu einem angenehmen Körpergefühl beitragen, sondern auch zu innerer Kraft führen. Massagen, Yoga, Meditation und eigene Jumeirah-Produkte tragen dazu ebenso bei wie die Räumlichkeiten des mehrfach preisgekrönten Luxus-Spas mit orientalisch-sinnlicher Atmosphäre in einem wunderschönen Garten.
Willow Stream: ▶ Karte 2, T 5, im Hotel The Fairmont Dubai, Sheikh Zayed Rd., gegenüber Dubai World Trade Centre, tgl. 8–22 Uhr. Die gesamte Palette von Gesichts- und Körperbehandlungen, Massagen, Maniküre und Pediküre werden im Ambiente römischer Badekultur angeboten. Dazu stehen zwei Schwimmbäder (Sunset und Sunrise Pool), Outdoor und Indoor Jacuzzi, Sauna, Dampfbad, Fitnesscenter und ein Aerobic Studio zur Verfügung.
The Spa at Shangri-La: im Hotel Shangri-La, ▶ Karte 2, S 5, Sheikh Zayed Rd. (s. S. 38), Tel. 343 88 88. Großer ruhiger Spa-Bereich in Sandtönen, asiatische Körperphilosophie und Sanskrit-Bezüge als Basis der mehr als ein Dutzend Anwendungen. Drei Jacuzzi mit unterschiedlichen Temperaturen. Programme für Paare (Ehepaare, aber auch Mutter-Tochter, Vater-Sohn) sehr empfehlenswert: Four Hand Aroma Vitality Massage, 1 Std. 950 Dh. Der Spa ist sehr beliebt, unbedingt anmelden.

Zuschauersport

Die großen Sportevents finden alle im Winter zwischen Dezember und März statt. Dazu zählen u. a.:
– die **Kamelrennen** (2. Dez.)
– die **Dubai International Rallye** (Dez.)
– die **Dubai Tennis Open** (Feb.)
– das **Golf Turnier Dubai Desert Classics** (Feb.)
– das **Pferderennen Dubai World Cup** (Ende März)
Am Jahresanfang veröffentlicht das DTCM (s. S. 21) einen **Veranstaltungskalender**. Es empfiehlt sich, für Reisen während dieser Großveranstaltungen frühzeitig ein Hotel zu buchen, da die Sportler, ihre Entourage und die anreisende Presse viele Zimmer benötigen.

Museen und Galerien

Dubai besitzt ein halbes Dutzend Museen, in denen man viel über die Geschichte und das Alltagsleben im Emirat vor der Zeit des Öls erfährt. Es ist erstaunlich, wie viele junge Dubai'in man dort antrifft. Allerdings werden sie auch besonders umworben, weil sie in einer Gegenwart aus Technik und Überfluss, Glas und Beton aufwachsen, in der es kaum noch historische Spuren gibt.

Schule als Museum – **Al Ahmadiya School/Museum of Education:** ▶ Karte 1, V 4, Al Ahmadiya St., Deira, So–Do 8–19.30, Fr 15–19.30 Uhr, Eintritt frei. Die 1912 gegründete Schule Al Madrasah Al Ahmadiya, die auch der heutige Herrscher Dubais als Schüler besuchte. In den ehemaligen Klassenzimmern kann man die Stationen öffentlicher Erziehung im Emirat verfolgen (s. S. 179).

Geschichte und Alltag – **Al Fahidi Fort, Dubai Museum:** ▶ Karte 1, V 4, Al Fahidi St., So–Do 8.30–20.30, Fr 14.30–20.30 Uhr, Erw. 3 Dh, Kinder 1 Dh. Die im 19. Jh. errichtete Al Fahidi-Festung wurde 1995 zum größten und beeindruckendsten Museum zur Geschichte des Emirats umgestaltet. In einer Abteilung wird der Alltag um 1920 nachgestellt (s. S. 133).

Nicht nur für Frauen – **Women's Museum – Bait Al Banat:** ▶ Karte 1, V 1, im Stadtteil Deira, nahe Goldsouq, Sikka 28, 500 m zur Metrostation Al Ras *(Green Line)*, Tel. 234 23 42, www.womenmuseumuae.com, tgl. 10–19 Uhr, Eintritt 20 Dh. Das um 1950 im engen Straßengewirr Deiras erbaute Haus trug damals den Namen *Bait Al Banat* (Haus der Mädchen), heute beherbergt es das erste Frauenmuseum der Arabischen Halbinsel.

Stadtgeschichte – **Dubai Municipality Museum:** ▶ Karte 1, V 4, Baniyas Rd., am Eingang zum Gewürzsouq, tgl. 9.30–17 Uhr, Eintritt frei. Im ersten Stock dieses früheren Händlerhauses versammelte sich ab 1959 der Rat der Gemeinde Dubai unter Vorsitz des damaligen Herrschers Sheikh Rashid. Alte Fotografien und ein Filmdokument veranschaulichen die Entwicklung Dubais in den 1960er-Jahren (s. S. 174).

Bescheidener Wohlstand – **Heritage House:** ▶ Karte 1, V 4, Al Ahmadiya St., neben der Al Ahmadiya School, So–Do 8–19.30, Fr 14.30–19.30 Uhr, Eintritt frei. Das im 19. Jh. erbaute Haus eines reichen Perlenhändlers steht beispielhaft für die Geschichte Dubais und die Veränderungen im Alltag seiner Bewohner (s. S. 180).

Beduinisches Leben – **Heritage and Diving Village:** ▶ Karte 1, V 4, Al Khaleej Rd., Shindagha, Sa–Do 8–22, Fr 8–11, 16–22 Uhr, Eintritt frei. Die Nachbildungen zweier historischer Dörfer gewähren Einblicke in das Leben am Golf zu Beginn des 20. Jh. Besonders in den Wintermonaten und während des Shopping Festivals füllen sich die Dörfer mit Leben, z. B. durch Darbietungen traditioneller arabischer Musik und Volkstänzen (s. S. 143).

Ausgrabungen – **Jumeirah Archaeological Site:** ▶ Karte 2 R 4, zwischen Safa-Park und Jumeirah Beach Park, So–Do 9–14.30 Uhr, Eintritt frei. Jumeirah war im 5./6. Jh. ein Handelszentrum, durch das eine Karawanen-

Museen und Galerien

Die Art Duba informiert über das Kunstgeschehen in der arabischen Welt

straße von Oman nach Mesopotamien führte (s. S. 225).

Polizeigeschichte – **Naif Museum:** ▶ Karte 1, V 4, Stadtteil Deira, Naif Rd., So–Do 8–19.30, Fr 14.30–19.30 Uhr, Eintritt frei. Im alten Polizeihauptquartier wurde ein Museum eröffnet, das die Geschichte des Emirats aus dem Blickwinkel seiner Ordnungshüter dokumentiert (s. S. 182).

Herrscherhaus – **Sheikh Saeed Al Maktoum House:** ▶ Karte 1, V 4, Shindagha, Al Khaleej Rd., So–Do 8.30–21, Fr 15–22 Uhr, Eintritt Erw. 2 Dh, Kinder 1 Dh. Das 1896 in traditioneller Golfarchitektur mit charakteristischen Windtürmen errichtete Haus von Sheikh Saeed Al Maktoum ist heute ein nationales Monument, weil sich mit ihm die bedeutendste Periode der Emiratsgeschichte verbindet (s. S. 141).

Galerien

Dubais erste Galerie – **Majlis Gallery:** ▶ Karte 1, V 4, Bastakiya, Al Fahidi R/A, Tel. 353 62 33, Sa–Do 9.30–20 Uhr, www.themajlisgallery.com. In mehreren Räumen um einen schönen Innenhof finden Ausstellungen lokaler und internationaler Künstler statt (s. S. 138).

Kunst im Café – **XVA:** im XVA-Hotel, ▶ Karte 1, V 4, Tel. 353 53 83, Bastakiya, So–Do 9.30–20 Uhr. Im Innenhof eines kleinen Hotels mitten im Bastakiya-Viertel sind wechselnde Ausstellungen arabischer Künstler zu sehen (s. S. 148).

Fotos und Kunst – **The Empty Quarter:** ▶ Karte 2, S 5, im Gate Village des DIFC, Building 2, Tel. 323 12 10, Sa–Do 10–12, Fr 12–20 Uhr, www.emptyquarter.com. Eine von mehreren Gallerien im Gate Village, Fotografien und Reproduktionen (s. S. 202).

Arabische Künstler – **Cuadro:** ▶ Karte 2, S 5, ebenfalls im Gate Village des DIFC, Building 10, Tel. 425 04 00, So–Do 10–20, Sa 12–18 Uhr. Contemporary Middle Eastern Art (s. S. 202).

Reiseinfos von A bis Z

Alkohol

In der VAE wird Alkohol nur in Hotelrestaurants und -lounges angeboten, Ausnahme: Sharjah, in diesem Emirat wird Alkohol gar nicht ausgeschenkt.

Apotheken

Medikamente sind im *drugstore* nach US-amerikanischem Vorbild oder in den *pharmacy*-Abteilungen der Shopping Malls erhältlich. Deutsche Medikamente gibt es dort ebenso wie britische und US-amerikanische.

Ärztliche Versorgung

Den niedergelassenen Ärzten und den vorbildlich ausgestatteten Krankenhäusern kann man sich in Dubai unbesorgt anvertrauen. In den staatlichen Krankenhäusern **Al Wasl Hospital** (Tel. 04 219 30 00), **Dubai Hospital** (Tel. 04 219 50 00), **Rashid Hospital** (Tel. 04 219 20 00) werden Notfälle kostenlos behandelt. Website für alle drei Kliniken: www.dohms.gov.ae. In allen anderen Fällen müssen Touristen bar oder mit Kreditkarte bezahlen. Der Abschluss einer Reisekrankenversicherung ist sehr empfehlenswert. Im Krankheitsfall kann man sich auch an private Krankenhäuser, z. B. das **Belhoul European Hospital Centre** (Jumeirah, Al Dhiyafa Rd., Dune Centre, 1st Floor, Tel. 345 40 00, 345 75 00, www.belhouleuropean.com) wenden. Das deutsche Konsulat (s. u.) in Dubai veröffentlicht eine Liste vertrauenswürdiger deutschsprachiger Ärzte.
Vertragsarzt der Lufthansa: Dr. Heidenreich, German Medical Clinic in Sharjah, Al Batha Tower, Buhairah Corniche, Tel. 06 575 02 80.

Beschwerden

Das **Department of Tourism & Commerce Marketing (DTCM)** hat eine Beschwerdeabteilung eingerichtet, an die Besucher ihre Kritik aufgrund touristischer Mängel gebührenfrei telefonisch (800 70 90) oder per E-Mail-Formular (ecomplaints@dubaitourism.ae) richten können. Eine schnelle Bearbeitung wird garantiert (s. S. 21).

Diplomatische Vertretungen

In den Vereinigten Arabischen Emiraten (VAE)
Deutsche Botschaft: Abu Dhabi Mall, Towers of the Trade Centre, West Tower, 14. Stock, Abu Dhabi, Tel. 02 644 66 93, Fax 02 644 69 42, www.abu-dhabi.diplo.de.
Generalkonsulat der Bundesrepublik Deutschland: Dubai Islamic Bank Building, nahe BurJuman Centre, Khalid Bin Al Waleed St., Tel. 397 23 33, Fax 397 22 25, www.dubai.diplo.de.
Botschaft der Republik Österreich: Sky Tower, Office Nr. 504, Reem Island,

---

Mitnahme von Medikamenten
Das Auswärtige Amt in Berlin weist darauf hin, dass bestimmte Medikamente, die im Heimatland rezeptfrei sind, nicht ohne ärztliches Rezept in die Vereinigten Arabischen Emirate (VAE) eingeführt werden dürfen. Weiterführende Informationen siehe www.auswaertiges-amt.de/diplo/de/Laenderinformationen/VereinigteArabischeEmirate).

Reiseinfos von A bis Z

Tel. 02 694 49 99, Fax 694 99 88, www.bmeia.gv.at/abudhabi.
Schweizer Botschaft: Abu Dhabi Tower, 4. Stock, Sheikh Hamdan St., Abu Dhabi, Tel. 02 627 46 36, Fax 02 626 96 27, www.eda.admin.ch.
Generalkonsulat der Schweiz: Dubai World Trade Centre, Dubai, Tel. 329 09 99, Fax 331 36 79, dai.vertretung@eda.admin.ch.

In Deutschland, Österreich und der Schweiz
Botschaften der VAE
Hiroshimastr. 18, D-10785 **Berlin**, Tel. 030 516 56, www.vae-botschaft.de.
Peter-Jordan-Str. 66, A-1190 **Wien**, Tel. 01 368 14 55, www.vae-botschaft.de.
Thunstr. 160, 3074 **Muri bei Bern**, Tel. 031 312 17 10, Fax 311 80 92, www.botschaft-bern.com.
Generalkonsulat der VAE: Lohengrin-str. 21, D-81675 **München**, Tel. 089 417 70, Fax 089 47 07 70 20.

Elektrizität

Die Stromspannung in Dubai beträgt 220–240 Volt, üblich ist ein britisches Steckdosensystem, sodass man für deutsche Geräte (außer Trockenrasierer) einen Adapter benötigt.

Feiertage

In Dubai sind die hohen islamischen Feiertage auch staatliche Feiertage. Da der Mondkalender der Muslime mit unserem Sonnenkalender nicht identisch ist, verschieben sich die Termine der islamischen Feiertage von Jahr zu Jahr. Doch nicht nur das: Da der Monatsanfang vom ersten Erscheinen der Mondsichel nach Neumond bestimmt wird, können die Daten nur wenige Jahre im Voraus festgelegt werden.

An den religiösen Feiertagen kleiden sich die muslimischen Einwohner besonders festlich. Die christlichen Feiertage Weihnachten oder Ostern spielen keine Rolle im Arbeitsalltag, wohl aber für die Dekoration der Schaufenster, das Warenangebot der Shopping Malls und besonders für die Menüvariationen der Restaurants.

Islamische Feiertage
Id al Fitr: Das **Fest des Fastenbrechens** wird am Ende des Fastenmonats Ramadan drei Tage lang gefeiert. Beginn 2014 am 28. Juli, 2015 am 17. Juli.
Id al Adha: Das große **Opferfest** im Zusammenhang mit der Pilgerfahrt nach Mekka dauert ebenfalls drei Tage. Beginn 2014 am 4. Okt, 2015 am 23. Sept.
Ras al Sana al Hijra: Islamisches **Neujahrsfest**, Beginn des islamischen Jahres im Gedenken an die Flucht des Propheten aus Mekka nach Medina im Jahre 621: 2014 am 25. Okt. (1436), 2015 am 14. Okt. (1437).
Mawlid al Nabi: Der **Geburtstag des Propheten** wird 2014 am 12. Jan., 2015 am 2. Jan. (für das Jahr 1436) und am 23. Dez. (für das Jahr 1437) gefeiert.
Ramadan: Der **Fastenmonat** beginnt 2014 am 28. Juni, 2015 am 17. Juni.

Staatliche Feiertage
1. Januar: New Years Day
2. Dezember: Gründung der VAE

FKK

Nackt- und Oben-ohne-Baden sind absolut tabu und streng verboten.

Geld

Die **Währung** Dubais und der VAE ist der **Dirham** (offiziell AED), unterteilt in 100 Fils. Er ist seit 1980 fest an den US-Dollar im Verhältnis 1 USD = 3,67 AED gekoppelt. Der Wechselkurs des Dirham zum Euro und zum Schweizer

Reiseinfos

Spartipps
Dubai hat ein sehr gut ausgebautes innerstädtisches **Bussystem** (Fahrpreis: ab 2 Dh). Auch **Taxifahren** ist weitaus preiswerter als etwa in Deutschland (z. B. von der Innenstadt zum Strand ca. 40 Dh), ein **Leihwagen** kostet ab 200 Dh/Tag, 1 l Benzin rund 1,50 Dh.

Auch für wenig Geld kann man gut satt werden, sogar bei schöner Aussicht. In den **Food Courts** der Shopping Malls (s. S. 51) mit etlichen Selbstbedienungsrestaurants (meist in den oberen Stockwerken) bekommt man ab 20 Dh ein warmes Essen. Noch günstiger sind die **Schnellimbiss-Stände** in den Fußgängerzonen am Creek: Hier kostet ein leckeres *sharwarma* ca. 4 Dh. Für eine Literflasche Wasser zahlt man im Supermarkt ca. 1 Dh. Wer in diesem Preissegment auf Vertrautes setzt: Bei **IKEA** in der Festival City (s. S. 192) gibt es das in europäischen Breiten beliebte Lachsbrötchen-Frühstück für 10 Dh.

Baden: An mehreren Strandabschnitten der Jumeirah-Küste kann man kostenlos baden (allerdings ohne Infrastruktur). Perfekte Infrastruktur bieten der **Jumeirah Beach Park** und der **Al Mamzar Beach Park,** beide gut per Bus zu erreichen, Eintritt: 5 Dh (s. S. 68).

Wen **Kultur** interessiert: Dubai besitzt ein halbes Dutzend **Museen.** Der Eintritt ist vielfach frei oder kostet maximal 3 Dh.

Und wer doch ein bisschen am verrückten Luxus in Dubai partizipieren möchte: Den größten Unterhaltungswert bietet momentan wohl **Skifahren** oder **Snowboarden** in der **Mall of the Emirates,** einer der größten Konsumtempel in Dubai: 2 Std. Skifahren 200 Dh (inkl. Ausrüstung von der Mütze bis zu den Skiern), Wochenkurs Snowboarding umgerechnet 80 €.

Franken hängt daher von deren Kurs zum US-Dollar ab. Den tagesaktuellen Wechselkurs kann man auf www.oanda.com/converter schnell ermitteln.

Wechselkurs (Ende 2013):
1 Dh = ca. 0,20 €, 1 € = ca. 4,90 Dh
1 Dh = ca. 0,25 CHF, 1 CHF = ca. 3,95 Dh

Bargeld kann in unbegrenzter Höhe eingeführt werden. Der Wechselkurs am Flughafen ist sehr schlecht (plus einer Wechselgebühr von 2 %), mindestens 15 Dh. Viele Wechselstuben findet man im Stadtteil Deira, auch in großen Supermärkten und in allen Shopping Malls.

Mit **Kredit-** oder **EC/Maestro-Karten** kann man an Bankautomaten Dirham abheben; sie stehen auch in Hotels und in Shopping Malls. Pro Abhebung werden bei der heimischen Bank Gebühren (um 4,50 € bei EC-Karten, bei Kreditkarten mehr) fällig.

Dubai mit kleinem Budget
Beim Namen Dubai entstehen rasch Bilder von visionärer Architektur, unerschwinglichem Luxus, teuren Hotels und glitzernden Shopping Malls. Doch kann man das Emirat auch mit kleinem Budget besuchen. Denn Dubai besitzt eine schöne **Jugendherberge** (s. S. 41), ebenso wie das nur wenige Kilometer entfernte Nachbaremirat Sharjah (mit Doppelzimmern und Schwimmbad, ohne Altersbegrenzung). Auch kann man bestimmte Strandabschnitte kostenlos besuchen (s. S. 68) und öffentliche Verkehrsmittel sind sehr günstig (s. S. 25).

Jenseits der ›Luxusebene‹ muss ein Aufenthalt nicht teuer werden. Dazu bedenke man, dass mehr als eine Mio. Gastarbeiter aus Indien und Pakistan weniger als 100 € im Monat für Essen, Trinken und Freizeit zur Verfügung haben, weil sie von 300 € Monatslohn

Reiseinfos von A bis Z

Baywatcher am Jumeirah Beach Hotel

ihre Familien in den Heimatländern unterhalten.

Gesundheitsvorsorge

Für die Einreise nach Dubai und in die anderen Emirate sind keine Impfungen vorgeschrieben. Das Leitungswasser ist trinkbar, emfehlenswerter ist Mineralwasser.

Kinder

In einer Gesellschaft, in der es (noch) viele Kinder gibt und in der ›Kinder zu haben‹ ein wesentliches Moment für Identität und Ansehen eines Erwachsenen ist, werden Kinder mit besonderer Wertschätzung behandelt. Von dieser positiven Grundeinstellung profitiert auch der Nachwuchs von Besuchern, besonders in Hotels, Restaurants und in Freizeitparks.

Hinzu kommen neue, bei Europäern noch unbekannte Freizeitangebote, die auch Kinder interessieren könnten, z. B. Ausflüge in die Wüste, Kamelreiten und der Besuch eines Kamelmarkts (Al Ain) oder eine Vorführung jagender Falken.

Nach Möglichkeit ein Strandhotel
Da in Dubai die Wassertemperatur des Meeres meist angenehm warm ist, sollten Eltern nach Möglichkeit ein Hotel am Strand einem Stadthotel vorziehen. In jedem Fall aber sollte das Hotel über ein Schwimmbad verfügen.

Einige der Strandhotels am Jumeirah Beach (z. B. The Ritz Carlton, Le Royal Meridien oder JA Jebel Ali Golf Resort) haben zudem eigene **Kids Clubs** eingerichtet, in denen Kinder mit einem abwechslungsreichen, altersgerechten Spiel- und Unterhaltungsprogramm zwischen 9 und 16 Uhr am Strand und im Wasser bei Laune gehalten werden.

Unter den Stadthotels ist nur das **Grand Hyatt** vorbildlich auf Familien mit Kindern eingestellt; es bietet betreute Spielangebote und verfügt

Reiseinfos

über ein ganzjährig temperiertes, rutschfestes und großes Kinderschwimmbecken mit Sonnensegel.

Besuch in Parks
Attraktiv sind für Kinder auch die öffentlichen Parks, wie etwa der **Creekside Park,** in dem etwa ein Drittel der Fläche für Kinder zum Spielen gestaltet wurden und der sogar eine kleine Hochbahn bieten kann. Dazu gibt es Parkanlagen mit eigenen Stränden wie der **Jumeirah Beach Park** oder der **Al Mamzar Park**. Beide Parks haben außer einem Strand auch Schwimmbäder mit Wasserrutschen zu bieten.

Da zum Dubai-Programm von Familien auch der Besuch einer oder mehrerer Shopping Malls gehört und Kinder die Kunden von morgen sind, die bereits jetzt großen Einfluss auf die Kaufentscheidungen ihrer Eltern haben, sind die Einkaufszentren bestens auf die junge Klientel eingestellt. Einige haben gar ein ganzes Stockwerk mit Spielgeräten aller Art für den Nachwuchs reserviert. Besonders aufregend dürfte die **Kempinski Mall of the Emirates** sein, in deren Ski Dome Kinder mitten in der Wüste Ski-, Snowboard- oder Schlittenfahren können.

Medien

Englischsprachige Tageszeitungen in Dubai sind Gulf News, Khaleej Times, The National und The Gulf Today, die lokalen arabischen sind Al Bayan, Al Ittihad und Al Khaleej. Deutschsprachige Tageszeitungen sind mit einem Tag Verspätung in Hotels, Supermärkten und Buchhandlungen erhältlich.

Notruf

Polizei: Tel. 999
Feuerwehr: Tel. 997
Ambulanz: Tel. 999
Sperrung von Handys, EC- und Kreditkarten: Tel. +49 116 116

Öffnungszeiten

Banken: So–Do 8–14/16.15 Uhr
Behörden: So–Do 7.30–14.30 Uhr
Geschäfte: Sa–Do 9–13 und 16–21 Uhr, größere Geschäfte öffnen Freitag nachmittags gegen 16 Uhr
Shopping Malls: tgl. 10–22 Uhr
Post: So–Do 8–18, Sa 8–12 Uhr
Souq: Sa–Do 8–13, 16–20/22 Uhr
Während des **Ramadan** ändern sich die Öffnungszeiten, Shopping Malls haben dann von 10 bis 2 Uhr nachts geöffnet, alle anderen Institutionen ›ruhen‹ mehr oder weniger am Nachmittag, Geschäfte öffnen am Abend.

Post

In allen Stadtteilen gibt es ein **Postamt**. Briefmarken sind auch in Buchläden erhältlich. Postkarten nach Europa kosten 3 Dh, Briefe (bis 20 g) 5,50 Dh.

Rauchen

In den Emiraten gibt es keine einheitliche Regelung. In Dubai hat sich ein Rauchverbot in öffentlichen Einrichtungen, Hotels und Restaurants nach europäischem Vorbild durchgesetzt. Geraucht werden darf in Restaurants nur unter freiem Himmel und in Bars. Dieselben Einschränkungen werden in Abu Dhabi lockerer gehandhabt.

Reisen mit Handicap

Am **Flughafen** bietet der Betreiber Reisenden mit Behinderung Unterstützung an (z. B. mit Rollstühlen). Informationen sind erhältlich bei: **DNATA**, Tel. 21 64 61-7 oder **Emirates Airlines**, Tel. 216 20 16.

Reiseinfos von A bis Z

Die **Dubai Taxi Corporation** besitzt eigene, mit Liften ausgestattete Vans. Man muss sie 24 Stunden vorab reservieren und wird an jedem Punkt der Stadt abgeholt (Tel. 04 208 08 08, www.dubaitaxi.ae). Gebühren zwischen 6 und 22 Uhr 6 Dh, Flughafentransfer rund um die Uhr 25 Dh.

Alle großen **Hotels** verfügen über behindertengerechte Einrichtungen, wie Rampenzugänge oder Fahrstuhlknöpfe in Hüfthöhe. Nur wenige **Museen** der Stadt (z. B. das Al Fahidi Fort und das Heritage and Diving Village) haben behindertenfreundliche Eingänge.

Zur Reisevorbereitung: Das **DTCM** (s. S. 21) versendet eine 30-seitige Broschüre (»Simply Accessible«) mit vielen behindertenspezifischen Hinweisen zu Hotels, Parks und Shopping Malls. Unterstützung erhalten Behinderte beim **Dubai Centre for Special Needs,** Tel. 344 09 66, www.dcsneeds.ae.

Sicherheit

Dubai und die anderen sechs Emirate könnten ohne zu übertreiben den drei ›S‹ ihres Attraktivitätslogos *(sun, sand, shopping)* ein viertes für *safety* hinzufügen, denn es gibt praktisch keine Straßenkriminalität. Betrug, Gewalttätigkeit oder Raub sind am Golf so gut wie unbekannt. Aggressiv bettelnde Kinder trifft man ebenso wenig wie aufdringliche Händler. Falls man trotzdem einmal in Schwierigkeiten kommen sollte: Dubai verfügt über ein **Tourist Security Department (TSD),** Tel. 297 55 53 und 08 00 44 38 (gebührenfrei), t.s@dubaipolice.gov.ae, www.dubaipolice.gov.ae. Beim TSD ist auch die informative Broschüre »Tourist Guide« mit ausführlichen Hinweisen *(guidelines)* für den Dubai-Besuch erhältlich.

Allerdings ist die Grenze zwischen versuchtem Betrug und überteuerten Preisen (z. B. für Imitate) manchmal schwer zu bestimmen. Der ›richtige‹ Preis ist immer der ausgehandelte, auch wenn er sich später aus Sicht des Käufers als zu hoch herausstellen sollte.

Für Frauen sicher

Frauen können sich in Dubai sehr sicher fühlen. Von männlicher Gewalt gegenüber allein reisenden Europäerinnen wurde noch nie berichtet. Es braucht also weniger Mut als Menschen- und Landeskenntnis. Schlechte Erfahrungen bleiben denen erspart, die sich vor der Reise grundlegende Kenntnisse über das Land und seine Sitten aneignen. Dazu gehören auch solche über das Bild einheimischer Männer von allein reisenden Europäerinnen. Die wirksamste Verteidigung gegen freundlich-aufdringliche Verehrer ist immer ein entschiedenes »*La!*« (Nein!).

Souvenirs

Was kann man vom Golf mitbringen?
– Golfbälle mit der Prägung der renommierten Golfclubs,
– Weihrauch oder Gewürze vom Gewürzsouq,
– Mousepad für den PC in der Form eines kleinen fliegenden Teppichs,
– Gold (als Schmuck oder Münzen aus dem Goldsouq),
– alte Kaffeekannen aus Messing,
– traditionellen südarabischen Beduinenschmuck,
– Datteln aus Al Ain und Dattel-›Champagner‹ der Firma Bateel,
– Künstlerfotos mit ausgefallenen Dubai-Motiven aus dem Souq Madinat Jumeirah,
– für Kinder: ein Plüschkamel,
– fürs interkulturelle Lernen: *fulla*, eine arabische Barbie-Puppe mit schwarzer *abaya*,

Reiseinfos

- Kosmetika oder einen edlen Federhalter aus dem Duty Free Shop,
- einen Gutschein für eine Tankfüllung aus dem Land des Öls: 50 l (aus Dubai) 15 €.

Telefonieren

Vorwahlen

Deutschland: 0049
Österreich: 0043
Schweiz: 0041
Dubai: 009714

Von Dubai in die VAE: Abu Dhabi: 02, Al Ain: 03, Ajman, Sharjah und Umm Al Qaiwain: 06, Ras al Khaimah: 07, Khor-Fakkan und Fujairah: 09
Die Vorwahlen müssen auch innerhalb der VAE mitgewählt werden. In allen Emiraten beginnen die Mobilfunk-Nr. mit 050, 055 oder 056.

Telefonieren im Festnetz

Gespräche zwischen Festnetzanschlüssen im Stadtgebiet von Dubai sind gebührenfrei. Für die reichlich vorhandenen öffentlichen Fernsprecher benötigt man für In- und Auslandsgespräche Telefonkarten (ab 20 Dh). Gebühren: 1 Min. ins Inland kostet 30 Fils (Fr nur 20 Fils), 1 Min. nach Europa 2,5 Dh.

Telefonieren mit dem Handy

In Dubai besitzt jeder ein Handy (dort spricht man nur von *mobile phone*), und es wird gerne und viel telefoniert. Tri-Band-Handys deutscher Netzanbieter funktionieren (Provider Etisalat, s. u.).

Da das Telefonieren aufgrund der hohen Roaming-Gebühren sehr teuer ist, bietet Etisalat allen Besuchern, die mit ihrem Handy innerhalb Dubais und der VAE telefonieren wollen, die Wasel SIM Card für 40 Dh an. Damit kann man 25 Minuten im nationalen Netz telefonieren und die Karte jederzeit bei Etisalat oder in Supermärkten aufladen. Diese SIM Card ist am Etisalat Counter am Flughafen oder in allen Etisalat Business Centres zu erwerben. Wer sich dafür entscheidet, sollte – um weiterhin über die eigene Handy-Nummer erreichbar zu sein – ein zweites Handy für die Wasel-Simkarte mitbringen.

Weitere Infos zu Gebühren und Tarifen sind erhältlich beim Telefonanbieter **Etisalat,** www.etisalat.ae.

Trinkgeld

In Restaurants stehen bereits 10 % auf der Rechnung, aber es ist nicht sicher, dass der Betrag, insbesondere bei Zahlung mit Kreditkarte, auch an die Bedienung ausgezahlt wird. Geizen Sie nicht mit Trinkgeld, wenn der Service gut war; die *expatriates* verdienen nicht viel (s. S. 111). Üblich sind: Gepäck auf das Zimmer tragen *(bellboy)*: 10 Dh, Zimmerservice *(housekeeping)*: 15–20 Dh pro Tag des Aufenthalts, Concierge: 20 Dh (z. B. für die Besorgung einer Eintrittskarte), Kellner: 10 Dh (zusätzlich zu den 10 % auf der Rechnung), Auto parken und holen *(valet parking)*: 5 Dh, Gepäckhilfe am Flughafen: 5 Dh pro Gepäckstück, Taxi: Fahrpreis großzügig aufrunden (2–5 Dh).

Umgangsformen

In arabischen Ländern wird großer Wert auf das Einhalten gesellschaftlicher Regeln und formaler Umgangsrituale gelegt. Aus Respekt vor dieser Tradition sollten die Besucher über wesentliche Verhaltensformen informiert sein.

Begrüßung

Auf die Grußformel »*as salamu alaikum*« (Friede sei mit Euch) lautet

Reiseinfos von A bis Z

die Antwort: »*wa alaikum as salam*« (Auch mit Euch sei Friede). Dann folgt ein beiderseitiges »*ahlan wa sahlan*«. (Herzlich Willkommen). Warten Sie, ob man Ihnen die Hand reicht. Wenn überhaupt, reichen Männern nur Männern die Hand; männliche Verwandte und Freunde begrüßen sich mit Umarmungen und Küssen auf die Wange. Als Mann ist es unangemessen Frauen, besonders muslimischen Frauen, die Hand zu reichen. Ebenso reichen Frauen Männern nicht die Hand. Frauen nicken und lächeln. Als unmittelbare Anrede benutzt man *sayed* (Herr) bzw. *sayeda* (Frau) plus dem jeweiligen Vornamen. Der vollständige Name (in unseren Breiten der Nachname) wird nicht genannt, gegebenenfalls nur der Titel (z. B. Dr. oder Sheikh).

Kleiderordnung

Die einheimische Bevölkerung trägt fast ausnahmslos ihre Nationaltracht, die bei Männern und Frauen bis zum Boden reicht und auch die Arme bedeckt. Kopf und Haare werden ebenfalls durch ein Tuch bedeckt. Allein aus Respekt sollten Besucher auf freizügige Kleidung verzichten. Badekleidung und kurze Hosen sind nur im Badebereich erlaubt (s. auch S. 23).

Die Rolle der Hand

Im arabischen Raum gilt die linke Hand als unrein, weil sie zur reinigenden Hygiene und der Toilette benutzt wird. Man sollte also – auch wenn man immer Toilettenpapier bevorzugt – nichts mit Links überreichen oder anreichen. Bei traditionellen Essen nimmt man die Speisen niemals mit der linken Hand von der Platte. Auch angebotene Erfrischungen dürfen Sie immer nur mit der rechten Hand annehmen. Linkshänder sollten dies vor einem Arabien-Aufenthalt üben oder humorvoll erklären, dass ihre linke Hand die reine Hand ist.

Restaurantbesuch

In allen besseren **Restaurants** wird man am Eingang freundlich empfangen und an einen freien Tisch geführt. Niemals sollte man sich einfach an einen scheinbar freien Tisch begeben und unaufgefordert dort Platz nehmen. Auf diese Etikette weist eine dezente Tafel an der Eingangstür hin: »*Please wait to be seated*«.

Diverse Etikette

Ziehen Sie immer die Schuhe aus, wenn Sie in ein Haus eintreten. Vermeiden Sie es, Ihrem Gegenüber ihre Fußsohlen zu zeigen. Ebenso gilt es als unhöflich, die Beine zu überschlagen, wenn Sie einer anderen Person gegenübersitzen.

Wenn Sie jemanden heranwinken möchten, benutzen Sie die Handfläche und nicht einen einzelnen Finger.

Es ist wichtig, aufzustehen, wenn neue Gäste eintreten, insbesondere, wenn diese älter sind. Ältere Menschen werden immer zuerst begrüßt. Von Männern wird erwartet, dass sie aufstehen, wenn eine Frau den Raum betritt.

Sucht man nach einer Toilette, wendet man sich nur an eine Person des eigenen Geschlechts und fragt, wo man sich die Hände waschen kann.

Bieten Sie ihren muslimischen Freunden weder Alkohol noch Schweinefleisch an. Unangemessenes Verhalten unter Alkoholeinfluss wird auch daheim nicht toleriert, außerhalb des Hauses kann es Strafen nach sich ziehen. Am Steuer gilt die Null-Promille-Grenze.

Laut werden, fluchen, jemanden anschreien und jegliches arrogante Verhalten in der Öffentlichkeit wird als respektlos empfunden.

Panorama – Daten, Essays, Hintergründe

Boomtown Dubai – Historischer Blick aus dem Emirates Towers Hotel (2007)

Steckbrief Vereinigte Arabische Emirate

Daten und Fakten

Name: Das Emirat Dubai ist Teil der Vereinigten Arabischen Emirate (VAE), engl. *United Arab Emirates* (UAE), arab. *Al Imarat Al Arabiya Al Mutahida*
Fläche: VAE 83 000 km² (nach internationalen Angaben 77 000 km²), Dubai 3885 km².
Lage: Südöstliche Küste des Arabischen (Persischen) Golfs.
Amtssprache: Arabisch
Einwohner: VAE ca. 7,9 Mio (2012), davon ca. 85 % Ausländer *(expatriates)*; Emirat Dubai 2,1 Mio. (2012), davon etwa 250 000 Dubai'in.
Währung: Dirham (Dh oder AED), ein Dh ist unterteilt in hundert Fils.
Zeitzone: MEZ plus 3 Std. (während der europäischen Sommerzeit plus 2 Std.).
Landesvorwahl: 00 971 plus Vorwahl für das jeweilige Emirat, für Dubai (0)4.
Internet-Kennung: ae
Landesflagge: Sie vereint die vier panarabischen Farben grün, rot, weiß und schwarz: Parallel zum Mast verläuft ein breiter roter Streifen, auf den drei waagrechte Streifen in den anderen Farben treffen. Grün als die Farbe des Islam steht an oberster Stelle.

Lage und Größe

Die Vereinigten Arabischen Emirate sind der Zusammenschluss der sieben Emirate Abu Dhabi, Dubai, Sharjah, Fujairah, Ras al Kaimah, Ajman und Umm al Qaiwain. Die VAE erstrecken sich entlang der südöstlichen Küste des Arabischen Golfes zwischen den Staaten Qatar im Westen, Oman im Osten und Saudi-Arabien im Süden. Jenseits des Golfes liegt Iran, durchschnittlich 160 km, an der Straße von Hormuz nur 40 km entfernt. Abu Dhabi, mit ca. 67 000 km² das größte Emirat der VAE (ca. 80 % der Fläche), besitzt auch die größten Ölreserven. Die größten Städte der VAE tragen dieselben Namen wie ihre Emirate (Abu Dhabi, Dubai, Sharjah etc.) und liegen alle an der Golfküste. Das Emirat Dubai ist knapp 4000 km² groß, gewinnt jedoch durch gigantische Landaufschüttungen im Meer viele Quadratkilometer Land und kilometerlange Sandstrände hinzu.

Geschichte

Die erste Besiedlung der Region wird im 4. Jt. v. Chr. vermutet, um 2500 v. Chr. bestand bereits eine hoch entwickelte Kultur. Bis zur Ankunft der Portugiesen im 17. Jh. sind außer einer frühen Islamisierung keine bedeutsamen Ereignisse überliefert. Im 18. und 19. Jh. überfielen arabische Seefahrer vor der Küste *(Pirate Coast)* vermehrt britische Handelsschiffe. 1820 schloss Großbritannien zum Schutz seiner Handelsrouten Verträge mit den Scheichtümern, die fortan auch als *Trucial States* (Vertragsstaaten) bezeichnet wurden. In allen Emiraten herrschte damals bittere Armut, die durch Perlenfischerei etwas gemildert wurde. Erst in den 1960er-Jahren setzte mit dem Ölboom ein beispielloser wirtschaftlicher Aufstieg ein. Nach dem Rückzug der Briten am 30. Nov. 1971 schlossen sich am 2. Dez. 1971 sieben Scheichtümer zu den Vereinigten Arabischen Emiraten zusammen. Präsident der VAE war bis 2004 Sheikh Zayed Bin Sultan al Nahyan, gefolgt von seinem ältesten Sohn Khalifa Bin Zayed Al Nahyan. Dessen Stellvertreter ist der Herrscher von Dubai, Sheikh Mohammed Bin Rashid Bin Saeed Al Maktoum.

Staat und Verwaltung
An der Spitze der VAE steht der vom **Obersten Rat** *(Supreme Council)* der sieben Emire gewählte **Präsident.** Traditionell ist dies der Emir von Abu Dhabi, sein Stellvertreter immer der Emir von Dubai. Beide werden für fünf Jahre gewählt (unbegrenzte Wiederwahl) und haben bei allen Beschlüssen Vetorecht. Stellvertreter des Präsidenten ist in der Regel der Premierminister, der als **Regierungschef** das Kabinett (24 Minister) sowie die Hälfte der beratenden **Nationalversammlung** *(Federal National Council, FNC)* von insgesamt 40 Mitgliedern ernennt. Die andere Hälfte des FNC wird für zwei Jahre aus den von den Herrschern ernannten Kandidaten des *Electoral College* gewählt. Frauen haben dabei aktives und passives Wahlrecht. Die Gesetzgebung geht formell vom Kabinett aus, de facto wird die Macht von den sieben Emiren ausgeübt. Gewerkschaften und Parteien sind verboten.

Die **Verwaltung** der einzelnen Emirate erfolgt autonom. Das Budget der VAE wird hauptsächlich von Abu Dhabi (75 %) und Dubai (2 %) aufgebracht. Herrscher in Dubai ist seit 2006 Sheikh Mohammed (s. o.), dessen Nachfolge festgelegt: seine Söhne Hamdan als Kronprinz *(Crown Prince)* und Maktoum als Stellvertreter *(Deputy Ruler of Dubai)*.

Wirtschaft und Tourismus
Die VAE gehören dank ihrer Erdölvorkommen bei relativ kleiner einheimischer Bevölkerung zu den reichsten Staaten der Welt, angeführt von Abu Dhabi, in größerem Abstand gefolgt von Dubai. Angesichts endlicher Ölreserven bauten die Emirate weitere Wirtschaftszweige aus. Dubai gilt heute als Tourismus-, Handels- und Bankenzentrum der Emirate. Binnen eines Jahrzehnts entstand hier eine perfekte Infrastruktur für Luxustourismus: mehr als 70 Hotels im 5-Sterne-Segment, Shopping Malls, Golfplätze und Jachthäfen. Dazu etablierte man sich als Austragungsort international bedeutender Sportereignisse. Auch nach der Finanzkrise kommen jährlich über 8 Mio. Besucher, darunter über 300 000 Deutsche.

Bevölkerung und Religion
Von den 7,9 Mio. Einwohnern der VAE sind mehr als 85 % Ausländer, in erster Linie *expatriates* aus Pakistan und Indien, insgesamt jedoch aus rund. 100 Nationen. Der Islam ist Staatsreligion, alle islamischen Feiertage sind staatliche Feiertage. Andersgläubigen sind die Ausübung ihrer Religion und die Errichtung von Gotteshäusern gestattet.

Vereinigte Arabische Emirate

Geschichte im Überblick

Die vorislamische Zeit

3000–2000 v. Chr. Siedlungen entlang der Ostküste der Arabischen Halbinsel, nachweislich in Abu Dhabi (Umm Al Nar und Hili bei Al Ain).

1500 v. Chr. Das Kamel wird domestiziert.

1000 v. Chr. Im Südwesten der Arabischen Halbinsel (Jemen) entsteht das sabäische Königreich (Königin von Saba); Siedlungen werden in allen Emiraten (Gräberfunde) gegründet.

326 v. Chr. Unter Alexander dem Großen erfolgen Städtegründungen entlang der Karawanenstraße in Ad-Dour (heute Emirat Umm Al Qaiwain) und Meleihah (Sharjah).

Das islamische Weltreich

622 Der Prophet Mohammed, Verkünder des Islams, zieht mit seinen Anhängern nach Medina; Beginn der islamischen Zeitrechnung.

635 Die Arabische Halbinsel ist nach der Schlacht bei Dibba (633), heute Emirat Fujairah, vollständig islamisiert.

661 Ali, der Schwiegersohn Mohammeds, wird ermordet, die Anhänger des Islams spalten sich in zwei rivalisierende Glaubensrichtungen, in Schiiten und Sunniten. Nach der Spaltung verlagert sich das Kalifat von Arabien nach Damaskus.

786–809 Unter dem Kalifat von Harun al Rashid, dem bedeutendsten Kalifen der in Bagdad residierenden Abbasiden-Dynastie (750–1258), wird Julfar (heute Emirat Ras Al Khaimah) zum wichtigsten Hafen entlang der Küste der späteren Emirate ausgebaut. Julfar unterhält Handelsbeziehungen mit China.

1225 Muscat (heute Oman) wird Handelszentrum am Arabischen Golf.

Unter europäischem Einfluss

1498 Der portugiesische Seefahrer Vasco da Gama erreicht als erster Europäer Khor Fakkan, Dibba und Ras Al Khaimah.

1507 Die Portugiesen erobern Muscat. Im 16. Jh. dominieren sie von Julfar aus die Küste, werden aber von See her durch britische und niederländische Schiffe und von Land durch arabische Stämme bedrängt.

1550 Die Osmanen unterwerfen das nördliche Arabien und die Golfküste bis nach Qatar.

Im historischen Bastakiya-Viertel von Dubai lösten erst um 1900 Häuser aus Lehm und Korallenstein die beduinischen Barasti-Hütten ab.

1622	Perser und Briten verbünden sich, um die Portugiesen aus Hormuz zu vertreiben.
1742	Abdul Wahab, wegen seines religiösen Fanatismus aus Basra vertrieben, findet Aufnahme bei Mohammed Ibn Saud, einem Vorfahren des Königs von Saudi-Arabien.
1765	Die British East India Company gewinnt zunehmend Einfluss am Golf.

1790	Im Inneren Arabiens erheben sich die Wahabiten, die Anhänger der Lehre des Abdul Wahab. Sie erobern Mekka und Medina, werden aber von den Türken 1811 bei Diraiyah (heute: Riad) vernichtend geschlagen.
1803	Britische Schiffe werden von den Qawasim, einem Stamm seefahrender Araber (ihre Nachfahren regieren heute die Emirate Sharjah und Ras Al Khaimah), ausgeraubt. Für die Küste setzt sich in Europa der Name *Pirate Coast* (Piratenküste) durch.
1819	Die britische Flotte zerstört alle größeren Schiffe der Qawasim sowie ihre Festung in Ras Al Khaimah. Mit den Sheikhs küstennaher Gebiete werden Verträge geschlossen, in denen diese gegenüber Großbritannien der Piraterie und jeder Kriegsführung entsagen. Seitdem heißt die Küste *Trucial Coast* (Vertragsküste).
1833	Ein Zweig des Beduinenstammes der Bani Yas, insgesamt ca. 800 Mitglieder der Großfamilie Al Abu Falasah, verlassen Abu Dhabi und siedeln sich unter der Führung ihres Sheikhs Maktoum am Dubai Creek an; Sheikh Maktoum Bin Buti Al Abu Falasah gilt als ›Gründer‹ von Dubai und als Stammvater der Al Maktoum-Dynastie (er regierte bis 1852).
1838	In den Scheichtümern der Trucial Coast wird auf Drängen Großbritanniens der Sklavenhandel untersagt.
1843	Die Scheichtümer verpflichten sich, keine Kriege mehr gegeneinander zu führen *(Maritime Truce)*. Streitigkeiten werden britischen Vertretern unterbreitet.
1892	Die Sheikhs der Trucial Coast verpflichten sich gegenüber Großbritannien, keine Niederlassungen anderer Staaten an ihren Küsten zuzulassen. Der Name *Trucial States* (Vertragsstaaten) setzt sich für die Scheichtümer durch.
1902	Sunnitische Händler der persischen Stadt Lingeh lassen sich im gegenüberliegenden Dubai nieder; nach ihrer südpersischen Heimatregion nennen sie ihr Stadtviertel Bastakiya.
1911	Großbritannien sichert sich ein Mitspracherecht bei der Vergabe der Tauchkonzessionen für Perlen und Schwämme an ausländische Staaten.
1912	Als siebtes Oberhaupt in der Familiengenealogie der Al Maktoums tritt Sheikh Saeed Bin Maktoum, der Großvater des heutigen Staatsoberhaupts, die Herrschaft an. Saeed, der bis 1958 regierte, gilt als politischer Gründer des Emirats Dubai.

Aufbruch ins ›Erdölzeitalter‹

1922 Großbritannien sichert sich die Mitsprache bei der Vergabe der Bohrkonzessionen für Erdöl in den Emiraten Abu Dhabi, Dubai und Sharjah. Der Perlenhandel entlang der Golfküste beginnt zusammenzubrechen, weil Japan mit Zuchtperlen den Weltmarkt überschwemmt.

1930 Dubai entwickelt sich zur größten Handelsstadt am Golf.

1937 Die Wasserflugzeuge der zivilen britischen Linie Imperial Airways (Vorgängerin von British Airways) landen auf ihren Flügen nach Indien auf dem Creek zwischen.

1945 Dubai ist der größte Umschlagplatz am Golf für Waren aus Persien und Indien.

1945–48 Kriegerische Auseinandersetzung um Landgebiete zwischen Dubai und Abu Dhabi. Großbritannien zwingt beide zum Frieden.

1951 Die Trucial States übernehmen das britische Kolonialrechtssystem.

1958 Rashid Bin Saeed Al Maktoum wird Oberhaupt des Emirats (er regiert bis 1990). 1962 exportiert Abu Dhabi zum ersten Mal Öl.

1968 Großbritannien verkündet den Rückzug aus allen Besitzungen ›östlich von Suez‹. Am Golf droht ein Machtvakuum zu entstehen; Großbritannien drängt auf die Schaffung einer Föderation.

1969 In Dubai beginnen Erdölförderung und Erdölexport sowie der Bau des Dubai International Airport (Eröffnung 15.5.1971).

1971 Am 2.12. schließen sich auf Initiative von Abu Dhabi und Dubai sechs Scheichtümer zu den Vereinigten Arabischen Emiraten *(Al Imarat Al Arabiya Al Mutahida)* zusammen; im Februar 1972 tritt auch Ras Al Khaimah als siebtes Emirat dem neuen Staat bei.

1979 Sheikh Rashid von Dubai wird Premierminister der VAE. In Dubai wird ein neuer Hafen (Jebel Ali) fertiggestellt.

1980 Der Erste Golfkrieg zwischen Iran und Irak beginnt. 1981 schließen sich die arabischen Golfanrainerstaaten (Saudi-Arabien, Bahrain, Qatar, Oman, Kuwait und die VAE) zum Golfkooperationsrat *(Gulf Cooperation Council, GCC)* zusammen. Der GCC unterstützt in diesem Krieg Irak.

1985 Jebel Ali (Dubai) wird Freihandelszone.

1989	Ende des Ersten Golfkriegs. Die Staaten des GCC verweigern Wiederaufbauzahlungen an den im Golfkrieg zerstörten Irak.
1990	Irak besetzt Kuwait (Zweiter Golfkrieg). In Dubai wird nach Sheikh Rashids Tode Maktoum Bin Rashid Al Maktoum Staatsoberhaupt.
1991	Irak wird im Einvernehmen mit der UN von einem Militärbündnis aus 36 Staaten, darunter alle Staaten der Arabischen Liga (mit Ausnahme von Jemen), aus Kuwait zurückgedrängt.
1995	Im restaurierten Al Fahidi Fort eröffnet das Dubai Museum.
1999	Das höchste Hotel der Welt, der Burj Al Arab, eröffnet in Dubai.
2001	Am 11. September zerstören islamistische Terroristen das World Trade Center in New York. Bin Laden und seine Terrororganisation Al-Qaida werden in Afghanistan mit Zustimmung der UN von einem Militärbündnis unter Führung der USA angegriffen. Israel verstärkt seine völkerrechtswidrige Besiedlung der Westbank. Die VAE verweigern seitdem Israelis und Besuchern mit israelischem Stempel im Pass die Einreise.
2002	Ohne Zustimmung der UN und gegen den Willen vieler Staaten, darunter Deutschland, Frankreich und Russland, beginnen die USA und Großbritannien einen Krieg gegen Irak unter Saddam Hussein, weil er Massenvernichtungswaffen besitzen soll (Dritter Golfkrieg).
2003	Trotz eines militärischen Sieges der USA und ihrer Verbündeten wird die Neuordnung des Irak in zunehmenden Maße von Terrorakten konterkariert. Zum ersten Mal überflügelt der Tourismus im Emirat mit 18 % am BSP den Anteil der Ölbranche (17 %).
2004	Ausländer können ab sofort Immobilienbesitz im Emirat erwerben. 1800 Firmen unterhalten Niederlassungen in der Jebel Ali Free Zone.
2005	Die Dubai Holding erwirbt für 1 Mrd. US$ ca. 2 % der Aktien des Automobilkonzerns Daimler-Chrysler. Bundeskanzler Schröder kommt zum Staatsbesuch in die Vereinigten Arabischen Emirate.
2006	Sheikh Maktoum Bin Rashid stirbt. Neues Oberhaupt von Dubai wird sein jüngerer Bruder, Sheikh Mohammed Bin Rashid Al Maktoum.
2007	Die Aufschüttungen für die zweite Insel, The Palm Jebel Ali, sind abgeschlossen. Bundeskanzlerin Merkel besucht die VAE.

Präsentation von »The World«, eines der visionären Projekte in Dubai

2008 The Palm Jumeirah, die erste der drei künstlichen Palmeninseln, wird mit dem größten Feuerwerk der Welt eröffnet.

2009 Die globale Finanzkrise erreicht zuerst die USA, dann Europa und Ende des Jahres auch den Arabischen Golf. Abu Dhabi unterstützt Dubai mit einem zweistelligen Milliardenkredit. An den Projekten The Palm Jebel Ali und The Palm Deira ruhen seitdem die Arbeiten.

2010 Mit der Eröffnung des 828 m hohen Burj Khalifa besitzt Dubai das höchste Gebäude der Welt. Die erste Rollbahn des Al Maktoum International Airports wird eröffnet. Bundeskanzlerin Merkel besucht die VAE.

2011 40-jähriges Bestehen der VAE. Die zweite Metrolinie (Green Line) wird eröffnet. Nach Dubai reisen 7 Mio. Besucher.

2012 Dubai beschließt den Bau eines Opernhauses. Das Pferd Monterosso aus dem Godolphin-Gestüt gewinnt den Dubai World Cup.

2013 Dubai bewirbt sich um die Expo 2020 mit dem Thema »*Connecting Minds, creating the future*«. 20 Mio. Besucher pro Jahr bis 2020 ist das Planungsziel im Tourismus.

2014 Beim Dubai World Cup Ende März, dem teuersten Pferderennen der Welt, locken Siegerprämien von insgesamt über 26 Mio. US$.

Die Region der Vereinigten Arabischen Emirate blickt auf eine mehrere Tausend Jahre alte Zivilisation zurück. Mit Beginn des 16. Jh. rückte die Golfküste in die Interessensphäre europäischer Mächte, zuerst in die der Portugiesen, später in die der Briten. Erst 1971, befördert durch die Entdeckung des Erdöls, kam es zur Staatsgründung.

Auf erste Spuren einer sesshaften Kultur am Golf stießen dänische Archäologen 1958 auf Umm Al Nar bei Abu Dhabi und in Hili bei Al Ain. Ihre Ausgrabungen belegen, dass um 2500 v. Chr. bereits eine hohe Entwicklungsstufe bestand.

»Schiffe aus Magan und Schiffe aus Dilmun« es nach Mesopotamien gebracht hätten. Doch Kupfer wurde damals nachweislich nur im 200 km von der Küste entfernten Hajar-Gebirge abgebaut. Die Hypothese der Archäologen: Das Hajar-Gebirge ist das Land Magan, auf Kamelen wurde das Metall durch die Wüste zum Golf transportiert und gegen andere Waren getauscht.

Doch um 1500 v. Chr. verloren sich diese Zivilisationsspuren. In den folgenden drei Jahrtausenden hatten die Region der Emirate und die Golfküste keine größere Bedeutung, waren aber Griechen und Römern als Karawanenroute bekannt. Nach der Islamisierung wurde unter dem Kalifat der Abba-

Von den ›Trucial States‹ zu den Vereinigten Arabischen Emiraten

Frühe Handelsbeziehungen

Die Grabbeigaben – neben Waffen und Kupfer auch Geschirr aus Mesopotamien, Halbedelsteine aus Afghanistan (Lapislazuli) und Indien (Karneol) sowie Siegel aus Syrien – sind ein Indiz für erstaunliche Handelsbeziehungen. Mesopotamische Tontafeln aus dem dritten vorchristlichen Jahrtausend berichten davon, dass das dort verwendete Kupfer aus dem »Lande Magan jenseits des großen Meeres« kam und dass

Historisches Fort im Emirat Ras Al Khaimah

siden der Hafen Julfar (heute Ras Al Khaimah) ausgebaut. Auch in Dubai haben Archäologen im Stadtteil Jumeirah eine große Handelsstation aus dieser Zeit freigelegt (s. S. 225).

Zu Beginn des 16. Jh. rückte die Golfküste in den Blickpunkt europäischer Machtansprüche, zuerst in den der Portugiesen, zeitweise auch den der Holländer, dann in den von Großbritannien. Um die Handelsrouten von Indien durch den Golf nach Europa zu sichern, errichteten die Briten in der persischen Hafenstadt Bushir, auf der anderen Seite des Golfes, eine bewaffnete Repräsentanz und versuchten, die Küste der heutigen Emirate unter ihre Kontrolle zu bringen.

Beduinen und Araber

Das politische Vakuum im 18. Jh. entlang der arabischen Golfküste zog Beduinenstämme und seehandelserfahrene Araber in die Region. Sie gründeten Siedlungen entlang der Küste, z. B. in Bahrain, in Abu Dhabi oder Anfang des 19. Jh. auch in Dubai. Aus diesen Niederlassungen entstanden die späteren Scheichtümer, die wir heute als Golfstaaten bezeichnen.

Im frühen 18. Jh. beanspruchte die Familiendynastie der Al Bu Said die Region des heutigen Oman, während den Stämmen der Bani Yas und der Qawasim die Küste und das Hinterland zwischen Qatar und der Halbinsel Musandam zufielen. Die Qawasim knüpften an die Traditionen der seefahrenden Araber mit Zentren in Ras Al Khaimah und später in Sharjah an, während die Bani Yas beduinischer Herkunft waren und ihr Zentrum in der Oase Liwa im Landesinneren hatten. 1793 verließ die beduinische Familie Al Nahyan als erste die Oase Liwa und siedelte sich im heutigen Abu Dhabi an.

Unter britischem Einfluss

1818 traten die Briten militärisch mit einer großen Flotte auf den Plan. Denn die Schiffe der Qawasim hatten mehrmals britische Handelsschiffe im Indischen Ozean überfallen, was der Region den Namen ›Piratenküste‹ eintrug. Daraufhin zerstörten die Engländer den Hafen von Ras Al Khaimah und die gesamte Flotte der Qawasim. Mit den anderen Sheikhs schloss Großbritannien Verträge, deren Kern darin bestand, alle Konflikte durch Verhandlungen zu lösen und den Waffenhandel zu unterbinden. In amtlichen Dokumenten hießen die Scheichtümer am Golf ab Mitte des 19. Jh. deshalb *Trucial States* (Vertragsstaaten).

Für die Weltmacht Großbritannien waren gesicherte Vereinbarungen am Golf von großer Bedeutung für die Aufrechterhaltung ihrer Macht in Indien. Da die Scheichtümer bis in die jüngste Zeit über keinerlei Bodenschätze oder wertvolle Handelsgüter verfügten, blieben der Bevölkerung Formen des europäischen Kolonialismus erspart. Zwar unterzeichneten die Oberhäupter der Stämme Verträge, die sie außenpolitisch einengten, aber innerhalb der Stammesgebiete galten die traditionellen Herrschafts- und Verwaltungsstrukturen weiter. Auch der im 19. Jh. aufkommende Perlenhandel blieb in den Händen örtlicher Händler.

1902 mussten arabisch-sunnitische Kaufleute den persischen Handelshafen Lingeh verlassen und siedelten sich in Dubai an. Sie baten die Briten um Aufrechterhaltung der eingespielten Handelsbeziehungen, und so steuerte die *British Indian Steam Navigation Company* von nun an mit ihren Schiffen anstelle von Lingeh Dubai an. Damit war für die Hafenstadt ein wichtiger Grundstein gelegt, um sich nach dem Ersten Weltkrieg zu einem internationalen Handelsplatz zu entwickeln. Mitte der 1930er-Jahre landeten auf dem Creek britische Wasserflugzeuge auf dem Weg von London nach Bombay, 1937 gastierte ein ›politischer Resident‹ als Vertreter der britischen Krone in der Stadt. Nach dem Zweiten Weltkrieg kamen der Region am Golf die alten Handelstraditionen mit England zugute. Das Königreich half beim Aufbau der Verwaltungen und finanzierte bis 1967, als bereits erste Erdöleinnahmen in die Kassen der Sheikhs flossen, den Haushalt des *Trucial States Development Council,* des gemeinsamen Entwicklungsetats der Emirate.

Sheikh Zayed Bin Sultan Al Nahyan (rechts), von 1966 bis 2004 Herrscher von Abu Dhabi und von 1971 bis 2004 Staatsoberhaupt der Vereinigten Arabischen Emirate

Vereinigte Arabische Emirate

Die Entscheidung Großbritanniens im Jahr 1968, ab 1970 weltweit als Kolonialmacht abzutreten und sich aus allen Besitzungen »*east of Suez*« zurückzuziehen, stellte die Golfregion vor neue Probleme. Wieder kam Furcht vor einem Machtvakuum auf: Das ölreiche Saudi-Arabien hatte sich nach 1934 zu einem starken, fast die ganze Arabische Halbinsel einnehmenden, streng konservativen und westlich-liberalen Einflüssen unzugänglichen Königreich entwickelt, und auf der anderen Seite des Golfs strebte Iran unter Schah Reza Pahlewi die Vormachtstellung über den Golf an. Auf Drängen Großbritanniens kam es zu Verhandlungen der Sheikhs über eine Föderation, die Bahrain und Qatar miteinschließen sollte. Wegen territorialer Streitigkeiten erklärten aber beide Emirate Mitte 1971 überraschend ihre Unabhängigkeit. Die verbleibenden sieben Scheichtümer führten intensive Verhandlungen, die schwierig wurden, weil den großen Erdölemiraten, Abu Dhabi und Dubai, fünf kleine, zum Teil erdöllose und somit arme Emirate gegenüberstanden.

Am 30.11.1971 verließen die Briten den Golf, bereits am 2.12. rief die Föderation der Vereinigten Arabischen Emirate ihre staatliche Unabhängigkeit aus. Alle Chronisten sind sich einig, dass es das persönliche Verdienst der beiden Scheichs von Abu Dhabi und Dubai, Zayed Bin Sultan Al Nahyan und Rashid Bin Saeed Al Maktoum, war, dass diese Föderation zustande kam. Leicht waren die ersten Schritte des jungen Staates nicht, zumal Iran drei Inseln in der Straße von Hormuz beanspruchte und militärisch besetzte. Doch der Ölboom am Golf rief die westliche Welt als ›Verteidiger‹ der neuen Unabhängigkeit auf den Plan und sicherte den Emiraten eine eigenständige Entwicklung.

Das Einmaleins der Herrschertitel

In der ›Alten Welt‹ trugen die Machthaber Titel von Königen, Fürsten oder Grafen, bis im 19. und 20. Jh. die Demokratien in Europa aus ihnen Bürger gleichen Rechts machten und Adelstitel im deutschsprachigen Raum heute nur noch für Leser der Regenbogenpresse Bedeutung haben. Doch auf der Arabischen Halbinsel gibt es sie noch: die Herrscher mit Macht und Titel.

Wie in Europa gab es auch in der orientalisch-islamischen Welt eine klare Hierarchie der Titel und der damit verbundenen Machtbefugnisse. Erst nach dem Zweiten Weltkrieg und mit der Gründung von Nationalstaaten reduzierte sich die Bedeutung der Herrschertitel zumindest in denjenigen arabischen Ländern, in denen sich die Republik als Staatsform durchsetzte. Anders ist es in den arabisch-islamischen Staaten, deren Verfassung keine oder nur eine sehr eingeschränkte politische Beteiligung ihrer Bürger zulässt. Hier besitzt der Herrscher Macht und Titel und vererbt beides.

Kalif

Kalif war einst der höchste Herrschertitel in der arabisch-islamischen Welt. Ihn trugen jene Herrscher, die in der Nachfolge Mohammeds oberste weltli-

Sheihk Mohammed Bin Rashid Al Maktoum und seine Frau Haya Bint Al Hussein

che und religiöse Macht in ihrer Person vereinigten. Kalifen wurden anfangs gewählt und hatten ihren Sitz bis 657 in Medina. Danach beanspruchten unterschiedliche Dynastien das Kalifat, z. B. die Omajaden in Damaskus. Nur die ersten vier Nachfolger Mohammeds, also jene der ›Goldenen Zeit‹ vor der Spaltung der islamischen Gemeinschaft in Sunniten und Schiiten, gelten als ›gerechte Kalifen‹. Auch die türkischen Sultane als geistige Führer aller sunnitischen Muslime liebäugelten nach 1460 mit diesem Titel.

Sultan

Sultan bedeutet Herrschaft bzw. Herrscher und ist in sunnitisch-islamischen Gebieten ein Titel von sehr hohem Rang. Zum ersten Mal taucht er im 11. Jh. auf Münzen eines seldschukischen Wesirs auf. Auch die Führer der ägyptischen Fatimiden und der Mameluken in Kairo bezeichneten sich im ausgehenden Mittelalter als Sultane. Ursprünglich vom Kalifen verliehen, wurde der Titel als selbstständiges Herrschaftsprädikat von seinen Trägern interpretiert und selbstbewusst getragen. In Oman diente er als Abgrenzung zum Titel des Imam. Die mächtigsten Sultane waren die türkischen, die diesen Titel bis 1922 trugen. Vom Status her ist ein Sultan mit dem eines absolutistischen Fürsten vergleichbar. Es gibt zur Zeit nur zwei islamische Herrscher, die diesen Titel tragen und vererben: Sultan Qaboos von Oman und Sultan Hassan Al-Bolkiah von Brunei.

Emir

Emir ist der Titel eines arabischen Stammesfürsten, der als Gouverneur oder als militärischer Befehlshaber diese Auszeichnung vom Kalifen oder vom Sultan verliehen bekam. Später wurde diese Würde auf das nachfolgende Stammesoberhaupt quasi vererbt. Diesen Titel tragen heute die Herrscher von Qatar und Kuwait, während der Emir von Bahrain, Hamad Bin Isa Al Khalifa, den Titel ablegte und sich im Jahr 2002 selbst zum König ernannte. Protokollarisch wird er seitdem als King of Bahrain angesprochen.

Sheikh

Der Titel Sheikh (dt. Scheich) war dem Familienoberhaupt eines arabischen Beduinenstammes vorbehalten. Später wurde er auch bei führenden Persönlichkeiten des geistlichen Lebens verwendet. Der Titel wird nicht verliehen, sondern aufgrund des hohen angesehenen Ranges im öffentlichen Leben als Anrede benutzt. Er ist der bescheidenste aller arabischen Herrschertitel. Ihn tragen nur die Herrscher der sieben Emirate. Aber auch andere angesehene, ältere Familienoberhäupter werden in den VAE mit Sheikh angesprochen. Allerdings werden heute auch die großen und auch kleinen Söhne der *Royals* in der öffentlichen Berichterstattung bereits als Sheikh, ihre Frauen und Töchter als Sheikha vorgestellt.

> **Bedeutende Sheikhs der VAE**
> **Zayed Bin Sultan Al Nahyan:** geb. 1918, 1966–2004, Abu Dhabi
> **Khalifa Bin Zayed Al Nahyan:** geb. 1948, seit 2004, Abu Dhabi
> **Rashid Bin Saeed Al Maktoum:** geb. 1912, 1958–1990, Dubai
> **Mohammed Bin Rashid Al Maktoum:** geb. 1949, seit 2006, Dubai

Dubai und seine Nachbaremirate

Dubai ist eines der sieben Emirate, die sich 1971 zu einem Staat mit dem Namen Vereinigte Arabische Emirate (VAE) zusammengeschlossen haben. Nach jahrhundertelanger Selbstständigkeit fiel es den sieben Sheikhs 1971 nicht leicht, gemeinsam jene verpflichtenden Vereinbarungen auszuhandeln, die heute den Rang einer Verfassung haben.

An die Föderation der VAE (engl. UAE, *United Arab Emirates;* arab. *Dawlat Al Imarat Al Arabya Al Mutahida*) haben die sieben Emire nur einen Teil ihrer Souveränität abgegeben. Diese regelt nur die Außen- und Verteidigungspolitik, das Erziehungs- und Gesundheitswesen sowie wirtschaftspolitische Teilbereiche, z. B. die Infrastrukturpolitik wie auch die Wirtschafts- und Zollunion. Für das Familien- und Strafrecht sind auf der Grundlage der *sharia* zuerst die traditionellen islamischen Gerichtshöfe in den Emiraten zuständig.

Verfassung

Ursprünglich sollte die Verfassung von 1971 nur fünf Jahre gültig sein. Sie wurde aber seitdem immer wieder verlängert und 1996 für zeitlich uneingeschränkt gültig erklärt. Sie sieht als zentrale Organe der VAE ihren Präsidenten, seinen Stellvertreter, den Obersten Rat *(Supreme Council),* einen Nationalen Föderationsrat *(Federal National Council)* und ein Oberstes Gerichtswesen vor. Ausdrücklich spricht sie von einem einheitlichen Staatsvolk der Emirate mit einheitlicher Sprache und gemeinsamer Religion.

Wichtigstes staatliches Zentralorgan ist der **Oberste Rat,** die Versammlung der sieben Emire. Er bestimmt aus seinem Kreis das Staatsoberhaupt der VAE und ernennt auch die Minister und den Chef der Streitkräfte. Jeder Emir hat nur eine Stimme. Für einen Beschluss in diesem Gremium genügen fünf Stimmen, wobei den Herrschern von Abu Dhabi und Dubai ein Vetorecht zugestanden wird. Der **Präsident** (bislang immer aus Abu Dhabi) und der **Vizepräsident** (immer aus Dubai) werden jeweils für fünf Jahre gewählt; eine Wiederwahl ist unbegrenzt möglich. Der Oberste Rat regiert mit Hilfe eines **Ministerrats,** dem der Vizepräsident (zurzeit Sheikh Mohammed Bin Rashid Al Maktoum, der Herrscher von Dubai) vorsteht und dem (seit 2006) 24 Minister angehören. Diese Resortminister kommen zum größten Teil aus den Herrscherfamilien und haben eine akademische Ausbildung im westlichen Ausland erworben. Staatsoberhaupt der VAE ist Khalifa bin Zayed Al Nahyan, der Herrscher von Abu Dhabi.

Dem Obersten Rat stehen die 40 Mitglieder des **Federal National Council (FNC)** zur Seite. Sie haben nur ein Beratungsrecht. Bis 2006 wurden die 40 (männlichen) Mitglieder des FNC, der sich im Verhältnis zur Größe der sieben Emirate zusammensetzt, für zwei Jahre von den Emiren ernannt, nicht gewählt. Seit 2006 wird die Hälfte der FCN-Mitglieder von der Bevölkerung aus einem *Electoral College* gewählt, dem bei den letzten Wahlen 2011 ca. 120 000 Emirati (davon 46 % Frauen) angehörten.

Die Mitglieder des **Obersten Gerichtshofs** und der zwei **Berufungsgerichte** werden vom Präsidenten der VAE bestellt. Parteien und Gewerkschaften sind verboten. Innerhalb der einzelnen Emirate obliegt die Verwaltung den jeweiligen Emiren. Für die zentrale Verwaltung, also für den **Staatshaushalt der VAE,** kommen Abu Dhabi und Dubai mehr oder weniger alleine aus ihren Öleinnahmen auf. Sie unterstützen somit auch die Verwaltungen der öllosen Emirate.

Herrschaftssystem

Das Herrschaftssystem der VAE sowie in jedem der sieben Emirate ist eine Mischung aus traditionellem Feudalismus und großzügigem Paternalismus. Im engen Kreis der Herrscherfamilien werden durch interne Abstimmungen alle wesentlichen Entscheidungen getroffen sowie alle Regierungs- und Behördenämter besetzt, sehr häufig mit eigenen Familienangehörigen. Solange diese ›Vetternwirtschaft‹ den

> **Die sieben Emirate und ihre Sheikhs (2013)**
> **Abu Dhabi** (67 000 km^2): Khalifa Bin Zayed Al Nahyan
> **Ajman** (259 km^2): Humaid Bin Rashid Al Nuaimi
> **Dubai** (3885 km^2): Mohammed Bin Rashid Al Maktoum
> **Fujairah** (1300 km^2): Hamad Bin Mohammed Al Sharqi
> **Ras Al Khaimah** (1700 km^2): Saqr Bin Mohammed Al Qasimi
> **Sharjah** (2600 km^2): Sultan Bin Mohammed Al Qasimi
> **Umm Al Qaiwain** (777 km^2): Saud Bin Rashid Al Mu'alla

wachsenden Reichtum in den Emiraten und ein Leben in einem perfekt organisierten Wohlfahrtsstaat nicht mindert, gibt es darüber zwar Gerede, aber keine Unzufriedenheit.

Die Regierung ist der Hauptarbeitgeber der meisten männlichen Einheimischen, sofern sie nicht selbstständige Geschäftsleute sind. Die Arbeit in Armee, Ministerien und Behörden wird überdurchschnittlich gut bezahlt.

Wohlfahrtsstaat

Die soziale Situation und die gesundheitliche Versorgung, insbesondere der einheimischen Bevölkerung, sind ausgezeichnet. Alle Krankenhäuser und Ambulanzstationen des Landes arbeiten mit modernster technischer Ausstattung. Wasser und Strom werden hoch subventioniert, für jedes Kind zahlt der Staat monatlich Erziehungsgeld. Witwen, alte Menschen, Behinderte und unverheiratete Frauen über 40 Jahre erhalten großzügige Alimentationen. Es besteht Schulpflicht und über 500 Schulen sorgen dafür, dass es keine Analphabeten mehr gibt. Der bildungspolitische Entwicklungssprung binnen einer Generation manifestiert sich am deutlichsten in der landeseigenen Universität von Al Ain. Hier studieren zur Zeit mehr als 20 000 junge Emirati mit großzügigen Stipendien, davon die Mehrzahl Frauen, deren Mütter meist noch Analphabetinnen waren.

Außenpolitik

Die Außenpolitik der VAE ist prowestlich ausgerichtet und zugleich an engen freundschaftlichen Verbindungen mit allen arabischen Staaten orientiert. Die VAE unterhalten diplomatische Beziehungen zu fast 140 Staaten der Welt. Die Emirate sind Mitglied der Uno, der Opec, der Arabischen Liga und des *Gulf Cooperation Council (GCC)*. Dieser Golfkooperationsrat wurde 1981 von den sechs arabischen Golfanrainerstaaten – Saudi-Arabien, Kuwait, Qatar, Oman, Bahrain und VAE – als Reaktion auf den Ausbruch des Ersten Golfkriegs zwischen Iran und Irak gegründet. Ziel des GCC ist eine enge Koordination der Außen-, Sicherheits- und Wirtschaftspolitik der Unterzeichnerstaaten. Iran und Irak sind von diesem Gremium ausgeschlossen.

Golfkriege

Im Ersten Golfkrieg unterstützte der GCC Bagdad mit großzügigen Finanzhilfen gegen den Iran. Zehn Jahre später, nach dem Überfall des Irak auf Kuwait, brachte der GCC ca. 100 Mrd. US$ gegen Irak auf, um Kuwait mit Hilfe der USA und 36 anderer Staaten zu

Auf der Dubai Airshow, der jährlich stattfindenden gigantischen Flugzeugschau

befreien. Im Dritten Golfkrieg, in dem die USA und Großbritannien den irakischen Diktator Saddam Hussein stürzten, gewährten die GCC-Staaten den USA umfassende logistische Unterstützung, entsandten aber keine Soldaten.

Bei den außenpolitischen Unsicherheitsfaktoren steht Iran an erster Stelle – jedoch weniger wegen dessen fundamentalistisch-religiöser Ausrichtung. 1971 besetzte Iran drei Inseln in der Straße von Hormuz, die zu Sharjah und Ras Al Khaimah gehören (Abu Musa, die Große Tunb- und die Kleine Tunb-Insel). Seit Irak 1991 durch die USA ausgeschaltet wurde, betrachtet Iran den Golf als seine Hegemonialzone. 1992 annektierte er die Inseln, worauf die VAE sofort aufrüsteten.

Die irakische Invasion in Kuwait machte deutlich, dass eine Mitgliedschaft im Golfkooperationsrat nur begrenzt Sicherheit bietet. Seither wird über eine politische Union, eine ›EU am Golf‹ nachgedacht. Ob die Staatsoberhäupter bereit sind, um dieses Zieles willen auf einen Teil ihrer nahezu absoluten Herrschaft zu verzichten, bleibt offen. Doch es gibt kleine Fortschritte für die Untertanen: Sie können ohne Visum in die Länder des GCC reisen.

Aus der ungelösten Sicherheitsfrage resultiert die Anlehnung an die Schutzmacht USA, die aber zugleich wegen ihrer positiven Haltung zu Israel innerhalb der VAE Kritiker nicht nur aus dem islamisch-fundamentalen Lager auf den Plan ruft.

Für die Einwohner der Emirate und die Mehrzahl ihrer Gastarbeiter ist der Islam die Grundlage des privaten und gesellschaftlichen Lebens. Deshalb erschließen sich dem Besucher Haltungen und Verhaltensformen am Golf oft nur im Kontext der islamischen Religion. Mohammed, der Name des Propheten, ist nicht nur ein beliebter Vorname – auf ihn und seine Lehren wird in Gesprächen oft Bezug genommen.

Die Entstehungsgeschichte des Islams ist aufs Engste mit dem Leben des Propheten Mohammed verknüpft.

antiken Welt befördert wurden. In Mekka befand sich auch ein seit alters her verehrter schwarzer Stein, umgeben von der *kaaba*, einem quadratischen Schrein, der der Überlieferung nach vom semitischen Stammvater Abraham errichtet wurde.

Um 595 heiratete der 25-jährige Mohammed die 40 Jahre alte reiche Kaufmannswitwe Chadidsha, in deren Dienst er stand. Als Karawanenführer unternahm er jetzt selbst weite Reisen, beschäftigte sich immer auch mit religiösen Fragen und zog sich öfters in die Einsamkeit der Wüste zurück. Ab 610 verkündete er in öffentlichen

Der Prophet, der Koran und der Alltag

Leben und Werk Mohammeds

Um 570 n.Chr. wurde in Mekka Abdallah Ibn Haschim Ibn Adallah Manaf Al Quraishi geboren, der unter seinem Vornamen Mohammed bekannt ist. Seine Familie gehörte dem Stamm der Quraish an, zählte aber eher zu den ärmeren Einwohnern von Mekka.

Diese Stadt war bereits lange vorher ein bedeutender Ort, weil sie an der Karawanenroute lag, die aus dem Süden Arabiens zum Mittelmeerhafen Gaza führte und auf der Weihrauch, Myrrhe und andere Luxusgüter der

Der Islam prägt Leben und Alltag der gläubigen Muslime

Predigten als ›Gesandter Gottes‹ jene Offenbarungen, die ihm Gott durch den Erzengel Gabriel mitteilen ließ. Bald schlossen sich immer mehr Bürger aus Mekka der neuen Lehre an, die u. a. die Freilassung der Sklaven und eine Unterstützung der Armen gebot und nur den Glauben an einen einzigen Gott zuließ. Die oligarchische Schicht der Mekkaner sah jedoch in der neuen Lehre eine Gefahr für den Handel in der Stadt, weil sie die nach Mekka pilgernden Anhänger anderer Religionen ausschloss. Es häuften sich Drohungen gegen den Propheten.

Am 15. 7. 622 verließ Mohammed daher mit seinen Anhängern Mekka und ging in die nördlich gelegene Stadt Yathrib. Dieser Tag der Flucht, arabisch *hedschra*, wurde später als

Beginn der islamischen Zeitrechnung festgelegt. Von Mohammed zur ›Heiligen Stadt‹ erklärt, erhielt Yathrib den Ehrennamen *Al Medinat an Nabi* (die Stadt des Propheten), später verkürzt zu Medina. Von hier aus besiegte er eine Armee der Mekkaner in Badre und zog im Jahr 630 wieder siegreich in Mekka ein. Dort erklärte er die Kaaba zum Heiligtum des Islams und regierte von Mekka aus das erste islamische Reich. 632 starb er völlig unerwartet.

Der Koran und die Lehren des Islams

Die göttlichen Offenbarungen in arabischer Sprache, die Mohammed als Gesandter Gottes zwischen 609 und 632 verkündete, sind in den 114 Suren (Versen) des Korans *(quran)* als ›Gottes gesprochenes Wort‹ niedergeschrieben und unterliegen daher keiner Veränderung. Was den Koran mit seiner monotheistischen Grundformel »Es gibt keinen Gott außer Allah« (Sure 112) auszeichnet, sind seine umfassenden Regeln für den Alltag der Gläubigen. Für viele wichtige Bereiche des Lebens ist ein verbindlicher Verhaltenskodex festgelegt: z. B. für Ehe und Scheidung, Erbangelegenheiten, Erziehung und Strafe, Gesundheitspflege, Essenssitten, soziales Verhalten sowie Gestaltung des Tages- und Jahresablaufs.

Nach islamischer Auffassung gibt es einen Ur-Koran im Himmel. Als Mohammed 632 starb, gab es noch keine vollständige Sammlung der Offenbarungen. Erst um 650 unter dem dritten Khalifen Osman wurde eine verschriftlichte Fassung zusammengestellt.

So wie im Christentum Bibel und Überlieferung die Lehre bestimmen, so sind für Muslime neben dem Koran auch die *hadith* (Mitteilungen), d. h. die überlieferten Aussprüche und vorbildlichen Handlungen ihres Propheten Mohammed verbindlich. Koran und Hadith bilden die Grundlage einer gottgewollten Lebensordnung, die durch die Gelehrten, die *ulema* (Wissende), jeweils interpretiert und neuen Erfordernissen angepasst wird. Die Ulema sind anerkannte religiöse Autoritäten. Der Islam besitzt keine kirchliche Organisation und kein Oberhaupt. Die streng monotheistische Religion des Islams (›Hingabe an Gott‹) verspricht – analog zu Judentum und Christentum – allen gläubigen Muslimen, die die Gnade Gottes verdienen, ein Fortleben im Paradies. Voraussetzung dafür ist ein dem Koran gemäßes Leben, insbesondere die Befolgung der fünf Grundpflichten, *arkan* oder ›Fünf Säulen‹ genannt: Bekenntnis zum Glauben an den einen Gott *(shahadah)*, fünfmaliges Gebet am Tag *(salah)*, Fasten im Monat Ramadan *(sawm)*, das Geben von Almosen *(zakah)* und die Pilgerfahrt nach Mekka *(hadsch)*. Diese einheitlichen Regeln prägten von jeher das Leben der Muslime und fördern das soziale und politische Zusammengehörigkeitsgefühl der islamischen Welt. Inzwischen bekennen sich weltweit über 1,2 Mrd. Menschen zum Islam.

Islam heute

Strenggläubige Muslime lehnen eine Trennung von Staat und Kirche, d. h. eine Aufteilung der Lebensbereiche in weltbezogene und religiöse ab. Auf der Arabischen Halbinsel bildet der Koran die Grundlage der Rechtsprechung, der *sharia*. Auch Gesetze, die aufgrund neuer Tatbestände ergänzend erlassen werden, dürfen ihm nicht widerspre-

Der Koran als Kunstwerk – an einem Verkehrskreisel im Nachbaremirat Sharjah

chen. Nach der *sharia* sind die islamischen Gerichtshöfe für das Straf- und Zivilrecht zuständig; auch Ausländer unterliegen ihren Vorschriften. In den Staaten am Golf wird die *sharia* jedoch moderater ausgelegt als im benachbarten Saudi-Arabien.

Dennoch: Die Vorgaben der Sharia konfligieren mit denen der UN-Menschenrechte, besonders im Familien- und Strafrecht.

›Sunna‹ und ›Schia‹

Der Tod des Propheten 632 führte zu Unsicherheit über die Frage der Nachfolge. Aus unterschiedlichen Auffassungen erwuchsen wenige Jahre später die zwei islamischen Glaubensrichtungen: *sunna* und *schia*. Als Omar, der zweite Kalif, starb – Kalif ist die Amtsbezeichnung des Nachfolgers von Mohammed als politisch-religiösem Oberhaupt der *umma* (Gemeinschaft der Gläubigen) –, gab es zwei Anwärter: Ali, den Vetter Mohammeds und Ehemann seiner Tochter Fatima, sowie Othman, ein Mitglied der Quraishi, der den Propheten von Mekka nach Medina begleitet hatte. Ali und seine Anhänger meinten, nur ein Mitglied der Familie Mohammeds könne die Führerschaft übernehmen. Othmans Anhänger dagegen verlangten eine Wahlentscheidung. Als Othman zum Kalifen gewählt wurde, spaltete sich Alis Partei (arab. *schia*) ab. Ali wurde zwar 656 zum vierten Kalifen gewählt, doch bereits 661 im Irak ermordet. Im Bürgerkrieg seiner *schia* gegen die sunnitische Mehrheit starben seine Söhne Hasan und Husain. Danach ging das Kalifat an die Dynastie der Omajaden über, die in Damaskus residierten. Als ›Goldene Zeit‹ des Islam gelten deshalb nur jene 40 Jahre, in denen die Umma vom Propheten und seinen ersten vier Nachfolgern, den ›rechtgeleiteten‹ Kalifen, geführt wurde. Die Schiiten akzeptieren bis heute nur Führer aus der direkten Linie der Familie des Propheten. Ca. 90 % aller Muslime sind Sunniten, darunter auch die in der VAE.

Erdöl – Dubais schwarzes Gold

Der Preis für Erdöl steigt seit Jahren, wenn auch nicht gleichmäßig. Schuld daran ist die weltweit steigende Nachfrage – insbesondere aus den USA, Indien und China. Die Fördermengen sind zwar annähernd konstant geblieben, doch die Golfanrainerstaaten profitieren dank ihrer im internationalen Vergleich niedrigen Förderkosten besonders von den Preissteigerungen.

Dass sich rund die Hälfte aller nachgewiesenen Erdölreserven ausgerechnet in der Region des Arabischen Golfs befinden, ist aus Sicht der muslimischen Gläubigen der Anrainerstaaten kein Zufall. Sie betrachten diese geologische Besonderheit als ein ›Geschenk Allahs für seine treuesten Anhänger‹.

Der Beginn des Erdölzeitalters

Von Beginn des 20. Jh. an waren sich westliche Ölgesellschaften darüber einig, dass es sich lohnen würde, auf der Arabischen Halbinsel nach Erdöl zu bohren. Konkret entdeckt wurden die ersten Ölquellen jedoch erst kurz vor dem Zweiten Weltkrieg in Bahrain und Saudi-Arabien. In Dubai stieß die *Petroleum Concessions Limited* – ein Tochterunternehmen der *Iraq Petroleum Company* – erst 1966 vor der Küste auf das Ölfeld von Fateh. Als am 6. September 1969 die Förderung begann und zwei Wochen später die ersten 180 000 Barrel auf einem britischen Schiff Dubai verließen, hatte auch hier das Erdölzeitalter begonnen.

15 Jahre später sprudelte in Dubai das schwarze Gold aus Dutzenden von Quellen mit einer Tagesproduktion von 350 000 Barrel (1 Barrel = 158,9 l). Von Anfang an hatte Sheikh Rashid, Herrscher des Emirats bis 1990, eine Erlösbeteiligung von 50 % vertraglich vereinbart – bis dahin die höchste der Region. Heute befinden sich alle Ölfördergesellschaften in nationalem Alleinbesitz.

Unter den Emiraten der VAE verfügt Abu Dhabi über die größten Erdölreserven. Seit Mitte der 1990er-Jahre fördert es 1,8 Mio. Barrel pro Tag. Bleibt das Emirat bei dieser Fördermenge, reichen seine Reserven nach der Opec-Statistik noch mehr als 100 Jahre. In Dubai dagegen sind die Reserven in 40 Jahren aufgebraucht. Insgesamt verfügen die VAE über etwa 10 % aller weltweiten Erdölreserven.

Opec und Ölpreis

Die arabischen Golfstaaten gehören mit Ausnahme von Oman der Opec *(Organization of the Petroleum Exporting Countries)* an, jener Allianz Erdöl fördernder Staaten, die durch Vereinbarungen über Fördermengen und Preisabsprachen den Erdölmarkt

Begehrter Rohstoff und Quelle des Reichtums von Dubai und der Golfregion: Öl

lange Zeit regulierten, d. h. das Barrel Erdöl auf dem Weltmarkt für 18–20 US$ anboten und verkauften. In den rund 40 Jahren ihres Bestehens hat die Opec nur einmal das Erdöl als ›Waffe‹ eingesetzt: 1973 nach dem Yom-Kippur-Krieg, um den Westen von der völkerrechtswidrigen Besetzung palästinensischen Territoriums durch Israel zu ›überzeugen‹; damals stieg der Preis pro Barrel auf 34 US$, und in der Bundesrepublik Deutschland konnten die Bürger an mehreren autofreien Sonntagen über die Autobahnen flanieren.

Seit Beginn der 1990er-Jahre produzieren die Opec-Staaten jedoch nur noch etwa 50 % des Welterdöls, weil z. B. Russland und Norwegen als große Ölexporteure ihr nicht angehören. Als 2004 der Preis pro Barrel auf 40 US$ stieg, beschloss die Opec auf Initiative der VAE durch höhere Fördermengen die Nachfrage auszugleichen. Doch dieser Versuch schlug fehl, der Preis stieg weiter, da die Nachfrage besonders in den USA, Indien und China unbeeindruckt weiter wuchs. Kostete ein Barrel 1998 nur 11 US$, so stieg der Preis in den Folgejahren zunächst kontinuierlich (2000, 25 US$, 2004, 40 US$, 2006, 60 US$) und 2007 steil an (im Dez. 100 US$). Im Sommer 2008 bewegte er sich bei 150 US$ pro Barrel. Auf Drängen der westlichen Industrienationen erhöhte Saudi-Arabien im Juni 2008 seine Fördermenge um 200 000 Barrel pro Tag. Erst ab November 2008 fiel der Ölpreis im Zuge der globalen Finanzkrise rasant auf ca. 65 US$/Barrel. Doch seit Mai 2012 liegt er wieder bei 100 US$/Barrel und höher.

Die Schwankungen des Erdölpreises und die Endlichkeit des Erdöls sind als nicht zu beeinflussende Faktoren das politisch brisanteste Zukunftsthema am Golf.

Das Kamel

Das bedeutendste Säugetier der Arabischen Halbinsel ist das Kamel. Gewöhnliche Kamele legen selbst bei großer Hitze problemlos 30–50 km am Tag zurück. Dabei können sie noch bis zu 250 kg Last tragen und brauchen nur alle fünf Tage Wasser.

Ohne das Kamel wäre menschliches Leben vor der Entdeckung des Erdöls auf der Arabischen Halbinsel undenkbar gewesen. Für Beduinen war das Kamel ein sehr hohes Gut: Es schenkte ihnen Bewegungsfreiheit, versorgte sie mit Milch und Fleisch, es lieferte Material für Sandalen, Gürtel und Wassersäcke (Haut) und für Kleidung, Zelte und Teppiche (Haare und Fell). Selbst die Exkremente fanden in getrocknetem Zustand Verwendung als Heizmaterial. Die dadurch entstandene innige Beziehung, ja Verehrung, schlägt sich in Liedern, mündlichen Erzählungen und in der Literatur nieder.

Perfekt angepasst

Wie kein anderes Tier hat das Kamel in einem langen Evolutionszeitraum eine Fülle physiologischer Anpassungen an seinen extremen Lebensraum vollzogen, die es zum idealen Wüstentier machen: In seinen Höckern speichert es Fett, sodass es mehrere Tage ohne Nahrungsaufnahme auskommen kann (entgegen der verbreiteten Meinung ist der Höcker kein Wassertank!). Die schwielenartigen, tellerförmig gespreizten Fußballen wirken wie Niederdruckreifen, die nicht in den Sand einsinken, und eine dicke Hornschicht schützt gegen den heißen Sandboden.

Die Nasenmembran des Kamels besitzt eine vierzigmal größere Fläche als die des Menschen und hält die Feuchtigkeit der Atemluft im Körper zurück, um sie zur Kühlung zu verwenden. Bei extremen Außentemperaturen kann ein durstiges Kamel seine Körpertemperatur auf 42 °C ansteigen lassen; dies vermindert das Schwitzen und somit größeren Wasserverlust. Das Magensystem des Wiederkäuers kann innerhalb kurzer Zeit bis zu 150 l Wasser aufnehmen und in Speicherzellen einlagern. Dichte Wimpern schützen die Augen vor Sand und Staub selbst bei Sandstürmen. Sollte dennoch ein Sandkorn ins Auge geraten, sorgt ein Sekret für einen Tränenfilm, der das Wundreiben der Hornhaut verhindert.

Tausend Namen

All seine wunderbaren Merkmale und Eigenschaften haben das Kamel (arab.

Das Kamel ist das bedeutendste Nutztier der Arabischen Halbinsel

jamal) zum Symbol für Schönheit, Geduld, Ausdauer und Genügsamkeit gemacht. Tausend verschiedene Namen kennt die arabische Sprache für dieses Tier. Auf der unmittelbar vor dem Festland gelegenen Insel Umm Al Nar bei Abu Dhabi wurden bei Ausgrabungen eines prähistorischen Siedlungsgebiets große Mengen von Kamelknochen aus einer Zeit entdeckt, in der das Kamel noch nicht als domestiziert galt. Für Historiker der Golfregion stand damit fest, dass an der Küste der Emirate jene arabischen Vorfahren lebten, die das wild lebende Kamel zähmten.

20 km südlich von Dubai liegt in Küstennähe die archäologische Ausgrabungsstätte Al Sufouh. Dort wurden Knochen von ca. 50 Kamelen entdeckt, die hier um 1500 v. Chr. getötet wurden. Forscher schließen daraus, dass Al Sufouh seine Bewohner und Handelsschiffe mit Proviant versorgte.

> **Uschi und ihre Kamele**
> Uschi Musch aus Bad Waldsee besuchte 1988 als Touristin zum ersten Mal die VAE, weil sie eine besondere Zuneigung zu Kamelen hatte. Es gefiel ihr in Dubai sehr gut, sie kam wieder und sie blieb. Sie verpachtete ihren landwirtschaftlichen Besitz in Oberschwaben und erwarb eine kleine Farm außerhalb der Stadt mitten in der Wüste Richtung Bab Al Shams, auf der sie 2000 das Unternehmen **Saif Al Muhairi Horse and Camel Hiring** eröffnete. Heute besitzt sie drei Dutzend Kamele und bietet ihren Gästen einen beduinischen Abend in der Wüste mit frisch zubereiteten Speisen, arabischem Kaffee und Lagerfeuer an, aber ohne Bauchtanz und Shisha, weil beide nicht beduinischen Traditionen entsprechen. Bei Uschi kann man Kamele streicheln, in Begleitung eines Beduinen auf einem Kamel reiten oder frisch gemolkene Kamelmilch probieren. Uschis Kamele trifft man auch regelmäßig an den Stränden von Jumeirah und ermöglichen es den Touristen, auch Ausritte am Meer zu unternehmen (Uschi Musch Tel. 050 565 31 18, muschdubai@gmail.com).

Kamelrennen

Heute spielt das Kamel als Wirtschaftsfaktor nur noch eine geringe Rolle, obwohl sich in Al Ain der größte Kamelmarkt der Arabischen Halbinsel befindet. Aber noch immer gilt das Kamel in den Emiraten als **Statussymbol**, ein junges Kamel kostet so viel wie ein gebrauchtes Auto. Ganz andere Preise erzielen Rennkamele; die bisher notierte Rekordsumme liegt bei 1,2 Mio. €. Denn *Camel Racing* hat in den Emiraten eine lange Tradition. Die Rennen finden zwischen Oktober und April an den Wochenenden (Do, Fr) morgens ab 7 Uhr statt.

Bis 2005 war es üblich, auch Kinder – etwa aus Somalia oder Pakistan – als Jockeys einzusetzen. Zusammen mit Unicef beschlossen die VAE 2006 ein 3-Mio.-US$-Programm, das den etwa 1000 ehemaligen Kinderjockeys der VAE eine Ausbildung ermöglichte. Seither muss ein Jockey mindestens 18 Jahre alt sein und mindestens 45 kg wiegen. Allerdings vertrauen die Kamelinhaber heute mehr der Technik, seit 2009 sitzen nur noch computergesteuerte *Robot Jockeys* auf den kostbaren Tieren.

Die Dubai'in und ihre Gastarbeiter

Wenn es um Bevölkerungszahlen in den einzelnen Emiraten der VAE geht, muss man zwischen Einheimischen (›locals‹) und Gastarbeitern (›expatriates‹) unterscheiden.

Um die Wende zum 20. Jh. lebten auf dem heutigen Gebiet der Arabischen Emirate schätzungsweise 50 000 Menschen. Als die VAE 1971 ein unabhängiger Staat wurden, waren es schon 200 000. In Dubai, mit 60 000 Einwohnern bevölkerungsmäßig das größte Emirat, betrug schon damals der Anteil der ausländischen Einwohner ca. 75 %, sodass 1971 hier nur ca. 15 000 einheimische Dubai'in lebten. Dieses Verhältnis hat sich bis heute nicht verändert. Über 40 Jahre nach der Staatsgründung leben in den VAE knapp 8 Mio. Menschen, von denen weniger als 15 % einen arabischen Pass besitzen. Die anderen ca. 6,5 Mio. sind *expatriates*, davon allein etwa 1,8 Mio. in Dubai (von insgesamt 2,1 Mio. Einwohnern). Diese ›Gastarbeiter‹ sind es, die den rund 1 Mio. Emiratis und den Millionen von Touristen zu einem Leben mit vielen Annehmlichkeiten verhelfen und durch deren Arbeit die Emirate sich zu dem entwickeln konnten, was sie heute sind.

Ohne sie läuft nichts

Ein Leben ohne Gastarbeiter ist für die Emirati undenkbar. Jede einheimische Familie in Dubai hat durchschnittlich zwei ausländische Hausmädchen, beschäftigt einen Chauffeur und einen Gärtner. Alle körperlichen Arbeiten, z. B. in Hotels oder Shopping Malls, aber insbesondere auf Baustellen und im Hafen, werden ausschließlich von ausländischen Arbeitskräften erledigt.

Alle Ausländer, die in den Ölstaaten am Golf arbeiten, verdienen hier wesentlich besser als in ihren Herkunftsländern. Die meisten von ihnen verlängern deshalb ihren auf ein bis zwei Jahre befristeten Vertrag um weitere Jahre. Jedes Jahr am Nationalfeiertag danken die Herrscher auch den *expatriates* ausdrücklich für ihren Beitrag zu Entwicklung und Wachstum der Emirate.

Gleicher Lohn für gleiche Nationalität

Karim, ein Baggerfahrer aus Pakistan, wohnt in einer Sammelunterkunft, arbeitet viel und spart. Am Freitag, dem einzigen freien Tag der Woche, geht er mit anderen Pakistani zuerst in die Moschee, dann in einem Park oder entlang des Creek spazieren, trinkt einen Tee und geht früh nach Hause, weil am nächsten Morgen der Firmenbus zur Arbeitsstätte um 5 Uhr losfährt. Sein Freund Kamil arbeitet in einem Hotel. Die Arbeitsbedingungen dort sind zwar klimatisch angenehmer als auf einer Baustelle, aber sein Lohn

Tausende Gastarbeiter halten Dubais Bauboom in Schwung

ist derselbe: umgerechnet ca. 300 € im Monat. Das gilt auch für Asra aus Sri Lanka, die sogar Englisch spricht und als Verkäuferin in einer Shopping Mall arbeitet. Die Agenturen, die die Gastarbeiter vermitteln, und die örtlichen Arbeitgeber als ihre ›Sponsoren‹ orientieren sich in erster Linie an den Löhnen im Herkunftsland. Der Pass bestimmt das Lohnniveau. So verdient etwa ein deutscher Ingenieur weitaus mehr als ein ägyptischer.

Drei Viertel aller *expatriates* kommen aus asiatischen Ländern, allen voran Indien und Pakistan. Die meisten leben alleine hier, denn nur wer über 5000 Dh im Monat verdient und die schriftliche Zustimmung seines Arbeitgebers vorlegen kann, darf seine Familie nachholen. Schon bei kleinen Vergehen wie wiederholter Unpünktlichkeit verlieren die *expatriates* ihren Arbeitsplatz und müssen ausreisen; bei schwereren Verstößen sofort.

Doch die *expatriates* wissen das, bevor sie einreisen. Sie erhalten in Dubai eine nahezu kostenlose Krankenversorgung, eine bescheidene Unterkunft in Mehrbettzimmern, den Transport zum Arbeitsplatz und einmal im Jahr einen vierwöchigen, bezahlten Heimaturlaub inklusive Freiflug. Dafür arbeitet ein Großteil der Gastarbeiter sechs Tage in der Woche und überweist den größten Teil des Lohns nach Hause.

Solange sich die ökonomischen Verhältnisse in unserer inzwischen global kapitalistisch organisierten Welt und die Dominanz des neoliberalen

Zeitgeistes sich nicht ändern, werden Menschen unter diesen Bedingungen am Golf arbeiten.

Forderung nach Mindestlohn

Angesichts des immensen Bedarfs der Emirate an Arbeitskräften, insbesondere für körperliche Arbeiten und im Dienstleistungsbereich, wird Bewegung in diese Lohnpraxis kommen. Dafür spricht ein Ereignis vom März 2006:

Damals kam es in den VAE erstmals zu Arbeitsniederlegungen von Bauarbeitern an Dubais Prestigebau Burj Dubai (heute Burj Khalifa), obwohl Streiks und Gewerkschaften gesetzlich verboten sind. Mehr als 5000 Gastarbeiter indischer und pakistanischer Herkunft beklagten, dass ihr Arbeitgeber den Transport zur Arbeitsstätte und die Zeiterfassung so schlecht organisiert habe, dass sie pro Tag vier Stunden Arbeitszeit verlören. Die lokale englischsprachige Presse berichtete ausführlich, der zuständige Minister drängte die Firma zur Abhilfe. Ähnlich insistierte die Regierung bei mehreren privaten Unternehmen, die Löhne pünktlich zu zahlen, da es immer wieder Klagen in der Presse gab, dass man sich damit sehr viel Zeit ließ, während die Gastarbeiterfamilien in der Heimat auf die Zahlungen warteten.

2009 änderte sich das örtliche Arbeitsrecht: Die Arbeitnehmer können sich – anonym per Internet – beschweren, und es fällt nun in die Zuständigkeit der Polizei, Missstände abzustellen. Aber noch haben die VAE nicht die Konvention der UN-nahen *International Labour Organisation (ILO)* unterzeichnet.

Auch für anspruchsvollere Arbeiten holt sich das Land Gastarbeiter, allerdings hochqualifizierte aus Europa und den USA (u. a. auch ca. 4000 Deutsche), die in Dubai ebenfalls besser verdienen als im Heimatland. Sie trifft man im Firmen- und Hotelmanagement, als Berater bei Banken und im Medienbereich. Die Zahl dieser ›first-class‹-*expatriates* beträgt ca. 80 000.

Residenzstatus

Wenn es um die politische Identität der Emirate angesichts des demografischen Ungleichgewichts zwischen Dubai'in und *expatriates* geht, sind die Regierungen strikt: Für alle Gastarbeiter ist die Einbürgerung definitiv ausgeschlossen, selbst wenn sie Jahrzehnte oder sogar schon in der zweiten Generation am Golf leben und arbeiten. Angesichts der Zahlenverhältnisse – rund 250 000 Dubai'in stehen ca. 1,8 Mio. *expatriates* gegenüber – ist die offizielle Argumentation nachvollziehbar: »Wenn wir den *expatriates* die Staatsangehörigkeit geben würden, wären wir kein arabisch-islamisches Land mehr.«

Wer Kompetenzen vorzuweisen hat, ist in den VAE auf Zeit willkommen, aber er muss wieder ausreisen, sobald sein Arbeitsvertrag ausläuft. In diesem Zusammenhang äußerte sich Scheich Khalifa Bin Zayed al Nahran wie folgt: »Wir sind viel zu wenige, um die *expatriates* nach ein paar Jahren zu Staatsbürgern zu machen.« Und doch gibt es einige Veränderungen. Seit 2004 können Ausländer in bestimmten, abgegrenzten Gebieten (auf den Palmen-Inseln und The World sowie an der Dubai Marina, s. S. 125) Land- und Hausbesitz erwerben und erhalten damit einen lebenslangen Residenzstatus.

Von der Frau des Propheten lernen

Außerhäusliche Berufstätigkeit von Frauen ist in der arabischen Welt nicht selbstverständlich, obwohl die erste Frau des Propheten Mohammed, die 40-jährige Witwe Chadidsha, eine erfahrene Unternehmerin war, die ihn zum Teilhaber ihres florierenden Handelsgeschäftes machte.

Sie war die erste Geschäftsfrau in der Geschichte des Islams. Möglicherweise ist wegen Chadidsha das Recht der Frau auf eigenen Besitz, lange bevor solche Gedanken in Europa aufkamen, im Koran festgeschrieben. Privatbesitz ist eines der Privilegien muslimischer Frauen.

Vorbilder und Rollen

Auch wenn Frauen heute in den Staaten der Arabischen Halbinsel im öffentlichen und politischen Leben kaum eine Rolle spielen, verfügen sie sehr wohl über Besitz. Alle Geschenke des Ehemanns, ihre Mitgift und ihr Erbe gehören zu ihrem Vermögen, über das sie uneingeschränkt verfü-

Junge Frauen in Dubai sind gut ausgebildet und oft berufstätig

gen können. Sie erben zwar nach dem islamischen Recht der *sharia* nur die Hälfte dessen, was ihre Brüder erben, aber diese müssen als Männer nach einer Verheiratung für ihre Familien und deren mittellose Verwandte sorgen, während Frauen über ihr Erbe absolut frei verfügen können. Was Frauen seit den Zeiten des Erdölbooms am Golf geerbt haben, kann man in den Grundbüchern der Städte und anhand der Firmeneintragungen der Handelskammern feststellen. Nach Recherchen von Mai Yamani, der Tochter des ehemaligen saudischen Ölministers, befand sich bereits 1995 etwa ein Drittel allen Privatvermögens in weiblicher Hand.

Die wichtigste gesellschaftliche Rolle der Frau in der arabischen Welt ist noch immer die der Ehefrau und Mutter, und noch immer sind es auf der Arabischen Halbinsel nur Frauen der Ober- und Mittelschicht, die darüber hinaus nach einem Studium eine Berufstätigkeit anstreben oder sich selbstständig ökonomisch betätigen. Ihr Vorbild wird Wirkung zeigen. Wenn zudem am Golf die Abhängigkeit von ausländischen Arbeitskräften beklagt wird und man sich für die ›Emiratisierung‹ des Arbeitsmarktes ausspricht, trägt das zugleich zur ökonomischen Emanzipation der einheimischen Frauen bei. Denn wer die Frauen vom Arbeitsmarkt ausschließt, reduziert das nationale Arbeitspotenzial rein statistisch um die Hälfte.

Die Situation der Frau in den Emiraten hat sich in den beiden letzten Jahrzehnten wesentlich verbessert. Heute besuchen alle Mädchen eine Schule, 1980 waren es nur ein Fünftel. Frauen stellen etwa 40 % der Angestellten im Öffentlichen Dienst, 65 % der Lehrer und 70 % der Studierenden. In Dubai gibt es zwar rund 4000 Unternehmerinnen, aber die meisten von ihnen führen Kosmetiksalons oder Modegeschäfte. Top-Positionen nehmen bisher nur die wenigsten ein.

Frauen am Steuer

In fast allen Staaten am Golf gehört auch eine Frau dem Kabinett an (im Sultanat Oman sogar drei). In den VAE ist es die **Wirtschaftsministerin** Sheikha Lubna Bint Khaled Al Qasimi, eine Prinzessin aus der Herrscherfamilie des kleinen Emirats Sharjah. Und im Dezember 2006 war Amal Al Qubaisi die erste Frau unter den gewählten 20 Mitgliedern des Nationalrats der VAE.

Aber die traditionelle Rollenzuschreibung innerhalb der Familienstrukturen mit patriarchaler Dominanz, die der Frau den häuslichen Bereich zuweist, existiert parallel zu modernen Lebensentwürfen. Die-

se beiden Lebenswelten werden in TV-Talkshows thematisiert und haben Hochkonjunktur in großen Frauen-Konferenzen, die unter der Schirmherrschaft von Sheikha Haya Bint Hussein, der zweiten und jungen Ehefrau des Herrschers von Dubai stattfinden. Dort werden die realen Schwierigkeiten einer Vereinbarkeit von Ehe und Beruf am Golf öffentlich thematisiert. Denn insbesondere bei jungen Akademikerinnen findet ein Sinneswandel statt. Berufliche Tätigkeit setzt auch am Golf Kräfte frei für Selbstbestimmung. Voraussetzung ist eine gute Ausbildung. Nach einer Studie der Universität Sharjah hat der Studienabschluss bei 75 % der Studentinnen Priorität vor einer Heirat. Konkret heißt das: Sie verschieben ihre Hochzeit um vier bis sechs Jahre und werden weniger Kinder gebären als ihre Mütter.

In Dubai arbeiten heute schon Frauen in einem in der Arabischen Welt typischen Männerberuf. Während im benachbarten Saudi-Arabien Frauen nicht einmal am Lenkrad ihres eigenen Wagens sitzen dürfen, erlaubt Dubai Frauen das Taxifahren; allerdings zurzeit nur zur Beförderung von Frauen und Familien, (noch) nicht von allein reisenden Männern. Noch werden die meisten ›Frauen‹-Taxis von weiblichen *expatriates* gesteuert, aber das ist in erster Linie eine Lohnfrage.

Emiratische Familie beim Einkaufsbummel

Familienleben und Familienstrukturen in Dubai

Die Familie ist das Zentrum arabischen Lebens und die wichtigste Institution in der arabischen Gesellschaft. Familien ›arrangieren‹ die Verheiratung ihrer Kinder, der Zusammenhalt zwischen Geschwistern bleibt zeitlebens groß, ältere Familienmitglieder genießen immer respektvolle Ehrerbietung. Ein jüngerer Mann wird einem älteren Mann in der Öffentlichkeit niemals widersprechen. Auch ältere Frauen nehmen innerhalb der Familie eine geachtete Stellung ein.

Die Privatsphäre in der Familie wird in den Emiraten nach außen sehr abgeschirmt. Werden ausländische Besucher in eine Familie, zum Beispiel zu einer Hochzeit, eingeladen, ist dies eine besondere Ehre.

Heirat und Hochzeit

Hochzeiten sind traditionell die größten Familienfeste. Die Feierlichkeiten dauern mindestens drei Tage und enden meist am Donnerstagabend. Art und Weise der Partnerwahl haben sich bis heute wenig verändert. Sehr oft – früher noch häufiger als heute – heiraten Cousins und Cousinen untereinander, weil dies die Familienbande stärkt. Mit der Auswahl des Ehepartners wird ein erfahrenes Familienmitglied beauftragt, und fast immer sind die zukünftigen Eheleute mit der Wahl einverstanden.

Früher heirateten Frauen am Golf im Alter von 13 bis 15 Jahren, heute meist nicht unter 20 Jahren. Jungen und Mädchen treffen sich vor ihrer Verheiratung nur, wenn viele andere Gleichaltrige oder erwachsene Familienmitglieder anwesend sind. Allerdings eröffnet das Handy neue, von Eltern nicht zu kontrollierende Möglichkeiten.

Vor einer Heirat müssen sich Brautvater und Bräutigam über den **Brautpreis** *(maham)* einigen. Dieses Geld zahlt der Bräutigam zwar an den Vater, aber es gehört der Braut, damit sie im Scheidungsfall nicht mittellos dasteht. Zusätzlich werden Gold und Ausstattung für die Wohnung oder das Haus als Geschenke erwartet. Auch die Eltern der Braut beschenken die Familie des Bräutigams.

Die Heirat wird durch einen **Vertrag** vor einem Richter oder Geistlichen geschlossen. Die Zeremonie findet traditionell in der Familienwohnung der Braut statt. Danach beginnen die Vorbereitungen für das große Fest, an dessen Vorabend die Ehe formal geschlossen wird. Auch auf den Hochzeitsfeiern herrscht eine strenge Geschlechtertrennung: Es gibt eine riesige Feier der Braut, an der nur Frauen teilnehmen, und eine des Bräutigams für die männlichen Gäste. Traditionell verbringen die Eheleute die Hochzeitsnacht im Haus der Brauteltern und ziehen am nächsten Tag in das Haus der Familie des Bräutigams. Heute überbieten sich in Dubai die Hotels mit Spezialarrangements für Hochzeitsfeier und Hochzeitsnacht. Auch nach der Heirat behält die Braut ihren ›Mädchen‹-Namen, allerdings unterscheidet sich das System der arabischen Namen grundsätzlich von unserem.

Arabische Namen

Dem arabischen System der Familiennamen liegt die Vater-Sohn- bzw. die Vater-Tochter-Beziehung und die Zugehörigkeit zur Großfamilie zugrunde. Ein Beispiel: Der derzeitige Herrscher Dubais heißt Sheikh Mohammed Bin Rashid Bin Saeed Al Maktoum. Sheikh ist sein Titel (s. S. 97). *Bin* heißt nichts anderes als ›Sohn von‹ (bei der Transkription findet man statt *bin* auch gleichbedeutend *Ibn*). Der Name von Sheikh Mohammed besagt also, dass er der Sohn von Rashid ist, der wiederum der Sohn von Saeed war. *Al Maktoum* bezeichnet das dynastische Geschlecht, das wiederum Teil eines Stammes ist, in diesem Fall des Stammes der Bani Yas. Der Familienname Maktoum wird durch den Artikel *al* gekennzeichnet. Sheikh Rashid Bin Saeed Al Maktoum, der 1990 nach 32 Jahren Regentschaft verstarb, hatte vier Söhne. Zuerst trat sein erster Sohn die Thronfolge an. Als dieser 2006 starb, wurde der jüngere Bruder Sheikh Mohammed Bin Rashid Al Maktoum sein Nachfolger.

Sheikh Mohammed heiratete 2006 seine zweite Frau. Sie heißt mit Vornamen Haya und ist die Tochter *(bint)* des verstorbenen Königs Hussein von Jordanien. Ihr Name war und ist also ungeachtet ihrer Ehe mit Mohammed Sheikha Haya Bint Hussein.

Scheidung

Ob arabische Ehen als *arranged marriages* länger halten als *love marriages* in westlichen Kulturkreisen, soll hier nicht erörtert werden. Keine Frau kann gegen ihren Willen von ihrem Vater zur Heirat gezwungen werden und sie kann, genau wie der Mann, um Scheidung der Ehe ersuchen.

Während der Mann relativ schnell geschieden ist, wenn er unter Zeugen dreimal den Satz ausspricht: »Ich trenne mich von dir«, muss die Frau, falls der Mann ihrem Trennungsersuchen nicht zustimmt, einem islamischen Gericht ihre Gründe vortragen. Sollte ein Mann seine Trennung – weil im Zorn voreilig vollzogen – bereuen, hängt die Aussöhnung von ihrer Zustimmung ab. Allerdings kann er nur dreimal um Versöhnung bitten. Nach einer Scheidung kehrt die Frau mit den Kindern in das Haus ihrer Eltern zurück, der Mann muss für den Kindesunterhalt aufkommen. Wenn die Söhne sieben Jahre alt sind, ziehen sie von der Mutter zum Vater, die Töchter bleiben bei der Mutter. Geschiedene Frauen heiraten in der Regel bald wieder.

> **Die Emirati sind jung**
> Von den ca. 7,9 Mio. Einwohnern (2012) der VAE sind ca. 1 Mio. *nationals*, also Staatsbürger, die einen Pass der Emirate besitzen. Mehr als 6,7 Mio. Einwohner sind *expatriates* (Gastarbeiter mit befristetem Aufenthaltsstatus), und davon rund 75 % Männer (sie dürfen nur unter bestimmten Voraussetzungen ihre Familie mitbringen, s. S. 111). Von den *nationals* (Einheimischen) der VAE sind 51 % unter 20 Jahre bzw. 38 % sogar unter 14 Jahre alt.

Sheikh Mohammed Bin Rashid Al Maktoum

Wer ist dieser Herrscher, den die Dubai'in über alle Maßen verehren und der das kleine Emirat am Golf für Touristen und ausländisches Kapital so attraktiv gemacht hat? Der sich gegenüber westlichen Industrienationen als verlässlicher politischer Partner positioniert und dessen beeindruckende Bauprojekte die Welt in Staunen versetzen?

Am 3. Januar 1995 ernannte der damalige Herrscher von Dubai, Sheikh Maktoum Bin Rashid Al Maktoum seinen jüngeren Bruder Mohammed zum Kronprinzen. Damit stand fest: Mohammed erhielt ab sofort Regierungsverantwortung und würde eines Tages Herrscher des Emirats sein. Welche Vorstellungen er von dieser neuen Position hatte, machte Mohammed gleich zu Beginn seines Amtsantritts deutlich: »I do not know, if I am a good leader. But I am a leader und I have visions. I look to the future 20, 30 years, I learnt from my father, Sheikh Rashid. He was the true father of Dubai. I follow his example. He would rise early and go alone to watch what was happening on each of his projects. I do the same. I watch, I read faces, I take visions and I move full throttle.«

Unbändiger Gestaltungwille

Vollgas geben – *full throttle* – und immer in der Königsklasse, das ist Sheihk Mohammeds Devise. Er hob das Dubai Shopping Festival (1995) und den Dubai World Cup (1996) aus der Taufe, er initiierte die spektaku-

Sheikh Mohammed wirbt für seine Visionen

lären Bauwerke wie den Burj Al Arab (2000), die Dubai Marina (seit 2001), die drei ›Palmen‹ und das künstliche Archipel ›The World‹ vor der Küste (seit 2003). Sein jüngstes Projekt ist der 2010 eröffnete Burj Khalifa, mit 828 m das höchste Gebäude der Welt.(s. S. 123). Mit immer neuen Projekten trumpft er in Dubai auf und begründet seine Ziele so: »Meine Zeit ist begrenzt, meine Visionen nicht. Deshalb bin ich in Eile«, begründet Mohammed sein rasantes Handeln. Und es geht wieder bergauf: 2010 eröffnete er nach nur fünf Jahren Bauzeit den neuen Al Maktoum International Airport.

Politische Karriere

Geboren wurde Mohammed als dritter Sohn von Sheikh Rashid am 22. Juli 1949 in Dubai, aller Wahrscheinlichkeit nach im Haus seines Großvaters, dem Sheikh Saeed House auf der Halbinsel Shindagha, das heute ein Museum ist (s. S. 141). Nach dem Besuch der gegenüberliegenden Al-Ahmadiya-Schule schickte ihn sein Vater 1966 ins englische Cambridge. An der Bell Educational School of Languages erwarb er das Higher Diploma und beendete seine Ausbildung als Absolvent der Kadettenschule Aldershurst bei London, um 1968 nach Dubai zurückzukehren. Ein Jahr später übertrug ihm sein Vater, Sheikh Rashid, die Führung der örtlichen Polizei.

An den politischen Verhandlungen zur Gründung der VAE nahm er bereits als junger Mann teil und wurde mit 25 Jahren 1971 Verteidigungsminister der Emirate. Doch gemäß der strengen Ancienniität der arabischen Gesellschaft wurde Mohammeds ältester Bruder Maktoum Nachfolger des 1990 verstorbenen Sheikh Rashid. 1995 ernannte Sheikh Maktoum seinen jüngeren Bruder Mohammed (nicht einen seiner Söhne!) zum Kronprinzen, übertrug ihm sofort alle großen Entwicklungsprojekte im Emirat und trat selbst mehr und mehr in den politischen Hintergrund. Als er 2006 starb, ordnete Mohammed als neues Staatsoberhaupt eine 45-tägige Trauer im Emirat an und ließ das bevorstehende Dubai Shopping Festival ausfallen (ökonomischer Verlust: ca. 3,5 Mrd. US$).

Familie und Thronfolge

Mohammed hat insgesamt 19 Kinder, von denen aber nur zwölf in der offiziellen Genealogie der Familie Maktoum und somit für das Herrschaftsprotokoll eine Rolle spielen. Die ersten elf Kinder stammen aus der Ehe mit seiner ersten Frau, seiner Cousine Hind Bint Maktoum Bin Juma Al Maktoum. Die Ehe wurde 1970 geschlossen, Sheikha Hind *(Senior Wife)*, die sechs Söhne und fünf Töchter zur Welt brachte, ist in Dubai sehr angesehen, lebt aber zurückgezogen.

2004 heiratete Mohammed in zweiter Ehe Haya Bint Al Hussein, die 1974 geborene Tochter des verstorbenen Königs von Jordanien. Aus dieser Ehe kamen 2007 Tochter Jalila, 2012 Sohn Zayed zur Welt. Sheikha Haya *(Junior Wife)* begleitet heute den Herrscher in der Öffentlichkeit und bei Staatsbesuchen. Sie engagiert sich auf UN-Ebene in Wohltätigkeitsfragen und im Organisationskomitee der Olympischen Spiele. Haya ist wie Sheikh Mohammed (s. u.) mit einer eigenen Website im Internet präsent (www.princesshaya.net). Beide Frauen Sheikh Mohammeds werden offiziell mit *Royal Highness* angeredet. Nach der Geburt seiner Tochter Jalila ernannte Sheikh Mohammed den damals 26-jährigen Hamdan aus seiner ersten Ehe zum Kronprinzen *(Crown Prince)* und dessen drei Jahre jüngeren Bruder Maktoum zum Stellvertreter *(Deputy Ruler of Dubai)*.

Manager des Unternehmens Dubai

Heute gehört Sheikh Mohammed zu den Großen der Welt. Google listet – neben seiner persönlichen Website – www.sheikhmohammed.co.ae – über 300 000 Einträge zu seiner Person auf. Sein Buch »My Vision – Challenge in the Race of Excellence« (2006) unterstreicht das ehrgeizige Ziel, Dubai und die VAE unter seiner Führung zu einem Weltzentrum der globalisierten Wirtschaft zu machen. Er selbst sieht sich als *good CEO (Chief Executive Officer) of Dubai Inc.* – als guten Vorstandsvorsitzenden des Unternehmens Dubai.

In beduinischer Tradition müssen Führerpersönlichkeiten auch körperlich fit sein. Dass er auch diesen Anspruch erfüllt, stellt Sheikh Mohammed immer wieder unter Beweis. Mehrmals gewann er zusammen mit seinem Sohn Hamdan internationale Ausdauer-Pferderennen, u. a. in den VAE.

Das Emirat Dubai steht für Weltrekorde. Der spektakulärste ist derzeit der 828 m hohe Burj Khalifa, der bis zu seiner Eröffnung Anfang 2010 noch Burj Dubai hieß. Seit die Finanzkrise auch Dubai erreicht hat, trägt das höchste Gebäude der Welt jetzt den Namen von Dubais größtem Sponsor: Sheikh Khalifa Bin Zayed Al Nahyan, dem Herrscher von Abu Dhabi.

Im Wettlauf um das höchste Gebäude der Welt hat Dubai aktuell die ›Nase vorn‹. Noch nie wurde Beton in solche Höhen befördert – eine gigantische Herausforderung für die Ingenieure.

weltbekannteste Wolkenkratzer, das Empire State Building in New York (381 m), und gut 300 m höher als das zuvor höchste Gebäude, der 2004 im taiwanesischen Taipeh fertiggestellte Taipeh 101 (508 m).

Architekturikone

Entworfen wurde der spektakuläre Bau vom US-amerikanischen Architekturbüro Skidmore, Owings & Merrill (SOM), gebaut wurde er im Auftrag des örtlichen Bauträgers EMAAR von dem südkoreanischen Bauunternehmen Samsung, das wiederum mehr als

Der Turmbau zu Dubai

Von Babel nach Dubai

Der Bau des Burj Khalifa wird öfters mit dem biblischen Turmbau zu Babel verglichen. Er wird bewundert und zugleich skeptisch beurteilt. Für die einen ist er der realisierte Traum höchster Ingenieurskunst, für die anderen das Symbol menschlicher Hybris. Eines haben die Bauherren von Babel und Dubai gemeinsam: Sie bauten ihre Türme, »um sich einen Namen zu machen« (1. Mose 11.4).

Fakt ist, dass der Burj Khalifa mehr als doppelt so hoch ist wie der bisher

Dubais jüngstes Highlight und derzeit das höchste Gebäude der Welt: der Burj Khalifa

ein Dutzend deutscher mittelständischer Unternehmen hinzuzog.

Als Erstes wurden 2004 für das Fundament 200 mächtige Betonpfeiler in der Form eines Ypsilons in den Wüstenboden gegossen – wegen der hohen Temperaturen wurde nur nachts betoniert.

Der Burj Khalifa gleicht auf einer Grundfläche von 7000 m^2 einer Wüstenblume mit sechs Blättern, die sich spiralförmig nach oben in gewölbten Flächen verjüngen. Außen ist er von einer silbern leuchtenden Aluminium-Glas-Fassade ummantelt und damit als neues Wahrzeichen Dubais bereits aus 20 km Entfernung zu sehen.

Die neue Ikone des Emirats steht unweit der Sheikh Zayed Road im Zentrum

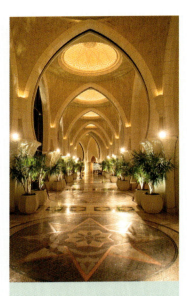

eines neuen Stadtteils mit dem Namen **Downtown Dubai,** in dem eine architektonische Mischung aus Tradition und Moderne realisiert wurde. Denn am Fuße des Hochhausturms wurden nicht nur Bürohochhäuser und Luxushotels, schöne Parkanlagen, große Teiche und fantasievolle Wasserspiele mit bis 150 m hohen Fontänen angelegt, es entstand auch ein neues ›**Altstadtviertel**‹ in traditionell orientalischer Bauweise mit einem rekonstruierten Souq.

Zahlen im Höhenrausch

54 Aufzüge befördern im Burj Khalifa Gäste und Besucher hinauf und hinab – der schnellste mit 65 km/h. 1 Mio. l Wasser werden pro Tag im Burj verbraucht, so viel wie in einer deutschen Kleinstadt. 10 000 t Kältemittel pro Stunde benötigt man im Sommer zur Kühlung des Gebäudes. Insgesamt wurden 300 000 m³ Beton verbaut, 30 Minuten war der Beton unterwegs, bis er den höchsten Punkt des Rohbaus erreicht hatte.

Bei allen Superlativen scheint sich das Bauwerk auch zu rechnen. Die Nutzfläche der über 160 Etagen beträgt insgesamt 4 Mio. m². Der Modeschöpfer **Giorgio Armani** eröffnete in den unteren Stockwerken sein erstes Luxushotel. Die ca. 1000 Luxusapartments (2 Zimmer ab 600 000 €, 5 Zimmer ab 3 Mio. €) sind zu 90 % verkauft. Im 124. Stock lädt eine Aussichtsplattform zu einem Blick über Dubai ein.

Das erste Luxushotel zu Füßen des Burj, **The Palace Downtown Dubai** s. S. 35), hat 2007 eröffnet und präsentiert sich in traditionell orientalischem Dekor. Daneben erhebt sich seit 2009 himmelstürmend in silbergrau eines der edelsten Stadthotels: **The Address Downtown Dubai** (s. S. 35).

Architektur und Design
In Dubai wird viel gebaut, meist höher, moderner und schöner als an anderen Orten der Welt. Prominente Architekten hinterlassen im Emirat ihre Spuren durch grandiose Bauwerke mit faszinierender Inneneinrichtung. 2007 erschien ein 250 Seiten starker Bildband mit nahezu allen berühmten Bauwerken Dubais. Er enthält nicht nur sehr schöne Farbfotos, sondern visualisiert auch in Skizzen die Konstruktionen hinter den atemraubenden Fassaden und lässt den Betrachter teilhaben an der Philosophie ihrer Architekten (Dubai Architecture & Design, Sabina Marreiros, daab, Cologne, London, New York 2007). Zur Architektur Dubais insgesamt, einschließlich der jüngsten Bauwerke: siehe www.dubai-architecture.info.

Dubais ›Palmen‹ und die neue Insel-›Welt‹ des Emirats

Noch sind Dubais Strände nicht mit den überfüllten von Mallorca zu vergleichen, doch wenn die Anzahl der Hotels und die Besucherzahlen am Jumeirah Beach weiter steigen, könnte es bald eng werden. Da aber Dubai auf die Expansion der touristischen und wirtschaftlichen Infrastruktur setzt, um auf die Zeit nach dem Versiegen der Ölquellen vorbereitet zu sein, plant es gigantische Bauprojekte an und vor der Küste.

The Palm Islands

Zuerst war es nur eine, dann zwei, und jetzt sind es drei künstliche Inselwelten in Form von Palmen. Ein Archipel aus rund 300 Inseln – The World – wird Dubais Landgewinnungsprojekte vor der Küste ergänzen. Insgesamt wird das Emirat so 400 km Sandstrand hinzugewinnen. Jede der Inseln besteht aus 16 ›Palmwedeln‹ und hat einen Durchmesser von 5 km. Die Inseln sind jeweils über eine 300 m lange Landbrücke – dem Stamm der Palme *(trunk)* – mit dem Festland verbunden. Es werden die ersten ›Palmen‹ sein, die man vom Mond aus sehen kann; für den Blick von oben liefern Satelliten aktuelle Livebilder (www.thepalm. ae). Um Strände und Häuser auf den Palmwedeln vor Wind und Wellen zu schützen, wird jede Palme von einem sichelförmigen Damm *(crescent)* umschlossen, der ebenfalls bebaut wird.

Die erste Palme, **The Palm Jumeirah,** befindet sich in Höhe der weitläufigen Gartenanlage des Hotels The One & Only Royal Mirage am Jumeirah Beach, die zweite, **The Palm Jebel Ali,** ca. 30 km weiter südwestlich in der Nähe des Hotels Jebel Ali. Noch war keine der beiden Palmen fertiggestellt geschweige denn bebaut, da wurde 2005 schon die dritte avisiert. Sie entsteht stadtnah östlich der Creek-Mündung und wird den Namen **The Palm Deira** tragen. Typisch für Dubai ist, dass sie größer sein wird als die beiden anderen. Vom Dawaar-Restaurant im Hotel Hyatt Regency kann man bereits ihre Umrisse erkennen.

Diese spektakulären Bauvorhaben sprengen alle Dimensionen. Allein für die Landgewinnung werden pro Palme mehr als 100 Mio. m³ Sand und Steine aufgeschüttet. Der Sand wird vom flachen Meeresgrund hochgepumpt, die Steine aus Steinbrüchen der VAE und des Omans mit Lastkähnen herbeigeschafft. 2004 war das Fundament der ersten künstlichen Inselwelt errichtet. Für den Bau der Infrastruktur und der Gebäude wurden nochmals 3000 *expatriates* aus Indien und Pakistan eingestellt. Die Landgewinnungsarbeiten für die zweite Insel konnten zwei Jahre später abgeschlossen werden.

Die **Bebauungspläne** für die ›Palmen‹ sind ebenfalls gigantisch. Jede wird Dutzende Luxushotels, 2500 exklusive Strandvillen, 2400 Wohnungen mit Meerblick, zwei Jachthäfen für jeweils

150 Boote, Wasserfreizeitparks, Restaurants, Shopping Malls, Sport- und Wellnesszentren sowie Kinos bieten.

Obwohl The Palm Jumeirah 2003 nur als Blaupause existierte, waren alle Villen und Wohnungen nur drei Wochen nach Beginn der Vermarktung verkauft. Dazu muss man wissen: ›The Palm‹ gehört zu jenen Projekten in Dubai, die auch Ausländern den Kauf von Immobilien mit 99 Jahren Residenzrecht ermöglichen.

Ende 2008 wurde The Palm Jumeirah eröffnet. Die Bebauung der meisten der 16 Palmwedel mit Villen ist abgeschlossen. Sie alle verfügen über einen eigenen Strand, die meisten zusätzlich über einen Pool; in die mehrstöckigen Apartmentblocks entlang des Stammes sind bereits 2007 die ersten Bewohner eingezogen. Am äußersten Punkt des Damms steht das **Atlantis,** das spektakulärste Hotel- und Freizeitresort Dubais mit einem großen Themenpark aus Badelandschaft, Wasserrutschen und Aquarium (s. S. 32). Die rosafarbene Hotelanlage zieht jedes Jahr über 1 Mio. Gäste an. 2011 eröffneten am westlichen Ende des Damms zwei weitere Luxushotels: das **Jumeirah Zabeel Saray,** eine prächtige Hotelanlage im osmanischen Dekor, und daneben das **One & Only The Palm,** von dem man mit einem Boot zum gegenüber auf dem Festland liegenden, ebenso traumhaft schönen **The One & Only Royal Mirage** übergesetzt werden kann.

The World

In den kommenden Jahren entsteht zwischen The Palm Jumeirah und dem Port Rashid, ca. 8 km von der Küste entfernt, die künstliche Inselgruppe The World, ein Archipel in Form einer – natürlich geografisch nur annähernd exakten – Weltkarte.

Hinter dem Projekt steht Sheikh Mohammed Bin Rashid Al Maktoum selbst. Die örtliche Unternehmensgruppe Nakheel wird auf einer Fläche von rund 55 km² im warmen Wasser des Golfs seine Vision realisieren: Die Entstehung einer ›Welt‹ draußen im Meer, die Schaffung von begrünten künstlichen Inseln mit weißen Sandstränden, auf denen größte Privatheit im Luxus garantiert ist. Jeder, der eine Insel erworben hat, kann sie in den Grenzen eines Masterplans nach eigenen Vorstellungen und Nutzungsinteressen bebauen. Zugang zu den Inseln, die den Namen von Staaten tragen, wird man nur per Wasserflugzeug, in der eigenen Jacht oder in Booten der Eigentümer haben.

The Palm Juneirah mit dem vorgelagerten Hotel Atlantis

Inzwischen hat das ambitionierte Projekt konkrete Formen angenommen. 2008 wurde der letzte große Felsblock der insgesamt 345 Mio. t Gestein, die für den Bau benötigt wurden, im Meer versenkt. Zu diesem Zeitpunkt soll bereits knapp die Hälfte der 300 Inseln Käufer gefunden haben. Die Preise der noch verfügbaren Inseln bewegen sich je nach Größe (2–10 ha) und Lage der Insel zwischen 15 und 45 Mio. US$.

Die Bebauung der Inseln ist Sache ihrer Besitzer. Wer welchen ›Staat‹ gekauft hat, ist Teil der Gerüchteküche in Dubai. Von Rod Stewart heißt es, er habe ›England‹ erworben, aber auch der britische Milliardär und Inhaber der Fluglinie Virgin Islands, Richard Benson, wird genannt. Ganz sicher ist nur, dass Sheikh Mohammed Formel-1-Rekord-Weltmeister Michael Schumacher eine Insel geschenkt hat, und der chinesische Großinvestor Bin Hu sich für 28 Mio. US$ ›Shanghai‹ sicherte. Der österreichische Immobilienunternehmer Kleindienst will auf seiner Insel ›Austria‹ ein Hotel in Gedenken an die Kaiserin Elisabeth im K.u.K.-Ambiente errichten und es ›Hotel Empress Sissi‹ nennen.

Bis heute wurde auf keiner der Inseln mit den Bauarbeiten begonnen – sieht man von einem kleinen Inselchen, das die Al Maktoums 2009 erworben, bebaut und bepflanzt haben, und von der Insel Libanon, auf der 2012 ein luxuriöses Strandbad für Tagesgäste eröffnete, ab.

Um die ›Erde‹ via Satellit erkennen zu können, muss man ihre Koordinaten kennen: 25° 18 Min. nördlicher Breite und 55° 18 Min. östlicher Länge.

Unterwegs in Dubai

Die Kuppeln der schönsten Moschee Dubais, der Jumeirah Mosque

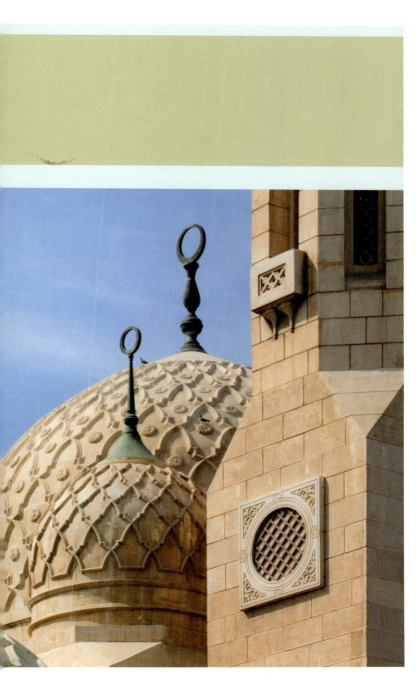

Das Beste auf einen Blick

Das historische Bur Dubai

Highlights!

Al Fahidi Fort – Dubai Museum: Das Fort im Zentrum der Altstadt ist die älteste Befestigungsanlage Dubais. Sie wurde zum größten und beeindruckendsten Museum des Emirats umgestaltet. **1** S. 133

Sheikh Saeed Al Maktoum House: Das 1896 erbaute Wohnhaus der Herrscherfamilie Al Maktoum trägt den Namen jenes Sheikhs, der von 1912 bis 1958 von hier aus die Geschicke des Emirats lenkte. Das Haus liegt an exponierter Stelle der Halbinsel Shindagha, direkt am Creek. **6** S. 141

Auf Entdeckungstour

Die Windtürme von Bastakiya: Einer der Höhepunkte im historischen Bur Dubai ist der Besuch des restaurierten Bastakiya-Viertels, in dem persische Händler von 1900 an ihre Wohnhäuser mit Windtürmen ausstatteten – die Vorläufer von Klimaanlagen in der Golfregion. S. 136

Dubai, der Creek und die Abras: Bei einer Fahrt mit dem Wassertaxi *(abra)* auf dem Creek, einem Meeresarm mitten durch die Stadt, kann man die Skyline der Stadtteile Bur Dubai und Deira vom Wasser aus genießen. S. 144

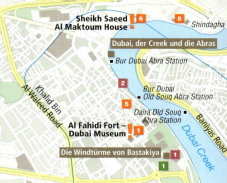

Kultur & Sehenswertes

Majlis Gallery: Wer an Kunst interessiert ist und Künstler treffen möchte, sollte die älteste Galerie in einem der ältesten Häuser Bastakiyas aufsuchen. 1 S. 138

Arabische Kultur: Im **Heritage Village** kann man den traditionellen Alltag und die Kultur der Golfregion auf authentische Weise nach- und miterleben. 8 S. 143

Aktiv unterwegs

Abra-Fahrt: Zum ›Pflichtprogramm‹ jedes Dubai-Besuchers gehört eine Fahrt über den Creek per Wassertaxi. Wer es exklusiver mag: Abra mieten und Dubais Skyline vom Wasser aus ganz individuell genießen. S. 140

Spaziergang am Creek: Ein schöner Weg führt von der Bur Dubai Abra Station am Creekufer entlang zur Spitze der Halbinsel Shindagha. S. 141

Genießen & Atmosphäre

Bayt Al Wakeel: Besonders am späten Nachmittag lohnt es sich, am Leben auf dem Creek von der Restaurantterrasse des historischen Hauses teilzunehmen. 2 S. 140

Bur Dubai Souq: Der älteste Souq der Stadt besitzt noch viel Atmosphäre, auch wenn man ihm nach der Restaurierung (2002) sein Alter nicht mehr ansieht. 5 S. 140

Abends & Nachts

Arabisch essen: Zu den führenden Restaurants mit lokalem Kolorit zählt in Dubais Altstadt das **Bastakiah Nights**. Im schönen Innenhof weht dazu immer eine leichte Brise. 1 S. 150

Dubais Wurzeln am Creek

Im Stadtteil Bur Dubai begann die Geschichte des Emirats. Als in der ersten Hälfte des 19. Jh. ein Zweig des Beduinenstammes der Bani Yas den Siedlungsraum Abu Dhabi verließ, zog er unter der Führung von Sheikh Maktoum Bin Buti Al Blofas hierher an das Ufer einer langgezogenen Meereseinbuchtung, den Dubai Creek.

150 Jahre später waren Bur Dubai und die meisten seiner historischen Bauwerke die ersten ›Opfer‹ des Baubooms, den das Emirat in den 1970er-Jahren dank des Erdöls erlebte. Deshalb findet man in Bur Dubai heute fast nur noch historische Rekonstruktionen, die aber sehr gelungen sind und stimmungsvolle Einblicke in vergangene Zeiten vermitteln. Dazu gehören das **Al Fahidi Fort** und der alte **Souq** von Bur Dubai ebenso wie die verwinkelten Gassen des **Bastakiya-Viertels** mit seinen historischen Häusern und Windtürmen, aber auch der **Palast von Sheikh Saeed** und zwei historische Dörfer auf der Halbinsel Shindagha: **Heritage Village** und **Diving Village.** Sie gewähren dem Besucher spannende Einblicke in die frühe, anspruchslose Barasti-Bauweise (Hütten aus Palmzweigen), und durch authentische Darbietungen (Okt.–April) auch eine realitätsnahe Vorstellung von Leben und Alltag in Dubai zu Beginn des 20. Jh.

Infobox

Reisekarte: ▶ Karte 1, V 4, Karte 2, V 4

Veranstaltungen im Heritage Village
Im DTCM (s. S. 21) erhält man das aktuelle Programm der historischen Darbietungen im Heritage and Diving Village.

Verkehrsmittel in der Altstadt
Mit dem Leihwagen in die Altstadt zu fahren, ist keine gute Idee. Parken ist gebührenpflichtig, sofern man überhaupt einen der raren Parkplätze findet. Falsches Parken kann empfindlich teuer werden und auch mit Abschleppen ist die Polizei nicht zimperlich. Überdies sind viele der engen Altstadtgassen nur für Fußgänger (bis auf täglich wenige Stunden für Anlieferungen) zugänglich. Daher am besten mit dem **Taxi** oder dem **Hotel-Shuttle** anreisen.

Bastakiya

Bastakiya ist das einzige Stadtviertel Dubais, das sich heute dank intensiver Restaurationen und Rekonstruktionen wieder so präsentiert, wie es die Großeltern der heutigen Generation zwischen 1900 und 1940 aufgebaut haben. Es erstreckt sich südlich der Dubai Grand Mosque und des Al Fahidi Forts. Es ist außerdem das Viertel der **Windtürme** (s. Entdeckungstour S. 136). Wenn Architekten heute bei Neubauten in Dubai bewusst traditionelle Elemente einsetzen, greifen sie gerne auf die Form dieser frühen ›Klimaanlagen‹ zurück, die daher heute auch an modernen Betonbauten zu sehen sind, besonders eindrucksvolle in der 2003 errichteten Hotelanlage **Madinat Jumeirah.** Die Windtürme sind zwar heute funktionsloser Architekturdekor, aber als Element landesspezifischer Architekturgeschichte überaus beeindruckend.

Bastakiya

Im Dubai Museum können Besucher einen historischen Souq mit allen Sinnen erfahren

Historische Häuser mit historisch original platzierten Windtürmen findet man nur in Bastakiya, wobei es sich hier bei den meisten um aufwendige Restaurationen oder sogar Rekonstruktionen handelt, da die ursprünglichen Windtürme nach dem Wegzug der Bewohner in neue Villen außerhalb des Stadtkerns leer standen und verfielen.

Al Fahidi Fort und Dubai Museum ! 1

Tel. 353 18 62, Sa–Do 8.30–20.30, Fr 14.30–20.30 Uhr, Eintritt 3 Dh, Kinder 1 Dh, unter 5 Jahren frei

Im Zentrum des alten Dubai, nahe am Creek, steht zwischen Ali Bin Talib Street und Al Fahidi Street das zwischen 1787 und 1799 errichtete älteste Bauwerk der Stadt. Als Schutzschild gegen Invasoren wurden seine dicken, hohen Lehmmauern, die eine quadratische Festung mit einem großen Innenhof bilden, von einem höheren, runden Turm und einem diagonal gegenüber gelegenen, kompakteren und niedrigeren Turm geschützt. Als Baumaterialien dienten neben Lehm auch Korallenblöcke und Muschelschalen, die mit Kalkbrei verarbeitet wurden.

Am Tag der Staatsgründung im Jahr 1971 ordnete Sheikh Rashid die Restaurierung der stark verfallenen Al Fahidi-Festung an und entschied, dass hier ein Museum einziehen sollte. 1987

Historisches Bur Dubai

Sehenswert
1. Al Fahidi Fort und Dubai Museum
2. Bastakiya Social Club
3. Dubai Grand Mosque
4. Bayt Al Wakeel
5. Bur Dubai Souq
6. Sheikh Saeed Al Maktoum House
7. Sheikh Juma Al Maktoum House
8. Heritage Village
9. Diving Village

Essen & Trinken
1. Bastakiah Nights
2. Bayt Al Wakeel
3. Local House
4. Basta Art Café
5. Blue Barjeel
6. Mumtaz Mahal
7. XVA-Hotel und Café

Einkaufen
1. Majlis Gallery
2. Bur Dubai Souq

Aktiv
1. Emirates Diving Association
2. Sheikh Mohammed Centre for Cultural Understanding (SMCCU)

verlagerte man das Museum unter die Erde, um das Al Fahidi Fort in seiner ursprünglichen Form zu erhalten. 1995 waren die aufwendigen Bauarbeiten abgeschlossen und das neugestaltete Museum wurde eröffnet.

Man betritt Fort und Museum durch ein massives Teakholztor mit alten Messingbeschlägen und gelangt zunächst in den weiten, mit Sand aufgeschütteten Innenhof. Hier werden heute Exemplare traditioneller Bootstypen ausgestellt, die die Dubai'in noch bis Mitte des 20. Jh. benutzten. Eindrucksvoll ist auch eine historische ›Klimaanlage‹, ein Windturm auf einer nachgebauten Barasti-Hütte. Auf der linken Hofseite befindet sich ein Ausstellungsraum mit einer interessanten Waffenkollektion, zu der z. B. Schilde aus Haifischflossen sowie *khanjars* (Krummdolche) und Shihuh-Äxte aus Ras Al Khaimah gehören.

Hinter einer europäischen Kanone von 1785 führt eine Wendeltreppe in das unterirdische Museum. In museums-pädagogisch hervorragender Weise werden den Besuchern in großen Räumen die Lebens- und Arbeitsbereiche vorgestellt, die den Alltag im alten Dubai bestimmten: Der Handel *(Commercial life)*, die Familie *(Domestic life)*, die Wüste *(Life in desert)* und das Meer *(Life on the sea)*. Diesen Be-

Dubai Museum und Al Fahidi Fort

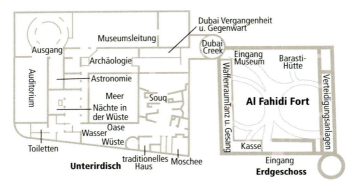

reichen wird ein Abriss der Geschichte vorangestellt: Man taucht im ersten Raum in völlige Dunkelheit ein und ist überrascht, wie dann auf einer großen Leinwand die Entwicklung der Stadt am Creek seit 1830 visuell in Szene gesetzt wird. Langsam taucht gegen Ende des Films mit vielen historischen Fotos das heutige Dubai aus dem Dunkel auf.

Im nächsten Raum befinden sich die Besucher in einem liebevoll nachgebauten **Souq** aus den 1960er-Jahren. Lebensgroße Figuren bevölkern die Szenerie, via Tonband hört man Originalgeräusche der Handwerker, Händler und Kunden, selbst den Duft von Gewürzen und Kräutern nimmt man wahr. In einigen Läden kann man durch die geöffnete Tür ▷ S. 139

Auf Entdeckungstour:
Die Windtürme von Bastakiya

Al Bastakiya im Stadtteil Bur Dubai ist das älteste Viertel der Stadt. Hier wurden Anfang des 20. Jh. jene zweistöckigen Häuser aus Lehm und Korallenstein errichtet, die mit ihren Windtürmen bereits lange vor der Erfindung des Air Conditioning über eine Klimaanlage verfügten.

Reisekarte: ▶ Karte 1, V 4
Zeit: 1–2 Stunden
Start: Historical Building Section
Planung: Am besten vormittags oder am späten Nachmittag. Wer einige der Häuser von innen ansehen möchte, muss die Öffnungszeiten beachten, bei öffentlichen Gebäuden sollte man sich anmelden. Eintritt frei.
Führungen: Sa/So, Di, Do, 10.30 Uhr, 55 Dh, Frühstück oder Lunch 70 Dh, Anmeldung erforderlich im Sheikh Mohammed Centre for Cultural Understanding SMCCU, Tel. 353 66 66, www.cultures.ae, Sa–Do 10–12 Uhr.
Historical Building Section: Tel. 353 90 90
Philatelic House/Münzmuseum: Tel. 363 83 83, Sa–Do 9–13, 17–21 Uhr
Dar Al Nadwa: Tel. 393 80 90
Architectural Heritage Society: Tel. 353 97 65
Majlis Gallery: Tel. 353 62 33, www.themajlis-gailery.com, Sa–Do 9.30–20 Uhr

Die historischen Häuser mit ihren Innenhöfen und Windtürmen in Bastakiya wurden fast alle nach 1902 gebaut. Damals emigrierten sunnitische Händler wegen religiöser Schwierigkeiten aus der persischen Stadt Lingeh. Ihr Vermögen und ihre Fertigkeiten ermöglichten es ihnen, sich mit ausdrücklicher Zustimmung des Sheikhs in Dubai niederzulassen und von hier aus ihre Handelsbeziehungen weiter zu pflegen.

Die Perser gaben diesem Viertel in der Nähe des Bur Dubai Souq den Namen ihrer Heimat, der südpersischen Region Bastak. Bald entstanden Häuser aus Lehm und Korallenstein, die sich von den traditionellen beduinischen Barasti-Hütten deutlich unterschieden und die mit jenen Windtürmen ausgestattet waren, die den eingewanderten persischen Händlern zu einem klimatisch ähnlich angenehmen Leben verhalfen, wie sie es von ihrer Heimat auf der anderen Seite des Golfs her kannten.

Eine natürliche Klimaanlage

Um den Sommer in ihren Stadthäusern erträglicher zu machen, errichteten die persischen Händler bis zu 15 m hohe quadratische Türme an den Ecken des ansonsten flachen Hausdachs. Die an allen Seiten offenen Türme fingen durch zwei diagonal verlaufende Innenwände auch die schwächsten Brisen auf und leiteten sie in die unteren Räume weiter. Die beiden rechtwinkligen Innenwände bildeten vier Schächte. Durch zwei davon strömte die kühle Luft hinein, zirkulierte durch die darunterliegenden Räume des Hauses und zog durch die beiden anderen wieder nach oben ab. Dank dieses ausgeklügelten Ventilationssystems hatte man im ganzen Haus tagsüber angenehme Temperaturen. Nachts bevorzugten die Familien ohnehin das Dach als Schlafstätte.

In der Regel wurden die Windtürme aus Stein errichtet, aber bei einfachen Lehmbauten oder Barasti-Häusern diente ein Windturm aus Holzstangen und Stoffbahnen dem gleichen Zweck. Ein solcher ›beduinischer Windturm‹ existiert zum Beispiel noch im Hof des Al Fahidi Fort und Dubai Museums.

Verfall und Wiederaufbau

In Bastakiya handelt es sich heute bei den meisten historischen Häusern mit Windtürmen um Rekonstruktionen. Denn viele der alteingesessenen Familien verließen ihre Häuser in der engen Innenstadt und zogen in den 1970er-Jahren in neue große, außerhalb der Stadt liegende Villen. Ihre leerstehenden Häuser in Bastakiya waren damit dem Verfall preisgegeben.

1999 wurde begonnen, Bastakiya mit seinen insgesamt 57 historischen Häusern mit großem Aufwand zu restaurieren. Und inzwischen ist in die Gebäude wieder Leben eingekehrt. In das Haus, das 1930 von Sheikh Mohammed Sharif Al Ulama mit einem eindrucksvollen Windturm erbaut wurde, ist die **Historical Building Section (1)** eingezogen. Schräg gegenüber steht das **Philatelic House (2)** mit einem kleinen Briefmarkenmuseum und das **Münzmuseum (2a)**.

Hinter diesem hat Sheikh Abdul Rahman Mohammed Farouk 1925 sein **Dar Al Nadwa (3)** gebaut, das den höchsten Windturm besitzt und dessen Räume heute für Ausstellungen genutzt werden. In der Nähe der freigelegten **Stadtmauer (4)** steht das 1936 von Abdul Qader Bin Abdul Rahman Rasheedi erbaute Haus mit einem Holzbalkon. Heute ist es Sitz der

Architectural Heritage Society (5), die sich um den Erhalt des Viertels kümmert. Zu den besonders liebevoll restaurierten Häusern zählt das 1944 von Sheikh Qassim Abdullah Al Bastaki gebaute Stadthaus mit einem originalgetreuen Windturm. In dem 300 m² großen Haus ist das Begegnungszentrum **Sheikh Mohammed Centre for Cultural Understanding SMCCU (6)** untergebracht (s. S. 141). Es organisiert sehr gute Führungen durch Bastakiya mit vielen landeskundlichen Informationen.

Entspannen nach dem Rundgang

Wer nach einem Rundgang durch Bastakiya ein wenig verschnaufen möchte, sollte das älteste, 1895 von Abdul Razzaq Bin Adul Raheem Al Bastaki erbaute Haus des Viertels aufsuchen. Das besonders schöne und große Anwesen mit einem herrlichen Innenhof beherbergt seit 2004 ein Restaurant, das den Namen des Viertels trägt: **Bastakiah Nights (7)**. Unweit davon haben in historischen Häusern zwischen hohen Lehmmauern und engen Gassen zwei kleine Hotels eröffnet: **XVA (8)** und **The Orient House (9)**. Sie vermitteln ihren Gästen (heute in komfortabler Weise) ein Gefühl davon, wie man im alten Dubai lebte.

Gegenüber dem alten Postamt stehen historische Häuser, die dank privater Initiative in den 1980er-Jahren vor dem staatlichen Rekonstruktionsprogramm restauriert wurden. In einem davon in der Nähe des Al Fahidi-Verkehrskreisels ist heute die **Majlis Gallery (10)** untergebracht, die Ausstellungen organisiert, aber auch Besucher freundlich willkommen heißt, die sich nur für das Haus interessieren. Vier Generationen lang war es im Besitz der iranischen Amiri-Familie, die 1978 nach Jumeirah zog. Danach lebte eine britische Familie in dem Haus, die sich dessen Renovierung zur Lebensaufgabe machte. Seit 1989 ist es für die Öffentlichkeit zugänglich.

In der unmittelbaren Umgebung haben in zwei ebenfalls historischen Häusern das arabische Restaurant **Local House (11)** und das **Basta Art Café (12)** eröffnet.

Rundgang durch Bastakiya

Bastakiya

den Menschen bei der Arbeit zusehen – Monitore und Videofilme sorgen für realitätsnahe Abbildungen der Wirklichkeit.

Am Ende der Souq-Gassen gelangt man zu einer **Koranschule** und einem traditionellen **arabischen Haus**. Durch die Fenster und die geöffneten Türen kann man einen Blick in die Räume und auf die detailgetreu aufgebauten Einrichtungen werfen und den ›Unterricht‹ in der Koranschule oder die Alltagsszene in einer ›Familie‹ betrachten.

Weiter führt die ›Zeitreise‹ dann in die **Wüste,** der Sand knirscht unter den Schuhen: Vor einem Zelt ist eine Beduinenfamilie postiert. Mehrere Männer sitzen um ein Feuer, einer spielt ein Musikinstrument, während ein anderer Tee zubereitet. Man sieht Ziegen und Kamele. Frauen in traditioneller Kleidung tragen Wasserkrüge auf ihren Köpfen. Auf Monitoren erläutern dazu kurze Filme Fauna und Flora der Wüste. Zum (Über-)Leben in der Wüste gehörten auch Astronomiekenntnisse, wie die nächsten Räume zu den Themen ›Wüste bei Nacht‹ und ›Astronomie‹ belegen.

In der Abteilung ›**Leben am Meer**‹ kann man originalgetreu nachgestellte Szenen am Hafen wie etwa das Entladen einer Dhau, Perlenfischer beim Sortieren ihres kostbaren Fangs, Händler beim Wiegen oder bei der Qualitätseinstufung während des Handelns beobachten.

In der **archäologischen Abteilung** sind die Funde aus den Gräbern von Hatta, Al Qusais und aus dem historischen Jumeirah (s. S. 225) zu sehen.

Dubai Grand Mosque 3

Direkt gegenüber des Fort erhebt sich der gewaltige Kuppelbau der Großen Moschee. Seit jeher bilden Moscheen den Mittelpunkt im Alltag städtischer muslimischer Gesellschaften und als

Mein Tipp

Jugenderinnerung
Am Eingang des Stadtteils steht unweit des Creek unter einem hohen Baum eine Barasti-Hütte mit einer kleinen, offenen Terrasse. Sie ist während der Woche am Nachmittag ein Treffpunkt von Männern, die vor der Rekonstruktion des Viertels in Bastakiya wohnten. Nicht, dass sie bedauerten, jetzt in modernen Häusern in den angrenzenden Stadtteilen zu leben, aber die Erinnerung an ihre Jugend veranlasste sie, an diesem Platz den **Bastakiya Social Club** 2 zu eröffnen. Hier treffen sie sich regelmäßig am Nachmittag, reden über die alten Zeiten und laden Vorübergehende spontan dazu ein, bei einem Tee daran teilzunehmen. An den Wänden im Inneren der Barasti-Hütte hängen viele alte Fotos (am Creekufer, nördliches Ende der Al Seef Road).

solche befinden sie sich an zentralen Stellen der Stadt. Die **Große Moschee** zwischen dem Al Fahidi Fort und dem Creek wurde 1996–98 vollkommen neu errichtet. Dem Neubau musste die 1960 an dieser Stelle errichtete Moschee weichen, die ihrerseits die ursprünglich um 1900 zur Koran- und Haddithunterweisung gegründete Moscheeschule ersetzt hatte. Die neue Große Moschee entspricht im Stil, allerdings in größeren Dimensionen, dem ersten Original. Der Bau mit seinen weithin sichtbaren Kuppeln integriert auch die alte Koranschule, deren Räume Teil der alten Großen Moschee waren. Das 70 m hohe Minarett ist das höchste der Stadt. Für Nichtmuslime ist der Zutritt hier nicht gestattet.

Das historische Bur Dubai

Dubai Creek

Bayt Al Wakeel 4

Zu den historischen Gebäuden in Bur Dubai zählt auch das in unmittelbarer Nähe des Souq 1934 an den Ufern des Creek errichtete Bayt Al Wakeel, das erste Verwaltungsgebäude in Dubai. Gebaut wurde es im Auftrag von Rashid Bin Saeed Al Maktoum, damals noch Kronprinz. In einem Flügel des Hauses residierte auch Gray McKenzie, der Beauftragte *(wakeel)* der ›British India Steam Navigation Company‹, der von der Dachterrasse die in den Creek einlaufenden Schiffe beobachten konnte, die Waren aus der indischen Kronkolonie geladen hatten. Als der Creek in den 1950er-Jahren versandete, ließ ihn Kronprinz Rashid wieder freilegen – für Dubai zu dieser Zeit ein ambitioniertes, weitsichtiges Projekt.

Das zweistöckige Bayt Al Wakeel, das 1995 komplett restauriert wurde, liegt direkt am Creek. Da an seiner Uferseite kein Weg mehr vorbeiführt, ist es nur noch von der Mitte des Souq über eine schmale Gasse am Haus Nr. 35 zugänglich. Deshalb bietet sich der schönste Blick auf die Front mit den Rundbögen vom gegenüberliegenden Creekufer aus – vor allem abends, wenn das Haus angestrahlt wird. Seit 2005 wird es mit einer angebauten Terrasse als **Restaurant** 2 (s. S. 48) genutzt. Im ersten Stock des Gebäudes schmücken eindrucksvolle historische Fotografien die Wände.

Zu beiden Seiten des Bayt Al Wakeel befinden sich jeweils ca. 50 m entfernt die beiden **Abra-Anlegestellen** von Bur Dubai.

Bur Dubai Souq 5

So–Do 9–13 und 16–22, Fr 16–22 Uhr
Hinter der Großen Moschee beginnen die engen Ladengassen des Bur Dubai Souq. 1858 brannte er gänzlich ab, wurde aber danach mehrmals, zuletzt 2002, komplett restauriert. *As souq al kabeer* – ›der große Souq‹ – wurde er früher genannt, um ihn von anderen Märkten zu unterscheiden. Da er der älteste Souq der Stadt ist, wird er auch Old Souq genannt.

Prächtige Holzportale mit aufwendigen Schnitzarbeiten weisen – wie in früheren Jahren – zu den Eingängen: Viele der gesichtslosen Geschäfte mit grellem Neonlicht wurden durch neue Ladennischen im traditionellen Souq-Ambiente ersetzt. Ursprünglich waren die Ladengassen mit Palmzweigen *(areesh)* überdacht; diese mussten jedoch regelmäßig ausgetauscht werden. Heute sorgen – unhistorisch, aber praktisch – Holzpergolen über den Gassen für Schatten.

Inzwischen sind im Souq bereits zehn zweistöckige Windturmhäuser – je fünf zu beiden Seiten der Hauptgeschäftsgasse – fertiggestellt, und indische Händler sind wieder in die Geschäfte eingezogen. Wie früher die iranischen Handelsagenten im Parterre ihre Büros und Geschäfte unterhielten und im ersten Stock wohnten, so wird die Tradition, unter demselben Dach zu wohnen und zu arbeiten, heute von ihnen fortgesetzt.

Fahrt mit der Abra

Eine Abra ist mehr als nur ein öffentliches Wassertaxi, in dem man zusammen mit 20 anderen Passagieren den Creek überquert (s. Entdeckungstour S. 144). Man kann an den Anlegestellen eine Abra auch privat mieten und bestimmen, wohin und wie lange man fahren möchte. Unterwegs kann man aussteigen, ein Stück zu Fuß laufen (z. B. durch den Dubai Creekside Park) und wieder einsteigen. Pro Stunde kostet das 100 Dh.

Halbinsel Shindagha

Der Souq dehnt sich bis zu den Ufern des Creek aus. Läuft man den gepflasterten Promenadenweg am Ufer entlang Richtung Mündung, erreicht man, der eindrucksvollen Rechtsbiegung des Creeks folgend, die Landzunge Shindagha. An exponierter Stelle dieses schmalen Festlandstreifens steht das Haus des langjährigen Herrschers von Dubai: Sheikh Saeed.

Sheikh Saeed Al Maktoum House ! 6

Tel. 393 71 39, Sa–Do 8–20.30, Fr 15–21.30 Uhr, Eintritt Erw. 2 Dh, Kinder 1 Dh, unter 8 Jahren frei

Das 1896 im Stil der traditionellen Golfarchitektur errichtete Haus von Sheikh Saeed Al Maktoum gilt heute als nationales Monument, weil sich mit ihm eine bedeutende Periode der Emiratsgeschichte verbindet. Der renovierte Palast mit den charakteristischen Windtürmen gewährte dank seiner strategisch günstigen Lage auch eine wunderschöne Aussicht auf die Einfahrt zum Creek. Über 40 Jahre war er Sitz der Regierung während der Herrschaft von Sheikh Saeed Al Maktoum (1912–58), der als ›Architekt‹ des modernen Dubai gilt. Auch sein Sohn Rashid, der spätere Emir, wuchs in diesem Palast auf. 1986 wurde mit der Renovierung der zweistöckigen Anlage begonnen, die genau 100 Jahre nach ihrer Errichtung 1996 als **Nationalmuseum** wiedereröffnet wurde. Es dokumentiert die historische Entwicklung des Emirats und bereitet sie für den Besucher in anschaulicher und anspruchsvoller Weise auf.

Das Museum besteht heute aus acht Flügeln, die jeweils eigene Sammlungen beherbergen, die Themen der Geschichte und des sozialen Lebens

Mein Tipp

Spaziergang am Creek
Auf der Bur-Dubai-Seite des Creek kann man von der Trade Centre Road bis weit hinaus zur **Shindagha-Landspitze** – bis auf den Abschnitt zwischen den Abra-Stationen – auf einer breiten Uferpromenade spazieren gehen. Auf dieser Creek-Seite liegen keine Dhaus, aber die meisten Restaurantschiffe legen hier an und ab. Der Blick hinüber auf die Skyline von Deira ist besonders schön. Weiter oben, hinter dem Sheikh Saeed House, laden in Höhe des Heritage Village mehrere Restaurants entlang der Promenade zum Verweilen ein.

Dubais gewidmet sind. Im **Münz- und Briefmarken-Flügel** sind Exponate zur Geschichte des Geldes in den Emiraten seit 1791 und seltene Briefmarken sowohl der *Trucial States* (s. S. 93) als auch des Emirats Dubai zu sehen. Im **Dokumenten-Flügel** finden sich wichtige Briefe, schriftliche Übereinkünfte und Verträge sowie alte Landkarten der Emirate und der Arabischen Halbinsel. Ein dritter Flügel vermittelt anhand von Fotos und Modellen traditioneller Architektur einen Eindruck vom sozialen, kulturellen und religiösen Leben im alten Dubai und trägt den passenden Namen **Social Life Wing**. Im **Wüsten-Flügel** erfährt man viel über das Nomadenleben und den Alltag der Beduinen, über das Kamel als wichtigstes Transportmittel, Milch- und Fleischlieferant, über die Leidenschaft der Wüstenbewohner für Falken und Kamelrennen. Die Abteilung über das alte Dubai, der **Old Dubai Wing,** zeigt Fotos zur Stadtent-

Das historische Bur Dubai

wicklung von 1948 bis 1953. Im Flügel über die Dubai'in als **Küstenbewohner** und **Seefahrernation** erzählen neben Schiffsmodellen der berühmten Dhaus viele spannende Fotos vom Leben der Fischer, Perlentaucher, Bootsbauer und Händler. Der **Al Maktoum Wing** präsentiert historische Fotografien der Herrscherfamilie von Sheikh Rashid Bin Buti Al Blofas und den staatspolitischen Anfängen von 1833 an bis zu Sheikh Rashid Bin Saeed Al Maktoum, dem Vater des heutigen Herrschers, der 1990 verstarb.

Einen interessanten Abschluss bildet jener Flügel, der die verschiedenen Stadien der **Rekonstruktion** und **Restaurierung des Palastes** ab 1983 anhand von Fotos und Plänen dokumentiert. Hier können die Besucher nachvollziehen, welche Anstrengungen unternommen werden mussten, um das völlig verfallene Gebäude wieder herzustellen. Seit dem Tod von Sheikh Saeed (1958) wurde es nicht mehr bewohnt, da sein Sohn Rashid unmittelbar nach Regierungsantritt in den neuen Za'abil Palast umzog. Nach jahrzehntelangen Restaurierungen und Rekonstruktionsarbeiten steht der Palast seit Dezember 1996 als Museum und nationales Monument der Öffentlichkeit zur Verfügung.

Der ursprüngliche Palast beherbergte auf zwei Stockwerken 30 Zimmer, 20 Veranden, drei Innenhöfe, zehn Waschräume und mehrere Küchen für die sechs Familien der Herrscherdynastie, die es zwischen 1896 und 1958 bewohnten. Aus nächster Nähe kann man vier der traditionellen Windtürme bewundern. Sehenswert ist der **Majlis-Raum** (Versammlungszimmer) im ersten Stock des Palastes mit seiner davor liegenden Freiluftgalerie, die einen herrlichen Blick auf den Creek und die vorbeisegelnden Dhaus gewährt. Leider verliert der Innenhof des Palastes durch die neuen ›Schattenspender‹ an Flair.

Vor wenigen Jahren dominierte noch das renovierte Sheikh Saeed House als einziges freistehendes rekonstruiertes Gebäude die Halbinsel Shindagha. Inzwischen wird es jedoch bereits von weiteren historischen, ebenfalls rekonstruierten Palästen der adligen Verwandtschaft aus der Familie Al Maktoum eingerahmt.

Sheikh Juma Al Maktoum House 7
So–Do 10–12, 15–17 Uhr, Eintritt frei
Unmittelbar neben dem Haus von Sheikh Saeed Al Maktoum wurden 2007 die Arbeiten zur Wiederherstellung des Palastes seines Bruders, Sheikh Juma Al Maktoum, abgeschlossen. Das 1928 errichtete Bauwerk wur-

Halbinsel Shindagha

de von 2002 an anhand alter Zeichnungen und Fotografien Schritt für Schritt rekonstruiert und firmiert heute als *House of Traditional Architecture*. In seinen Räumen befindet sich u. a. eine große Sammlung von Briefmarken, Münzen und Banknoten.

Auf der nördlichen Seite des Sheikh Saeed Al Maktoum House steht das 1916 erbaute **Haus von Sheikh Obaid Bin Thani,** das sich, 1998 wieder aufgebaut, der Islamkunde widmet (Sa–Do 8–23, Fr 16–22 Uhr, Eintritt frei).

Heritage Village (Al Turath) 8
Tel. 393 71 51, Sa–Do 8–22, Fr 8–11 und 16–22 Uhr, Eintritt frei
Am Eingang des Dubai Creek liegt, vom Meer kommend rechter Hand auf einer Landzunge, der Stadtteil **Al Shindagha.** Am südwestlichen Ausgang des gleichnamigen Tunnels hat das Department of Tourism & Commerce Marketing 1997 das Heritage and Diving Village eröffnet, zwei historische Dörfer, die Einheimischen und Besuchern den Alltag am Golf vor der Entdeckung des Erdöls nahebringen wollen.

Dass außer Touristen auch die Bevölkerung Dubais großes Interesse an diesen Dörfern hat, zeigen die begeisterten Besucherscharen, die während des vierwöchigen Shopping Festivals täglich zu den historischen Darbietungen dorthin strömen. Gewährt Al Ghouss (das Diving Village) Einblicke in Leben und Alltag eines Fischer- und Küstendorfs zu Beginn des 20. Jh., so dokumentiert das angrenzende Al Turath (das Heritage Village) die traditionelle Lebensweise der Beduinen zur damaligen Zeit. ▷ S. 147

Traditioneller Haartanz junger Mädchen im Heritage Village

Auf Entdeckungstour:
Dubai, der Creek und die Abras

Durch eine Laune der Natur reicht an der sandigen Küste des Arabischen Golfes ein schmaler Meeresarm ca. 10 km weit ins Hinterland. Diesem flussähnlichen Gewässer – ›Al Khor‹ bzw. in der Sprache der mit der Geschichte Dubais eng verbundenen Briten ›The Creek‹ genannt – verdankt Dubai seine Entstehung. Seit jeher und bis heute überqueren die Dubai'in den Creek mit einer Abra, einem kleinen, hölzernen Fährboot.

Reisekarte: ▶ Karte 1, V 4
Abra-Fahrt: Tgl. 6–24 Uhr, Fahrzeit ca. 10–15 Min., Fahrpreis 1 Dh, zwei parallele Fahrrouten mit vier Stationen, s. auch S. 26

Der Creek teilt Dubai und hält die beiden Stadtteile zugleich zusammen: Bur Dubai auf der südwestlichen und Deira auf der gegenüberliegenden Seite. In Shindagha an der Spitze Bur Dubais beginnt er und führt in Richtung Süden bis zum Vogelschutzgebiet von Ras Al Khor. An der Mündung des Creek ließen sich vor gut 150 Jahren jene Beduinen nieder, deren Kindeskinder heute zu den wohlhabendsten Menschen der Welt zählen.

Per Abra über den Creek
Auf Postkarten wird Dubai wegen des Creek auch als ›Venedig am Golf‹

bezeichnet. Doch diesen schiefen Vergleich sollte man besser gleich vergessen. Und doch: Von Anfang an war die Überquerung des Creek für die Bewohner von Dubai Teil ihres Alltags, und es waren kleine Holzboote, *abra* genannt (Pl. arab. *abrat,* engl. *abras*), die die Bewohner von einer Seite des Creek zur anderen brachten. So ist es bis heute geblieben, obwohl es inzwischen mehrere Brücken und den Shindagha-Tunnel gibt. Die Abras sind immer voll besetzt, denn die erste dieser Brücken, die Al Maktoum Bridge, befindet sich ca. 4 km landeinwärts. Mehr als 50 000 Menschen überqueren so pro Tag den Creek.

Waren es früher kleine Ruderboote, so sind es heute meist mit Dieselmotoren betriebene schmale Holzboote, die zwischen ausgewiesenen Anlegestellen pendeln. Wurden früher am Freitag die Bewohner aus Deira zum Mittagsgebet in die Große Moschee kostenlos übergesetzt, so müssen heute alle Fahrgäste einen Dirham bezahlen. 2007 wurde zum ersten Mal öffentlich über eine Preiserhöhung von 50 Fils auf einen Dirham in der Presse diskutiert, diese dann aber wegen des Unmuts der Passagiere verschoben. Im Sommer 2007 setzte die *Road and Transport Authority (RTA)* im Interesse der örtlichen Abra-Eigentümer und ihrer angestellten ausländischen ›Kapitäne‹ die Erhöhung durch.

Bis 2007 ging es auf den Abras noch ein wenig chaotisch zu. Man musste mit viel Geschick an Bord springen, die Boote waren oft überfüllt, und der Kapitän sammelte den Fahrpreis während der Fahrt ein, währenddessen er das Ruder festklemmte. Ganz selten ging einmal ein unachtsamer Passagier über Bord – und wurde ganz schnell von den Mitfahrenden aus dem Creek gezogen. Ertrunken ist bisher noch niemand.

Heute ist der Bootsverkehr auf dem Creek perfekt organisiert. Die Anlegestellen wurden mit neuen Pontons ausgerüstet, die man über einen trittsicheren Steg erreicht. Dabei passiert man ein Drehkreuz, das die Passagiere zählt und nach genau 20 Personen stoppt, um das Überladen der Boote zu verhindern. Den Fahrpreis sammelt der Kapitän während der Fahrt ein.

Die schmalen Boote verfügen über ein schattenspendendes Dach, das inzwischen vielfach für Reklamezwecke genutzt wird. Man sitzt auf der mit Wachstuch bespannten Abdeckung des Dieselmotors, zehn Passagiere auf jeder Seite, quer zur Fahrtrichtung, Rücken an Rücken. Daher sollte man sich vor Fahrtantritt entscheiden, ob man die Skyline des Deira- oder des Bur-Dubai-Ufers während der Fahrt an sich vorübergleiten lassen möchte.

Auf der kürzeren Linie von der **Bur Dubai Abra Station** zur **Deira Old Souq Station** dauert die Fahrt ca. 10 Minuten, auf der längeren von der **Dubai Old Souq Abra Station** zur **Al Sabkha Abra Station** etwa

15 Minuten. Bei dem niedrigen Fahrpreis bieten die Abras auch eine schöne Gelegenheit, den Creek und die Skyline Dubais mehrmals zu genießen.

Sightseeing inklusive

Der Creek ist das Herz Dubais, und an seinen Ufern spiegelt sich die Entwicklung der Stadt wider. Daher gewährt eine Abra-Fahrt auf dem Creek auch Einblicke in die Architekturgeschichte Dubais. Man passiert zunächst auf der Bur-Dubai-Seite das historische **Bayt Al Wakeel**, neben dessen renovierter Fassade die hohen Minarette der **Grand Mosque** in den Himmel ragen. Dann fährt man an dem mächtigen weißen Palast vorbei, der **The Rulers Court** beherbergt. Auf der Deira-Seite des Creek stehen restaurierte **Windtürme** am Eingang des **Old Souqs**, und in südlicher Richtung schimmern die gläsernen Fassaden der modernen Banken- und Geschäftshochhäuser in der Sonne. An den Kais davor werden alte Dhaus beladen.

Stets begleiten Vögel die Boote auf ihrer Fahrt über den Creek, wissen sie doch, dass es immer Passagiere gibt, die sie füttern. Das Schauspiel ist im Fahrpreis inbegriffen. Wenn es dunkel wird, hängen die Kapitäne eine kleine Petroleumlampe an den vorderen Mast. Die Boote selbst sind dann kaum noch zu sehen, nur die kleinen Laternen gleichen Irrlichtern, die sich auf dem Creek hin und her bewegen.

Wer den Creek statt auf den festgelegten Strecken lieber auf einer individuell bestimmten Route befahren möchte, kann für 100 Dh pro Stunde die komplette Abra mieten.

Perspektiven

Zur Zeit verkehren ca. 150 Abras auf dem Creek. Die schweren Dieselmotoren erzeugen jedoch hohe Emissionswerte. Deshalb läuft ein Projekt, bei dem drei der Fähren auf Gas umgestellt wurden. Die Vorteile von gasbetriebenen Motoren sind offensichtlich: weniger Lärm, weniger Emissionen, keine Ölverschmutzung des Creek. Um den Umstieg zu erleichtern, erstattet die RTA den Abra-Eigentümern 50 % der Kosten.

Angesichts der rasanten Entwicklung Dubais stellt sich die Frage, wie lange es die Abras wohl noch geben wird. Die Antwort fällt eindeutig aus: noch unabsehbar lange. Zwar soll bereits bald die fünfte Brücke über den Creek eröffnet werden, aber die Abras gehören zu den bewahrenswerten Traditionen des Emirats und sind aus Dubai nicht wegzudenken.

Inzwischen gibt es Alternativen zur klassischen Abra. Wer es gerne kühler hat, kann den Creek in einem klimatisierten **Waterbus** zwischen der **Al Shindagha Station** am Sheikh Saeed House und der **Al Seef Station** gegenüber dem Etisalat-Building (und wieder zurück) befahren. Oder man mietet ein klimatisiertes **Dubai Water Taxi** (DWT) mit Panoramasicht, das man den Creek und den langen Jumeirah Beach bis zum JA Jebel Ali Golf Resort befährt.

Seit 2011 sind außerdem Fahrten zu Wasser mit der **Dubai Ferry** möglich. Das sind zwei größere moderne Katamarane, mit denen man vom Landungssteg **Al Ghubaiba** (Linie 1) am Creek um das Archipel The World bis zum Burj Al Arab und zurück bzw. von der **Dubai Marina** (Linie 2) rund um The Palm Jumeirah und ebenfalls wieder zurückfahren kann (zweimal am Tag, Dauer eine Stunde). Besonders reizvoll ist die Tour am Freitag um 11 Uhr ab Al Ghubaiba, weil dann die Linie 1 bis zur Dubai Marina (aber nicht zurück) fährt.

Halbinsel Shindagha

Man kann Töpferinnen und Weberinnen zusehen, wie sie mit einfachen Werkzeugen landestypische Tonwaren herstellen und schlichte, aber äußerst attraktive beduinische Stoffe weben. Händlerinnen bieten auf einem Dorfmarkt ihre Waren feil, bereiten lokale Spezialitäten und süßen Tee zu. Darbietungen traditioneller arabischer Musik, Aufführungen von Volkstänzen und sogar die Darstellung alter Feste und Bräuche (z. B. einer beduinischen Hochzeit) ergänzen dieses lebendige ›Geschichtsprogramm‹. Die Veranstaltungen finden zwischen November und März statt, häufen sich aber besonders während des Dubai Shopping Festivals (s. S. 60). Natürlich gibt es im ›Dorf‹ auch Kunsthandwerksläden, und wer sich für Landwirtschaft interessiert, kann in einem abgetrennten Bereich die historischen Anbau- und Bewässerungstechniken der Dubai'in kennenlernen.

Großen Eindruck hinterlässt auch ein Raum links am Eingang zum Heritage Village, der die **Bedeutung des Parfums** auf der Arabischen Halbinsel dokumentiert. Informative Schrifttafeln erhellen die Geschichte des Parfums und erläutern den großen Anteil, den die arabische Welt an der Entwicklung der edlen Düfte bis ins 15. Jh. hatte. Ausstellungsstücke zur Herstellung, Abfüllung und Verwendung von Parfum runden die gelungene Präsentation ab. Auch wer sich über die heutigen arabischen Parfums informieren will, ist hier am richtigen Ort.

Diving Village (Al Ghouss) 9

Durch eine schöne alte Holztür mit charakteristisch arabischen Messingbeschlägen, auf der das Holzmodell einer alten Dhau als Wahrzeichen der dubai'inischen Seefahrertradition prangt, betritt man das Diving Village. Eine Ausstellung der unterschiedlichs-

> **Garküchen im Heritage Village**
> Die verschiedenen arabischen ›Blitzgerichte‹, die die Frauen während ihres **Show cookings** zubereiten, bieten sie den Besuchern auch für einen geringen Preis (1–4 Dh) zum Direktverzehr an.

ten **Schiffsmodelle,** die am Arabischen Golf gebaut und benutzt wurden, steht im Mittelpunkt. Allein zwölf verschiedene Dhau-Typen wurden rekonstruiert und durch Schautafeln ausführlich erläutert. Der Meerespark stellt die **Unterwasserwelt der Golfregion** in ihrer ganzen Vielfalt vor. Die Auswirkungen von Umweltverschmutzung auf die Meeresökologie werden aufgezeigt und gefährdete Arten beschrieben. Ein Video-Auditorium ermöglicht weitergehenden Anschauungsunterricht: Auf Wunsch wird Besuchern u. a. ein 15-minütiger Film gezeigt, der die ökologische Situation der Region bei gleichem Umweltverhalten im Jahr 2020 simuliert.

Im Diving Village rekonstruiert das **Perlendorf** den Alltag einer Perlenfischergemeinde, wie sie in den Jahren zwischen 1900 und 1930 rund um den Arabischen Golf existierten. Die Besucher erhalten umfassende Informationen zum Thema Perlen, angefangen vom traditionellen Souq über die damalige Perlen-›Industrie‹ als Wirtschaftsgrundlage der einzelnen Emirate bis hin zu einer Fotoausstellung über die Entwicklung der in der Perlenfischerei verwendeten Gerätschaften sowie eine anschauliche Dokumentation des Perlenhandels.

Im Diving Village befindet sich auch eine wissenschaftliche **Bibliothek,** in der vieles zusammengetragen wird, was sich mit den Themen ›Meer‹ und ›Tauchen‹ beschäftigt: neben Büchern und Zeitschriften auch Videos und

Lieblingsort

Zeit zur Muße

In den 1940er-Jahren gehörte das Haus mit der Nummer 15a im angesehenen Viertel Bastakiya zu den schönsten der Stadt. Und nach der Restaurierung des Stadtteils trifft das für das Haus erneut zu. Als kleines Stadthotel trägt es heute den Namen **XVA** (die Haus-Nr. in römischen Ziffern).
Im schönen Innenhof hat ein **Café** 7 eröffnet, von dem man Zugang zu kleinen Kunsthandwerksläden, zwei Galerien und einer Buchhandlung hat. Helle Leinensegel schützen die Gäste vor zu viel Sonne. Der Autor schätzt diesen Platz, nicht nur wegen des ausgezeichneten Frühstücks und des hervorragenden Tees, sondern auch, weil man hier immer auf ein interessantes Publikum trifft. Wer sich hierhin ›verirrt‹, bricht nicht so schnell wieder auf (s. S. 151).

Das historische Bur Dubai

Creekpromenade am Heritage Village

Internet-Informationen. Diese Bibliothek ist die erste ihrer Art in der Region. Dass die **Emirates Diving Association,** die das ehrgeizige Projekt betreibt, mit viel Idealismus zu Werke geht, beweist ihr Projektziel, das sie auf einer großen Tafel vorstellt. Danach gilt es, das Meer und seine Unterwasserwelt durch Förderung des öffentlichen Bewusstseins zu schützen sowie die historische Rolle der Perlentaucherei für die lokale Gesellschaft zu dokumentieren.

Vor den beiden Dörfern verläuft entlang des Creek eine breite Promenade mit Cafés, Restaurants und zahlreichen Bänken. Vom frühen Abend bis spät in die Nacht ist sie voller Leben. Man sitzt an den Tischen der Restaurants (z. B. des Khan Zaman oder des Al Bandar), Shisha-Düfte breiten sich aus und auf dem Creek fahren die Dhaus mit ihren Dinner-Cruise-Gästen vorbei.

Essen & Trinken

Alles Arabisch – **Bastakiah Nights** 1 : in Bastakiya, s. S. 50.
An den Ufern des Creek – **Bayt Al Wakeel** 2 : im Souq Al Kabeer, s. S. 48.
Küche a la Dubai – **Local House** 3 : in Bastakiya, s. S. 51.
Für den kleinen Hunger – **Basta Art Café** 4 : Tel. 353 50 71, tgl. 10–22, Sept.–Mai 10–20 Uhr, Sandwich 24 Dh, frisch gepresste Säfte 15 Dh. Kleines Restaurant im Innenhof ei-

Adressen

Curry oder ein Mango-Lassi hat, ist hier richtig.
Kunst und Kaffee – **XVA-Hotel** 7 : s. S. 39, Tel. 353 53 83, www.xvagallery.com, So–Do 9.30–20 Uhr (Aug. geschl.), arabischer Kaffee 15 Dh, Frühstück 60 Dh. Café und Galerie im Innenhof des restaurierten arabischen Hauses Nr. 15a im Bastakiya-Viertel.

Einkaufen

Kunst – **Majlis Gallery** 1 : Die älteste und bedeutendste Galerie im Bastakiya-Viertel, s. S. 138.
Nützliches und Überflüssiges – **Bur Dubai Souq** 2 : In den vielen kleinen Ladennischen des Souqs findet man immer etwas, was sehr preisgünstig ist, was man aber bei genauem Überlegen eigentlich nicht braucht, s. S. 140.

Aktiv

Tauchen – **Emirates Diving Association** 1 : im Diving Village, Tel. 393 93 90, www.emiratesdiving.com. Die EDA versteht sich als Kultur- und Naturschutzorganisation, die u. a. *Pearl-Diving*-Exkursionen durchführt, um die Tradition der Perlenfischerei zu vergegenwärtigen.
Führungen durch Bastakiya – **Sheikh Mohammed Centre for Cultural Understanding (SMCCU)** 2 : Tel. 353 66 66, www.cultures.ae. Führungen durch das Bastakiya-Viertel; Sa/So, Di, Do jeweils um 10.30 Uhr. Treffpunkt vor dem SMCCU, 55 Dh pro Person.

nes traditionellen Windturm-Hauses. Traditionelle Gerichte aus der Küche der Emirate.
Einfach und preiswert – **Blue Barjeel** 5 : 50 m nördlich der Abra-Anlegestelle, direkt am Creek, Tel. 353 22 00, *hoummus* 10 Dh, großer Orangensaft 10 Dh, Wasser 4 Dh, *sharwarma*-Platte 22 Dh. Einfaches Straßenrestaurant, Möwen, Schiffe, arabische Musik, mitten unter Einheimischen und Touristen.
Indisch angehaucht – **Mumtaz Mahal** 6 : im Arabian Court Yard Hotel, Tel. 351 91 11, tgl. 19.30–2 Uhr, Curries ab 35 Dh, Lassis ab 15 Dh. Wer am späten Nachmittag das gegenüberliegende Al Fahidi Fort besucht und zum Abendessen Lust auf ein indisches

Abends & Nachts

Wenn der Souq gegen 22 Uhr schließt, kommen die Kehrtrupps mit ihren Reinigungsfahrzeugen. Die Altstadt ist daher ab 23 Uhr wie ausgestorben. Nur in den Restaurants am Creekufer auf Shindagha herrscht noch Betrieb.

Das Beste auf einen Blick

Das ›neue‹ Bur Dubai

Highlight!

Ras Al Khor Wildlife Sanctuary: Vom Bauboom in Dubai blieb ein Stück Natur unberührt: Ras Al Khor am westlichen Rand von Bur Dubai ist ein Ort der Ruhe und ein reizvoller Kontrast zum pulsierenden Zentrum von Dubai. 10 S. 165

Auf Entdeckungstour

Pferderennen in Meydan: Seit mehr als zehn Jahren gehört Dubai zu den großen internationalen Rennplätzen, auf denen die wenigen, weltweit ausgewählten Rennen zur World Racing Championship ausgetragen werden; dabei geht es um zweistellige Millionen-Prämien. 9 S. 162

Kultur & Sehenswertes

Bur Juman Centre: In keiner anderen Shopping Mall konzentriert sich derart edler und modischer Luxus für Figur und Körper – für Frauen und für Männer. 4 s. S. 158

Aktiv unterwegs

Besuch bei den Flamingos von Ras Al Khor: Ursprünglich war Dubai nur ein Zwischenstopp für wenige Flamingos auf ihrem Weg vom winterlichen Europa nach Afrika. Aber offensichtlich gefiel es ihnen so gut im Emirat, dass sie sich niedergelassen haben und eine Kolonie inzwischen sogar hier brütet. 10 S. 166

Genießen & Atmosphäre

The Fountain: Das lichtdurchflutete Restaurant mit einem plätschernden Brunnen im Hotel Mövenpick Dubai bietet die Vielfalt der Schweizer Küche. 4 S. 168

Abends & Nachts

Dhiyafah Street: Mit ihren Straßenrestaurants und Cafés ist sie die nächtliche Flaniermeile Dubais. 7 S. 160

Movies under the Stars: In der ägyptisch inspirierten Wafi Mall laufen zwischen Januar und Mai immer am Sonntag Abend große Filme unter freiem Himmel. 2 S. 159

Rock Bottom: Eine der aufregendsten Discos der Stadt. 3 S. 169

China Moon Champagne Bar: In einer gläsernen Pyramide hoch über Dubai kann man zwischen 40 Champagnersorten wählen. 4 S. 153

Hochhäuser und Flamingos

Mit dem Erdöl kam Dubai mit Beginn der 1970er-Jahre praktisch über Nacht zu gewaltigen Einnahmen, mit denen Sheikh Rashid Bin Saeed Al Maktoum eine öffentliche Infrastruktur aufzubauen begann. Der damit einsetzende Bauboom ließ die Stadt schnell wachsen, insbesondere auf der westlichen Seite des Creek. Hier entstanden u. a. ein neuer **Hafen** und das **Dubai World Trade Centre**. Später folgten große Shopping Malls und in Nad Al Sheba wurde die erste **Pferderennbahn** angelegt, die bis 2010 zu den bedeutendsten der Welt zählte; seitdem liegt diese im benachbarten Meydan. Auch mehrere neue **Luxushotels** wie das Grand Hyatt und das Mövenpick Dubai eröffneten auf der Bur-Dubai-Seite. Am südlichen Ende des Creek achteten die Herrscher streng darauf, dass trotz vieler Neubauten eine Sumpflandschaft mit zahlreichen Vogelarten erhalten blieb, die heute das Vogelschutzgebiet **Ras Al Khor Wildlife Sanctuary** bilden, in dem auch Flamingos leben.

Kann man im ›alten‹ Bur Dubai alle wesentlichen Stätten noch zu Fuß aufsuchen, muss man sich in den Neubaugebieten auf der südwestlichen Seite des Creek per Taxi oder Leihwagen fortbewegen. Zu groß sind die Entfernungen zwischen den interessantesten Sehenswürdigkeiten und Orten.

Die Seehandelsgeschichte von Dubai nahm ihren Anfang an den Ufern des Creek im Schutze der Halbinsel Shindagha. Anfang der 1950er-Jahre begannen in unmittelbarer Nähe an der offenen Küste die Arbeiten für einen neuen Hafen, damit die immer größer werdenden Schiffe, für die der Creek zu klein war, nicht länger an Dubai vorbeifahren mussten.

Infobox

Reisekarte: ▶ Karte 2, T–V 2–7, Karte 1, V 4/5

Orientierung beim Einkaufen
Um sich in den großen Shopping Malls schneller zurechtzufinden, sollte man sich gleich am Eingang der Mall am Informationsstand einen Prospekt des Hauses besorgen. Darin sind alle ansässigen Geschäfte aufgelistet, inklusive der Marken, die sie führen. Ein Lageplan zeigt an, wo man sie findet.

Verkehrsmittel
In Bur Dubai fährt man mit dem **Taxi** oder mit der **Metro** (s. S. 25). Wer einen Leihwagen bevorzugt, sollte wissen: Alle Parkplätze sind hoffnungslos überfüllt und die Hotels verlangen von Nicht-Gästen hohe Parkgebühren.

Die neuen Handelszentren

Port Rashid 1
Der neue Hafen trägt seit 1990 den Namen jenes Emirs, der 1958 die Regierungsgeschäfte übernahm: Sheikh Rashid Bin Saeed Al Maktoum. In den Hafenlisten der internationalen Schifffahrtslinien führt man ihn abgekürzt als ›Port Rashid‹. In der Tat hat sich Sheikh Rashid um den Seehandel von Dubai sehr verdient gemacht. Schon als Kronprinz unterstand ihm die 1959

Blick über den Creek auf die Skyline von Deira

Das ›neue‹ Bur Dubai

Sehenswert
1. Port Rashid
2. Union House
3. Dubai World Trade Centre
4. Bur Juman Centre
5. Wafi Mall
6. Karama
7. Dhiyafah Street
8. Camel Racetracks
9. Meydan Racecourse
10. Ras Al Khor Wildlife Sanctuary

Essen & Trinken
1. DWRC Club Restaurant
2. Asha's
3. Sushi
4. The Fountain
5. Panini
6. Al Mallah Cafétéria
7. Awtar
8. IZ

Einkaufen
1. Bur Juman Centre
2. Wafi Mall
3. Karama
4. Lamcy Plaza

Aktiv
1. Cleopatra's Spa
2. Ahasees Spa

Abends & Nachts
1. Diyafah Street
2. Movies under the Stars
3. Rock Bottom
4. China Moon Champagne Bar
5. Somerset's

abgeschlossene Vertiefung der Fahrrinne des Creek. Während seiner Regierungszeit legte er nicht nur in Jebel Ali den Grundstein zum größten je an einer Küste ohne natürliche Vorgaben angelegten Seehafen, er ließ gleichzeitig Trockendocks und Dutzende von Kais mit gigantischen Kränen für jenen Containerhafen westlich der Creek-Mündung errichten, der heute seinen Namen trägt.

Ob man aus dem Shindagha-Tunnel oder aus Jumeirah kommend die Al Khaleej Road vor dem Hafen entlangfährt: Erstaunt blickt man über das Meer von Containern, die auf den Freiflächen zigfach übereinander gestapelt in der prallen Sonne auf ihre Verladung warten. Der hohe Maschendrahtzaun entlang der Straße versperrt zwar den Zugang, aber nicht die Sicht, sodass man die Emsigkeit bewundern kann, mit der die Container von Gabelstaplern hin und her bewegt werden. Nachts beeindrucken zudem die über die Toppen beleuchteten Schiffe, die vor den Lagerhallen festgemacht haben oder draußen auf der Reede auf die Einfahrerlaubnis warten.

2001 wurde innerhalb des Port Rashid ein **Kreuzfahrtschiffsterminal** eröffnet. Zur Anlage gehören Palmen und ein kleines Museum. Mit dem Bau des neuen Terminals unterstreicht Dubai seine Attraktivität auch für den Kreuzfahrttourismus, vor allem durch seine Lage im Schnittpunkt dreier Kontinente. Zudem sind es von den Kais im Port Rashid nur wenige Minuten bis zum Stadtzentrum mit den Shopping Malls oder bis zum Jumeirah Beach. Inzwischen steuern ca. 200 große Kreuzfahrtschiffe pro Jahr Dubai an, darunter auch regelmäßig Schiffe deutscher Linien wie die Europa und die AIDA. Auch die QM 2 war schon mehrmals ›zu Gast‹.

Union House 2

Unweit des Port Rashid, am Beginn der Jumeirah Road, weht an einem hohen Mast weithin sichtbar die größte VAE-Fahne in Dubai. Dahinter, vor dem Palast von Sheikh Ahmed bin Rashid Al Maktoum, befindet sich ein relativ kleiner Flachbau aus dem Jahre 1965, der aber erst am 2.12.1971 seine Bedeutung erhielt: Hier versammelten sich die Herrscher von sechs Emiraten (Ras Al Khaiman kam erst 1972 hinzu), um die Gründungsurkunde der VAE zu unterzeichnen. 2009 wurde das Union House renoviert. In einer Ausstellung

Das ›neue‹ Bur Dubai

entlang der Außen- und Innenwände dokumentieren viele historische Fotos und bedeutende Dokumente die Ereignisse rund um die Staatsgründung.

Dubai World Trade Centre 3
www.dwtc.com
Lange Zeit war das 1979 eröffnete Dubai World Trade Centre das höchste Gebäude am Golf und die angesehenste Firmenadresse in der Stadt. Wer in einem der 37 Stockwerke ein Büro unterhielt oder gar in einem der *resident apartments* wohnte, war bedeutend oder reich, meist beides.

Der DWTC Tower ist bis heute Symbol für die Wirtschaftsmetropole Dubai, obwohl es inzwischen Dutzende von Bürohochhäusern gibt. Mehr als 180 Firmen, darunter große internationale Unternehmen, und diplomatische Vertretungen haben hier ihren Sitz. Im Parterre befand sich eine Zeit lang die Börse. Mieter der Büros und der Wohnungen werden automatisch Mitglieder des renommierten Dubai World Trade Club. Sie, Gäste und ihre Besucher haben Zutritt zu den beiden höchsten Stockwerken mit der Aussichtsplattform. Hier oben im 33. Stock befindet sich auch das **World Trade Club Restaurant**, durch dessen Glasscheiben man einen einmalig schönen Blick über Dubai genießen kann.

Der große technische Fortschritt der 1980er-Jahre, der sich im Emirat durch den Bau des DWTC manifestierte, wird an den Restaurantwänden durch Schwarz-weiß-Fotografien jener Zeit gegenübergestellt, in der Perlentauchen noch das wirtschaftliche Leben am Golf bestimmte. Der Gegensatz zwischen der Nasenklammer und dem Leinenanzug des Tauchers auf einem der Bilder und der digitalen Anzeigetafel am Aufzug könnte nicht größer sein – und dazwischen liegen nur wenige Jahrzehnte.

In Dubai erzählt man sich noch heute, dass die Fertigstellung des DWTC Sheikh Rashid besonders am Herzen lag. Er soll nicht nur eine unbezifferte Summe zu den Baukosten beigetragen haben, sondern auch oft auf der Baustelle gewesen sein und trotz seines hohen Alters noch die Baugerüste erklommen haben, um Arbeitskräfte zur Eile zu drängen. 1979 konnte er im Beisein der britischen Königin Elisabeth II. den über 200 m hohen Bau einweihen.

Im Schatten vieler, höherer Hochhäuser und faszinierender Wolkenkratzer entlang der Sheikh Zayed Road fällt das DWTC heute nicht mehr auf. Dennoch bleibt es ein Wahrzeichen des Stadtteils, und nach gründlicher Renovierung und der Integration in das angrenzende Kongresszentrum (s. S. 200) erhielt es eine neue Bedeutung.

Neue Einkaufszentren

Auf der Bur-Dubai-Seite des Creek haben in den letzten Jahren mehr als ein halbes Dutzend jener Großkaufhäuser eröffnet, die in den USA *malls* genannt werden und auch am Golf so heißen. Die Shopping Malls in Dubai haben eines gemeinsam: Es gibt nahezu alles zu kaufen, was das Herz begehrt, unbegrenzte Parkmöglichkeiten, gute Restaurants und für Kinder ein umfangreiches Unterhaltungsangebot. Zu den besonders schönen und edlen zählen auf der Bur-Dubai-Seite des Creek das Bur Juman Centre und die Wafi Mall.

Bur Juman Centre 4
www.burjuman.com, Trade Centre Road/Khalid Ibn Al Waleed Road, Tel. 352 02 22, tgl. 10–24 Uhr
Das Bur Juman Centre nimmt in der Werbung für sich in Anspruch, das exklusivste aller Einkaufszentren Du-

Neue Einkaufszentren

bais zu sein. Seit im Jahr 2004 die Filiale der New Yorker Mall **Saks Fifth Avenue** in einen edlen gläsernenen Anbau eingezogen ist, trifft dies verstärkt zu. Auf vier Etagen findet man hier in über 340 Läden u. a. Aigner, Bally, Bogner, Benetton, Calvin Klein, Chanel, Dior, Dolce & Gabbana, Donna Karan, Escada, Ferragamo, Gucci, Kenzo, Lacroix, Louis Vuitton, Mexx, Osh Kosh, Ralph Lauren, dazwischen schicke Cafés und im obersten Stock des alten Teils gibt es einen Food Court mit 13 Spezialitätenrestaurants.

Und selbst das gibt es im Bur Juman: Im obersten Stock von Saks, inmitten teuerster Damenmode, befindet sich unauffällig und dezent mit dem schillernden Namen ›*Agent Provocateur*‹ eine kleine Abteilung für intimen Luxus mit ausgefallensten Dessous und Erotikartikeln wie Peitschen mit vergoldetem Handgriff oder mit Brillianten besetzte Handschellen.

Wafi Mall 5

Al Quta'eyat Road/Oud Metha Road, Tel. 324 45 55, www.wafi.com, Sa–Do 10–22, Fr 16–22 Uhr

Ebenso wie das Bur Juman Centre lohnt für Shopper ein Besuch der Wafi Mall. Diese bildet das Zentrum eines großen Gebäudekomplexes namens **Wafi City,** zu dem auch der **Cleopatra Spa** (S. 169) und das Luxushotel **Raffles** (S. 35) gehören. Die Wafi Mall beeindruckt von außen durch ihre Pyramiden-Architektur aus Glas, Chrom und Stahl. Innen faszinieren prunkvolle, altägyptisch orientierte Säulengänge und die mit ägyptischen Motiven bemalten Fenster und Wände. In der Wafi Mall findet man neben allen obligatorischen Nobelmarken im dritten Stock ein Familien-Unterhaltungszentrum mit allem, was Spaß macht. Wafi gehört zu den beliebtesten Shopping Malls der Stadt, nicht zuletzt wegen seiner schicken Restaurants.

Exklusiver geht's nicht: Shoppen im Bur Juman Centre

Das ›neue‹ Bur Dubai

Karama und Dhiyafah Street

Karama 6
Auch Schnäppchenjäger kommen auf der Bur-Dubai-Seite des Creek auf ihre Kosten. Im Stadtviertel Karama finden Touristen preiswerte Konsumgüter aller Art und vor allem einmalig billige ›Markenartikel‹. In den vollgestopften kleinen Läden hängt Designermode, hier ersteht man edle Handtaschen für nur 80 Dh und die ›echte‹ Rolex gibt es sogar noch billiger. Natürlich würde niemand hier zugeben, dass es sich bei den angebotenen Waren in erster Linie um Imitate handelt, zumal auch die meisten Kunden das eigentlich gar nicht so genau wissen möchten.

Dhiyafah Street 7
Unweit des Karama-Viertels befindet sich die Dhiyafah Street, die direkt zum Dubai World Trade Centre führt. Sie ist vor allem abends ein beliebter Treffpunkt für Dubai'in und *expatriates*. Zu beiden Seiten der Dhiyafah Street haben sich Straßenrestaurants etabliert, die bis morgens um 4 Uhr das schmackhafteste *sharwarma* in Dubai servieren.

Das eigentliche Leben entlang der Dhiyafah Street beginnt erst nach Sonnenuntergang. Natürlich kann man hier auch tagsüber etwas zu sich nehmen, aber Farbe gewinnt die Straße erst, wenn sie von endlosen Lichtergirlanden, die die Palmen umranken, beleuchtet wird.

Beliebt ist die Straße auch als ›Laufsteg‹ für sündhaft teure Cabriolets, die am späten Abend gerne im Schritttempo die Straße auf und ab fahren. Die jungen Dubai'in am Lenkrad halten Ausschau nach Bekannten in den Straßenlokalen. Wenn sie dann ihre Freunde gefunden haben und kein Parkplatz direkt vor dem Lokal frei ist, wird die Unterhaltung kurzerhand in die zweite Reihe auf der Straße verlagert. Das erfreut wiederum die Insassen des nachfolgenden teuren Autos, gibt es doch einen Grund anzuhalten. Schließlich hat man Zeit und auch nichts gegen bewundernde Blicke.

Weil die Preise in den Straßenlokalen der Dhiyafah Street relativ günstig sind, werden sie gerne von jüngeren Leuten aufgesucht. Am Donnerstag Abend nach 22 Uhr herrscht hier Hochbetrieb.

Kamele, Pferde und Flamingos

Camel Racetracks 8
Kamelrennen in Nad Al Sheba und Al Marmoum: Okt.–März Do und Fr jeweils morgens ab 7 Uhr

Vor den Toren der Stadt, inmitten wüstenhafter Umgebung, liegen im Süden von Bur Dubai die Kamelrennbahnen von **Nad Al Sheba** und **Al Marmoum**. Kamelrennen haben auf der Arabischen Halbinsel eine lange Tradition. Wer unter den Beduinen das schnellste Tier besaß, hatte nicht nur wegen des Zuchtpotenzials materielle Vorteile, ihm wurde auch hohes Ansehen von anderen Beduinen entgegengebracht. Obwohl das Kamel heute ökonomisch so gut wie keine Bedeutung mehr hat, besitzt jedes Emirat aufgrund dieser Tradition eine eigene Kamelrennbahn, auf der um Ansehen und Zuchterfolge gerungen wird.

Der Rundkurs an der Al Ain Road sind schon von weitem an den hohen Zelten und den Tribünendächern zu erkennen. Während Mitglieder der Herrscherfamilie und geladene Gäste in den Logen des *grandstand* Platz nehmen, werden alle anderen Besu-

Kamele, Pferde und Flamingos

Kamelrennen haben auf der Arabischen Halbinsel eine lange Tradition

cher auf die benachbarten, kostenlosen Stahltribünen verwiesen. Viele Besucher breiten entlang der ovalen Rennstrecke Teppiche aus und lagern mit ihren Familien bequem im Sand. Vor und zwischen den Rennen ist ein Besuch des abseits des Startplatzes gelegenen Ladenbasars interessant. Hier erlebt man ein *merchandising* wie bei einem großen Rock-Konzert. An den Verkaufsständen werden alle erdenklichen Utensilien für das Rennen angeboten: Gerten und Decken, Jockeyjacken und -kappen, Leinen und Bänder, Trensen und Zuckerstücke.

Rennkamele können bis zu 30 km/h zurücklegen; aber nicht alle erreichen nach einer halben Stunde das Ziel, und die schnelleren weiblichen Tiere sind meist die Ersten. Als Jockeys sitzen heute kleine Roboter auf den Kamelen, sogenannte *robot jockeys*, die kleinen Reitern täuschend ähnlich sehen und ferngesteuert werden; sie wurden in der Schweiz entwickelt.

Die Besitzer der siegreichen Kamele erhalten von Mitgliedern der Herrscherfamilie einen hoheitlichen Handschlag und oft ein von einer Privatfirma gespendetes Auto. Meist gehören sie jedoch Mitgliedern der Herrscherfamilie. Dann gratuliert man sich im Familienkreis. Die Rennen am National Day und an den beiden Id-Feiertagen sind die bedeutendsten und locken viel Prominenz an.

Meydan Racecourse 9
s. auch Entdeckungstour S. 162
Auf der Pferderennbahn von Nad Al Sheba, die sich südöstlich hinter den Kamelrundkursen befindet, wurde bis 2009 der legendäre **Dubai World Cup** ausgetragen. Seit 2010 galoppieren die Pferde in unmittelbarer Nachbarschaft auf dem neuen Meydan Racecourse um die hochdotierten Preisgelder Auch wenn keine Rennen stattfinden, lohnt ein Besuch des Areals rund um die Rennbahn. Hier befinden sich die großen Gestüte, hier trifft man vormittags und an späten Nachmittagen immer Pferde und Jockeys an. ▷ S. 165

Auf Entdeckungstour:
Pferderennen in Meydan

Zum Luxus-Image Dubais gehören Pferderennen. Und natürlich nur solche, bei denen die edelsten Pferde um die höchsten Siegprämien laufen. Der Besuch des Meydan Racecourse 9 ist ein Erlebnis für Pferdesportliebhaber und alle, die High-Society- und Turf-Atmosphäre ganz nah erleben möchten.

Reisekarte: ▶ Karte 2, R 7/8
Lage: Ca. 5 km südlich von Dubai an der Al Ain Road (E66); Anfahrt am besten mit dem Taxi.
Zeiten: Nov.–April, genaue Termine in der Lokalpresse und auf www.dubairacingclub.com.
Dubai World Cup: Ende März, www.dubaiworldcup.com.
Karten: Vorverkauf beim Dubai Racing Club, P. O. Box 9305, Dubai, Tel. Tel. 327 00 77, www.dubairacingclub.com. Es gibt eine *free admission area* (nur Stehplätze), in die am Renntag des Dubai World Cup eine begrenzte Anzahl Zuschauer ab 14 Uhr eingelassen wird. Sitzplätze auf den *grandstands* ab 350 Dh, direkt an der Ziellinie *(premium seating)* ab 1700 Dh, in den VIP Lounges ab 2750 Dh.

Auch wenn es in Dubai heute keine Beduinen mehr gibt, die ungebrochene Liebe der Araber zu edlen Pferden knüpft an den kriegerisch-kämpferischen Abschnitt beduinischer Geschichte an. Unter den Bedingungen der Wüste züchteten Beduinen auf der Arabischen Halbinsel die Rasse des **Asil-Arabers.** Zu den vielgerühmten Eigenschaften dieses Pferdes gehören eine nahezu unverwüstliche Gesundheit. Denn die ständigen strapaziösen Wanderungen zum Zweck des Nahrungs- und Wassererwerbs waren für Mensch und Tier Zerreißproben im Kampf ums Überleben. So hat der reinblütige Asil-Araber nicht nur Kraft und Ausdauer erworben, sondern auch Schönheit und körperliche Vollkommenheit entwickelt, die bereits auf alten Stichen und Gemälden zu sehen sind.

Die historisch enge Verbindung der Araber zu Pferden ließ die Herrscherfamilie Al Maktoum durch die Etablierung des Pferderennsports im Emirat wieder aufleben. Seit 1996 ist Dubai internationaler Austragungsort hochdotierter Wettbewerbe. Gehören Pferderennen weltweit bereits zu den glamourösen Sportarten, so nimmt der **Dubai World Cup** auch hier die Spitzenposition ein. Denn bei Preisgeldern von insgesamt 26 Mio. US$ kommen nur die schnellsten Pferde der Welt zum Zuge.

Schnelle Pferde und ausgefallene Hüte

Der Dubai World Cup zählt heute zu jenen zehn Rennen der Welt, die über den Titel der **World Racing Championships** entscheiden. Dubai bewegt sich damit auf Augenhöhe mit dem berühmten Kentucky-Derby oder dem Prix de l'Arc de Triomphe in Paris. Pferderennen in Baden-Baden oder in Hamburg rangieren mehrere Stufen dahinter.

Pferdebesitzer und Trainer, die man sonst nur bei den ganz großen Rennen der Welt sieht, sitzen Ende März auf den Tribünen der Meydan-Rennbahn, in der Hoffnung, ihre Schützlinge bei einem der acht Rennen, aber vor allem beim letzten, dem abends unter Flutlicht ausgetragenen Dubai World Cup, siegen zu sehen. Sponsor des Rennens um den Dubai World Cup ist Emirates Airlines, die Fluggesellschaft Dubais (Siegprämie für dieses Rennen: 10 Mio. US$).

In den Zeitungen wird über den Dresscode berichtet (z. B. keine Jeans, festes Schuhwerk), und am Renntag trifft man auch nur besser gekleidete Besucher. High-Society-Atmosphäre verbreiten vor allem die elegant gekleideten Besucherinnen im Innenraum des Parcours. Hier treffen sich vor jedem Rennen die Besitzer der Pferde mit ihrer Entourage, um sich mit den Jockeys über die Taktik auszutauschen. Die Damen der erlesenen Besuchergruppe nehmen mit ihren modischen Kreationen an einem Wettbewerb der anderen Art teil: Der ausgefallenste Damenhut wird vor Sonnenuntergang öffentlich mit 3000 Dh prämiert.

Da sich die Pferde der Herrscherfamilie beim Dubai World Cup mit den Weltbesten messen, herrscht an den Tagen vor dem Rennen im Emirat stets

nervöse Spannung. Denn schießlich steht auch nationales Prestige auf dem Spiel. Bereits am frühen Morgen des Renntags sind die Straßen Richtung Westen überfüllt und ein Auto drängt sich ans andere. In Meydan trifft sich an diesem Tag alles, was im Emirat Rang und Namen hat.

Sowohl für Dubai'in als auch für ausländische Besucher ist es die Gelegenheit, nahezu alle Mitglieder der Herrscherfamilie aus unmittelbarer Nähe zu erleben. Zwar sitzen ihre Hoheiten in einer eigenen Loge, verlassen aber vor jedem Rennen ihren Platz, um Freunde oder Bekannte am Fuß der Tribüne zu begrüßen, ihre Pferde vor dem Rennen im Vorführkreis noch einmal zu streicheln und ihren Jockeys letzte Anweisungen zu geben oder auch nur, um sich die Beine zu vertreten. Die in europäischen Breiten gewohnte Distanz zwischen Herrschern und Volk bei öffentlichen Auftritten ist an diesem Tag aufgehoben. Die Bodyguards mit ihren dunklen Sonnenbrillen im Hintergrund stören dabei nicht. Und wenn dann noch ein Pferd aus den Godolphin Stables siegt, wird bis spät in die Nacht an Ort und Stelle gefeiert.

Sechsmal kam in den vergangenen 16 Jahren der Sieger des höchstdotierten Pferderennens der Welt aus dem hoheitlichen **Gestüt Godolphin.** Auch deutsche Pferde und ihre Besitzer samt Entourage trifft man bei Vorläufen der Rennen um den Dubai World Cup an, gewonnen hat bisher aber noch keines.

2006 siegte Electrocutionist aus dem Godolphin-Rennstall, geritten von Frankie Dettori, der bereits dreimal für die Herrscherfamilie den Dubai World Cup gewann. Die Siegprämie von damals ›nur‹ 6 Mio. US$ blieb einmal mehr in Dubai. Erst fünf Jahre später, 2012, blieb der begehrteste Pokal im Pferdesport dank Monterosso aus dem Godolphin-Gestüt wieder in Dubai. 2013 siegte das US-amerikanische Pferd Animal Kingdom.

Vor den Rennen werden die Pferde stets dem Publikum präsentiert

Kamele, Pferde und Flamingos

Die neue Rennbahn Meydan ist Teil einer gigantischen futuristischen ›Pferderennstadt‹. In ihrem Zentrum steht der neue eindrucksvolle *grandstand*, der entlang der Zielgeraden in das Luxushotel The Meydan integriert ist. Aus seinen Hotelzimmern kann man das Rennen am eigenen Fensterplatz verfolgen, genauso wie aus den VIP-Lounges am *grandstand*, die sich zu beiden Seiten des Hotels erstrecken.

Auch die **Godolphin Gallery** wird ihren Platz von Nad Al Sheba nach Meydan verlegen. In ihr zelebriert die Herrscherfamilie die nationalen und internationalen Siege ihres Gestüts. Jedes siegreiche Rennen kann man per Knopfdruck auf Video noch einmal abrufen. Trophäen und Siegerkränze, Pokale und Schalen mit Gravuren füllen die Glasvitrinen. Im Mittelpunkt steht auf einem Podest ein Duplikat des wertvollsten Pokals der Welt: die etwa 75 cm hohe, über 5 kg schwere Siegtrophäe für den Gewinner des Dubai World Cups, natürlich aus 18-karätigem Gold.

Noch ist das Gesamtprojekt The Meydan nicht fertiggestellt. Vom Dubai Creek wird eine Verbindung von einer ebenfalls neuen Marina herübergeleitet, damit die Entfernungen für die betuchte Noblesse zwischen ihrer Jacht und ihrem Gestüt nicht zu weit sind. Meydan ist ein überaus ehrgeiziges Vorhaben, wie alles, was Sheikh Mohammed zu verwirklichen gedenkt. Wer nicht bis zur Fertigstellung warten möchte, kann Meydan schon heute virtuell unter www.meydan.ae erleben.

Ras Al Khor Wildlife Sanctuary ❗ 10

Sa–Do 9–16, im Ramadan So–Do 9–14 Uhr, Fütterung 9.30 und 17 Uhr (die Fütterung um 17 Uhr kann nicht beobachtet werden, da das Resort vorher schließt), Eintritt frei

Birdwatching
Das **Emirates Bird Records Committee** (EBRC) veröffentlicht regelmäßig in den Emirates News in der Kolumne »Twitchers Guide«, welche Vögel wo am besten beobachtet werden können (EBRC, Tel. 347 22 77, Fax 347 22 76, www.uaebirding.com).
Umfassend und gut verständlich ist der Vogelführer »Birds of the United Arab Emirates« (2011) von Simon Aspinall and Richard Porter. Das Buch ist in den Buchhandlungen in Dubai erhältlich.

Am südlichen Ende des Meeresarmes, der sich 14 km weit durch Dubai zieht und die Namen *Creek* (engl.) oder *Khor* (arab.) trägt , wird das Wasser sehr flach und bildet ein schlammiges Feuchtgebiet. Dieses 620 ha große Areal mit vielen Mangroven und kleinen Sandbänken ist seit Menschengedenken ein Rastplatz für Zugvögel.

Heute wird Ras Al Khor von Schnellstraßen umrundet und an den Rändern bebaut. Aber die Vögel scheint das nicht zu stören. Im Gegenteil, inzwischen hat die Zahl der hier lebenden einheimischen Vogelarten und der nur für kurze Zeit verweilenden Zugvögel derart zugenommen, dass die Stadtverwaltung das gesamte Gebiet umzäunt und zum Ras Al Khor Wildlife Sanctuary erklärt hat. Im Frühjahr und Herbst werden jedes Jahr bis zu 25 000 Vögel und 33 Spezies gezählt.

Die Hauptattraktion sind dabei die **Großen Flamingos** *(Phoenicopterus ruber)*, die hier während ihres Zwischenstopps bis vor wenigen Jahrzehnten noch gejagt wurden. Doch seit dem Jagdverbot, das Sheikh Rashid Mitte der 1980er-Jahre erließ, verweilen jedes Jahr im Winter bis zu 2000 dieser Stelzvögel hier und Ras

Lieblingsort

Flamingos im Ras Al Khor Wildlife Sanctuary 10

Vögel sind wählerisch, wenn sie einen Ort zum Überwintern suchen. Das Klima, die Luft, die Vegetation, alles muss stimmen. Wenn jedes Jahr im Winter mehr als 1000 Flamingos der Spezies *Phoenicopterus ruber* die flachen, mit Mangroven bewachsenen Uferzonen am Ende des Creek aufsuchen, hat das gute Gründe: Hier ist die Landschaft ursprünglich, dank des salzhaltigen Meerwassers gibt es im Schlickboden genügend Nahrung, und es ist ruhig, denn seit 1985 ist Ras Al Khor ein Naturschutzgebiet. Für Naturfreunde und Besucher, die als Kontrastprogramm zu Shopping und Sonnenbaden die hochbeinigen Vögel gerne einmal aus nächster Nähe in freier Wildbahn beobachten möchten, wurden zwei gut getarnte Beobachtungsplattformen eingerichtet (s. S. 165).

Das ›neue‹ Bur Dubai

Al Khor wird für einige Monate zur größten Flamingokolonie der Golfküste. Die Stadtverwaltung engagiert sich für den Schutz der Vögel, indem sie dafür sorgt, dass sie hier genügend Nahrung finden und nicht durch Menschen gestört werden. Inzwischen fühlen sich die Flamingos in Ras Al Khor so sicher, dass sie erste Nester anlegen und brüten.

Der rosarote Flamingo ist heute das Symbol für die Naturschutzbemühungen des Emirats. Gerade weil in Dubai durch die sich rasant ausdehnende Bebauung und Zersiedlung immer mehr natürlicher Lebensraum für Tiere verloren geht, besitzt Ras Al Khor große Bedeutung. Um die Flamingos in Dubai als Gäste zu behalten und die Bevölkerung vom Wert des Naturschutzes zu überzeugen, berichten die lokalen Medien häufig über die Flamingos und das Naturschutzprojekt.

Auf dem Gelände gibt es zwei **Vogelbeobachtungsstationen** *(birding hides),* kleine, erhöht gelegene Hütten aus Schilfrohr, die man über schmale, ebenfalls abgeschirmte Wege erreicht. In diesen Hütten ist man zwar schon relativ nahe an den Flamingos. Um sie noch besser beobachten zu können, stellt das Dubai Municipality Environment Besuchern Ferngläser zur Verfügung. Sicherer ist es jedoch, sein eigenes mitzubringen. In Zusammenarbeit mit dem WWF (World Wide Fund for Nature, www.wwf.com) soll in Ras Al Khor in der nächsten Zeit eine wissenschaftliche Forschungsstation errichtet werden.

Essen & Trinken

Fine dining on Floor 33 – **DWTC Club Restaurant** [1]: im Dubai World Trade Center, Tel. 309 79 79, So–Do 12–15 und 19–23 Uhr. Exzellente Küche, nobles Ambiente, tolle Aussicht.

Total indisch – **Asha's** [2]: in der Wafi City zwischen Cleopatra's Spa und Wafi Mall, 1. Stock neben dem Parkhaus, Tel. 324 41 00, www.asharestaurants.com, tgl. 12.30–15, 19.30–23.30 Uhr, Hauptgerichte, z. B. *chicken jnalufrezi* 49 Dh, *prawns marsala* 76 Dh, Säfte 23 Dh. Das preisgekrönte Restaurant gehört zu den besten ›Indern‹ der Stadt. Es ist benannt nach seiner Besitzerin, der bekannten indischen Sängerin Asha Bhosle. Hervorragende nordindische Küche mit viel Gemüse und Salaten, Lamm-Kebab und frische Fruchtsäfte.

Der beste Japaner – **Sushi** [3]: im Hotel Grand Hyatt Dubai, Tel. 317 12 34, Mo–Sa 12–15, 19–23.30 Uhr, Sushi zwischen 10 und 25 Dh, Hauptgerichte ab 105 Dh, Tee ab 18 Dh. Das neue japanische Restaurant überzeugt durch eine leichte, frische Küche mit dem Duft von Zitronengras und Limone. Größte Auswahl an Sushi-Variationen und asiatischen grünen Tees. Bereits zweimal wurde das Sushi vom Veranstaltungsmagazin »What's on in Dubai« als bester Japaner Dubais ausgezeichnet.

Schweizer Küche – **The Fountain** [4]: im Mövenpick Hotel Bur Dubai, tgl. 6.30–10.30 Uhr Frühstück, 12–15.30 Uhr Lunch, ab 19 Uhr Dinner à la carte. Schweizer Küche in ihrer ganzen Vielfalt, ergänzt durch kulinarische Spezialitäten des Libanon in einem wohltuenden Ambiente voller Licht und Blumen. Freitags gibt es immer ein großes, internationales Buffet und mehrmals im Jahr ein Switzerland Festival (Termin s. Tageszeitung); dann wird alles noch schweizerischer, insbesondere das Schokoladenbuffet!

Italienisches Flair – **Panini** [5]: im Hotel Grand Hyatt Dubai, Tel. 209 69 93, tgl. 8–23 Uhr, Milchkaffee 15 Dh, Tee 15 Dh, Torte 20 Dh. Ein herrlicher Blick in den Regenwald der Hotellobby aus

Adressen

einem italienischen Café; Riviera Feeling in den Tropen; große Auswahl an hauseigenen Kuchen und schmackhaft belegten Brötchen, guter Espresso – eben ein Italiener in Dubai. Auch Straßenverkauf von italienischen Produkten (z. B. Parmaschinken) und hauseigenem Schwarzbrot.
Bis Sonnenaufgang – **Al Mallah Caféteria** 6 : Beliebtes Straßencafé auf der Dhiyafah Street s. S. 52.
Verlockender Orient – **Awtar** 7 : im Hotel Grand Hyatt Dubai, s. S. 50
Indian Tandoori – **IZ** 8 : im Hotel Grand Hyatt Dubai, s. S. 47

Einkaufen

Elegant und teuer – **Bur Juman Centre** 1 : s. S. 158
Die gläserne Pyramide – **Wafi Mall** 2 : s. S. 159
Für Schnäppchenjäger – **Karama** 3 : s. S. 160
Rosarotes Einkaufszentrum – **Lamcy Plaza** 4 : Al Quta'eyat Rd., gegenüber dem American Hospital, Tel. 335 99 99, www.lamcyplaza.com, Sa–Di 10–22, Mi–Fr 10–22.30 Uhr. Es gehört zu den älteren, aber nach wie vor beliebten Shopping Malls. Der hoch aufragende, rosafarbene Palast beherbergt über 150 Läden, darunter Kosmetik und Mode, Parfum und Juwelen. Zur Mall gehören eine große Lebensmittelabteilung und mehrere Restaurants.

Aktiv

Orientalische Wellness – **Cleopatra's Spa** 1 : in der Wafi Mall (s. S. 159), Frauen tgl. 8.30–20, Männer 9.30–22 Uhr. Zurzeit größtes Tages-Spa der VAE mit vielfältigem Wellnessangebot: Elemis Aromatherapie (30–60 Min., 185–300 Dh), O-Lys-Lichttherapie (30–90 Min., 150–495 Dh), Ayurveda, Massage (30–60 Min., 165–300 Dh), sechs Badeanwendungen, kombinierbar mit Massagen oder acht verschiedenen exotischen ›Körperritualen‹, z. B. mit Frangipani, Jasmin, Kokos, Erdbeere oder Ingwer. Im selben Gebäude befinden sich auch Pharaos' Fitness Club und Hair@Pyramids mit Nagelstudio.
Traumhaft erholen – **Ahasees Spa** 2 : im Hotel Grand Hyatt Dubai, tgl. 6–23 Uhr. Im Spa herrscht eine wohltuende Atmosphäre der Ruhe. Das Wellness-Angebot umfasst Aromatherapie und Massagen aller Art, darunter auch eine *Hotstone*-Massage oder nach dem Sonnenbaden die Anwendung *Aloe Restore* (60 Min. 450 Dh). Zum Spa-Bereich gehören auch Sauna, Dampfbad und Jacuzzi. Für Sportliche bietet eine große Sporthalle über 30 Geräte, Technogym rund um die Uhr (!), Squash- und Tennisplätze. Auch ein schönes Hallenbad mit 20-m-Becken und Unterwassermusik fehlt nicht im Grand Spa. Das Grand Hyatt Dubai verfügt außerdem über drei Pools im Freien und eine 450 m lange Jogging-Strecke.

Abends & Nachts

Für Nachtschwärmer – **Bummeln auf der Diyafah Street** 1 : s. S. 160
Freiluftkino – **Movies under the Stars** 2 : in der Wafi City, s. S. 65
Disco Fever – **Rock Bottom** 3 : s. S. 65
Luxus in himmlischer Höhe – **China Moon Champagne Bar** 4 : im Hotel Raffles in der Wafi City, s. S. 63
Great Britain – **Somerset's** 5 : im Mövenpick Hotel Bur Dubai, tgl. 12–3 Uhr. Ein englisches Pub mit großer Stimmung und netten Gästen; die eine Hälfte des Somersets steht ganz im Zeichen des Sports (Dart-Scheibe sowie vier Großbildschirme zur Übertragung europäischer Sportereignisse).

Das Beste auf einen Blick

Deira

Highlights!

Deira Old Souq: Der größte Basar der Stadt erstreckt sich über ein ganzes Viertel. Darin befinden sich kleinere Bereiche, die auf bestimmte Waren spezialisiert sind. Ein besonderes Erlebnis ist der Goldsouq. »City of Gold« steht über dem Eingang – ein eigener Souq mit mehr als 400 Geschäften, dicht gedrängt nebeneinander – weltweit gibt es keine größere Auswahl an garantiert echtem Goldschmuck. 1 S. 173

Bateaux Dubai: Ein Abendessen auf einem vollklimatisierten, eleganten, gläsernen Boot, das während des dreistündigen Menüs auf dem Creek vor der Skyline Dubais zwischen der Al Maktoum-Brücke und der Creekmündung kreuzt. 11 S. 189

Auf Entdeckungstour

Kardamom und Gold – die Souqs von Deira: Der Gewürz- und der Goldsouq im historischen Deira gehören zu den Hauptattraktionen des Emirats und sind bei Dubai'in genauso beliebt wie bei Besuchern. 1 2 S. 176

Die Dhaus von Dubai: An den Ufern des Creek entlang der Baniyas Road ankern Hunderte von Dhaus in mehreren Reihen hintereinander. Ein Spaziergang entlang der hölzernen Kähne, die noch per Hand be- und entladen werden, erinnert die Besucher an vergangene Zeiten. S. 186

Kultur & Sehenswertes

Dubai Municipality Museum: In diesem Haus erhält man anhand historischer Dokumente Einblick in die Zeit vor dem Erdöl. 3 S. 174

Women's Museum – Beit Al Banat: In Dubai eröffnete 2012 das erste Frauen-Museum am Golf. 4 S. 174.

Heritage House: Das zweistöckige Wohnhaus eines reichen Perlenhändlers ist ein Beispiel städtischer Wohnkultur im historischen Dubai. 6 S. 180

Skyline: Dubais erste Hochhäuser entstanden am Deira-Ufer des Creek. Eindrucksvoll ist diese Skyline, wenn sich die untergehende Sonne in den Glasfassaden spiegelt. S. 183

Aktiv unterwegs

Golfen im Dubai Creek Golf & Yacht Club: *Die* Chance, auf dem Lieblingsplatz von Tiger Woods zu spielen. 18 S. 190

Genießen & Atmosphäre

Fish Market: Der Fischmarkt an der Al Khaleed Road (genannt Deira Corniche) ist ein – im wahren Sinne des Wortes – atemraubendes Erlebnis. 7 S. 182

Al Dawaar: Das Drehrestaurant im Hotel Hyatt Regency hoch über Dubai bietet einen 360°-Panoramablick über den Creek, die Stadt, das Meer und The Palm Deira. 3 S. 196

Abends & Nachts

Dubai Festival City: Ein Bummel durch die neue ›Stadt‹ auf der Deira-Seite am südlichen Ende des Creeks lohnt sich besonders am Abend. 20 S. 192

table 9: Hier zelebrieren die britischen Starköche Nick Alvis und Scott Price *contemporary fine dining*. 10 S. 196

QD's: Das Quarterdeck des Jacht-Club-Hauses ist ein Open-Air-Treff nach Sonnenuntergang. 3 S. 197

Historie trifft Moderne

Das alte Deira

Lange bevor die erste Brücke 1962 Bur Dubai auf der westlichen und Deira auf der östlichen Seite des Creek zu einer Stadt zusammenwachsen ließ, standen in Deira mehr Häuser als im älteren Bur Dubai. Zwar galt Bur Dubai als politisches Zentrum, in Deira aber expandierten Wirtschaft und Handel. Damals überquerten die Dubai'in den Creek auf unterschiedlich großen Ruderbooten, die als Fähren eingesetzt wurden, den *abrat* (Sing. *abra*). Inzwischen wird der Verkehr zwischen den Stadtteilen beiderseits des Creek durch mehrere Brücken und einen Tunnel erleichtert, und die Boote – heute mit Diesel und in naher Zukunft mit Gas betrieben – pendeln zwischen den Anlegestationen am Creek.

Wesentliche Beiträge zur ökonomischen Entwicklung des Stadtteils Deira leisteten zum einen der Souq, der im 19. Jh. an der in den Creek hineinragenden Festlandspitze **Al Ras** (der Kopf) entstand, und zum anderen die Nähe zum Nachbaremirat Sharjah, das damals dank verstärkter britischer Präsenz das Zentrum in diesem Abschnitt der Golfküste war. Um die Wende zum 20. Jh. entwickelte sich Dubai wegen seiner Souqs zu einer bedeutenden Handelsstadt mit ca. 7000 Einwohnern und zog auch Händlerfamilien aus Persien an. Ein Teil der Kaufleute aus der persischen Provinz Bastak zog es vor, nach 1902 auf der Bur-Dubai-Seite zu siedeln, und eine Händlergruppe aus der iranischen Provinz Lar ließ sich gegenüber auf der Deira-Seite in Al Ras nieder. Sie wählten das Viertel Bander Taleb in unmittelba-

Exotische Spezialitäten im Gewürzsouq

rer Nähe des Souq als neue Heimat und erhöhten die Zahl der Läden im Souq schon damals auf ca. 300.

Im Zuge dieser Entwicklung mussten die Bewohner Deiras auch an ihre Sicherheit denken, wie die beiden Befestigungstürme **Burj Naif** und **Burj Nahar** bezeugen. In Al Ras wurde 1912 die erste Schule gegründet, hier bauten reiche Perlenhändler neue Stadthäuser, und ab 1959 residierte auf der Deira-Seite des Creek die Stadtverwaltung von Dubai. Auch das neue Rathaus der Stadt steht in Deira.

Deira Old Souq !

Um 1910 besaß Dubai die größten Souqs an der Golfküste. Und so ist es bis heute geblieben, auch wenn diese Basare jetzt durch viele Shopping Malls ›ergänzt‹ werden. Der Deira-Souq, der größte Basar der Stadt, erstreckt sich über ein ganzes Viertel: Im Osten wird er von der Al Sabkha Road begrenzt, im Norden von der Al Khor Street und im Westen vom Creek. Innerhalb dieses Areals befinden sich kleinere Bereiche, die auf bestimmte Waren spezialisiert sind, wie z. B. der **Goldsouq** 1 oder der **Gewürzsouq** 2 (s. Entdeckungstour S. 176).

Der alte Kern des Deira-Souqs wird in Briefen und Beschreibungen zum ersten Mal 1850 erwähnt. Aus dieser Zeit existieren jedoch keine architektonischen Zeugnisse mehr. Als 125 Jahre später die Entscheidung fiel, den Deira-Souq vollständig zu restaurieren, musste man an neuere geschichtliche Epochen anknüpfen. 1994 wurden zuerst die Autos aus den engen Straßen verbannt, dann die alten Teakholzläden wieder angebracht, im schmalen Ladennischen angebracht und schließlich die schattenspendenden Schilfdächer über den Gassen

Infobox

Reisekarte: ▶ Karte 2, V–X 2–8, Karte 1, V/W 4/5

Touristeninformation
Department of Tourism & Commerce Marketing (DTCM): Adresse s. S. 21. In der zentralen Touristeninformation für das Emirat Dubai in der Airport Road erhält man ausführliche Materialien und Veranstaltungskalender. Das DTCM unterhält in der Stadt und in vier Shopping Malls kleine Informationsstände, die jedoch weit weniger gut ausgestattet sind. Eine dieser Zweigstellen befindet sich auf dem **Baniyas Square**. Sie verfügt über Stadtpläne und verteilt viel Werbematerial. Weitere touristische Informationen s. auch die Veranstaltungsmagazine (s. S. 62).

Internet
Im Deira City Centre (s. S. 190) gibt es im ersten Stock ein Internetcafé.

Verkehrsmittel
Das **historische Deira** sollte man **zu Fuß** erkunden, um die Atmosphäre in den engen Gassen und das Leben im Souq zu erleben; hier ist der Weg ein Teil des Ziels. Für das **neue Deira** empfiehlt sich ein **Taxi**, weil die Entfernungen zwischen den einzelnen Stationen zu groß und die Straßen nicht fußgängergerecht sind. Auch für die Anfahrt zu den alten Befestigungsanlagen Burj Naif und Burj Nahar sollte man aus dem gleichen Grund ein Taxi nehmen.

Deira ist vom gegenüberliegenden Bur Dubai auf dem kürzesten und schnellsten Weg per **Abra** (s. S. 144) zu erreichen; direkt an der Anlegestelle Deira Old Souq Abra Station beginnt der Gewürzsouq.

Deira

Sehenswert
1. Goldsouq
2. Gewürzsouq
3. Dubai Municipality Museum
4. Women's Museum – Bait Al Banat
5. Al Madrasah Al Ahmadiya – Museum of Education
6. Heritage House
7. Fish Market
8. Burj Nahar
9. Burj Naif und Naif Museum
10. Etisalat Tower
11. National Bank of Dubai / DTCM
12. Chamber of Commerce and Industry
13. Municipality Building
14. Hilton Dubai Creek
15. Clock Tower
16. Al Ghurair City
17. Deira City Centre
18. Dubai Creek Golf & Yacht Club
19. Park Hyatt Dubai
20. Dubai Festival City
21. Dubai International Airport

Essen & Trinken
1. Blades
2. Lake View
3. Al Dawaar
4. Shahrzad
5. Waves
6. Fish Market
7. Minato
8. The Boardwalk
9. Aquarium
10. table 9
11. Bateau Dubai

Einkaufen
1. Deira Old Souq
2. Teppichsouq
3. Deira City Centre
4. Ikea Dubai
5. Al Ghurair City

Aktiv
1. Dubai Creek Golf & Yacht Club
2. Schwimmbad im Hotel Hyatt Regency Dubai

Abends & Nachts
1. Galleria Cinema
2. The Bar
3. QD's
4. Ku-Bu
5. Vista Lounge & Bar
6. Hard Rock Café Dubai
7. Eclipse

durch Holzpergolen ersetzt. Ob der Deira-Souq durch die Akkuratesse der neuen Ladennischen interessanter geworden ist, entscheiden die Besucher, aber zumindest übersichtlicher ist er jetzt. Auch im restaurierten Deira-Souq gibt es Gewürz- und Goldabteilungen, für die er schon immer berühmt war. Doch heute sind sie die eigentlichen Besucher-Magnete.

Sehenswertes rund um den Deira-Souq

Dubai Municipality Museum 3
Tgl. 9.30–17 Uhr, Eintritt frei
Das erste Haus am Eingang des Deira-Souq gehörte einer angesehenen Händlerfamilie. Es wurde 2005 vollständig renoviert. Im ersten Stock des zweistöckigen Hauses versammelte sich von 1959 bis 1964 der Rat der Gemeinde Dubai unter dem Vorsitz des damaligen Herrschers Sheikh Rashid. Alte Fotografien dokumentieren die Aufbauarbeiten in den 1960er-Jahren, Protokolle der Ratssitzungen beschreiben detaillierter die Probleme im damaligen Dubai und ein Geschäftsverteilungsplan dokumentiert die Verantwortlichkeiten innerhalb der für die Verwaltung zuständigen Al-Maktoum-Familie. Vorzeigeobjekt: Ein Filmdokument aus dieser Zeit. Vom Balkon des Hauses blickt man auf den Creek und das Treiben am Eingang des Gewürzsouqs.

Women's Museum – Bait Al Banat 4
Im Stadtteil Deira in der Nähe des Goldsouq, Sikka 28, 500 m zur Metrostation Al Ras (Green Line), Tel. 234 23 42, www.womenmuseumuae.com, tgl. 10–19 Uhr, Eintritt 20 Dh
Das um 1950 in engem Straßengewirr erbaute Haus trug damals ▷ S. 179

SHINDAGHA

AL RAS
THE PALM DEIRA
(under construction)

Shindagha Tunnel
Baniyas Road
Deira Bus Station
Al Ras
103 Road
Al Khor Street
Green Line
Palm Deira
Bur Dubai Souq
Al Spot Street
Hyatt Regency Dubai
Galleria Centre
Dr. Mustafa Ayad Clinic
Dubai Grand Mosque
Al Sabkha Road
Al Khaleej Road
Al Fahidi Fort & Dubai Museum
Deira Old Souq Abra Station
Naif Road
Al Khansa Primary School
Majlis Gallery
Musalla Road
BASTAKIYA
Baniyas Square
Baniyas Sq.
Al Baraha Hospital
Kuwait Hospital
Cemetery
Deira Tower
Al-Rigga
Baniyas Road
Al Maktoum Cemetery
Tariq Bin Zyad Intermediate School
Omar Bin Al Khattab Primary School
Dubai Hospital
Al Baraha Road
Twin Towers
Al Maktoum Hosp. Rd.
Al Maktoum Hospital
Ahmad Bin Salim Primary School
Al Khattab Road
Al Rasheed Road
Abu Baker Al Siddique Road
Radisson Blu Hotel
Union Square
Umer Ibn
Salah
Al Mateena Street
Hor Al Anz Street
Seef Road
Union Square
Salah Al Din
Red Line
Etisalat Office
Economic Department
Al Jazeera Street
Al Din Road
Fathi Emara Polyclinic
Al Rasheed Road
Dubai Creek
Chamber of Commerce
Dr. Nazar Azhari Clinic
Al Muraqabat
Ministry of Electricity and Water
Dr. Sathish Chandran Medical Clinic
Hilton Dubai Creek
Al Rigga
Palace
Dhow Wharfage
J.W. Marriott Hotel
Dubai Police Department of Sea & Port
The Polyclinic
Abu Bakr Al Siddique Road
Abu Baker Al Siddique
Deira City Centre
Green Line
Salah Al Din Road
Al Maktoum Bridge
Dubai Courts
Floating Bridge
Baniyas Road
Al Maktoum Road
Al Ittihad Road
Abu Hail
Dubai Flower Centre
Ministry of Education
Cargo Mega Terminal
Cargo Village
Traffic Department
Dubai Creek Marina
Dubai Creek & Yacht Club
GGICO
Welcare Hospital
Dubai Civil Aviation Department
Al Twar Road
Al Garhoud Road
Dubai Aviation College
Terminal 2
Garhoud Bridge
Dubai Aviation Club
Dubai Tennis Stadium
Airport Terminal 1
Terminal 1
Dubai Festival City

0 500 1000 m

Auf Entdeckungstour: Kardamom und Gold – die Souqs von Deira

Gewürze und Gold sind Inbegriffe orientalischer Verheißungen, die man mit einem arabischen Basar verbindet. Im historischen Deira findet man beides nah beieinander. Eine sinnliche Tour für alle, die den Duft von Gewürzen lieben und fasziniert sind vom Glanz des edlen Metalls.

Reisekarte: ▶ Karte 1, V 4
Öffnungszeiten: Sa–Do 10–13, 16–22, Fr 16–22 Uhr.
Planung: Goldsouq und Gewürzsouq sind zwei getrennte Viertel innerhalb des riesigen Deira-Souqs. Man besucht entweder zuerst den Goldsouq im nördlichen Teil (vom Busbahnhof Gold Souq Bus Station oder vom Hotel Hyatt Regency aus) oder beginnt im Westen im Gewürzsouq (von der Old Deira Souq Abra Station aus).

Er ist nicht zu verfehlen, jeder kennt den Ort in Dubai: In den verwinkelten Straßen im nördlichen Teil Deiras, in denen die Schaufenster von mehr als 400 Geschäften das begehrteste Edelmetall der Welt in überwältigender Fülle präsentieren, befindet sich der **Goldsouq** 1 von Dubai, der weltweit größte seiner Art.

»The City of Gold«
So steht es in großer Neonschrift am südlichen Eingang. Die übervollen,

mit unzähligen Armreifen und Halsketten dekorierten Schaufenster lassen keinen Zweifel aufkommen: Hier ist wirklich alles Gold, was glänzt. Allerdings von unterschiedlicher Feinheit, die weltweit in Karat angegeben wird (s. S. 57).

Gold hat seit jeher die Menschen angezogen. Wenn am Abend in den Schaufenstern der edle Goldschmuck im Licht der Halogenstrahler besonders zur Geltung kommt, spürt man etwas von dieser Faszination des Goldes, die im Souq zudem ständig größer wird, weil alle Läden rundherum genauso glänzende Auslagen präsentieren. Man wandelt förmlich durch ein ›Meer‹ aus Gold.

Das edle Metall ist ein knappes Gut, der Preis einer Feinunze Gold großen Schwankungen unterworfen. Neben den Preisen hat sich auch die Goldförderung dramatisch verändert: In den letzten 200 Jahren wurde dreimal soviel Gold gewonnen wie in den 4000 Jahren zuvor, heute in zwei Jahren so viel wie im gesamten Mittelalter. Und trotzdem ist der Goldpreis heute sehr hoch. 1999 importierte Dubai allein 700 t des Edelmetalls, 2003 erreichte der Wert des in Dubai gehandelten Goldes 1,5 Mrd. US$. 2006 hat sich diese Summe verdoppelt. Die Stadt ist seitdem weltweit eines der größten Zentren des Goldhandels, eben eine ›city of gold‹ (zum Vergleich: in den Tresoren der Deutschen Bundesbank lagerten 2007 insgesamt 3400 t Gold – Wert ca. 50 Mrd. € – als Währungsreserve.

Besonders am Abend herrscht Hochbetrieb in den Läden des Goldsouqs. Dann sieht man häufig Szenen wie die folgende: Mehrere in schwarze *abayas* gehüllte Damen und ein Herr in weißer *dishdasha* häufen Ringe, Armbänder und Ketten auf die Waagschale des Goldhändlers. Es folgen Diskussionen über den Preis, eine weitere Kette wird hinzugefügt, zwei Ringe entfernt, jetzt sind es fast 450 g. Ist der Herr Tennisspieler, wandern noch ein Paar Manschettenknöpfe mit einem kleinen Tennisschläger aus Gold auf die Waage und für seinen Schwager, der segelt, ein kleines goldenes Modellschiffchen in massiver Ausführung. Jetzt sind es genau 500 g. Wird man sich handelseinig, wechselt ein dickes Bündel Dirham den Besitzer, und meist wird der Schmuck noch im Laden unter den Damen verteilt.

Aber nicht nur Dubai`in trifft man im Goldsouq, sondern auch einfache *expatriates* aus Indien und Pakistan. Von ihren bescheidenen Ersparnissen kaufen sie das auch in ihren Heimatländern sehr begehrte Gold lieber hier als zu Hause, um dort vor billigen Legierungen sicher zu sein.

Nelken und Zimt

Auch den **Gewürzsouq** 2 *(spice souq)* am Eingang des Deira-Souqs kann man nicht verfehlen. Er beginnt an der Baniyas Road gegenüber der Abra-Anlegestelle (Deira Old Souq Abra Sta-

Im Goldsouq haben Kunden die Qual der Wahl

tion) und dehnt sich über mehrere Gassen aus. Vor den Läden stehen offene Säcke mit allen nur erdenklichen Gewürzen. Sind es im benachbarten Goldsouq die ungeheuren materiellen Werte, die die Besucher in ihren Bann ziehen, so betören im Gewürzsouq die vielen exotischen Gerüche.

Es duftet nach Kardamom und Zimt, Nelken und Pfeffer. Die prall gefüllten, offenen Jutesäcke stehen in den engen Gassen vor den noch engeren Verkaufsnischen, in deren hinterster Ecke der Händler Tee trinkend auf Kundschaft wartet. Fein sortiert reihen sich in den Regalen abgepackte Safransorten neben Säckchen mit gemahlenem und ungemahlenem Pfeffer. Auf dem Boden stehen Körbe voller Nüsse, Pistazien oder Mandeln, Kisten mit getrockneten Zitronen und orientalischen Blüten. Aber auch Trockenmilchpulver, Kaffeebohnen und Teesorten gehören zum Sortiment. Hindi, Farsi oder Urdu sind die Sprachen der (vereinzelt auch aufdringlichen) Händler, die jedoch auf Englisch die Namen ihrer Gewürze und die Zahlen kennen, um den Preis auszuhandeln.

Am Eingang des Gewürzsouqs an der Baniyas Road befindet sich ein Stand, an dem man nach dem Rundgang durch die Souqs köstlich frisch gepressten Orangensaft zu sich nehmen kann.

Sehenswertes rund um den Deira-Souq

im Viertel den Namen *bait al banat* (Haus der Mädchen), weil hier drei ältere unverheiratete Frauen wohnten (alle unverheirateten Frauen werden bis heute im Arabischen ›Mädchen‹ genannt). Dieses dreistöckige Haus erwarb die Emirati Rafia Ghubash, eine renommierte Psychologieprofessorin. Sie ließ es von Grund auf renovieren und machte es mit hohem museumspädagogischem Engagement zu einer Begegnungsstätte, die den historischen Beitrag der Frauen für die Kultur und die gesellschafspolitische Entwicklung der VAE dokumentiert. Das in der Golfregion einmalige Museum präsentiert viele historische Fotos von Frauen, veranschaulicht ihren Arbeitsalltag, zeigt schönen alten Schmuck und erhaltene Pässe. Einen separaten Teil widmet Rafia Ghubash älteren, herausragenden Lehrerinnen des Emirats und stellt angesehene *sheikhas* vor, die als stille ›Ratgeberinnen‹ ihrer bedeutenden Ehemänner im 20. Jh. großen Einfluss auf die Politik am Golf hatten.

Al Madrasah Al Ahmadiya – Museum of Education 5
Tel. 226 02 86, Sa–Do 8–19.30, Fr 14.30–19.30 Uhr, Eintritt frei
Zwischen dem Deira Old Souq und dem Norduferr der Halbinsel liegt die älteste Schule der Stadt, die Madrasah Al Ahmadiya, die nun als Museum of Education für Besucher zugänglich ist. Diese Schule war die bedeutendste Institution in der Geschichte der Bildung und Erziehung in den *Trucial Emirates,* zu denen Dubai damals gehörte. Sie wurde 1912, im Jahr des Regierungsantritts von Sheikh Buti Bin Suhail Al Maktoum, eröffnet.

Als Standort für die Madrasah Al Ahmadiya hatte der Herrscher einen Platz gewählt, den er von seinem Haus auf der Bur-Dubai-Seite überschauen konnte. Sheikh Buti benannte die Schule nach einem der reichsten und angesehensten Handelsherren im damaligen Dubai, Sheikh Ahmad Bin Dalmouk, auf den die Idee zu einer Schule im Emirat Dubai zurückgeht, der aber vor ihrer Eröffnung starb. Sein Sohn Mohammed Bin Ahmad Bin Dalmouk führte die Sache fort und warb für die neue Schule Abdul Rahman Bin Hafidth aus Saudi-Arabien für den Unterricht in Religion und arabische Sprachen an.

Zunächst besuchten nur erwachsene Männer, u. a. die Oberhäupter der angesehensten Familien, die acht Klassen, später auch die Söhne der reichen Kaufleute und der Sheikh-Familie; Mädchen waren von der Schule ausgeschlossen. Bis 1920 stieg die Zahl der Schüler auf 300. In diesem Jahr wurden die drei saudischen Lehrer durch vier Lehrer aus Al Zubeir im Irak ersetzt. Diese irakischen Lehrer, die im Windturm der Schule wohnten, erweiterten das Curriculum um die Fächer Islamisches Recht, Haadith und die Biografie des Propheten. Anfangs saßen Lehrer und Schüler auf Matten aus Palmblättern, die Schüler im Kreis um ihren Tutor, später in Dreiergruppen an Pulten.

Der Unterricht war zunächst kostenlos, später wurden Gebühren von 3–5 indischen Rupien erhoben. Das Schulgeld der weniger begüterten Schüler wurde jedoch von Sheikh Mohammed Bin Ahmad Bin Dalmouk übernommen. Die Zusammensetzung der Klassen erfolgte nach Alter und der Fähigkeit, den Koran und die übrigen Fächer zu verstehen. Es gab eine Primarstufe und eine Stufe für Fortgeschrittene; die älteren Schüler unterrichteten auch in der Primarstufe. 1932 wurde der Schulbetrieb wegen der schwierigen Wirtschaftslage in den Emiraten nach dem Zusammenbruch des Naturperlenmarktes eingestellt.

Deira

1937 konnte die Al Ahmadiya wieder eröffnen, weil die regierende Familie Al Maktoum die Finanzierung der Schule übernahm. Sheikh Mana Bin Rashid Al Maktoum wurde zum Supervisor für Bildung und Erziehung im Emirat ernannt, Sheikh Mohammed Noor Bin Saif zum neuen Rektor der Schule. In den 1950er-Jahren wurden u. a. die Fächer Englisch, Soziologie und Naturwissenschaften eingeführt.

Die Schülerzahl betrug 1962 bereits 823, die in 21 Klassen unterrichtet wurden. Damit war die Al Ahmadiya völlig überfüllt und ein zweites Haus musste angemietet werden. Nach nur einem Jahr schien die Schule trotz des zweiten Gebäudes erneut aus allen Nähten zu platzen. Noch im selben Jahr wurden neue Schulgebäude in den neuen Wohnbezirken gebaut und die Madrasah Al Ahmadiya stand seitdem leer. Für kurze Zeit nutzte die Awqaf, die Verwaltung für religiöse Angelegenheiten in der Stadt, den ersten Stock des Gebäudes, im Grunde aber war es dem Verfall preisgegeben.

Doch wegen ihrer Bedeutung begannen 1995 unter Sheikh Rashid die Restaurierungsarbeiten, sodass sein Sohn Maktoum Bin Rashid 1997 die Tore der Al Ahmadiya wieder öffnen konnte, jedoch nicht mehr als Schule, sondern als Museum. Das Gebäude wurde mit originalgetreuen Materialien restauriert, einschließlich der Koranverse, die die Wände der ehemaligen Klassenräume schmücken. Wer durch die kühlen Räume streift, kann sich vorstellen, dass zumindest der Aufenthalt hier sehr angenehm war.

Heritage House 6
Tel. 226 02 86, Sa–Do 8–19.30,
Fr 14.30–19.30 Uhr, Eintritt frei
Direkt neben der Al Ahmadiya-Schule steht ein restauriertes zweistöckiges Lehmhaus von 1890, das Heritage House. Die Geschichte dieses Hauses ist beispielhaft für die Geschichte Dubais. Als es gegen Ende des 19. Jh. von dem Geschäftsmann Mattar Bin Saeed Bin Muzaaina erbaut wurde, hatte es zwei Zimmer und mehrere kleine Nebenräume aus Palmwedeln *(barasti)*, die den rechteckigen Innenhof eingrenzten.

Dieses bescheidene Haus erwarb 1910 der reiche Perlenhändler Sheikh Ahmad Bin Dalmouk, nach dem die benachbarte Al Ahmadiya-Schule später benannt wurde. Er ließ das Haus vollständig umbauen und an der Nord- und Westseite erweitern. 1920 schenkte sein Sohn Mohammed es seinem Freund Saeed Bin Hamdan, der 15 Jahre darin wohnte, das Haus aber unverändert ließ. 1935 kaufte es Ibrahim Al Said Abdullah, der es auf insgesamt 935 m^2 erweiterte und ihm seine heutige Form gab. Er ließ bei dem Umbau auch die Innenräume und Decke künstlerisch gestalten. Danach gehörte das Haus zu den schönsten Dubais. Ende der 1960er-, Anfang der 70er-Jahre stand es leer, nachdem die Familie Abdullah nach Jumeirah umgezogen war. 1994 erwarb die Stadtverwaltung das nunmehr verfallene Haus und ließ es restaurieren.

In diesem Wohnbau soll das familiäre Leben im frühen Dubai als historisches ›Erbe‹ dokumentiert werden. Liebevoll sind die Räume wieder mit jenen ›Möbeln‹ eingerichtet, die man damals selbst anfertigte. Lebensgroße Puppen in traditioneller Kleidung lassen die alte Zeit lebensnah wieder aufleben. So wird im *majlis*-Zimmer für Männer Wasserpfeife geraucht oder im *majlis*-Zimmer für Frauen gestickt und genäht. Im Familienzimmer *(al makhzan)* mit einem großen Bett kümmert sich die kleine Schwester um ihren noch kleineren Bruder. Aufwen-

Auf dem Fischmarkt

Deira

dig dekoriert ist das Hochzeitszimmer *(al hijla)* mit dem festlich gekleideten Brautpaar. Im Vorratsraum *(al bakhar)* und in der Küche kann man an der bescheidenen Ausstattung nachvollziehen, wie schwer damals das alltägliche Leben war, obwohl das Haus eine eigene Wasserstelle *(al khareejah)* besaß. Vom Dach des Hauses, wo man im Sommer schlief, hatte man einen herrlichen Blick aufs Meer.

Fish Market 7

Der Fischmarkt liegt am nordöstlichen Ende des Creek. Hier trifft man die Einheimischen, die *locals*. Täglich – außer Freitag – werden hier von Sonnenaufgang bis zum Mittagsgebet und von abends bis in die Nacht Fische verkauft. Angeboten werden nur ganze, fangfrische Fische aus dem Meer, die auf Wunsch entschuppt, ausgenommen und filetiert werden. Dazu geht man mit dem gerade erworbenen Fisch in eine andere Ecke des Fischmarkts, wo etwa zehn *expatriates* aus Sri Lanka und Indien sitzen und diese Arbeit mit großem Geschick und faszinierender Schnelligkeit erledigen.

Die alten Befestigungsanlagen

Burj Nahar 8

Zwar liegen die großen alten Befestigungsanlagen der Stadt auf der Bur-Dubai-Seite des Creek, aber auch im Zentrum von Deira befinden sich zwei Bollwerke aus dem 19. Jh., die genauso sorgfältig restauriert wurden wie das Al Fahidi Fort in Bur Dubai – auch wenn sie nicht dessen Bedeutung und Ausmaße erreichen.

Um Dubai von Norden und Osten vor Überfällen von der Landseite her zu schützen, ließ Sheikh Hashar Bin Maktoum, der 1859–86 das Emirat regierte, mehrere Befestigungstürme errichten, von denen heute nur noch der **Burj Nahar** in der Nähe des gleichnamigen Verkehrskreisels an der Umer Ibn Al Khattab Road steht. Der um 1870 erbaute, schmucklose, massive Rundturm wirkt heute mit seinen 8 m Höhe gemessen an den Hochbauten auf der anderen Seite der Straße schmächtig. Aber im 19. Jh. muss er ein mächtiges Verteidigungswerk gewesen sein, glaubt man den Überlieferungen. Das bestätigen auch die Schießscharten und die Brüstung entlang des Flachdaches. Heute steht der Burj Nahar inmitten einer Grünanlage, umgeben von Palmen, die ihn fast überragen, und großen Rasenflächen, die von den Angestellten des nahen Geschäftsviertels gerne in den Pausen als Liegewiese genutzt werden.

Burj Naif und Naif Museum 9

Naif Rd., Naif Museum So–Do 8–19.30, Fr 14.30–19.30 Uhr, Eintritt frei

Das zweite Bauwerk zum Schutz von Deira war der **Burj Naif,** zu dem ebenfalls ein mächtiger Turm gehört. 1939 veranlasste Sheikh Rashid den Bau der Naif-Festung und ihres mächtigen Turms *(Al Makbad)*. Im Innenhof dieses Lehmforts wurden ab 1959 mit britischer Unterstützung die ersten Polizisten des Emirats ausgebildet. Bis 1973 befand sich im Fort Naif das Polizeihauptquartier, das inzwischen mit seinen mehr als 1000 Polizisten in ein neues, großes Gebäude umgezogen ist.

Am alten Standort existiert jedoch noch immer eine kleine Naif Police Station und seit 2001 gibt es im renovierten Festungsturm ein beeindruckendes Polizeimuseum: das **Naif Museum**. Der Besuch hat einen besonderen Unterhaltungswert, weil man auf dem Weg in die Museumsräume auch Zeuge aktueller Polizeiarbeit (An- und Abtransport von Verhafteten) wird. Vor diesem

Hintergrund entwickeln die Exponate des Museums neue Dimensionen.

Die Ausstellungsstücke, museumsdidaktisch hervorragend aufbereitet, dokumentieren die Geschichte des Emirats aus dem Blickwinkel seiner Ordnungshüter. Diese waren immer aufs Engste mit der Herrscherfamilie Al Maktoum verbunden. Das galt auch für die vier britischen Polizeichefs, die die Polizei in Dubai von 1956 bis 1975 leiteten. Sheikh Mohammed, der heutige Herrscher, war von 1968 bis 1971 ranghöchster Polizeioffizier.

Das neue Deira

Entlang der Deira-Seite des Creek erlebt man die gegensätzlichen Welten der Stadt besonders intensiv: Alte, hölzerne Dhaus ankern in mehreren Reihen hintereinander dicht gedrängt vor futuristischen Hochhäusern aus Chrom und Glas und, wo sich einst nur sandige Wüste ausdehnte, erstrecken sich heute die Fairways und Greens des schönsten Golfclubs am Golf. Im neuen Deira findet man Banken und Shopping Malls, mitten in der Stadt liegt der Flughafen, und eine ›neue Stadt‹, The Festival City, mit einem InterContinental Hotel und einer Shopping Mall hat 2007 ihre Tore geöffnet. Und gleich dahinter eine alte Dhau-Werft, in der die hölzernen Boote nach jahrhundertealten Überlieferungen in Handarbeit unter freiem Himmel gezimmert werden.

Hochhäuser am Creek

Während die Bur-Dubai-Seite des Creek sich eher durch flache unauffällige Bauten und zusammenhängende Grünflächen auszeichnet, ▷ S. 189

Nicht versäumen: eine Dinnerfahrt mit dem Bateaux Dubai entlang Dubais Skyline

Lieblingsort

**Oase am Creek –
Park Hyatt Dubai** 19

Wenn sich ein Reisejournalist nach vielen Besuchen in Dubai nach wie vor auf ein Hotel freut und es in der Stadt noch 60 andere dieses Preissegments gibt, dann muss es ein außergewöhnliches sein. Beim Park Hyatt Dubai stimmt einfach alles: Mitten in der Stadt und dennoch im Grünen gelegen, direkt am Creek im schönsten Golfclub des Emirats. In den weiträumigen Zimmern mit Balkon hält man sich gerne auf, die freistehende Badewanne im großzügigen Designerbad will man nur ungern verlassen. Der Service ist perfekt, immer stehen frisches Obst oder Blumen auf dem Tisch. Nach getaner Arbeit erholt man sich an der gepflegten Pool-Landschaft in einer wunderschönen Gartenoase (auf dem Gelände des **Dubai Creek Yacht & Golf Club** 18, www.dubai.park.hyatt.com, s. S. 35 und S. 190).

Auf Entdeckungstour:
Die Dhaus von Dubai

Sindbad, der legendäre Held aus »1001 Nacht« ist wohl der bekannteste arabische Seefahrer. Er bereiste die Welt mit einer Dhau, einem hölzernen Dreieckssegler, der bis heute nahezu unverände2t wird, um von Dubai aus Iran, Pakistan und die afrikanische Ostküste mit Waren zu beliefern; heute ersetzen allerdings Motoren die Segel. Bei einem Spaziergang entlang des Creek kann man den Nachfolgern Sindbads beim Beladen ihrer Dhaus zusehen.

Reisekarte: ▶ Karte 1, V 4
Dauer: ca. 2 Std.
Planung: Am besten 9–12 oder 16–19 Uhr; freitags ruht die Arbeit.
Start: Deira Old Souq Abra Station
Dhau-Ankerplätze: Direkt am Creek entlang der Baniyas Road zwischen Deira-Souq und Radisson Blu Hotel bzw. wieder weiter südlich in Höhe des Hilton Hotels entlang der Quais des Hafens.

Es ist eine dieser faszinierenden Gegensätze Dubais: die Existenz alter, nahezu anachronistischer Lebens- und Arbeitsweisen im unmittelbaren Nebeneinander mit modernster Technologie. Das ist spannend und beeindruckend zugleich. Um das zu erleben, sollte man sich die Zeit nehmen, einmal dem Be- und Entladen der alten hölzernen Dhaus an der **Baniyas Road** auf einem Spaziergang zuzuschauen.

Die Dhaus von Dubai

Schiffe und Schifffahrt bestimmen seit Menschengedenken die Beziehungen an der Küste des Arabischen Golfs. Arabische Händler segelten mit ihren Schiffen nach Persien und Pakistan, gründeten Niederlassungen und Königreiche an den Küsten Ostafrikas und waren mit ihren orientalischen Spezereien gern gesehene Gäste der indischen Maharadschas. Ihre Schiffe mit den an einer schräg laufenden Rah befestigten Dreiecksegel heißen Dhaus, ihre Konstruktion hat sich über Jahrtausende nicht verändert. Zeichnungen aus vorchristlichen Jahrhunderten belegen, dass bereits damals Schiffe dieser Bauweise den Golf befuhren. Auch die arabischen Seefahrer der gefürchteten Piratenküste, die zuerst den Portugiesen und später, im 18. und 19. Jh., den Briten das Leben schwer machten, segelten wie die Perlentaucher auf hölzernen Dhaus.

Traditionen bestimmen die Bauweise

Generationen von Schiffsbauern haben im Laufe von Jahrhunderten eine geradezu ideale Schiffsform entwickelt, und das Erstaunliche daran ist: Bis heute werden Dhaus ohne Baupläne oder Reißbrettzeichnungen gebaut, Längen oder Krümmungen mit bloßem Auge eingemessen. Auf einem ›Dhau-Hof‹ – Schiffswerft wäre kein passender Name für die kleinen Bauplätze – wird mit einfachstem Handwerkszeug gearbeitet: Säge, Hammer, Stechbeitel; zum Bohren von Löchern dienen Handbohrer, deren Umdrehungsgeschwindigkeit durch seilgeführte Bogen erhöht wird. Gearbeitet wird unter freiem Himmel nach mündlicher Überlieferung, mit Intuition und großer Erfahrung. Heute sind es auch Arbeitskräfte aus Pakistan und Bangladesh, die diese Handwerkskunst von den arabischen Bootsbauern übernommen haben.

Eine Dhau wird immer vom Kielbalken aus hochgebaut. Länge und Stärke des Kielbalkens bestimmen ihre Ausmaße. Er wird mit Pflöcken auf dem Boden stabilisiert, dann werden die Balken des Vorder- und Achterstevens in den Kielbalken eingesetzt. Ihr Gleichgewicht ist ausschlaggebend für die spätere Stabilität des Mittelschiffs. Jetzt werden gebogene Planken als spätere Außenwand des Bootes an Vorder- und Achtersteven befestigt. Um die Stabilität des Außenrumpfs zu gewährleisten, sind diese Bretter ca. 5 cm dick. Jede Planke muss deshalb an all jenen Stellen angebohrt werden, durch die dann die langen Nägel getrieben werden. Wenn alle Außenplanken gesetzt sind, beginnt der Ausbau des inneren Rahmens.

Diese Konstruktions- und Arbeitsweise ist das genaue Gegenteil des westlichen Bootsbaus. Europäische Bootsbauer entwerfen und bauen zuerst den Rahmen und nageln daran die Planken. In Dubai wird auf den fertigen Rumpf dann das Deck gelegt und gegebenenfalls noch eine Kabine aufgesetzt, die geschnitzten Dekorationen liebevoll eingelassen, der japanische Bootsmotor für Hafenmanöver oder Windstille im Schiffsraum befestigt. Abschließend erfolgt das Kalfatern.

Die verschiedenen Dhaus

Der Name ›Dhau‹ ist die Transkription des englischen *dhow* und nicht arabischen Ursprungs. Die Araber haben diese Sammelbezeichnung übernommen, aber bei ihnen tragen die Schiffe entsprechend ihrer Form und ihrer Ausmaße unterschiedliche Namen wie *sambouk*, *jalibout* oder *boom*.

Boom sind mit einer Länge bis zu 65 m die größten Dhaus. Sie wirken breit und plump, sind schwer zu manövrieren und haben meist einen zweistöckigen Aufbau. In Dubai werden ältere Boom oft als schwimmende Restaurants genutzt. Am weitesten verbreitet ist die mittelgroße **Sambouk**, ein bis zu 30 m langes, flaches Schiff mit einem mächtigen Segelmast und einem quadratischen Heckaufbau. Die Sambouk besitzt einen markanten Schiffsschnabel. Sie wurde jahrhundertelang von den Perlenfischern eingesetzt und fährt heute noch als Handelsschiff die Küste entlang bis nach Sansibar. Die kleinste Dhau ist das **Jalibout.** Das bis zu 20 m lange Schiff hat eine offene Ladefläche und eine einfache auslaufende Heckform.

Bei ihren Fahrten orientierten sich die Kapitäne früher ausschließlich an den Gestirnen, und die Schiffe wurden nur durch die Erfahrung der Seeleute sicher in den Hafen manövriert. Letzteres hat sich inzwischen geändert: Funkgeräte und Peilsender müssen an Bord sein – und der Kapitän besitzt für den Notfall ein Satellitentelefon.

Die traditionellen hölzernen Frachtschiffe werden auch heute noch gebaut

Hochhäuser am Creek

beeindruckt die Deira-Seite entlang der Baniyas Road nördlich der Al Maktoum Bridge durch imposante Hochbauten. Einst sorgten nur das direkt am Creek gelegene Sheraton-Hotel mit einer ausgefallenen Dreiecksarchitektur und der rechteckige Betonbau des alten InterContinental Hotel (heute Radisson Blu Hotel) mit seinen 20 Stockwerken für Furore, aber inzwischen bestimmen neue Architekturfaszinationen die Skyline.

Bateaux Dubai ! 11
Anlegestelle Bur Dubai am Creek, Al Seef Rd., vis-à-vis Twin Towers, Tel. 337 19 19, www.bateauxdubai.com, s. auch S. 48
Dinner Cruises stehen bei den meisten ausländischen Dubai-Besuchern hoch im Kurs. Und das zu Recht. Denn während man auf einer mit Lichterketten hell erleuchteten Dhau ein Buffet oder auf einem gläsernen Restaurantschiff ein 4-Gänge-Menü einnimmt, fährt man den Creek hinauf und hinunter und genießt den unvergesslichen Blick auf die eindrucksvoll angestrahlte Skyline.

Etisalat Tower 10
Auf der östlichen Seite der Baniyas Road ragt das Hochhaus der Telefongesellschaft in den Himmel, auf dessen Dach die kugelförmige Telekommunikationsantenne einem großen Golfball gleicht. Man kann den Turm mit Antennenkugel im Profil auch als überdimensionales und futuristisches Handy interpretieren. Abends werden die Fassetten der Kugel von kleinen Lämpchen beleuchtet, sodass der Eindruck eines Sternenhimmels entsteht. Ein Besuch in den Hallen im Parterre lohnt sich, wenn man Verwaltungsabläufe in Dubai beobachten oder doch noch das ›Wasel‹-Angebot von Etisalat annehmen möchte.

National Bank of Dubai 11 und Chamber of Commerce and Industry 12
Nicht minder eindrucksvoll ist neben dem Sheraton Hotel das Hochhaus der **National Bank of Dubai**. Wegen seiner konkaven Glasfront zur Creekseite hin zählt das von dem brasilianischen Stararchitekten Carlos Ott entworfene Gebäude seit 1997 zu den Architekturjuwelen von Dubai.

Zwei Jahre zuvor hatte die Dubai **Chamber of Commerce and Industry** ihren ebenso eindrucksvollen Hochhausturm am Creekufer eröffnet. Das ganze Gebäude ist in dunkelblau getönte Glasfassaden gehüllt, die zusammen mit dem Goldbraun des benachbarten Wirtschaftsministeriums in der Abendsonne eindrucksvolle Reflektionen bieten.

Vor dieser Kulisse ankern die alten hölzernen **Dhaus,** oft in Fünferreihen hintereinander. Bestimmen in den Handelshochhäusern am Creek Computer und Telekommunikation das Wirtschaftsleben, so werden Fracht und Handel auf den Dhaus wie seit Jahrhunderten durch menschliche Arbeitskraft abgewickelt, wobei auch der am Kai stehende Händler über Taschenrechner und Handy verfügt (s. Entdeckungstour S. 186).

Municipality Building 13 und Hilton Dubai Creek 14
Mit freiem Blick auf den Creek, in unmittelbarer Nähe des eindrucksvollen Etisalat Tower, hat die Stadtverwaltung ihr neues Rathaus, das **Municipality Building** errichtet, das nicht durch seine Höhe – die beiden Nachbargebäude überragen es bei Weitem –, sondern durch seine postmoderne Architektur ins Auge springt: Ein heller achtstöckiger quadratischer Marmorbau ummantelt ein rundes Hallengebäude aus dun-

Deira

kelrotem Granit mit einer überdimensionalen Weltkugel.

Auf der Rasenfläche zwischen Rathaus und Creek steht ein nicht zu übersehendes Denkmal: Ein **Dromedar** auf einem Sockel mit Schachbrettmuster und Turm. Nur wenige Eingeweihte wissen, dass dieses Denkmal an die 1986 in Dubai ausgetragene Schach-Weltmeisterschaft erinnert.

Die Silhouette des neuen Deira hinter dem Creek wurde mit dem einsetzenden Bauboom Anfang der 1990er-Jahre unübersichtlich. Hochhaus neben Hochhaus entstand, Gebäude aus den 1970er-Jahren wurden abgerissen, um neuen, höheren Platz zu machen. Der ehemalige Nasser Square wurde umgestaltet und als Baniyas Square mit neuen Hochhäusern wie dem **Deira Tower** oder den **Twin Towers** umrahmt.

Insbesondere im südlichen Teil ist Deira heute ›autogerecht‹: Unweit des gläsernen Hochhauses, des Hotels **Hilton Dubai Creek** (s. S. 37), das 2003 ebenfalls von Carlos Ott entworfen wurde, umkurven sechsspurige Autostraßen den alten **Clock Tower** 15, der 1971 noch ein Wahrzeichen der Stadt war, aber heute trotz schöner Blumenanlagen seine Funktionslosigkeit nicht verbergen kann. Weil aber jeder Dubai und jede Dubaiin den Clock Tower kennt, ist er ein immer wieder genannter Orientierungspunkt.

Deiras Shopping Malls

In den 1990er-Jahren öffneten auch auf der Deira-Seite des Creek mehr als ein halbes Dutzend Großkaufhäuser ihre Pforten. Zu den älteren, aber immer noch attraktiven Shopping Malls in Deira zählen u. a. das **Al Ghurair City** 16 an der Al Riqqa Road, das älteste Warenhaus der Stadt, das vor seiner Totalrenovierung im Jahr 2006 noch Al Ghurair Centre hieß und noch immer eine der herausragenden Einkaufsadressen ist. Doch seine Attraktivität wurde abgelöst durch das neue, modernere und größere **Deira City Centre** und vor allem durch die Einkaufsmöglichkeiten in der neuen **Festival City**.

Deira City Centre 17
An der Baniyas Road, gegenüber vom Dubai Creek Golf & Yacht Club, Tel. 295 10 10, www.deiracitycentre.com, Sa–Do 10–22, Fr 14–22 Uhr, mehr als 6000 Parkplätze

»Spaß für jedes Alter« verheißt dieses stadtnahe und überaus beliebte Einkaufszentrum. Hier sind Burberry's, Gerry Weber, Laura Ashley, Woolworth's und natürlich viele andere große Designer vertreten. Gourmetköche finden hier französische Delikatessen und Lebensmittel. Für die Unterhaltung sorgt Magic Planet mit neuesten Simulatoren und Videospielen. Eine große Zahl an Cafés und Restaurants, u. a. ein nettes Café in Magrudy's Bookshop. Direkt gegenüber liegt ein Novotel, das den Namen der Mall trägt.

Vom Deira City Centre ist es nur ein Katzensprung zu einem der neuesten stadtnahen Entwicklungsprojekte: zur 2008 eröffneten Festival City.

Am Creek entlang nach Süden

Dubai Creek Golf & Yacht Club 18
www.dubai.park.hyatt.com, s. S. 35
Das Symbol für die Tradition der Dubai'in als seefahrende Nation sind die Dhaus, jene historischen hölzernen Segelkähne, die heute noch entlang der Ostseite des Creek ankern. Das gewaltige, weiß leuchtende, 45 m hohe Dach des Clubhauses ist deshalb

Am Creek entlang nach Süden

Mein Tipp

Shisha-Spot
Gemeinsam mit anderen eine Wasserpfeife (arab. *shisha;* englische Verballhornung *hubble bubble*) zu rauchen, ist eines der typischen Geselligkeitsrituale am Golf. Aber eine *shisha* schmeckt auch alleine. Da die Tabaksorten immer aus Früchtevariationen bestehen, dürften sich auch Anti-Nikotiner dem Genuss hingeben. Es gibt viele Shisha-Cafés in Dubai. Aber eines der besten ist das **QD's** 3 (Tel. 295 60 00, Shisha ab 50 Dh, Bier 36 Dh) neben dem Clubhaus des Dubai Creek Golf & Yacht Club. Zu seinen Qualitäten gehört der aufmerksame Service. Mehrmals kommt die Bedienung vorbei und ersetzt den glühenden Holzkohlebecher. Man genießt den Rauch, lässt den Blick entspannt über den Creek hinüber zur erleuchteten Skyline der Sheikh Zayed Road gleiten und lauscht dabei den Gluckergeräuschen der *hubble bubble*s der anderen Gäste.

Shishas, die traditionellen Wasserpfeifen, gibt es in allen Farben

Deira

den Segeln einer Dhau nachempfunden und ein weithin sichtbares Wahrzeichen des schönsten Golfclubs am Golf. Deshalb wird es auf der 20-Dirham-Note abgebildet. Auch wer nicht Golf spielt, sollte dem zwischen Al-Maktoum- und Al-Garhoud-Brücke gelegenen Club unbedingt einen Besuch abstatten. Der preisgekrönte, 2004 teilweise neu angelegte Rasengolfplatz ist Austragungsort großer internationaler Meisterschaftsturniere, an denen regelmäßig die besten Golfspieler der Welt teilnehmen.

Zurückhaltung ist keineswegs angebracht. Man passiert die palmengesäumte Zufahrt entlang der neuen Villen, lässt das **Hotel Park Hyatt Dubai** [19] rechts liegen und erreicht das **Clubhaus** mit dem prächtigen Segeldach. Im Haus befindet sich das **Restaurant Lake View** [2], zu dem selbstverständlich auch Nichtgolfer Zutritt haben. Durch die großen abgedunkelten Glasscheiben kann der Blick bei Tee und Gebäck über die gepflegte Rasenfläche gleiten oder voller Bewunderung den Golfspielern folgen.

Auch Nichtgolfern bietet der Club Möglichkeiten zum Erholen. Neben dem Clubhaus speist ein künstlicher Wasserfall einen großen Swimmingpool, an dem sich gerne die Partnerinnen der Golfspieler während des Spiels sonnen. Auf Anfrage kann man sich dazugesellen.

Nur 200 m vom Golfclubhaus entfernt liegt das nicht minder schöne **Clubhaus des Jachthafens**, dessen Architektur dem Oberdeck eines Luxusliners gleicht: Chrom und Glas bestimmen die Fassade. Auch hier können Nichtsegler mittags und abends im **Restaurant Legends** oder auf der Terrasse des **Boardwalk** [8] speisen. Asketisch luxuriös die Einrichtung, elegant, lässig und international das Publikum! Durch die Glasscheiben fällt der Blick direkt auf die über 100 Privatboote, die im Jachthafen vor Anker liegen.

Dubai Festival City [20]
www.dubaifestivalcity.com
Eine Stadt in der Stadt, am südöstlichen Ufer auf der Deira-Seite des Creek, verbunden durch die neue achtspurige Business-Bay-Brücke, um auch von den neuen Entwicklungsprojekten im Westen Dubais direkt erreichbar zu sein.

Festival City ist ein *waterfront development*, weil der Creek und neu angelegte, von ihm abzweigende künstliche Kanäle ein architektonischer Bestandteil dieses Viertels sind. Die City bietet sowohl seinen Apartmentbewohnern in den mehr als 100 Wohneinheiten als auch touristischen Besuchern eine komplette Infrastruktur: Über 400 kleine und große Geschäfte, eine riesige **Festival City Shopping Mall,** 70 Restaurants und Cafés, das neue **Hard Rock Café** [6], zwei große Hotels, darunter das eindrucksvolle, weithin sichtbare **InterContinental** (s. S. 36), eine Marina mit Luxus-Jachten und einer langen, einladenden Promenade, genannt **Canal Walk.**

Zur Festival City gehört auch eine Niederlassung des schwedischen Möbelhauses **Ikea** [4], die größer ist als dessen Niederlassungen in Europa, und der schöne Golfplatz **Al Badia Golf Club** (s. S. 69). Statt entlang der Promenade auf dem Canal Walk das Viertel zu erkunden, kann man auch in einer Abra die Kanäle entlangfahren. Festival City liegt nur zehn Minuten vom Flughafen entfernt.

Der Name Festival City besagt, dass infrastrukturelle Voraussetzungen für kulturelle Veranstaltungen einen wesentlichen Teil des Konzepts ›Festivalstadt‹ ausmachen. Dabei haben die Architekten vor allem an Familien gedacht. Mehrere Kinos, Säle für wechselnde kulturelle Veranstaltungen und ein Amphitheater mit 8000 Sitzplätzen bieten Platz für Aufführungen. Regelmäßig erscheint das Programm der vielfältigen Darbietungen im Internet und in der Presse.

Auf dem Gelände gegenüber der Festival City hat die alte Dhau-Werft überlebt. Nach wie vor werden hier die hölzernen Frachtkähne per Hand auf Kiel gelegt. Aus den Fenstern des Hotels InterContinental kann man die Arbeiten der Schiffsbauer gut verfolgen.

In der Festival City verschmelzen traditionelle und moderne Lebensformen in einer stadtnahen Symbiose. »*A Waterfront Urban Community*« nennt der Bauträger, die Al-Futaim-Familie, sein Projekt.

Dubai International Airport

Die meisten Besucher Dubais betreten den Boden des Emirats am **Dubai International Airport** 21, dem größten Flughafen des Mittleren Ostens mit dem umsatz- und angebotsstärksten Duty Free Shop der Welt (s. S. 59).

Die Geschichte des Flughafens veranschaulicht die merkantilen Fähigkeiten der Herrscherfamilie. Die weitsichtigen und wagemutigen Pläne von Sheikh Rashid, dem Vater des heutigen Herrschers, wurden bezüglich dieses Flughafens Anfang der 1970er-Jahre von vielen belächelt. Denn unmittelbar nach den ersten Erdölexporten ließ er den nur wenige Jahre alten Flughafen 1969 für mehr als 7 Mio. britische Pfund total umbauen. Die Rollbahn wurde auf 4200 m verlängert, damit auch Jumbos und Concordes landen konnten, und eine bequeme dreistöckige Abflughalle inklusive großem Duty-Free-Shop angebaut. Die Fertigstellung des neuen Dubai International Airports dauerte nur zwei Jahre.

Das ganze Emirat Dubai hatte damals gerade rund 50 000 Einwohner; auf der ganzen Welt gab es keine derartige ›Kleinstadt‹ mit einem solch riesigen Flughafen. Als Sheikh Rashid auf die Rentabilität am Rande der Wüste angesprochen wurde, gab er die immer wieder gerne zitierte Antwort: »Wenn ein Passagier hier landet, was macht er dann? Er kauft eine Packung Zigaretten, er trinkt einen Kaffee, er besucht ein Restaurant, vielleicht mietet er auch ein Taxi – aber wir verdienen immer daran.«

Sheikh Rashids Wagemut hat sich mehr als ausgezahlt. Mit einem Aufkommen von rund 75 Mio. Passagieren im Jahr 2012 gehört Dubais Internationaler Flughafen zu den am stärksten wachsenden in der Welt. Derzeit agieren hier 120 Fluggesellschaften mit weltweit 205 Zielen. 2008 lag das Passagieraufkommen Dubais noch bei etwa 40 Mio. Fluggästen. Um die steigende Zahl der Passagiere abfertigen zu können, wurde der Stadtflughafen gigantisch ausgebaut. Einen Teil dieses Ausbaus nahm ein eigener Terminal für die neuen, 600 Passagiere fassenden Airbus-A-380-Maschinen in Anspruch. Von diesen hat die nationale Fluggesellschaft Emirates Airlines bereits 20 geordert und die ersten auch schon in Betrieb genommen.

Essen & Trinken

Sportlich und chic – **Blades** 1 : im Clubhaus des Al Bhadia Golf Clubs, oberhalb der Driving Range, Tel. 601 01 01, tgl. 8–23 Uhr, Kaffee oder Tee 18 Dh, Bier 38 Dh, kleine Gerichte ab 50 Dh, Sa Picknick, Brunch ab 225 Dh. Stimmungsvolles Restaurant mit

Lieblingsort

Der Duft des Orients – der Gewürzsouq 2

Für die Dubai'in ist es ein ganz gewöhnlicher Markt mit einem alltäglichen Warensortiment: Gewürze. Was in unseren Breiten steril in Klarsichttüten abgepackt oder in verschraubten Gläsern in Regalen steht, wird hier offen in prall gefüllten Jutesäcken angeboten, die sich in engen Gassen vor noch engeren Ladennischen dicht aneinander drängen. Es ist die Atmosphäre im Souq, die Geschichten, mit denen die Händler die Vorzüge und die verheißungsvollen Nebenwirkungen der einzelnen Gewürze anpreisen und vor allem der Duft, der in den Gassen liegt, der einen gerne wiederkommen lässt (s. S. 176).

Deira

schöner Außenterrasse, Blick auf die Skyline der Sheikh Zayed Rd., Do und Fr 19–3 Uhr Jazz live.

Seeblick – **Lake View** [2]: im Clubhaus des Dubai Creek Golf & Yacht Club, Tel. 295 60 00, tgl. 7–11 Frühstück (60 Dh), 11–23 Uhr Mittag- und Abendessen (Gerichte ab 60 Dh). Mittwoch ab 20.30 Uhr Livemusik. Innen und außen ein Erlebnis, sehr bequemes Mobiliar, herrliche Aussicht auf das Treiben auf dem Golfplatz, aufmerksamer Service.

360°-Panorama – **Al Dawaar** [3]: im Hotel Hyatt Regency Dubai, s. S. 48

1001 Nacht – **Shahrzad** [4]: im Hotel Hyatt Regency Dubai, Tel. 317 22 22, tgl. 12.30–15, 19–1 Uhr, Suppen ab 30 Dh, Hauptgericht ab 100 Dh. Zu den orientalischen Küchen zählt auch die iranische, und im Shahrzad ist diese besonders gut. Die Inneneinrichtung lehnt sich an »1001 Nacht« an, man glaubt, Scheherezade könnte im nächsten Moment den Raum betreten und mit ihren Erzählungen die Gäste in eine andere Welt versetzen. Köstlich sind die Speisen, besonders das Hauptgericht *Kebab E Shahrzad* und das Dessert *Makhloot* (Honigeis). In eigens abgetrennten Raucherräumen können Männer und Frauen (!) Wasserpfeife (*shisha*) rauchen.

Arabisch unterm Sternenzelt – **Waves** [5]: im J. W. Marriott Hotel, Abu Bakr Al Siddique Rd., Hamarain Centre, Tel. 262 44 44, nur Okt–Mai tgl. 9–22 Uhr, Hummus ab 20 Dh, *mezze* 80 Dh, Snacks ab 60 Dh, Nachtisch ab 30 Dh. Hier können Europäer auf höchstem Niveau Bekanntschaft mit arabischer Küche und traditioneller arabischer Esskultur machen, und das direkt unterm Sternenhimmel. Auf dem Dach des Hotels neben dem Pool sitzt man in bequemen Sitzkissen, schlürft arabischen Tee mit Minze oder arabischen Kaffee mit Kardamom, genießt orientalische *mezze* und gegrillte Fleischgerichte und raucht anschließend eine gute Wasserpfeife. Selbstverständlich gibt es auch europäische Gerichte. Kostenlose Zugabe: Den ganzen Abend weht eine leichte Brise.

Frische Fische – **Fish Market** [6]: im Radisson Blu Hotel Dubai Deira Creek, s. S. 46

Feinste japanische Küche – **Minato** [7]: im Radisson Blu Hotel Dubai Deira Creek, Baniyas Rd., Tel. 205 73 33, tgl. 12.30–15, 19–23 Uhr, Sushi ab 12 Dh, ein Glas Sake 25 Dh. Es ist eines der ältesten und angesehensten japanischen Lokale der Stadt. Die Küche überzeugt besonders Sushi-Fans, die Atmosphäre besticht durch Ruhe, für hohe Zufriedenheit sorgt ein außerordentlich freundlicher Service.

Küche an Bord – **The Boardwalk** [8]: im Dubai Creek Golf & Yacht Club, s. S. 50

Unter Fischen – **Aquarium** [9]: im Dubai Creek Golf & Yacht Club, Clubhaus des Jachtclubs, s. S. 47

Spitzenküche – **table 9** [10]: im Hilton Dubai Creek Hotel, s. S. 46

Dinner Cruises – **Bateaux Dubai** [11]: s. S. 48 u. S. 189

Einkaufen

Gewürze und Gold – **Deira Old Souq** [1]: Der aufregendste Basar der Stadt, s. S. 173.

Fliegende Teppiche – **Teppichsouq** [2]: Dubai hat eigentlich keinen Teppichsouq, aber wer im Deira-Souq nach Teppichen fragt, der wird zum **Deira Tower** am Baniyas Square geschickt. In diesem Hochhaus verteilen sich über drei Stockwerke mehr als 40 Teppichgeschäfte. Auswahl, Qualität und Internationalität (bevorzugt aus Iran, Afghanistan, aber auch aus China) der Teppiche sind nicht zu überbieten.

Alles unter einem Dach – **Deira City Centre** [3]: s. S. 190

Adressen

Beliebt und vertraut – **Ikea Dubai** 4 : Al Rebat Rd., Festival City, Tel. 203 75 55, So–Mi 9–21.30, Do–Sa 9–23.30 Uhr, www.ikea.com/ae. Das Angebot des schwedischen Möbelhauses interessiert vor allem europäische *expatriates*, aber man trifft auch erstaunlicherweise Einheimische vor den Varianten des Regals Billy.

Tradition und Qualität – **Al Ghurair City** 5 : Al Riqqa St., Tel. 223 23 33, www.alghuraircity.com, Sa–Do 10–22, Fr 14–22 Uhr. Die älteste Shopping Mall Dubais wurde 2006 aufwendig renoviert. Jetzt hängen goldfarbene Netze an den Decken und eine Kombination aus hellen Farben, dunklem Teakholz und warmer Beleuchtung schafft ein angenehmes Ambiente. Mit über 250 Läden, darunter auch von großen Modedesignern, neun Restaurants und Cafés sowie einer Kinderunterhaltung gehört Al Ghurair zu den mittelgroßen Shopping Malls. Hier findet man den größten Markt für Stoffe und in über 30 Parfümerien eine riesige Auswahl an Düften.

Aktiv

Hochseefischen – **Dubai Creek Golf & Yacht Club** 1 : Boot für 6 Personen 2550 Dh für 4 Std., für 1 Tag (8–16 Uhr) 3550 Dh. Den Fischreichtum des Golfs belegen die Angebote auf dem Deira Fish Market. Meeresfischerei als Sport darf daher am Golf nicht fehlen. In voll ausgerüsteten Booten werden Barsche *(hammour)*, Barrakudas *(barracuda)*, Haie *(shark)* und Schwertfische *(sword fish)* geangelt.

Golfen am Golf – **Dubai Creek Golf & Yacht Club** 1 : www.dubaigolf.com, s. S. 190

Abkühlung – **Hotel Hyatt Regency Dubai** 2 : Hier gibt es das einzige empfehlenswerte Schwimmbad im historischen Deira.

Abends & Nachts

Kino zum Träumen – **Galleria Cinema** 1 : im Hotel Hyatt Regency Dubai, Tel. 273 76 76, Eintritt: 20 Dh. Für Fans indischer Filme gibt es die neuesten Bollywood-Produktionen.

Nomen est Omen – **The Bar** 2 : im Hotel Hyatt Regency Dubai, s. S. 64

Multikulti Open-Air – **QD's** 3 : im Dubai Golf & Yacht Club, Tel. 295 60 00, tgl. 19–2, Fr ab 17 Uhr (ab 21 Uhr nur für über 21-jährige). Pizza ab 46 Dh, Cocktails ab 35 Dh, Do/Fr Livemusik, junges Publikum, wunderbarer Shisha-Spot (s. auch S. 191).

Stadtbekannt – **Ku-Bu** 4 : im Radisson Blu Hotel Dubai Deira Creek, Tel. 222 71 71, tgl. 19–3 Uhr, Drinks ab 50 Dh. Einer der traditionsreichsten Nachtclubs Dubais, mit orientalischem Interieur, Tattoo-Dekorationen und stimmungsvoller Beleuchtung, britische DJs sorgen jeden Abend (außer Fr) für beste Unterhaltung auf der kleinen Tanzfläche.

Traumhafter Ausblick – **Vista Lounge & Bar** 5 : im InterContinental Festival City, Tel. 701 11 11, tgl. 8–3 Uhr, Bier ab 45 Dh. Hohe Glasfenster gewähren den Blick auf die Festival Marina und zur Skyline der Sheikh Zayed Road. ›La Vista‹ (der Blick) – verführt zum längeren Verweilen. Vorzügliche Cocktails, einfühlsame Pianomusik. Die Vista Lounge ergänzt in idealer Weise die Vista Bar; beide im Parterre des Hotels.

Good Rock, good food – **Hard Rock Café Dubai** 6 : s. S. 64

Im 23. Stock – **Eclipse** 7 : im InterContinental Hotel Festival City, Tel. 701 11 27, tgl. 18–3 Uhr. Cocktail-Bar mit kleiner Tanzfläche und traumhafter Aussicht durch die bis zum Boden reichenden Glasfenster auf den Creek, Soul- und House-Music.

Das Beste auf einen Blick

Beiderseits der Sheikh Zayed Road

Highlights!

Burj Khalifa: Im 124. Stock des höchsten Gebäudes der Welt gewährt das At The Top Observation Deck Besuchern – aus 400 m Höhe – ein atemberaubendes Panorama. 3 S. 203

The Mall of the Emirates: Dubais beliebtestes Einkaufszentrum bietet nicht nur ein attraktives Shopping-Erlebnis mit den *flagship stores* nahezu aller führenden Marken. Unter dem Dach befindet sich außer einem schönen Kempinski-Hotel auch Ski-Dubai mit einer 400 m langen Piste, auf der man mitten im Wüstenemirat Ski oder Snowboard fahren kann. 7 S. 209

Auf Entdeckungstour

Eis und Schnee in Dubai: Ski-Dubai in der Mall of the Emirates ist nicht der einzige Tummelplatz für Winterfans. Diese Tour führt auch zum Times Square Center, wo es garantiert die ›coolsten‹ Getränke gibt, und zum Ice Rink im Hyatt Regency Dubai am Creek. 6 , 7 S. 206

Kultur & Sehenswertes

Türme: Entlang der Sheikh Zayed Road erstürmen Dutzende moderner, filigraner Hochhäuser den Himmel. Heraus ragen dabei in doppeltem Sinne die Jumeirah Emirates Towers und der Burj Khalifa. 2, 3 S. 200

Galerien: Im Gate Village des neuen Dubai International Finance Center (DIFC) befinden sich mehrere Kunstgalerien. 5 S. 202, S. 214

Aktiv unterwegs

The Address Montgomerie Golf Club: Er zählt zu den besten Golfclubs in Dubai, während des Spiels kann man die Skyline der Sheikh Zayed Road genießen, Nichtgolfern steht die Terrasse des Clubhauses zur Verfügung. 9 S. 210

The Talise Spa: Ein hochmoderner Wellness-Bereich nur für Männer im Hotel Jumeirah Emirates Towers. 1 S. 214

Genießen & Atmosphäre

Vu's Restaurant: Ob am Tage oder bei Nacht – die Aussicht aus den über 200 m hohen Jumeirah Emirates Towers über die Stadt ist grandios. 1 S. 211

Hukama: Das beste Restaurant im besten Hotel am Fuße des Burj Khalifa. 2 S. 211

Abends & Nachts

Neos: Die Lounge im The Address, Downtown Dubai, mit dem besten Blick auf den Burj Khalifa. 4 S. 215

1897: Die besondere Bar im exklusiven Kempinski Hotel. Wer mit der Jahreszahl kein historisches Ereignis verbinden kann, fragt am besten den Barkeeper. 6 S. 215

Cavalli Club: Stilvolles Ambiente unter aufregenden Swarovski-Leuchtern im Hotel The Fairmont. 7 S. 215

Eine prachtvolle Schnellstraße

Sie ist die bekannteste und die bedeutendste Straße in Dubai und die Hauptverkehrsader westlich des Creek. Ursprünglich trug sie den Namen des ersten Hochhauses im Emirat, des 1979 direkt an ihrem Beginn errichteten Welthandelszentrums **Dubai World Trade Centre** und hieß Trade Centre Road. Konzipiert war sie als vierspurige Verbindung zum neuen Hafen Jebel Ali. Doch dann entstanden ab 1995 zu beiden Seiten die ersten Hochhäuser. Daraufhin wurde sie zum ersten Mal verbreitert. Seit 2000 trägt sie den Namen des verstorbenen Staatsgründers und ersten Präsidenten der VAE, **Sheikh Zayed Bin Sultan Al Nahyan.** In der Folge entstanden weitere spektakuläre Hochhäuser im ersten Abschnitt, vor allem Bürogebäude, aber auch neue Luxushotels wie das **Fairmont,** das **H-Hotel,** die beiden Türme des **Jumeirah Emirates Towers** oder das **Shangri-La.** Inzwischen sind die verbliebenen Baulücken mit weiteren Hochhäusern geschlossen. In ihren Fassaden aus Chrom und Glas spiegelt sich tagsüber die Sonne und am Abend erstrahlt das Licht der Büroetagen. Aber jedes dieser Hochhäuser zeichnet sich durch ein ihm eigenes Wechselspiel von Licht und Schatten in den Farben der Glasfassaden und durch besondere Architektur-Akzente aus.

Die Sheikh Zayed Road ist heute eine schnelle Stadtautobahn mit absolutem Halteverbot. Anhalten ist nur auf den durch Seitenstreifen abgetrennten, parallel zu ihr verlaufenden Nebenfahrbahnen möglich. Innerhalb Dubais kann man die Sheikh Zayed Road an den sogenannten **Interchanges** verlassen, überqueren oder kreuzen. Die Interchanges sind nummeriert und werden durch Straßenschilder rechtzeitig angekündigt. Mitunter muss man mehrere Kilometer fahren, um die Straßenseite zu wechseln. Fußgänger haben keine Chance, die Sheikh Zayed Road zu überqueren, es sei denn an den Brücken der Metro-Stationen. Um die heute inzwischen teilweise auf 12–16 Spuren verbreiterte Sheikh Zayed Road von zeitraubenden Staus zu entlasten, hat die Stadt zur Reduzierung des Verkehrs eine empfindliche **Maut** eingeführt. Trotzdem sind im stadtnahen Bereich während der Rushhour längere Verkehrsstaus die Regel.

Seit 2009 verkehrt parallel zur Sheikh Zayed Road (Südseite) die erste Linie (Red Line) der **Dubai Metro.** Sie verbindet die Innenstadt mit den Außenbezirken und den großen Shopping Malls entlang der Sheikh Zayed Road wie **The Mall of the Emirates** und die **Ibn Battuta Mall.**

Downtown Dubai

Dubai International Conference and Exhibition Centre (DICEC) 1

Direkt neben dem Dubai World Trade Centre eröffnete 2002 das größte Kongresszentrum im Mittleren Osten, das Dubai International Conference and Exhibition Centre (DICEC). Keine geringere Institution als die Weltbank lud bereits im Jahr darauf mehr als 5000 Teilnehmer zu ihrer Jahrestagung in das DICEC ein. Riesige Ausstellungshallen, große Sitzungssäle, perfekte technische Ausstattung und das nur 15 Minuten vom Flughafen Dubai entfernt. Während des Jahres vergeht keine Woche, in der nicht große Messen und Ausstellungen Teilnehmer aus aller Welt und Besucher anziehen. Zu den herausragenden Restaurants des

Downtown Dubai

Infobox

Reisekarte: ▶ Karten 2/3, A–U 4/5, Karte 4, B/C 1/2

Touristeninformation
Am Eingang des Kongresszentrums DICEC (s. S. 202) findet man einen Informationsstand, an dem ein aktueller Ausstellungskatalog für die Großveranstaltungen und Ausstellungsmessen erhältlich ist.

Internetzugang
Im DICEC und in den Shopping Malls entlang der Sheikh Zayed Road gibt es separate Internet Corners. Die Nutzung kostet 10–20 Dh pro Stunde.

Fortbewegung und Orientierung
Für Autofahrer: Die **Sheikh Zayed Road,** die große Ausfallstraße Richtung Westen, ist in bestimmten Abschnitten mautpflichtig (s. S. 27). Sie beginnt am Verkehrskreisel des Dubai World Trade Centre und endet nach ca. 180 km in Abu Dhabi. Parallel zur Sheihk Zayed Road, aber wesentlich weiter südlich, verläuft die zweite große Ausfallstraße Richtung Westen, die **Emirates Ring Road.**

Tipp: Bereits vor Fahrtantritt auf einem Stadtplan nachschauen, an welchem Interchange man von der Sheikh Zayed Road abbiegen muss, um das gewünschte Ziel auf der jeweiligen Seite der Straße zu erreichen (s. u.).

Für Metro-Benutzer: Entlang der Sheikh Zayed Road verläuft die Red Line der Metro als Hochbahn, mit der man die großen Shopping Malls entlang dieser Straße bequem erreicht.

Fußgänger können die Sheikh Zayed Road in Höhe des Hotels The Fairmont auf einer Fußgängerbrücke überqueren; danach nur noch an Metrostationen.

Die Interchanges:
Interchange 1: Burj Khalifa, Börse
Interchange 2: Safa-Park, Jumeirah Archaeological Site, Jumeirah Beach Park, Nad Al Sheba
Interchange 3: Umm Suquai, Jumeirah Beach
Interchange 4: Burj Al Arab, Madinat Jumeirah, Mall of the Emirates
Interchange 5: Dubai Marina, The Palm Jumeirah, Emirates Golf Club, The Address Montgomerie Golf Club
Interchange 6: Ibn Battuta Mall
Interchange 7: Jebel-Ali-Hafen
Interchange 8: Neuer Flughafen, Al Maktoum International
Interchange 9: JA Jebel Ali Golf Resort, Jebel Ali Beach Hotel, The Palm Jebel Ali, Dubai Waterfront

---

DICEC gehört der **World Trade Club** im 33. Stock des benachbarten Dubai World Trade Centres (s. S. 158).

Zur perfekten Logistik des DICEC gehört auch, dass man in unmittelbarer Nähe wohnen kann. Im langgestreckten Gebäude des Zentrums befinden sich ein **Novotel** und ein **Ibis-Hotel,** gegenüber – verbunden durch eine Fußgängerbrücke – **The Fairmont, The H-Hotel** und das **Crown Plaza.**

Emirates Towers 2
Neben dem Kongresszentrum erheben sich die Emirates Towers. In einem der Zwillingstürme ist das Hotel **Jumeirah Emirates Towers** untergebracht,

Beiderseits der Sheikh Zayed Road

Sehenswert
1. Dubai Conference and Exhibition Centre (DICEC)
2. Emirates Towers
3. Burj Khalifa
4. Dubai Mall
5. Gold- and Diamond-Park
6. Times Square Center
7. The Mall of the Emirates
8. Emirates Golf Club
9. The Address Montgomerie Golf Club
10. Ibn Battuta Mall
11. Dubailand
12. Global Village

Essen & Trinken
1. Vu's Restaurant
2. Hukama
3. Al Nafoorah
4. The Noodle House
5. Ruth's Chris Steak House
6. Bridges
7. Aspen

die preisgekrönte Nobelherberge des lokalen Hotelkonzerns Jumeirah. Zwischen den beiden Türmen erstreckt sich zu ebener Erde eine zweistöckige Ladenstraße, die durch die außergewöhnliche Innenarchitektur Aufsehen erregt. Zudem präsentieren die Läden ihre Waren sehr ansprechend. Zu **The Boulevard at Jumeirah Emirates Towers** 2 gehören auch verschiedene Restaurants und Cafés (Tel. 319 87 32, www.jumeirah.com, Sa–Do 10–22, Fr 16–22 Uhr).

Zwischen Emirates Towers und Burj Khalifa

Hinter den Emirates Towers reiht sich beiderseits der Sheikh Zayed Road Hochhaus an Hochhaus. In diese Skyline bis zum Interchange 1 haben sich weitere Hotels niedergelassen, z. B. rechter Hand ein **Sheraton Four Season** und das edle **Shangri-La**, linkerhand das **Dusit**. Wer das neue **Dubai International Finance Centre (DIFC)** inklusive der Börse sucht, findet es westlich der Emirates

Einkaufen
1. Mall of the Emirates
2. The Boulevard – Jumeirah Emirates Towers
3. Times Square Center/ Antica Dubai
4. Ibn Battuta Mall
5. Gate Village (Gallerien)
6. Souq Al Bahar

Aktiv
1. The Talise Spa
2. The Spa at The Address
3. Willow Stream
4. Al Sahra Desert Resort – Equestrian Center

Abends & Nachts
1. Zinc
2. Blue Bar
3. Cin Cin
4. Neos
5. Vu's Cocktailbar
6. 1897
7. Cavalli Club
8. Ikandy

Towers. Es ist eine eindrucksvolle Gebäudeanlage mit Schnellrestaurants, Bücher- und Zeitungsläden sowie Geldwechselstuben. Besucher haben nur Zugang zu den unteren Etagen. Im hinteren **Gate Village** eröffneten mehrere Galerien.

Die Sheikh Zayed Road führt direkt am neuen und – höchsten – Wahrzeichen Dubais, dem Burj Khalifa, vorbei. Um das höchste Gebäude der Welt aus nächster Nähe bestaunen zu können, muss man am Interchange 1 abbiegen.

Burj Khalifa ❗ 3

Downtown Dubai, Tel. 366 16 55, www.burjkhalifa.ae, Observation Deck So–Mi 10–22, Do–Sa 10–24 Uhr, Besucherkarten im Ticketoffice des Burj Khalifa oder Online-Reservierung bis zu 30 Tage im Voraus, Besuch inkl. Fahrstuhl 100 Dh, spontaner Besuch ohne Anmeldung und ohne Wartezeit 400 Dh, s. auch S. 123

Das himmelstürmende Bauwerk steht direkt im Zentrum des neuen, auf dem Reißbrett entworfenen Stadtteils

Downtown Dubai

Downtown Dubai. Durch diesen neuen Distrikt verläuft seit 2009 der **Burj Khalifa Boulevard,** eine Ringstraße, von der aus man die neuen Luxushotels The Palace, The Address, The Address Dubai Mall und die Dubai Mall, die größte Mall der Stadt, erreicht.

Zwischen Burj Khalifa, der Dubai Mall und dem Hotel The Address befinden sich **Promenaden** sowie ein großer künstlicher **See,** in dessen Mitte täglich zwischen 18 Uhr und 23 Uhr alle 30 Minuten riesige Wasserfontänen von Musik begleitet als choreografisches Kunstwerk auf- und absteigen. Das Schauspiel der **(Dancing) Dubai Fountains** vor der Kulisse des Burj Khalifa ist besonders bei Dunkelheit sehr eindrucksvoll. Beste Stehplätze gibt es auf der Brücke zwischen Souq Al Bahar und Dubai Mall, beste Sitzplätze (mit Verzehr) findet man in den beiden Cafés von **Dean & Deluca** im Souq Al Bahar (Tel. 04 420 03 36), in den Restaurants des Palace Hotels und im zweiten Stock der Dubai Mall.

Im 124. Stock des Burj Khalifa, des höchsten Gebäudes der Welt, bietet das **At The Top Observation Deck** Besuchern – aus 400 m Höhe – ein atemraubendes Panorama von Dubai.

Dubai Mall [4]

Sheikh Zayed Road, www.thedubai mall.com, So–Mi 10–22, Do–Sa 10–24 Uhr

Direkt neben dem Burj Khalifa liegt die Dubai Mall. Seit ihrer Eröffnung 2009 ist sie Stadtgespräch, denn sie hält nicht nur flächenmäßig den neuen Größenrekord unter den Shopping Malls des Emirats, sie besitzt auch viele Attraktionen. Dazu gehört eine gigantisches **Aquarium,** eine **Eisbahn** von olympischen Ausmaßen, ein riesiger **Wasserfall** mit Springer-Skulpturen als Gesamtkunstwerk, mehrere **Kinos,** viele **Restaurants** und Hunderte von edlen **Markenläden.** Wer Dubai in erster Linie wegen des Einkaufens besucht, sollte im angrenzenden **Hotel The Address** absteigen (s. S. 38).

Gold- and Diamond-Park [5]

Sheikh Zayed Road, Höhe Interchange 3, Sa–Do 10–22, Fr 16–22 Uhr

Auf der gleichen Seite der Sheikh Zayed Road liegt hinter dem Burj Khalifa am Interchange 3 der Gold- and Diamond-Park, ein Zentrum mit Gold- und Schmuckgeschäften, das den Bewohnern in den vielen Neubaugebieten im Westen und den Hotelgästen am Jumeirah Beach den weiten Weg in den Goldsouq im historischen Stadtteil Deira ersparen soll.

Times Square Center [6]

Sheikh Zayed Road, zwischen Interchange 3 und 4, www.timessquare center.ae, Tel. 341 80 20, Sa–Mi 10–22, Do/Fr 10–24 Uhr

Direkt in der Nähe des Gold- and Diamond-Park eröffnete 2007 die Shopping Mall Times Square Center. Neben einer guten Auswahl an elektronischen Geräten gibt es hier auch eine beeindruckende Spielzeugabteilung, u. a. mit der größten Niederlassung von Toys 'R' us. Im ersten Stock, im Zentrum der Sportartikelabteilung, bietet Intersport auf einer Fläche von 40 000 m² eine riesige Auswahl.

Für arabische und europäische Besucher ist aber die Hauptattraktion des Times Square Center das **Chill-out** (s. Entdeckungstour S. 206), die erste und einzige Eis-Lounge im Mittleren Osten. Alles in dieser Bar ist aus Eis. Weltweit gibt es bisher nur neun dieser *sub zero environments.* Wer sich nicht vorstellen kann, dass man unter Kristallleuchtern aus Eis, ▷ S. 209

Die Sheikh Zayed Road, vor der Errichtung der Metro

Auf Entdeckungstour:
Eis und Schnee in Dubai

Selbst das gibt es in Dubai: Eis und Schnee. Auf der Skipiste in der Mall of the Emirates 7 hat die deutsche Frauen-Nationalmannschaft bereits trainiert, die Chill-out Lounge im Times Square Center 6 besteht samt Einrichtung aus kristallklarem Eis und im Hotel Hyatt Regency Dubai kann man auf der größten Eisbahn des Emirats wunderbar schlittschuhlaufen.

Reisekarte: ▶ Karte 2, M 6 u. W 4
Chill-out Lounge: Parterre im Times Square Center, Sheikh Zayed Rd., zwischen Interchange 3 und 4, Tel. 34 18 12, Sa–Mi 14–22, Do, Fr 14–24 Uhr, Eintritt inkl. einem Getränk 60 Dh.
Ski Dubai: in der Mall of the Emirates, Sheikh Zayed Rd., Jumeirah, Tel. 409 40 00, www.skidxb.com, tgl. 10–24 Uhr (15.06.–31.08. 9–24 Uhr), Eintritt 60 Dh, Skipass 2 Std./200 Dh., 1 Std. Verlängerung 50 Dh, Tageskarte 300 Dh, Ski-/Snowboard-Kurs Anfänger 1Std./120 Dh, Fortgeschrittene 90 Min./200 Dh.
Ice Rink: Parterre im Galleria-Anbau des Hyatt Regency Dubai, Deira Corniche, Tel. 209 65 51, tgl. 10–13, 14–17, 18–21 Uhr, Eintritt 30 Dh, Schlittschuhverleih ab 40 Dh.

Wintersport in Dubai, Schnee und Eis bei 40 °C Hitze und strahlender Sonne – eigentlich ist es ja für Besucher aus europäischen Breiten absurd, auf der Arabischen Halbinsel Ski zu fahren, Snowboarden zu lernen oder Schlittschuh zu laufen. Aber weil es so absurd ist, hat es seinen Reiz. Andernfalls ließe es sich ja nicht erklären, dass bereits im ersten Jahr nach der Eröffnung der Mall of the Emirates und Ski Dubai mehr als 1 Mio. Besucher diese Orte aufgesucht haben.

Eiskaltes Vergnügen

Sie heißt **Chill-out Lounge** und nennt sich *The coolest lounge in the Middle East*. Und das ist sie auch. Denn alles in der Bar ist aus kristallklarem Eis: Die Trinkgläser, die Tische und Bänke, die Theke, die ›Kristall‹-Leuchter, die Blumenvasen, die Bilder, die Kamelskulpturen und die Skyline von Dubai. Nur die Eisbärfelle nicht, auf denen die Gäste sitzen. Stimmung bei –6 °C in der weltweit neunten Eis-Lounge. Serviert werden Sandwiches, Salate und Getränke. Empfehlenswert ist der Cocktail Lawrence of Arabia (25 Dh) oder der Chill-out Mix (20 Dh).

In einem Vorraum wird man von freundlichem Personal (kälteerfahrene *expatriates* aus Kasachstan) mit Designerparka, Handschuhen und Moonboots – alles in schwarz – ausgestattet. Es dürfen nur 45 Gäste gleichzeitig in die Lounge, da der Atem von mehr Besuchern das Eis zum Schmelzen bringen würde. Gegenüber dem Ausgang kann man sich im **Café Torino Lamborghini** mit einem heißen Cappuccino (15 Dh) wieder aufwärmen.

Vom Eis in der Shopping Mall Times Square sind es nur etwa zwei Kilometer zum Schnee in der Mall of the Emirates.

Neuschnee in Dubai

»Die deutsche Damen-Ski-Nationalmannschaft hat im Sommer in Dubai trainiert«, so stand es 2006 in der Presse. Nicht auf Sand – auf Schnee! Denn in einer riesigen Skihalle, die wie ein Raumschiff an die Mall of the Emirates angedockt ist, begann im Dezember 2005 die Skisaison in Dubai. **Ski-Dubai** ist der Name dieser perfekten künstlichen Winterwelt auf einer Fläche von ca. drei Fußballfeldern mit Skilift und einer 400 m langen Piste. Im Skipass ist alles inbegriffen.

In der Skihalle tragen die Skifahrer blau-rote Anzüge, Besucher graue Daunenmäntel. Wer sich unterscheiden möchte, kauft im Sportladen vor der Halle noch schnell einen Skianzug und eine Mütze mit dem Emblem »Ski Dubai«, um den Freunden zu Hause zu zeigen, wo er in diesem Jahr Ski gefahren ist. Alles ist bestens organisiert. Berührungslos funktioniert das Drehkreuz – und man befindet sich mitten im Winter bei –4 °C.

Mit einem Vierer-Sessellift passiert man die Mittelstation, wo sich auch das **Café Avalanche** befindet. Hier steigen die Anfänger unter den Skifahrern aus und sind nach 250 m Schneeflugfahrens und ein paar Stemmbögen wieder am Einstieg. *Experts* können eine Stufe höher hinauffahren, denn dort wartet ein ›schwarzer Hang‹.

Der Schnee ist ausgezeichnet, weder nass noch eisig oder sulzig, und im Gegensatz zur weißen Pracht in

Absolut cool: die Eiswelt der Chill-out Lounge

den Alpen bleibt der Schnee hier das ganze Jahr über so. Der Hang oberhalb der Mittelstation ist fast leer. Es scheint nicht viele *experts* unter den Gästen zu geben, obwohl man nach etwa zehn Schwüngen wieder am Einstieg an der Mittelstation ist. Auf der unteren Hälfte der Piste üben die Skischulen mit Kindern. Eines Tages wird vielleicht ein Olympiasieger aus Dubai kommen.

Wer nicht auf den Hängen Ski fahren und im Café Avalanche einen heißen Tee trinken möchte, kann vor dem Drehkreuz zur Piste im **Café Sankt Moritz** Platz nehmen und bei Kaminfeuer den Skifahrern zuschauen. Kaminfeuer? Täuschend echt flackern in einem Kamin auf einer Leinwand brennende Holzscheite. Gemütlichkeit strahlt es trotzdem aus.

Wem das noch nicht Wintersport genug ist, der kann mit dem Taxi ans andere Ende der Stadt zur schöneren der beiden Eisbahnen von Dubai fahren.

Unterwegs auf Kufen

Mitten in der Wüste Schlittschuh zu laufen hat ebenfalls einen speziellen Reiz, dem man das ganze Jahr über auf dem **Ice Rink** in der Einkaufsgalerie des Hotels Hyatt Regency Dubai nachgeben kann. Die ovale Bahn ist relativ groß, gut besucht und in Topzustand. Wer meint, auf dieser Eisbahn würden nur *expatriates* und deren Kinder schlittschuhlaufen, irrt. Gerade arabischen Jugendlichen bereitet dieser Sport besonders viel Spaß.

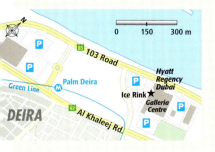

Downtown Dubai

an Tischen und Bänken aus Eis und aus Gläsern aus Eis Getränke zu sich nehmen kann, sollte sie aufsuchen bzw. kann sich im Parterre der Mall gegenüber dem **Lamborghini-Café** hinter einer dicken Glasscheibe ein Bild davon machen. Wenn man den James-Bond-Film »Casino Royal« gesehen hat, ist man auf die Atmosphäre einer Eisbar schon ein bisschen vorbereitet.

The Mall of the Emirates ❗ 7
Sheikh Zayed Road, www.mallofthe emirates.com, tgl. 10–24 Uhr
Unweit der Times Square Mall, hinter dem Interchange 4, erhebt sich unübersehbar eine langgestreckte, schräg angelegte Halle, die mit einem genauso großen mehrstöckigen Bauwerk verbunden ist. Die Halle beherbergt **Ski Dubai** (s. Entdeckungstour S. 206), und der integrierte Anbau ist **The Mall of the Emirates.**

Sie gehört nicht nur zu den größten Shopping Malls der Arabischen Halbinsel, sondern verfügt mit der Skihalle und einem ultraschicken Kempinski Hotel über zwei Highlights der Extraklasse. 466 Läden mit über 100 Nobelmarken, bieten so ziemlich alles, was Konsumfreudigen glänzende Augen bereitet. 2008 erhielt die Mall of the Emirates die Auszeichnung »Best of Dubai Award«.

Kinder finden in der **Bear Factory** lebensgroße Plüschtiere, Kinofans kommen in einem **Cinestar** mit 14 Kinos auf ihre Kosten, Anglophile werden sich über die *flagship stores* von **Debenhaus** und **Harvey Nichols** freuen. Mehr als 70 Cafés, Snackbars und Restaurants, darunter ein **Emporio Armani Café** und das **St. Moritz Café** stellen die Besucher vor die Wahl unter Superlativen. Deshalb wirbt die Mall auch mit diesem Slogan: »Ihre Schwierigkeit wird darin bestehen, einen Grund zum Gehen zu finden.«

Ein Grund, hier länger zu verweilen, ist auch das **Kempinski Hotel Mall of the Emirates** (s. S. 37). Das Hotel unter demselben Dach wie die Mall ist Stadtgespräch. Mit 15 *swiss styled* Chalets und ›echtem‹ Schnee drängt sich die Assoziation von einem Schweizer Ferienresort förmlich auf. Die Annehmlichkeiten des Hotels mit seinen Restaurants, dem exklusiven Wellness- und Spa-Bereich, Tennisplätzen und einem schönen Schwimmbad können auch von Nichthotelgästen genutzt werden.

Wen der Schnee in Ski Dubai kalt lässt, kann sich auf der selben Seite der Sheikh Zayed Road, wenige Kilometer stadtauswärts, auf zwei überaus schönen Golfplätzen sportlich betätigen.

Emirates Golf Club 8
Sheikh Zayed Road, www.dubaigolf.com, Tel. 380 22 22
Der Emirates Golf Club eröffnete 1988 als erster Club im Nahen Osten einen Championship Course. Das über 5000 m^2 große **Clubhaus** in Form mehrerer prächtiger Beduinenzelte ist südlich der Sheikh Zayed Road am Interchange 5 bereits von Weitem zu erkennen. Der 18-Loch-Platz mit einer Spiellänge von 6,1 km (Par 72) gleicht einer grünen Oase. Die Fairways sind ausgesprochen hügelig gestaltet. Der Grundwasserspiegel ist wegen des nahen Meeres relativ hoch. Deshalb wurden Seen ausgebaggert und der Sand für die Erhöhung der Spielflächen genutzt. Sechs künstliche Teiche sind heute landschaftlich reizvoll integrierte Hindernisse vor neun Löchern.

1995 wurde auf dem 200 ha großen Gelände des Emirates Golf Clubs neben dem älteren **Majlis-Course** eine zweite 18-Loch-Anlage, der **Faldo Course** (ebenfalls Par 72), eröffnet, sodass man ohne Ortswechsel 36 Löcher spielen kann.

Beiderseits der Sheikh Zayed Road

The Address Montgomerie Golf Club 9
Südwestl. Sheikh Zayed Road, Interchange 5, www.themontgomerie.com, Tel. 390 56 00
Die spektakuläre 18-Loch-Anlage (Par 72), die Colin Montgomerie und Desmond Muirhead entworfen haben, wird von dem Unternehmen Troon Golf gemanagt. Merkmale sind ein riesiges Green in der Form der VAE, 79 Bunker und 14 Seen. Die Montgomerie liegt in der Wohnanlage **Emirates Hills,** in der auch Ausländer Immobilien erwerben können, und verfügt über ein schönes Clubhaus mit dem ansprechenden Terrassen-Restaurant **Nineteen.** Hier trifft man nicht nur Golfer, sondern hat auch einen fantastischen Blick auf die Skyline der Sheikh Zayed Road.

Ibn Battuta Mall 10
Sheikh Zayed Road, Interchange 6, www.ibnbattutamall.com, Sa–Di 10–22, Mi–Fr 10–24 Uhr
Eine der jüngsten und spektakulärsten Shopping Malls in Dubai liegt weiter draußen an der Sheikh Zayed Road. Als Reminiszenz an den berühmtesten arabischen Forschungsreisenden des Mittelalters, Ibn Battuta (1304–68), der 28 Jahre seines Lebens auf Reisen war, ist diese Mall in sechs sogenannte Courts unterteilt, die die Namen seiner wichtigsten Aufenthaltsorte tragen und unterschiedliche Waren anbieten: China (Unterhaltungsangebote, z. B. das erste IMAX-Kino im Emirat), Indien (Designermode), Persien (Lifestyle), Ägypten (neueste Sport- und Spielzeugtrends), Tunesien (Foodcourt und Supermarkt), Andalusien (diverse Dienstleistungen von Bank bis Schuster). Im Persian Court befindet sich ein Informationsstand des DTCM, im China Court das Internetcafé El Mondo.

Visionen südlich der Sheikh Zayed Road

Dubailand 11
2003 präsentierte seine Hoheit der Öffentlichkeit das Projekt Dubailand. Es sollte von den Ausmaßen und Kosten alles Bisherige im Emirat in den Schatten stellen.

Auf einer Fläche von 20 km^2 soll der Themenpark Dubailand mit 45 Haupt- und 20 Nebenprojekten die Entwicklung Dubais zu einem der international führenden Urlaubsziele abrunden. Dubailand erstreckt sich weiter südlich der Sheikh Zayed Road in ganzer Länge zwischen den Interchanges 1 und 6. Nach der Finanzkrise im Jahre 2010 wurde es still um die meisten Bauvorhaben. Doch glaubt man den offiziellen Verlautbarungen, wird keines der Projekte aufgegeben. Die bereits zugänglichen Attraktionen erreicht man am besten von der **Emirates Ring Road.**

Zu den Hauptattraktionen von Dubailand wird ein 140 m hohes Riesenrad gehören, das **Great Dubai Wheel.** Es wird von dem niederländischen Unternehmen Hollandia errichtet, die bereits das mit 135 m derzeit größte Riesenrad in der britischen Hauptstadt, das London Eye, konstruiert hat. Wann sich das Dubai Wheel zum ersten Mal drehen wird, steht in den Sternen.

Zu den wichtigsten Projekten von Dubailand gehören drei **Themenparks,** die unter dem Namen *Legends* (Legenden, Märchen) das Publikum anziehen sollen. In diesem Unterhaltungskomplex werden im Bereich Legends of Arabia die Fabeln von Sindbad dem Seefahrer und aus »1001 Nacht« ebenso vorgestellt wie die realen, gegenwärtigen Entwicklungen in Arabien und die Zukunftvisionen der Region.

Visionen südlich der Sheikh Zayed Road

Außerdem wird es in Dubailand eine weitere künstliche Skipiste geben: den **Snow Dome,** der Ski Dubai in der Mall of the Emirates an Größe und Attraktivität übertreffen wird. Ab 2014 wird der Snow Dome mit schneebedeckten Bergen, Pisten, Eisbahnen und Pinguinen eine weitere Winterlandschaft nach Dubai zu zaubern.

Ein Zentrum von Dubailand wird die **City of Arabia** sein. In dieser ›neuen‹ Stadt werden Menschen nicht nur wohnen, sondern Besucher können u. a. einen Dinosaurier-Themenpark mit dem Namen **Restless Planet** à la »Jurassic Park« erleben. Elektronisch animierte Riesenechsen werden sich zwischen den Besuchern bewegen und so ein Leben simulieren, wie es vor Millionen Jahren hätte aussehen können.

In der City of Arabia wird es auch einen sogenannten **Wadi Walk** geben. Entlang von Kanälen und Wasserläufen werden Luxusvillen und Apartments an der Seite von Geschäften und Restaurants in mediterraner Architektur entstehen. Autos sind in der City of Arabia nicht zugelassen. Besucher werden mit Gondeln oder Wassertaxis auf den Kanälen transportiert.

In Dubailand sind noch viele weitere Projekte geplant, eines aufregender als das andere. Zu den ganz spektakulären wird **Bawadi** gehören, eine Art Las Vegas am Golf, nur ohne Spielkasinos. 31 Hotels sollen dann den 10 km langen Boulevard säumen, von denen jedes sich wiederum einem Thema widmet.

Die Attraktion für Golfspieler aus aller Welt wird **Tiger Woods Dubai** sein, eine von der Golfikone Tiger Woods errichtete Golfstadt. Geplant sind außer einem besonders schönen Golfplatz eine Golfakademie, ein Luxushotel sowie 300 Villen und 20 Landhäuser. 2014 soll Tiger Woods die Anlage mit dem ersten Abschlag eröffnen.

Mehrere Projekte des Unterhaltungsparks Dubailand sind bereits fertiggestellt. Dazu gehört der Themen- und Veranstaltungspark **Dubai Heritage Vision,** der bereits 2007 eröffnet wurde. Als Teil der Dubai Heritage Vision ist inmitten wunderschöner Wüstenlandschaft das **Resort Al Sahra** eine Verbindung von Naturtourismus und arabischer Kultur eingegangen.

Global Village [12]

Einmal im Jahr, meist von November bis März, öffnet das Global Village seine Tore. Es ist eine Art Weltausstellung und Verkaufs-Expo, auf der sich die Nationen in eigenen Pavillons präsentieren und für ihr Land typische Waren zum Verkauf anbieten. So kann man z. B. im Pavillon des Jemen nicht nur jemenitische Kultur erleben, sondern auch sehr schönen Silberschmuck erwerben. Künstlerische Darbietungen ergänzen die Präsentationen der einzelnen Länder.

Essen & Trinken

Hoch über den Wolken – **Vu's Restaurant** [1] : im Hotel Jumeirah Emirates Towers, 50. Stock, s. S. 49

Blick auf den Burj Khalifa – **Hukama** [2] : im Hotel The Address Downtown Dubai, s. S. 47

Perfekter Service – **Al Nafoorah** [3] : im Hotel Jumeirah Emirates Towers, Tel. 319 87 60, tgl. 12.30–15, 20–23 Uhr, Suppe 20 Dh, *sharwarma* 25 Dh (sehr empfehlenswert!), Lammkotelett 50 Dh. Authentische libanesische Edelgastronomie mit Plätzen im Freien, sehr freundliches Personal, bester *hoummus* in Dubai!

Nudelparadies – **The Noodle House** [4] : im The Boulevard – Jumeirah Emirates Towers), untere Ladenpassage, Tel. 319 87 57, tgl. 12–23.30 Uhr, Gerichte 35 Dh, Getränke 8 Dh,

Lieblingsort

Cocktail unter Sternen 8

Der Sonnenuntergang am tiefroten Horizont im Westen Dubais, die langsam einsetzende Dämmerung und die Lichter und Leuchtreklamen der Hochhäuser entlang der Sheikh Zayed Road, später dann der klare Sternenhimmel – das sind die atmosphärischen Zutaten zu einem Cocktail, den man in der **Ikandy-Lounge** auf der Poolterrasse des **Shangri-La-Hotels** ab 30 Dh genießen kann. Der schönste Teil der Terrasse, auf der sich tagsüber die Gäste unter Palmen am Pool sonnen, wandelt sich abends zu einer Open-Air-Lounge mit herrlicher Aussicht, in der sich sportliches Ambiente und eleganter Lifestyle verbinden. Die Lage im Herzen Dubais, die leichte Brise, der Blick auf den Burj Khalifa, die Auswahl der Musik, die lange Liste der Cocktails und das Kerzenlicht – das alles macht das Ikandy zu einem idealen Treffpunkt (Juni–Sept. geschl.).

Beiderseits der Sheikh Zayed Road

Jasmintee umsonst. Wer Nudeln mag, ist hier bestens aufgehoben. Das chinesische Restaurant ist immer voll. Viele Reis- und Nudelgerichte, alle Bestellungen werden auf dem *order pad* angekreuzt. Man sitzt an langen Tischen und amüsiert sich darüber, wie der Nachbar die ca. 80 cm langen Fadennudeln zum Mund manövriert (Chinesen lieben lange Nudeln, denn sie sollen Glück bringen).

Steak's Heaven – **Ruth's Chris Steak House** 5 : im The H-Dubai, s. S. 50
Himmelsstürmend – **Bridges** 6 : im Hotel The Fairmont Dubai, s. S. 52
Berge und Schnee – **Aspen** 7 : im Kempinski Hotel, s. S. 52

Einkaufen

Einkaufen und Skifahren – **The Mall of the Emirates** 1 : s. S. 209
Luxus pur – **The Boulevard at Jumeirah Emirates Towers** 2 : s. S. 202
Eis, Spielzeug und Kunsthandwerk – **Times Square Center** 3 : s. S. 205
World wide shopping – **Ibn Battuta Mall** 4 : s. S. 210
Hohe Kunst – im Gate Village im DIFC 5 : **The Empty Quarter,** Building 2, s. S. 73; **Farjam Collection**, Building 4, Tel. 323 03 03, So–Do 10–20 Uhr, junge einheimische Talente; **XVA Gallery,** Building 7, Tel. 358 51 17, www.xvagallery.com, So–Do 11–19 Uhr; **Cuadro,** Building 10, s. S. 73.
Gegenüber Burj Khalifa – **Souq Al Bahar** 6 : s. S. 55

Aktiv

Golftradition – **Emirates Golf Club** 8 : s. S. 209.
Golfen mit Skyline – **The Address Montgomerie Golf Club** 9 : 18-Loch-Anlage des renommierten Golfclubs, s. S. 210
Erholung und Entspannung – **The Talise Spa** 1 : im Jumeirah Emirates Towers, Tel. 319 81 81, tgl. 9–22 Uhr. Alle Jumeirah Hotels besitzen ein Talise Spa mit großem Behandlungsangebot (s. S. 71). Highlight im Emirates Towers ist der Flotation Pool, ein Becken mit angenehm warmem Salzwasser, in dem sich der Gast eine Stunde lang bei leiser Musik in vollkommener Entspannung treiben lassen kann. Das Salzwasser versetzt in einen wohligen Zustand und man fühlt sich so erholt wie nach acht Stunden Schlaf.

In den Shopping Malls findet man auch edle Flacons als Mitbringsel für daheim

Adressen

Refresh & Revitalise – **The Spa at The Address** 2 : im Hotel The Address Dubai Mall, Tel. 428 78 05, tgl. 9–22 Uhr. Das Angebot richtet sich vor allem an diejenigen, die erschöpft vom Shoppingbummel in der Dubai Mall zurückkehren. Sehr empfehlenswert ist die zweistündige Signature-Behandlung.

Römische Badekultur – **Willow Stream** 3 : im Hotel The Fairmont, s. S. 71

Reiten in der Wüste – **Al Sahra Desert Resort – Equestrian Center** 4 : Dubailand, ca. 30 Min. auf der Emirates Road Richtung Abu Dhabi, Tel. 971 44 27 40 55, www.jaresortshotels.com. *Al sahra* (arab. für Wüste), erfüllt die Erwartungen, die man gemeinhin mit dem Namen und den in Wüstenregionen lebenden Menschen verbindet. Seit der Finanzkrise hat das Resort, das sich im Besitz der JA (Jebel Ali Resorts and Hotels) befindet, sein Konzept geändert. Heute beherbergt es das Al Sahra Equestrian Center, eine der erfolgreichsten Pferdestallungen Dubais mit großem Reitangebot und einer Kamelranch: Reitunterricht (auch für Anfänger), geführte Ausflüge zu Pferd oder Kamel in die Wüste. Bis 2010 war Al Sahra der Inbegriff für ein beduinisches Kulturangebot, insbesondere für touristische Besucher. 2015 will man an diese Tradition wieder anknüpfen.

Abends & Nachts

Immer ›In‹ – **Zinc** 1 : Sheikh Zayed Road, s. S. 65

Jazz und Bier – **Blue Bar** 2 : im Hotel Novotel, International Exhibition & Convention Centre, s. S. 62

Wein nach Dienstschluss – **Cin Cin** 3 : im Hotel The Fairmont Dubai, gegenüber dem DWTC, s. S. 63

Burj Khalifa-Blick – **Neos** 4 : im Hotel The Address Downtown Dubai, s. S. 64

Hoch über den Wolken – **Vu's Cocktail-Bar** 5 : im Hotel Jumeirah Emirates Towers, 51. Stock, Tel. 330 00 00, tgl. 18–3 Uhr, Bier 40 Dh, Cola 20 Dh, Cocktails ab 60 Dh, eine Flasche Dom Pérignon Rosé 1995 2950 Dh. Die höchstgelegene Bar am Golf bietet einen einmaligen Blick aus 298 m Höhe auf das nächtliche Lichtermeer Dubais; max. 90 Gäste. CD-Musik, aufmerksames Personal, kleine Snacks. Der Barkeeper mixt bis zu 300 Drinks Ihrer Wahl. Dresscode: keine Jeans, keine T-Shirts. Das Vu's ist aufgrund seiner zentralen Lage am Beginn der Sheikh Zayed Road und seines stilvollen Ambientes ein beliebter Treff von Paaren und Singles der *locals* und *expatriates*. Wegen der angenehm gedämpften Atmosphäre bleiben die Gäste gern bis weit nach Mitternacht.

Top Spot – **1897** 6 : im Kempinski Hotel Mall of the Emirates, Tel. 409 59 99, tgl. 16–3 Uhr. Der Name steht für herausragende Qualität: 1897 eröffnete Lorenz Adlon das erste Kempinski Hotel. Seit dieser Zeit weiß man, wie man Gäste verwöhnt. In der Bar 1897 spürt man dies besonders. Die Auswahl der Drinks erfüllt alle Wünsche, für Atmosphäre sorgen Kerzenlicht und die dezente Musik eines Pianisten. Im 1897 treffen sich die Beschäftigten aus der nahen Media City. Man muss sich also nicht wundern, wenn man in Gesellschaft der ein oder anderen TV-Berühmtheit an seinem Drink nippt.

Atmosphäre – **Cavalli Club** 7 : im Hotel The Fairmont, Sheikh Zayed Rd., Tel. 332 55 55, tgl. 20–3 Uhr. Abendunterhaltung in stilvollem Ambiente, dezentes Licht, chic gekleidetes Publikum. Die DJ´s ahnen die Musikwünsche der Gäste, deshalb bleibt die Tanzfläche selten leer. Teurer Abend auf hohem Niveau; vorzügliche Küche.

Beach Feeling in the City – **Ikandy** 8 : s. S. 212

215

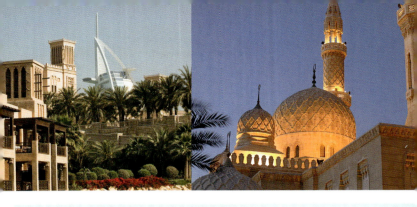

Das Beste auf einen Blick

Jumeirah

Highlight!

Burj Al Arab: Der ›arabische Turm‹, das berühmteste Luxushotel Dubais, steht umgeben von Meer am Jumeirah Beach und ist seit Jahren das Wahrzeichen des Emirats. Hier steigen die VIPs und Reichen der Welt ab und alle 202 Suiten sind stets lange im Voraus ausgebucht. 10 S. 229

Auf Entdeckungstour

In der schönsten Moschee Dubais: Die Jumeirah Mosque an der Jumeirah Road ist nicht nur die schönste Moschee des Emirats, sie ist auch die einzige, die von Nichtmuslimen betreten werden darf. 1 S. 220

Im Burj Al Arab: Kein anderes Hotel der Welt schmückt so oft die Titelseiten von Reisemagazinen und Illustrierten. Um die Privatsphäre der Hotelgäste zu schützen, ist es beinahe ausgeschlossen, den Burj Al Arab als Besucher von innen zu sehen – aber eben nur beinahe! 10 S. 230

Kultur & Sehenswertes

Jumeirah Archaeological Site: Ausgrabungen belegen, dass Jumeirah bereits zur Zeit der omayadischen Kalifen ein wichtiges Handelszentrum an der Karawanenroute entlang der Golfküste war. 6 S. 225

Majlis Ghorfat Umm Al Sheif: In der bescheidenen Sommerresidenz von Sheikh Al Rashid hat sich seit 1955 nichts verändert. 7 S. 227

Aktiv unterwegs

Jumeirah Beach Park: Der beste öffentliche Badestrand des Emirats. 4 S. 224

Wild Wadi Water Park: Für Kinder ein Paradies. 9 S. 229

Caracalla Spa: Zweimal als bester Spa Dubais ausgezeichnet. 2 S. 238

Genießen & Atmosphäre

Stilvolles Dinner im La Baie: Edles Dekor, perfekter Service, exzellente Küche – ein unvergessliches Abendessen im Hotel The Ritz Carlton. 1 S. 235

Pierchic: Hier sitzt man weit draußen im Meer und blickt bei einem vorzüglichen Essen auf die herrlichen Hotelanlagen entlang der Küste. 5 S. 235

Abends & Nachts

Uptown Bar: Cocktailbar mit Tanz im 24. Stock des Jumeirah Beach Hotels. 3 S. 239

Kasbar: Seit Jahren *die* In-Disco im Emirat. 4 S. 239

Buddha Bar: Nach Paris und New York auch in Dubai eine Garantie für einen gelungenen Abend. 5 S. 239

Jetty Lounge und The 101: Zwei Top-Locations in und am Meer. 7 8 S. 239

Der neue Westen

Die großen Visionen der Royalties von Dubai werden im Südwesten der Stadt verwirklicht, und diese Entwicklung bahnte sich bereits vor Jahrzehnten an: Mit zunehmendem Wohlstand verließen Anfang der 1970er-Jahre viele Dubai'in ihre Stadtviertel am Creek und zogen in neue großzügige Häuser – bevorzugt – in den südwestlichen Außenbezirken. In dieser damals noch kahlen Wüstenebene namens Jumeirah vor den Toren der Stadt gab es genügend Platz. Und hier erstreckte sich zudem kilometerlang der schönste Sandstrand des Emirats.

In diesen Außenbezirken bis hin zum rund 40 km vom Zentrum entfernten neuen Tiefseehafen Jebel Ali investierte Dubai schwerpunktmäßig für die Zukunft des Emirats. Jumeirah entwickelte sich nach der Staatsgründung der Vereinigten Arabischen Emirate durch seine Standortvorteile sehr bald zum bevorzugten Wohnviertel für Europäer und US-Amerikaner, die in Dubai arbeiteten. Ende der 1970er-Jahre war Jumeirah bereits infrastrukturell komplett erschlossen, schön begrünt und mit großzügigen Straßen versehen. Es entstanden Bungalows und Villen mit gepflegten Gartenanlagen und hohen Mauern, hinter denen Palmen und blühende Bougainvilleen hervorragten.

Obwohl Jumeirah historisch gesehen damals nur das stadtnächste Viertel im Südwesten Dubais neben anderen noch unerschlossenen Außenbezirken war, hat sich der Name Jumeirah umgangssprachlich für den ganzen Südwesten bis zur Jebel Ali-Industriezone durchgesetzt.

Faszinierendes Architekturensemble: Madinat Jumeirah und Burj Al Arab

Jumeirah Road

Jumeirah Mosque [1]
Die Herrscherfamilie hat sich per Dekret selbst verpflichtet, dass kein Dubai'in in seinem Wohnbezirk mehr als einen Kilometer zurücklegen muss, um ein Gebetshaus zu erreichen. Den Bewohnern des Stadtteils Jumeirah steht daher seit 1983 ein architektonisch besonders eindrucksvolles Gotteshaus offen, das zum freitäglichen Mittagsgebet manchmal auch von den Mitgliedern der Herrscherfamilie aufgesucht wird. Der schlichte Name, der nur den Standort nennt – Jumeirah Mosque – täuscht darüber hinweg, dass es sich hier um die schönste Moschee der Stadt handelt.

Gepflegte Rasenanlagen und Palmen trennen die Jumeirah-Moschee von der direkt vorbeiführenden Jumeirah Road. Der Eingang zur Moschee befindet sich auf der dem Verkehr abgewandten Seite. Die Jumeirah-Moschee ist die einzige in den VAE, die Nichtmuslimen den Zutritt erlaubt (s. Entdeckungstour S. 220).

Zoo [2]
Tel. 349 64 44, Mi–Mo 10–17 Uhr, Eintritt Erwachsene und Kinder 2 Dh
In Jumeirah liegt auch der Zoo der Stadt – allerdings kein Tierpark der Superlative, eher ein ›Kompakt‹-Zoo mit nicht gerade artgerechter Tierhaltung. Obwohl er nicht auf die Publikumswirkung von exotischen Tieren, sondern auf die ›kleineren Attraktionen‹ setzt – nämlich auf Tiere, die überwiegend in der Region leben bzw. die es dort in freier Wildbahn nicht mehr gibt –, ist er bei Einheimischen beliebt.

Die Geschichte des ältesten Zoologischen Gartens der VAE – und des ersten seiner Art auf der Arabischen Halbinsel – reicht ins Jahr 1962 zurück, als der österreichische Ingenieur Hans Bulart, Tierliebhaber und Geschäftsführer einer Firma in Dubai, mit dem Aufbau eines privaten Tiergartens begann. 1967 stellte Sheikh Rashid Bin Saeed Al Maktoum ihm dafür ein 1,75 ha großes Terrain an der Jumeirah Road zur Verfügung, nur zwei Kilometer von der Jumeirah-Moschee entfernt. 1971 übernahm die Stadtverwaltung von Dubai den Zoo, der ab 1967 vom Vater Hans Bularts, Otto J. Bulart, geleitet wurde. Er hatte zuvor bereits den Zoo von Al Ain im Nachbaremirat Abu Dhabi aufgebaut.

Niemand ahnte, dass der kleine private Bestand bereits wenige Jahre später auf fast 1000 Tiere ▷ S. 223

Infobox

Reisekarte: ▶ Karten 2/3, H–T 3/4, Karte 4, B/C 1/2

Touristeninformation
Zweigstellen des DTCM befinden sich in der Mall of the Emirates (s. S. 209) und der Ibn Battuta Mall (s. S. 210).

Internetzugang
Öffentliche Internetcafés sind am Jumeirah Beach dünn gesät, aber jedes der großen Strandhotels bietet Internetzugang an.

Verkehrsmittel
Das historische Zentrum von Dubai ist von den Hotels am Jumeirah Beach mit einem **Taxi** bequem in ca. 30 Minuten zu erreichen. Für Gäste, die nur zu den großen Shopping Malls oder zum Goldsouq möchten, bieten diese Strandhotels einen **Shuttle-Service** an. Die Abfahrtszeiten erfährt man beim Concierge des jeweiligen Hotels.

Auf Entdeckungstour:
In der schönsten Moschee Dubais

Es spricht für die Weitsicht von Sheikh Mohammed Bin Rashid Al Maktoum, dass er eine direkte Begegnung der Kulturen durch den Besuch des schönsten Gotteshauses seines Emirats gewährt. Zudem ist die Jumeirah Mosque 1 ein herausragendes Beispiel islamischer Baukunst. Wer noch keine Moschee von innen gesehen hat, für den ist diese Tour genau richtig.

Reisekarte: ▶ Karte 2, T 4
Dauer: 1,5–2 Std.
Führungen (engl.): Sa, So, Di, Do 10 Uhr, Treffpunkt 9.50 Uhr vor der Moschee; Anmeldung beim Sheikh Mohammed Centre for Cultural Understanding (SMCCU), Tel. 353 66 66, www.cultures.ae.
Verhaltensregeln: Angemessene Kleidung ist erforderlich (s. S. 23), Kinder sind ab 5 Jahren zugelassen, Fotografieren ist erlaubt.

Die Mitarbeiter des Sheihk Mohammed Centre for Cultural Understanding (SMCCU), das nach dem Herrscher Dubais benannt ist und seinen Sitz im Stadtteil Bastakiya hat, waren anfänglich skeptisch: Ob nichtmuslimische Gäste in Dubai überhaupt Interesse am Besuch der Jumeirah-Moschee haben würden? Sie entschlossen sich aber dennoch, einmal in der Woche Führungen anzubieten. Mittlerweile ist der Andrang so groß, dass bereits an vier Tagen in der Woche Führungen durch die schönste Moschee Dubais stattfinden. Dabei erfährt man auch sehr viel über den Islam und den Propheten Mohammed.

Das Innere der Moschee

Das Staunen beginnt direkt hinter den schweren Holztüren am Eingang: Ganz im Stil prächtiger Moscheen, wie sie die ägyptischen Kalifen der Fatimiden zu bauen pflegten, wölbt sich ein von Säulen getragenes Kuppeldach über den großen Innenraum und zwei hohe, schlanke Minarett-Türme erheben sich zu beiden Seiten des Eingangsportals. Weitere Kuppeln schmücken die Dächer der Seitenschiffe, schwere Leuchter hängen von der Decke des Baldachins über dem Außeneingang, aufwendige Stuckarbeiten und von rhombischen Mustern durchbrochene Wände vermitteln bei aller Größe und Massivität des Hauses eine spielerische Leichtigkeit.

Die fatimidischen Architekturelemente setzen sich im Inneren fort. Doch hier reduzierten die Architekten die verschwenderische Pracht. Denn eine Moschee ist kein Kultbau, auch kein Gotteshaus im christlichen Sinne, mit dessen wertvoller Ausstattung der Bauherr oder wohlhabende Stifter ihre Frömmigkeit unterstreichen wollten, sondern nur ein Versammlungsort für das gemeinsame Gebet. Deshalb sucht man in der Jumeirah-Moschee vergeblich nach figürlichem Schmuck oder nach Bildern und Gemälden; sie widersprächen zudem dem Abbildungsverbot des Koran. Dafür entdeckt man reiche Schriften-Ornamentik entlang des abschließenden Simses unterhalb des Kuppelansatzes. Die bescheidene Ausstattung wird durch das angenehme gelbgrüne Licht, das durch die Fenster fällt, unterstrichen.

An einer der Seitenwände des großen Innenraums fällt eine flache Nische mit einem Rundgewölbe auf, das von zwei Säulen getragen wird: es ist der *mihrab*, der Platz des *imams* beim freitäglichen Gemeinschaftsgebet aller erwachsenen männlichen Muslime. Der Mihrab zeigt auch die *qibla*, die Gebetsrichtung an, denn Muslime verneigen sich beim Beten gen Mekka.

Einen schönen Kontrast zum strahlenden Messinggelb der zwei Dutzend marokkanischen Kandelaber und dem riesigen Kronleuchter im Mittelrund bildet der hellblaue Teppichboden. Seine dunkelblauen Querlinien erleichtern beim gemeinsamen Gebet die Orientierung gen Mekka.

Da Muslime nur ›rein‹ am Freitagsgebet teilnehmen dürfen, müssen sie sich vorher reinigen. Im Vorhof der Moschee gibt es deshalb mehr als ein Dutzend Wasserhähne über halbhohen Becken. Das Reinigungsritual wird vom Koran detailliert vorgeschrieben und beinhaltet das Waschen von Armen, Füßen und Beinen.

Für Frauen gibt es auf dem Moscheegelände keine Waschgelegenheit. Sie müssen zu Hause vor dem Moscheebesuch für ihre ›Reinheit‹ sorgen. Allerdings ist für sie die Teilnahme am Freitagsgebet auch nicht verpflichtend.

Islamkunde in der Moschee

Nach einem Rundgang und vielen Erklärungen des stets gemischten Führungsteams über einzelne Bauelemente der Moschee werden die Besucher gebeten, in der Mitte auf dem Teppich Platz zu nehmen und ermuntert, alle Fragen zur islamischen Religion ohne jede Einschränkung zu stellen. Das Experiment gelingt, denn nach kurzer Zeit werden sogar Fragen zum Privatleben muslimischer Familien (»Wie fühlt man sich als Muslima, wenn man seinen Mann mit zwei anderen Frauen teilen muss?«) gestellt und sehr ausführlich und ohne Scheu beantwortet. Nach ca. zwei Stunden verabschiedet sich das Team und bittet abschließend darum nicht zu zögern, etwaige Kritik an dieser Führung zu äußern oder Verbesserungsvorschläge schriftlich an das SMCCU zu schicken.

Da die Jumeirah-Moschee aus elfenbeinfarbenem Kalkstein erbaut wurde, leuchtet sie tagsüber weithin in der Sonne. Noch eindrucksvoller kommt ihre Schönheit am Abend zur Geltung, wenn sie in zart gelbem Licht erstrahlt. Dann heben sich die filigranen Elemente ihrer Fassade im Spiel von Licht und Schatten noch plastischer hervor, und ihre hellen Minarette ragen wie zwei weithin sichtbare Kerzen in den dunklen Himmel.

Nachts wird die Moschee zauberhaft beleuchtet

anwachsen und der Park schon bald an die Grenzen seiner räumlichen Kapazität stoßen würde. Heute bevölkern 1400 Tiere das Terrain – vielfach wurden sie nicht gezielt für den Zoo erworben, sondern im Flughafen aus den Händen illegaler Tierhändler befreit.

Seit Mitte der 1980er-Jahre bemüht sich die Zooleitung um den Aus- und Umbau des Geländes. Bereits 2003 sollte der Zoo in ein großes Gehege hinter dem Mushrif Park umziehen. Daraus wurde jedoch bis heute nichts.

Parken ist Glückssache
Parken ist in Jumeirah nur in den ausgewiesenen Zonen gestattet. Außerhalb kann es teuer werden (200 Dh Strafe). An den Wochenenden findet man entlang der Uferstraßen in Jumeirah und im Jumeirah Beach Park allerdings so gut wie keinen Parkplatz. Hat man Glück, kostet das Parken im Jumeirah Beach Park 20 Dh.

Jumeirah Beach

Ganz exakt ist die Bezeichnung Jumeirah Beach für den 20 km langen Sandstrand zwischen dem stadtnahen Hafen Port Rashid und dem weit draußen im Westen liegenden Industriegelände von Jebel Ali mit dem großen Hafen gleichen Namens nicht. Denn nur der kleinste Abschnitt des Strandes gehört zum Stadtteil Jumeirah. Da aber die vierspurige Straße, die parallel zur Küste über Jumeirah hinaus Richtung Al Soufouh verläuft und auf dem größten Teil der Strecke Jumeirah Road heißt (erst zwischen dem Hotel Burj Al Arab und der Dubai Marina im Stadtteil Al Sufouh wechselt der Name zu Al Sufouh Road), hat sich unter Einheimischen und Besuchern die Bezeichnung Jumeirah Beach für den gesamten Strand durchgesetzt.

Strand heißt aber nicht automatisch Badestrand. Denn Baden ist nur an bestimmten Abschnitten des schönen Jumeirah Beachs möglich. Die Strandhotels haben eigene Strandabschnitte, die nicht nur ihren Gästen, sondern auch Besuchern offenstehen. Letztere müssen nur im jeweiligen Hotel eine Beach-Club-Tagesmitgliedschaft erwerben (s. S. 68).

Die Jumeirah Road verläuft häufig in mehr als 100 m Entfernung zum schönen, baumlosen Strand. Dazwischen stehen dort, wo das Meer kleine Sandbuchten gebildet hat, vor allem in dem Abschnitt zwischen Jumeirah Mosque und Zoo, in schmalen Seitenstraßen – quasi in der ersten Reihe – eindrucksvolle Villen. Zum Strand hin stört kein Hochhaus die flache, höchstens zweistöckige Bebauung. In diesem Teil Jumeirahs unterhält auch das **Dubai Marine Beach Resort & Spa Hotel** sein hübsches Anwesen direkt am Strand. Wer in Dubai noch relativ stadtnah Strandurlaub erleben will, ist in diesem Hotel gut aufgehoben. Es ist das stadtnächste am Jumeirah Beach.

Die Jumeirah Road, die in vielen Stadtplänen und auf Straßenschildern noch Jumeirah Beach Road genannt wird, ist eine der frequentiertesten Straßen von Dubai, da sie eine mautfreie Alternative zur Sheikh Zayed Road ist und auf der man zudem unterwegs anhalten darf. Ein Stopp lohnt sich z. B. an der Mercato Mall.

Mercato Mall [3]
www.mercatoshoppingmall.com,
Jumeirah Road, Tel. 344 41 61,
tgl. 10–22 Uhr
Ein italienischer Marktplatz diente als Vorbild für diese lichtdurchflutete Shopping Mall, die zu den kleineren

Jumeirah

Sehenswert
1. Jumeirah Mosque
2. Zoo
3. Mercato Mall
4. Jumeirah Beach Park
5. Safa Park
6. Jum. Archaeological Site
7. Majlis Ghorfat Umm Al Sheif
8. Jumeirah Beach Hotel
9. Wild Wadi Water Park
10. Burj Al Arab
11. Madinat Jumeirah
12. The Palm Jumeirah
13. The One & Only Royal Mirage
14. Dubai Marina

Essen & Trinken
1. La Baie
2. Celebrities
3. Al Muntaha
4. The Beach Bar & Grill
5. Pierchic
6. BiCE
7. AOC-French Brasserie
8. Majlis Al Bohar

der Stadt gehört. Ein hoher Glashimmel wölbt sich über die pastellfarbenen Ladenhäuser, in denen Mode von Hugo Boss, Armani und Cerutti auf Kunden wartet. Eine Italienkopie mit klimatisierter Piazza und ›Riviera-Stimmung‹. Ausgezeichnet sind das Lebensmittel- und Früchteangebot von **Spinney's** im Parterre des Mercato wie auch das hilfsbereite Personal im Eingang.

Folgt man der Jumeirah Road stadtauswärts Richtung Westen, passiert man zunächst den **Dubai Ladies Club**, eine Clubanlage nur für Damen, die an einem sehr schönen Strandabschnitt liegt. Direkt daneben befindet sich die einzige **öffentliche Badeanlage** am Jumeirah Beach, der Jumeirah Beach Park. Noch weiter westlich gibt es auch einen frei zugänglichen Badestrand.

Jumeirah Beach Park 4
Tel. 349 25 55, tgl. 7–23 Uhr, Mo nur Frauen, Eintritt 5 Dh, Pkw 20 Dh
Ein langer, weißer Strand vor einer fantasievoll gestalteten Gartenanlage mit Rasenflächen und Palmen, Café und Schnellrestaurant, Sportgeräteverleih, Süßwasserduschen und großem Parkplatz. Hierher kommen alle, die nicht Mitglied in einem der teuren Strandclubs oder Gäste der Luxushotels am Jumeirah Beach sind. Der Rettungsdienst auf den hölzernen Türmen ist bemüht, in Aussehen und Outfit die arabische Variante der Baywatch-TV-Truppe zu geben. Unter europäischen *expatriates* ist der Strand überaus beliebt.

Wer sich auch ohne Strandleben erholen möchte, für den liegt landeinwärts in Höhe des Jumeirah Beach Parks eine der schönsten Grünanlagen der Stadt, der Safa Park.

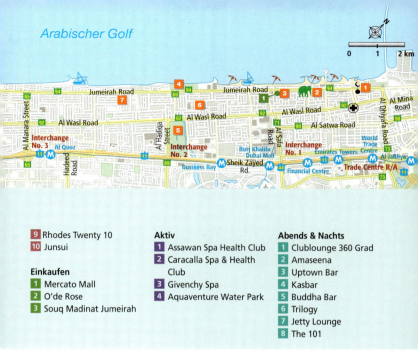

9 Rhodes Twenty 10
10 Junsui

Einkaufen
1 Mercato Mall
2 O'de Rose
3 Souq Madinat Jumeirah

Aktiv
1 Assawan Spa Health Club
2 Caracalla Spa & Health Club
3 Givenchy Spa
4 Aquaventure Water Park

Abends & Nachts
1 Clublounge 360 Grad
2 Amaseena
3 Uptown Bar
4 Kasbar
5 Buddha Bar
6 Trilogy
7 Jetty Lounge
8 The 101

Safa Park 5
www.dm.gov.ae, Tel. 349 21 11, So–Mi 8–22, Do–Fr 8–23 Uhr, Eintritt 3 Dh
Der schönste Erholungspark der Stadt ist eine Oase der Ruhe. Aus diesem Grund sind Hunde und Mountainbiker hier ebenso wenig erwünscht wie auf dem Rasen spielende Fußballer, Grillfans oder Autos – darüber informieren Schilder an allen drei Eingängen; seit 2003 auch in Kyrillisch. Im Herzen des Nobelvorortes Jumeirah zwischen der Al Wasl Road und dem nach Abu Dhabi führenden Sheikh Zayed Highway dehnt sich der Park auf 64 ha aus. Er ist als hügelige Landschaft mit Bäumen und großen Rasenflächen angelegt; auf dem großen See kann man mit Tretbooten fahren. Drei Modellgartenanlagen vermitteln den Besuchern, wie man in anderen Erdteilen Gärten anzulegen pflegt. Zum Park gehören Sport- und Tennisplätze sowie ein Fitness- und Joggingpfad.

Jumeirah Archaeological Site 6
Zwischen Jumeirah Road und Al Wasl Road, So–Do 8–14.30 Uhr, Eintritt frei
Zwischen Jumeirah Beach Park und Safa Park kann man neben der Al Shaab Elementary School die ca. 20 ha große archäologische Ausgrabungsstätte besuchen. Sie gilt innerhalb der Vereinigten Arabischen Emirate bisher als einmalig, weil hier **Funde vorislamischer** und **islamischer Zivilisationen** ans Tageslicht befördert wurden.

Die Grabungen in Jumeirah begannen 1969 unter der Leitung amerikanischer Forscher der Universität von Beirut. Sechs Jahre später setzten irakische Archäologen die Arbeit fort. Seit 1982 besitzt Dubai sein eigenes

Jumeirah

Eine Oase der Ruhe: der Safa Park

Ausgrabungs- und Forscherteam. Die ältesten Funde gehen auf das 5. und 6. Jh. zurück und belegen, dass auch vor dem Islam in Jumeirah eine Zivilisation existierte. Später, unter den omaiyadischen und abbasidischen Kalifen, wurde Jumeirah dann ein wichtiges Handelszentrum, durch das die Karawanenstraße von Oman nach Mesopotamien führte. Bisher wurden die Grundmauern von drei größeren Gebäudekomplexen, mehreren Wohngebäuden, einer Moschee und eines Souqs mit sieben Läden ausgegraben.

Der **erste Gebäudekomplex** aus dem 5. Jh. wurde in der omaiyadischen Periode im 7. und 8. Jh. umgebaut. Um den offenen Innenhof gruppieren sich die Räume, an den Eckpunkten der Außenmauern befinden sich Türme. Der **zweite Gebäudekomplex** ist ähnlich konzipiert, jedoch größer; 20 unterschiedlich große Räume reihen sich hier um den Innenhof. Er wurde vermutlich als Karawanserei und Gasthof von Reisenden genutzt. Der **dritte Gebäudekomplex** besitzt keine Türme, jedoch zahlreiche Rundbögen und Säulen; seine Wände und Fensterbögen sind mit floralen und geometrischen Stuckelementen verziert. Hier befindet sich auch ein schöner Steinboden mit persischen Mustern. Die Archäologen vermuten, dass dieses Gebäude ein ehemaliger Gouverneurspalast war.

Mein Tipp

Expertenführung
Es empfiehlt sich sehr, im Informationsbüro einen der freundlichen jordanischen Archäologen um eine Führung durch die Jumeirah Archeological Site zu bitten.

Jumeirah Beach

Neben den ausgegrabenen Gebäuden wurden zahlreiche Stuckteile der Tür- und Fensterdekoration, Töpferwaren, Glasstücke, Münzen sowie Kupfer- und Eisenwaren gefunden. Derzeit ist das alte Jumeirah noch nicht der breiten Öffentlichkeit zugänglich, nach Abschluss der archäologischen Ausgrabungen soll dies jedoch erfolgen.

Majlis Ghorfat Umm Al Sheif [7]

Tel. 394 63 43, Sa–Do 8.30–13.30, 15.30–20, Fr 15.30–20 Uhr, Eintritt 1 Dh
Der Stadtbezirk am Jumeirah Beach hinter dem Offshore Sailing Club trägt den Namen **Umm Suqueim**. Noch in den 1950er-Jahren schlummerte hier eine kleine Fischersiedlung weit draußen vor den Toren der Stadt, die dank einer Süßwasserquelle von vielen Palmen umgeben war. Hier errichtete Sheikh Rashid Bin Saeed Al Maktoum 1955 ein einstöckiges Sommerhäuschen, in dem er an besonders heißen Tagen die Nachmittage verbrachte und gelegentlich auch bittstellende Untertanen sowie Gäste empfing.

Wegen ihrer historischen Funktion als *majlis* trägt die kleine Sommerfrische nahe dem Meer den Namen Majlis Ghorfat Umm Al Sheif. Im ersten Stock des Hauses ist noch alles so erhalten, wie Sheikh Rashid es hinterlassen hat: Ein raumfüllender Teppich auf dem Boden und entlang der Wände ausschließlich Sitzkissen. Mehr Mobiliar war in einer *majlis* nicht nötig, denn in wörtlicher Übersetzung ist es vergleichbar mit der ›guten Stube‹ bürgerlicher Gesellschaften, ein Raum, in dem man sitzt und Dinge bespricht.

Wegen der islamischen Geschlechtertrennung empfängt der Herr des Hauses immer nur männliche Gäste in der *majlis*. Sie ist so platziert, dass die Besucher keine Einsicht in die dahinter liegenden Räume, die Küche oder den Hof haben, in denen die weiblichen Familienmitglieder ungeachtet des Besuchs ihren Arbeiten nachgehen können. Schon in den großen Zelten oder später in den Lehmhäusern der Sheikhs kam es in der *majlis* stets zu Zusammenkünften mit anderen Sheikhs oder zwischen Sheikh und Untertanen. Daher wird der Name des Raums synonym für diese Begegnungsformen benutzt.

In dieser Form, wie sie auf alten Fotos in der Majlis Ghorfat Umm Al Sheif zu sehen ist, gibt es überlieferungsgemäß seit Anfang des 19. Jh. in den Scheichtümern am Golf eine institutionalisierte *majlis*. Jeder Stammesangehörige konnte an einem bestimmten Tag und an einem bekannt gegebenen Ort seinen Sheikh – allein oder zusammen mit anderen – persönlich aufsuchen. Im direkten Gespräch trug er ihm sein Anliegen vor, zog ihn zur Schlichtung in einer Streitsache zu Rate, bat ihn persönlich um Hilfe oder erzählte auch nur von den eigenen Schwierigkeiten, um Nachsicht für Versäumnisse zu erwirken. Was immer auch zur Sprache kam, es unterlag der Verschwiegenheit. Allerdings war die Entscheidung des Sheikhs dann bindend. Manchmal lud der Sheikh selbst alle männlichen Mitglieder seines Stammes zu einer *majlis* ein, um z. B. bestimmte Vorhaben mit ihnen zu diskutieren oder um seinen Nachfolger vorzustellen.

Die Institution der *majlis* war bis in die 1960er-Jahre in vielen Regionen der Arabischen Halbinsel die einzige Form der politischen Partizipation. Inzwischen wurde sie in den meisten Staaten durch bürokratisierte Verwaltungs-, Rechts- und Rechtsprechungsinstitutionen ergänzt. Aber als loyalitätsstiftende Möglichkeit des direkten persönlichen Kontakts eines Oberhaupts zu seinen Untertanen behielt man sie bei, da sie

Jumeirah

Nicht nur für Kinder ein Riesenspaß: der Wild Wadi Water Park

allseits akzeptiert wird und als Form ›direkter Demokratie‹ gilt. In der Majlis Ghorfat Umm Al Sheif spürt man davon noch einen historischen Hauch.

Jumeirahs Goldene Meile

Der Strand von **Umm Suqueim** ist heute Teil des Jumeirah Beachs, wurde aber jahrzehntelang unter den *expatriates* in Dubai nur ›Chicago Beach‹ genannt. Er war der Inbegriff für Badeurlaub vor den Toren Dubais. An diesem langen Sandstrand gab es nur ein Hotel, und auch das trug diesen Namen: Chicago Beach Hotel. Seine Gäste waren in erster Linie US-amerikanische *expatriates,* die im Ölgeschäft tätig waren und hier mit ihren Familien das Wochenende verbrachten.

Der herrliche Strand ist immer noch derselbe, doch das Hotel Chicago Beach wurde 1997 abgerissen und durch das größere, beeindruckend schöne **Jumeirah Beach Hotel** 8 (s. S. 31) ersetzt. Und wieder wurde der gesamte Strand nach dem Hotel benannt. Gegenüber erhebt sich auf einer vorgelagerten künstlichen Insel im Meer die weithin sichtbare Nobelherberge **Burj Al Arab.**

Neben dem Jumeirah Beach Hotel, in dessen weitläufiges Gelände auch die exklusive **Bungalow-Anlage Bait Al Bahar** (Haus am Meer) integriert ist, erstreckt sich der riesige Wild Wadi Water Park.

Jumeirahs Goldene Meile

wältigt, und einem Dutzend weiterer aufregender Attraktionen gibt es in Europa bisher nicht. Auch von den anderen Rutschen, Wasserachterbahnen und Surf Walls wird die Familie noch tagelang schwärmen.

Burj Al Arab ! 10
Jumeirah Rd., Tel. 301 77 77, www.jumeirah.com, s. auch S. 31 und Entdeckungstour S. 230

Auf einer eigens angelegten Insel 280 m vom Festland entfernt steht seit 1999 ein Bauwerk von babylonischer Dimension: 321 m ragt der Burj Al Arab aus dem Meer und reicht damit in der Höhe sogar an den Eiffelturm heran. Und so wie dieser das Wahrzeichen von Paris wurde, ist der blau-weiße Hotelturm, der dem Segel eines ausfahrenden Schiffs gleicht, das **Wahrzeichen** von Dubai.

Es ist ein Gebäude der Superlative, ein – wahr gewordener – Traum für die Architekten und ein Alptraum für die verantwortlichen Ingenieure. 4000 Arbeiter waren drei Jahre lang im Einsatz, allein neun Monate liefen die Wasserpumpen für die Ausschachtung und das Einlassen des Fundaments, 30 Schiffscontainer brachten Tag für Tag neues Baumaterial, 1,5 m dick sind die Stützen, die 45 m tief in den sandigen Meeresboden gerammt wurden.

Wild Wadi Water Park 9
www.wildwadi.com, Tel. 348 44 44, Nov.– Feb. tgl. 11–18 Uhr, März–Mai, Sept., Okt. 11–19 Uhr, Juni–Aug. 11–20 Uhr, Tageskarte für Erw. 225 Dh, für Kinder 185 Dh, unter 2 Jahren frei; während des Ramadan, tgl. 12–24 Uhr, Erw. 150 Dh, Kinder 125 Dh

Den größten Gefallen tut man kleinen ›Wasserratten‹, wenn man mit ihnen einen ganzen Tag im Wild Wadi Water Park verbringt. Ein Ganztagesbesuch vermag aber auch Erwachsene zu begeistern, denn einen vergleichbaren Wasserpark mit Turborutschen, einem Wave Pool mit 1,5 m hohen Wellen, einer 500 m langen Wildwasserrutschbahn, die man in Gummibooten be-

Die Konstruktion der Insel war die eigentliche Herausforderung. Da aber der ›Arabische Turm‹ (arab. *burj al arab*) optisch einem fahrenden Segelschiff nachempfunden ist, musste er auch auf See errichtet werden, denn nur hier bläst der Wind in die Segel. Und wenn das Bauwerk schon das World Trade Centre oder den Creek Golf Club als Wahrzeichen Dubais ablösen sollte, dann mussten auch die architektonischen Dimensionen stimmen. ▷ S. 232

Auf Entdeckungstour: Im Burj Al Arab

Das Hotel 10, das seit Jahren weltweit in aller Munde ist, liegt auf einer 280 m vom Festland entfernten Insel vor dem Jumeirah Beach Hotel, mit dem es zusammen ein Ensemble bildet. Es ist nahezu immer ausgebucht. »An Land bauen kann jeder, aber nicht auf See«, war die Devise des Bauherrn, Sheikh Mohammed Bin Rashid Al Maktoum.

Reisekarte: ▶ Karte 3, N 3
Planung: Nichthotelgäste haben keinen Zugang: »...*out of respect for the privacy of our guests*«, heißt es in einer Broschüre, aber mit einer telefonischen Reservierung in einem der Restaurants oder im Spa öffnet sich auch für Besucher das aufregendste und prominenteste Hotel Dubais.
Afternoon Sky Tea: So–Do 13–17.30 Uhr, 425 Dh
Cocktail Package: tgl. 19–21.30 Uhr, 225 Dh, 21.30–2 Uhr, 195 Dh

Die Ausstattung des **Burj al Arab** setzt neue Maßstäbe, seine Architektur ist außergewöhnlich. Als ›Sieben-Sterne-Hotel‹ klassifizieren Reisemagazine die Edelherberge, obwohl weltweit bisher nur fünf Sterne als Auszeichnung verliehen werden. Die Eingangshalle übertrifft an Höhe und Luxus alles Dagewesene. Die Gäste wohnen in 202 jeweils zweistöckigen Suiten, davon einige mit mehr als 500 m^2 Wohnfläche. Ein Butler ist im Preis jeder Suite inbegriffen. Für eine Übernachtung muss der Gast allerdings mit mindestens 6500 Dh rechnen (knapp 1400 €). Nicht im Preis enthalten ist der Transfer vom Flughafen per Hubschrauber, der in 200 m Höhe an der Außenseite des Turms auf der Plattform des Heliports landet. Wer mit der eigenen Jacht anreist, kann am Steg des unmittelbar benachbarten Jumeirah Beach Hotels anlegen. Nur wer auf die Anreise mit einem der sechs hoteleigenen Rolls Royces nicht verzichten will, wird den schmalen Steg zwischen Festland und Hotel benutzen. Innerhalb des ›Turms‹ bewegt man sich vertikal mit dem schnellsten Aufzug des Mittleren Ostens: Mit 7 m pro Sekunde katapultiert er die Gäste in die oberen Stockwerke.

VIPs im Burj Al Arab

Gäste der 202 Luxussuiten sind in erster Linie die regionalen Prinzen und Prinzessinnen, die Sheikhs der Region und *the wealthy GCC nationals,* die Celebrities und VIPs, die Dubai besuchen, sowie Touristen, die schon alle Luxushotels der Welt kennen, für die Geld nur die zweite Rolle spielt oder die es sich etwas kosten lassen, aus 300 m Höhe einen absolut unverstellten Blick über die Küste, das Meer und über Dubai zu genießen. Und sofern es sich um Paare handelt, haben sie meist eines gemeinsam: Zumindest die Herren werden in gesetzterem Alter sein.

Den Höhepunkt gastfreundlicher Fürsorge erfahren die Hotelgäste am eigens für sie reservierten Strand: Alle 30 Minuten erscheint der Butler mit gekühlten Getränken und frischen Obststücken an ihrer Komfort-Sonnenliege, und bietet ihnen an, die Sonnenbrille vom Dunst des Meeres und vom Ölfilm der Sonnencreme zu reinigen.

Tagesgäste im Burj

Im Burj bleiben die Gäste unbehelligt von der Öffentlichkeit. Aber es gibt dennoch für Nichthotelgäste Möglichkeiten, »*The World's Most Luxurious Hotel*« (Eigenwerbung) von innen kennenzulernen. Die einfachste: Sie wohnen in einem der beiden Nachbarhotels, im **Jumeirah Beach** 8 (s. S. 31) oder im **Madinat Jumeirah** 11 (s. S. 31). Von dort wird man sogar in einem Golf Cart in den Burj hineingefahren. Die zweite Möglichkeit: Sie reservieren telefonisch in einem der Hotelrestaurants, **Al Mahara** (s. S. 46), **Al Muntaha** (s. S. 48), **Junsui** (s. S. 238), oder in der **Skyview Bar** (s. S. 64) unter Angabe ihrer Kreditkartennummer einen Tisch.

Wer die Wartezeit auf einen Besuch im Burj abkürzen möchte, bucht eine Behandlung im **Assawan Spa Health Club** (s. S. 238). Die ist zwar genauso teuer wie ein Restaurantbesuch, aber kalorienärmer. Außerdem trifft man hier eher als im Restaurant auf die eine oder andere VIP. Denn die VIP-Gäste des Burj kommen manchmal sogar ohne Body Guard ins Assawan. Doch auch wenn man nicht mit einem Prominenten im 144 m² großen Schwimmbecken ein paar Bahnen drehen kann, lohnt der Besuch Dank der herrlichen Aussicht vom Beckenrand auf die Küste allemal.

Jumeirah

Architektonisches Pendant zum Burj Al Arab: das Jumeirah Beach Hotel mit Marina

Madinat Jumeirah 11

Jumeirah Rd., neben dem Burj Al Arab, Tel. 366 88 88, www.jumeirah. com, s. auch S. 31

Neben dem Jumeirah Beach Hotel dehnt sich entlang eines großen Strandabschnitts seit 2003 inmitten grüner Vegetation das Resort Madinat Jumeirah aus, das in seinen Ausmaßen und in der Breite seines touristischen Angebots alle bisherigen Hotels am Jumeirah Beach übertrifft. Das Resort setzt im Gegensatz zu den benachbarten futuristischen Bauten des Burj Al Arab und des Jumeirah Beach Hotels bewusst auf arabische Architekturtraditionen. Innerhalb der Hotelanlage und ihren wunderschönen Gärten bewegt man sich – wie in Venedig – mit kleinen Booten auf Kanälen. Madinat Jumeirah ist das größte Projekt der ortsansässigen Hotelgruppe Jumeirah.

Al Sufouh

Folgt man der Strandstraße, die jetzt den Namen Al Sufouh Road trägt, Richtung Südwesten, passiert man zunächst einen Palastkomplex der Herrscherfamilie Al Maktoum mit hohen weißen Mauern, hinter denen Palmen hervorragen, und gepflegten Rasenflächen vor (verschlossenen) Holztoren.

Internet und Media City

Im Stadtteil Al Sufouh wurden die Verwaltungsgebäude einer **Internet City** und einer **Media City** binnen Jahren aus dem Boden gestampft. In ihren Kästen aus glänzendem Chrom und abgedunkeltem Glas unterhält z. B. der Fernsehsender **CNN** sein größtes Studio auf der Arabischen Halbinsel. Auch der nichtstaatliche TV-Sender **Al**

Arabia, eine etwas weniger aufgeregte Konkurrenz zum Sender Al Jazira in Doha, strahlt von hier via Satellit sein Programm aus. In der Media City befindet sich auch die größte **Open Air Arena** Dubais, in der während der Wintermonate in fast jeder Woche ein Weltstar der Musikszene auftritt.

Im Süden der Media City liegt die **American University,** eine private Campus-Universität nach US-amerikanischem Vorbild, die direkt an die achtspurige Sheikh Zayed Road grenzt. Auf der anderen Seite der Schnellstraße unterhält der älteste und größte Golfclub Dubais, der **Emirates Golf Club,** seinen schönen Golfplatz (s. S. 209).

The Palm Jumeirah

s. auch S. 125

In diesem Abschnitt der Al Sufouh Road zweigt vom Jumeirah Beach der Stamm der ersten, 2008 fertiggestellten künstlichen Palme, der Palm Jumeirah, ab. Der Stamm der Palme ist das Verbindungsstück zum Festland. Über ihn verlaufen die Straßenverbindungen zur Jumeirah Road und zu einem 1,5 km langen Tunnel, der direkt zur Sheikh Zayed Road führt.

Unmittelbar am Übergang vom Festland zur Palme liegt das **Sales Office** des Bauträgers Nakheel, der die The Palms Islands und The World plante, sie finanziert, baut und die Bebauung verkauft. Im Pavillon stehen alle Projekte maßstabsgerecht auf riesigen Tischen, laufen Computersimulationen der Bebauung, hier treffen sich potenzielle Käufer. Wer die Zukunftsprojekte genauer kennenlernen möchte, sollte diesen Pavillon aufsuchen und sich kaufinteressiert zeigen. Nakheel bietet seit 2012 auch Bootsrundfahrten zu den Objekten an (9, 10.30, 12, 13.30 und 14 Uhr, Abfahrt am Verkaufspavillon).

Dubai sei zurzeit das einzige Land der Welt, »in dem Visionen auch Wirklichkeit werden«, erklärte Sheikh Mohammed Bin Rashid Al Maktoum zum Jahreswechsel 2000/2001. In der Tat: In Dubai vergingen zwischen Ankündigung und erstem Spatenstich meist nur wenige Tage. Planungen, Ausschreibungen und Vergabe, teilweise auch der Verkauf waren dann bereits lange in die Wege geleitet. Das war vor der Finanzkrise 2009.

In Dubai standen bis 2009 ein Fünftel aller Baukräne der Welt, und sie drehten sich Tag und Nacht. Hier wurde Architekturgeschichte geschrieben. Keine Stadt der Welt änderte so schnell ihr Gesicht. Es gab keine leer stehenden unfertigen Bauruinen und kein Beispiel einer offiziellen Ankündigung, die nicht realisiert worden wäre.

Das Dubai World Trade Centre und die Häfen Port Rashid und Jebel Ali wurden vom Vater des heute regierenden Sheikhs damals der staunenden Öffentlichkeit angekündigt und binnen weniger Jahre realisiert. Seine Söhne verfuhren in gleicher Weise mit dem Burj Al Arab und der Dubai Marina. Immer wurden die Projekte größer und größer und damit auch das Staunen der Öffentlichkeit, aber zu Zweifeln an ihrer Realisierung bestand überhaupt kein Anlass.

Auch heute wird in Dubai überall gebaut, aber die ganz großen Visionen im Südwesten der Stadt vor der Küste des Emirats ruhen. Nur die Dubai Marina erlebt man derzeit als Baustelle. Entlang den Straßen stehen gigantische Plakatwände, auf denen die Bauvorhaben in überdimensionalen Plänen präsentiert werden. Die Gewissheit, dass aus diesen Visionen bald Realität wird, mag für eventuel-

Jumeirah

le Störungen entschädigen. Aber eine Vision ist bereits Wirklichkeit geworden: The Palm Jumeirah.

Objekte auf The Palm Jumeirah

Die Jumeirah-Palme gehört zu den größten künstlichen Inseln, die je von Menschenhand geschaffen wurden. Sie entwickelt sich mehr und mehr zu einer der größten Attraktionen des Emirats. Mitte 2006 wurden die ersten Apartments in den Wohnblocks entlang des Stammes, Ende 2006 die ersten Villen entlang der 16 Palmwedel bezogen. Für die teuerste der Villen bezahlte der Besitzer umgerechnet 1,3 Mio. €.

Im Herbst 2008 hat das architektonische Glanzstück der Palme Jumeirah eröffnet: das **Hotel Atlantis** (s. S. 32). Es liegt in der Mitte der Krone am äußersten Ende der Palme, ca. 5 km von der Festlandsküste entfernt und ist mit 1539 Zimmern das zurzeit größte Hotel in Dubai. Zum Atlantis gehört ein großer Aquapark mit Wasserrutschen und Lagunen und einer Dolphin Bay, in der die Gäste mit 22 Delfinen von den Salomon-Inseln schwimmen können.

Noch sind nicht alle Bauprojekte auf The Palm Jumeirah abgeschlossen, aber inzwischen haben ein halbes Dutzend weiterer Strandhotels entlang des Crescent eröffnet, darunter so erlesene wie **One & Only The Palm** (s. S. 34), **Kempinski Hotel & Residences Palm Jumeirah** (s. S. 31) oder das **Jumeirah Zabeel Serrail**. Auch wird demnächst der ausgediente Luxusliner **Queen Elizabeth II** als schwimmendes Hotel an einem der Piers der ›Palme‹ festmachen.

The Palm Jumeirah in Zahlen

Um die Dimensionen des Projekts zu begreifen, muss man sich die Bilder ansehen, die von Satelliten aufgenommen wurden und die schrittweise Entstehung dokumentieren. 2001 wurde mit den Aufschüttungsarbeiten begonnen. 94 Mio. m^3 Sand und 7 Mio. Tonnen Felsbrocken wurden bis zur Fertigstellung der Insel bewegt. Die Menge des verbauten Materials ist gigantisch. Die Felsbrocken aus Steinbrüchen der westlichen Nachbaremirate kamen per Schiff, der Sand wurde von holländischen Spezialschiffen von den küstennahen Sandbänken im ›Staubsauger-Verfahren‹ aus dem Meer ›gesaugt‹ und präzise per Satellitensteuerung an der vorgesehenen Stelle ›ausgespuckt‹. Erst nach zwei Jahren Bauzeit wurden die Konturen der Palme als Insel im Meer sichtbar. Würde man aus dem Material eine Mauer von 2 m Höhe und einem halben Meter Breite erstellen, sie würde dreimal die Erde umrunden.

Strandhotels und die Dubai Marina

Direkt hinter der Festlandsanbindung der Palm Jumeirah beginnt die Gartenanlage des Hotels **The One & Only Royal Mirage** 13 (s. S. 32), das zu den schönsten und besten Strandhotels des Emirats zählt. Kein Hotel am Jumeirah Beach besitzt einen größeren und schöneren Garten als das One & Only: In dem strandnahen Park von mehr als einem Kilometer Länge blühen Blumen unter schattenspendenden Palmen. Nur unterbrochen von mehreren Schwimmbädern nehmen die drei unterschiedlichen Gebäude des Hotels den kleineren Teil der gesamten Anlage ein.

Die Al Sufouh Road führt auf den nächsten Kilometern zu jenem schönen und breiten Strandabschnitt des Jumeirah Beachs, an dem sich Ende der 1990er-Jahre weitere schöne Strand-

Strandhotels und die Dubai Marina

hotels niedergelassen haben, darunter **The Ritz Carlton** (s. S. 32) und **Le Royal Meridien** (s. S. 37). Einige, wie das **Hilton** (s. S. 37) oder das **Sheraton,** führen ›Jumeirah Beach‹ im Namen, um Verwechslungen mit gleichnamigen Stadthotels zu vermeiden. Neben dem Sportboothafen **Mina Al Seyahi** hat 2008 das Hotel **The Westin Dubai Mina Seyahi Beach Resort** eröffnet. Die Gäste in den Hotels am Jumeirah Beach (vom Hotel The One & Only Royal Mirage bis zum Sheraton Jumeirah) werden in den kommenden Jahren wegen Baumaßnahmen an der Dubai Marina kleine Umleitungen auf dem Weg zum Hotel in Kauf nehmen müssen. Denn das alles dominierende Projekt dieses Strandabschnitts ist die Dubai Marina.

Dubai Marina 14

Parallel zur ›Goldenen Meile‹ zwischen Al Mina Al Seyahi und dem Sheraton-Hotel entstand eines der größten Tourismusprojekte des Emirats: die Dubai Marina mit den **Jumeirah Beach Residences.** Nach Plänen renommierter US-Architekten wurden ein riesiger Jachthafen und insgesamt 45 Hotel- und Apartmenttürme gebaut, die eine Skyline nach New Yorker Muster bilden werden. Die meisten Wohntürme stehen bereits, und neu gepflanzte Palmen säumen die Kais der Marina. Die Uferpromenade entlang der Dubai Marina ist eine beliebte Fußgängerzone, in der Straßencafés zum Verweilen einladen. Ein besonders schöner Abschnitt trägt den Namen **The Walk.** Hier finden von Zeit zu Zeit kleine Straßenfeste statt (Termine s. Tageszeitung).

Essen & Trinken

Very sophisticated – **La Baie** 1 : im Hotel The Ritz Carlton, s. S. 45

Legendärer Gourmet-Tempel – **Celebrities** 2 : im Hotel The One & Only Royal Mirage, s. S. 45
Hoch über den Wolken – **Al Muntaha** 3 : im Hotel Burj Al Arab, s. S. 48
Dinner unter Sternen – **The Beach Bar & Grill** 4 : im Hotel The One & Only Royal Mirage Dubai, s. S. 49
Draußen im Meer – **Pierchic** 5 : im Hotel Madinat Jumeirah, s. S. 49
Renommierter Italiener – **BiCE** 6 : im Hilton Dubai Jumeirah Resort, Tel. 399 11 11, tgl. 12–14, 19–24 Uhr, Vorspeisen ab 25 Dh, Pizza ab 35 Dh, Nudelgerichte ab 40 Dh, Fleischgerichte ab 80 Dh. Italienische Küche von hoher Qualität und gute italienische Weine in modernem Ambiente – dieses Konzept haben die BiCE-Restaurants berühmt gemacht. Daher gibt es sie auch in Mailand, London und New York, aber das BiCE in Dubai ist besonders gut.
Herrlicher Ausblick – **AOC – French Brasserie** 7 : im Sofitel Dubai Jumeirah Beach, Dubai Marina, s. S. 47
Im Schatten des Burj Al Arab – **Majlis Al Bohar** 8 : im Jumeirah Beach Hotel, Tel. 301 76 00, tgl. 12–17, 19–23 Uhr, Hauptgerichte ab 120 Dh. Ein edles Strandrestaurant, das tagsüber bevorzugt von Gästen des Jumeirah Beach Hotels und des Burj Al Arab aufgesucht wird. Herrlicher Blick auf den ›Arabischen Turm‹ und über den Golf, ruhige Atmosphäre, beste mediterrane Küche. Sehr romantisch!
Michelin-Qualität – **Rhodes Twenty 10** 9 : in Le Royal Meridien Beach Resort & Spa, Tel. 316 55 50, www.rhodestwenty10.com, tgl. 19–24 Uhr, 250-g-Steak ab 200 Dh. Der Restaurantchef Gary Rhodes, ein britischer Starkoch, ist ein Garant für Qualität. Die Küche seines herausragenden Grill- und Steakrestaurants bezeichnet er als »*a new generation of culinary grill*«. Der beeindruckende Treppen-

Lieblingsort

Ein orientalisches Märchen

Arabisch-beduinisches Ambiente, offene Zelte zwischen malerisch illuminierten Palmen und unter funkelndem Sternenhimmel. Man sitzt auf üppigen Kissen, lässt sich kleine Köstlichkeiten der arabischen Küche munden, genießt die kühle Brise, die vom Meer herüber weht, nimmt einen Mokka und raucht mit seiner Begleitung gemeinsam eine *shisha*. Ein sehr stimmungsvoller arabischer Abend à la »1001 Nacht«, an den man sich gerne zurückerinnert. In der weiträumigen Gartenanlage des Hotels **The Ritz Carlton** (s. S. 32) am Jumeirah Beach befindet sich von Mitte September bis Mitte Mai das **Amaseena** 2, eine Lounge aus einem halben Dutzend kleiner Zelte, die ihren Gästen dieses Märchen bietet.

Jumeirah

Mein Tipp

360°-Panorama
Zuerst durchschreitet man die Lobby des Jumeirah Beach Hotels und blickt über die weite Gartenanlage hinunter zum Meer. Am Ende der langen Mole liegt das Marina Restaurant, auf dessen Oberdeck 2007 die stilvolle **Clublounge 360 Grad** 1 eröffnet hat. Von hier bietet sich, teilweise unter freiem Himmel, ein traumhafter Rundblick über Meer, Strand und Stadt. Umgeben von Wasser sitzt man in weißen Liegelandschaften, nippt an einem Tequila, raucht vielleicht eine Shisha und genießt die leichte, warme Brise. Dabei kann man das architektonische Ensemble von Segel (Burj Al Arab) und Welle (Jumeirah Beach Hotel) erkennen, das beide Hotels verbindet (im Jumeirah Beach Hotel, Tel. 406 87 69, So–Do ab 17–4, Fr, Sa ab 16–4 Uhr, Juni–Sept. geschl., Tequila ab 50 Dh, Shisha ab 70 Dh).

aufgang, die stilvolle Einrichtung und die dezente Beleuchtung verbreiten Glamour und Intimität zugleich.

Beste asiatische Küche – **Junsui** 10 : im Burj Al Arab, Tel. 301 76 00, Frühstück 7–10.30 Uhr (ab 250 Dh), Lunch 12.30–15.30 Uhr (ab 325 Dh), Dinner 18–24 Uhr (ab 375 Dh). Mit dem 2008 eröffneten *Junsui* (Jap. für rein) hat die Gastronomie im Burj Al Arab eine Lücke geschlossen. Hier bereiten 45 (!) Köche an 12 *livecooking-stations* köstliche Gerichte aus Japan, China, Korea, Thailand und Indonesien nach Wunsch zu. Und das Beste: Man kann so oft zu den Buffets gehen, wie man möchte. Ein Traum von Restaurant für Fans der asiatischen Küche.

Einkaufen

Italienischer Markt – **Mercato Mall** 1 : s. S. 223
Orientalisches Kunsthandwerk – **O'de Rose** 2 : s. S. 61
Arabischer Basar – **Souq Madinat Jumeirah** 3 : im Resort Madinat Jumeirah, Jumeirah Rd., s. S. 232

Aktiv

Wellness über den Wolken – **Assawan Spa Health Club** 1 : im Burj Al Arab, Tel. 301 73 38, www.burj-al-arab.com, tgl. 8–22 Uhr. Man könnte sich auf dem Weg zum Spa im Burj verirren. Deshalb wird man im 18. Stock von einem Butler empfangen und durch das Wellness-Paradies begleitet. Nach den sehr exklusiven Anwendungen geht man in eines der beiden großen Schwimmbecken, um bei einem unvergesslichen Blick über Dubai das neue Lebensgefühl zu genießen.

Römische Badekultur – **Caracalla Spa & Health Club** 2 : im Le Royal Meridien Beach Resort & Spa, Tel. 399 55 55, tgl. 9–21 Uhr. Dieses Spa im römischen Stil gehört zu den ältesten in Dubai. 2001 wurde es bereits zum besten Spa des Mittleren Ostens und 2008 von den Lesern des »Time-Out«-Magazins zum besten Spa des Jahres gewählt. Verteilt über drei Stockwerke innerhalb einer schönen Gartenanlage bietet es fünf Hammam Pools, Sauna, Dampfbad, Jacuzzi und zwei Schwimmbäder.

Savoir Vivre – **Givenchy Spa** 3 : im Hotel The One & Only Royal Mirage Dubai, Tel. 315 21 40, tgl. für Frauen 9.30–13, für Paare 14.30–20 Uhr. Man durchquert eine großzügige Gartenanlage auf dem Weg zum Residence & Spa-Flügel des Hotels. In dieser Wellnessoase erwarten den Gast zwei Einrichtungen: Das Spa, das den Namen seiner Anwendungsprodukte trägt, ist mit zwölf individu-

Adressen

ellen Therapieräumen und exklusiver Givenchy-Boutique das einzige dieser Art auf der Arabischen Halbinsel. Und daneben ein **Oriental Hammam** (tgl. für Frauen 9.30–13, für Paare 14.30–18.30, für Männer 19–21 Uhr), ein klassisches orientalisches Dampfbad mit traditioneller Massage auf beheizten Marmortischen, Dampfbädern, Jacuzzis, Massageräumen, Ruhezone mit großem Whirlpool, Sauna mit Super-Jet-Duschen, Personal aus Tunesien, Marokko und Ägypten samt Friseur.

Wasserspielplatz – **Aquaventure Water Park** 4 : auf der Jumeirah-Palme in der Hotelanlage Atlantis, www.atlantisthepalm.com, tgl. 10 Uhr bis Sonnenuntergang, Hotelgäste frei, Tagesbesucher 250 Dh, Kinder 205 Dh. Der größte Wasserspielplatz in Dubai mit riesigen Rutschen, aufmerksamem Rettungspersonal und der Dolphin Bay, in der die Besucher mit Delfinen schwimmen können.

Abends & Nachts

Cocktail mit Rundum-Panorama – **Clublounge 360 Grad** 1 : im Jumeirah Beach Hotel, s. S. 238

Zum Relaxen – **Amaseena** 2 : im Hotel The Ritz Carlton, s. S. 236

Dubai by night – **Uptown Bar** 3 : im 24. Stock des 26-stöckigen Jumeirah Beach Hotels, Tel. 406 89 99, tgl. 19–2 Uhr. Cocktailbar mit Tanzmöglichkeit, guter Stimmung und bester Aussicht auf das nächtliche Dubai.

Top Disco – **Kasbar** 4 : im Hotel The One & Only Royal Mirage, s. S. 64

Einfach In – **Buddha Bar** 5 : im Hotel Grosvenor House, s. S. 50

Top location – **Trilogy** 6 : am Eingang des Souq Madinat Jumeirah, s. S. 65

Am und im Meer – **Jetty Lounge** 7 im One & Only Royal Mirage und **The 101** 8 im One & Only The Palm: Zwei Top-Locations, die per Boot miteinander verbunden sind, s. S. 64.

Angesagt: die Disco Kasbar im Hotel The One & Only Royal Mirage

Das Beste auf einen Blick

Jebel Ali

Highlight!

JA Jebel Ali Golf Resort: Eine prächtige Gartenanlage, ein wunderschöner langer Sandstrand und ein komfortables Hotelensemble weit draußen vor den Toren der Stadt – ein Traum! 4 S. 245

Auf Entdeckungstour

Falken als VIP-Patienten: Das weltgrößte und renommierteste Forschungs- und Behandlungskrankenhaus für Falken steht im Nachbaremirat Abu Dhabi. Bis zu 800 Falken pro Monat (!) werden hier medizinisch versorgt. Die Vögel und ihre Begleitung kommen aus allen Ländern der Arabischen Halbinsel in dieses edle Krankenhaus. Das kann nur verstehen, wer um die Bedeutung von Falken in arabischen Ländern weiß. S. 250

Kultur & Sehenswertes

Gigantisch: Ein Ausflug zur Baustelle der ›Palme‹ von Jebel Ali, die noch größer sein wird als das Vorbild in Jumeirah. 6 S. 248

Visionen: Wer an Bauprojekten aus der Abteilung der Superlative Gefallen findet, für den könnte auch der Bau des weltgrößten Flughafens, des Al Maktoum International Airports, interessant sein. 8 S. 253

Aktiv unterwegs

Schießen: Eine der sportlichen Attraktionen Dubais ist der JA Shooting Club. Ahmed Bin Hasher Al Maktoum, Olympiasieger im Schießen 2004 in Athen, trainierte hier; Gäste sind willkommen. 2 S. 243

Rundflug über Jumeirah: Besichtigung der neuesten ›Weltwunder‹ an der Küste des Arabischen Golfs aus der Vogelperspektive. 4 S. 255

Genießen & Atmosphäre

Formel 1 en miniature: Rennatmosphäre bei Flutlicht kann man auf der GoCart-Bahn schnuppern. 3 S. 244

Viva Italia: Einen italienischen Abend im La Fontana mit toskanischer Küche, einer Flasche Chianti und Eros Ramazzotti als musikalischer Beigabe. 2 S. 253

The Spa: Erholung für Körper und Seele dank professioneller Behandlung in entspannter Atmosphäre. 2 S. 254

Abends & Nachts

Strandbar: Näher am Strand als im **Captain's** kann man nirgendwo sonst in Dubai ein Bier trinken. 1 S. 255

Oase zwischen futuristischen Projekten

Aus einer kleinen Fischersiedlung weit vor den Toren der Stadt hat sich in den letzten Jahrzehnten ein attraktives Freizeitresort entwickelt, das nicht nur Erholung am schönsten natürlichen Sandstrandabschnitt Dubais garantiert, sondern auch zu vielen Sportaktivitäten einlädt. Bei diesen Voraussetzungen ist es kein Wunder, dass unweit davon die zweite künstliche ›Palmen‹-Insel des Emirats, The Palm Jebel Ali, Konturen annimmt und daneben eines der großen neuen Projekte, die Dubai Waterfront, entstehen soll. Die Anhöhe vor den Toren im Südwesten von Dubai war früher eine abgelegene Siedlung, deren Bewohner beduinischer Herkunft waren und sich vom Fischfang ernährten.

Infobox

Reisekarte: ▶ Karte 3, A–G 2–5, Karte 4, B/C 2

Internet
Auch vor den Toren Dubais muss man auf das Internet nicht verzichten. In der Empfangshalle des **JA Palm Tree Court,** linker Hand des Hotels, gibt es eine Internetecke (für Hotelgäste kostenlos, sonst 10 Dh für 30 Minuten).

Verkehrsmittel
Vom Eingang des JA Jebel Ali Golf Resorts fährt zweimal täglich ein **Shuttle Bus** nach Dubai und zu den großen Shopping Malls entlang der Sheikh Zayed Road (Abfahrt um 10 und 15.30 Uhr).

Industrie- und Freizeitzone Jebel Ali

Containerhafen und Industriegebiet Jebel Ali [1]
Heute ist Jebel Ali Synonym für die industrielle Entwicklung von Dubai, das ökonomische Großzentrum des Emirats. Hier wurden in den letzten 20 Jahren nicht nur einer der größten Überseehäfen am Golf, gigantische Fabrikanlagen für die Verarbeitung von Aluminium, Erdgas und Kunstdünger, außerdem Meerwasserentsalzungsanlagen, Kraftwerke und Satellitenstationen errichtet; 1980 eröffnete hier auch die größte Freihandelszone der Arabischen Halbinsel ihre Toren, und 2010 nahm in Jebel Ali der Frachtbereich des größten **Flughafens** der Welt den Betrieb aufnehmen. Aber Jebel Ali besteht nicht nur aus Docks und Fabriken: Die Dubai'in erfreuen sich nicht nur an dem hier produzierten Propangas und Trinkwasser, sondern auch an den herrlichen Freizeitanlagen im Umfeld.

Das Jebel-Ali-Industriegebiet beginnt hinter der Dubai Marina. Hier, hinter dem Sheraton Hotel, enden der breite Sandstrand des Jumeirah Beach, die Al Sufouh Road und die Hochhäuser der Jumeirah Beach Residence. Hier mündet auch die neue Dubai Marina wieder ins offene Meer.

Wenige Kilometer südwestlich soll Sheikh Rashid 1976 auf einem Wüstenausflug seinen Wanderstock in den Dünensand gesteckt und entschieden haben, an dieser Stelle die größte Industrie- und Hafenanlage des Emirats

Industrie- und Freizeitzone Jebel Ali

bauen zu lassen. Inzwischen ist aus dieser überlieferten Anekdote Wirklichkeit geworden, und deshalb sind ab hier die nächsten 15 km Küste für Badegäste nicht zugänglich.

Man muss im großen Bogen um die Industrie- und Freihandelszone landeinwärts auf der Sheikh Zayed Road herumfahren, bis man am Interchange 9 die ausgeschilderte Abzweigung zum JA Jebel Ali Golf Resort erreicht. Hier biegt man in nördlicher Richtung ab, fährt an den westlichen Ausläufern des Industriegebiets Jebel Ali vorbei und folgt der Straße mitten durch die Wüste Richtung Meer. Nach mehreren Kilometern sieht man am Horizont eine Ansammlung von Grün und beginnt zu ahnen, was einen erwartet. Doch zunächst passiert man noch eine der sportlichen Attraktivitäten des Emirats, den Jebel Ali Shooting Club.

JA Shooting Club 2
Tel. 883 65 55, Mi–Mo Nov.–Mai
13–19, Juni–Okt. 16–23 Uhr

Zu den sportlichen Attraktionen des Emirats gehört ein **Schießclub**, der Einrichtungen für Tontauben- und Skeetschießen an einem Ort anbietet. Besucher können an zehn Indoor-Schießplätzen aus einer Sammlung verschiedener halbautomatischer Pistolen und Revolver wählen, die alle der internationalen Wettkampfnorm entsprechen. Dann begibt man sich zu seinem Schießplatz. Geschossen wird auf **Zielscheiben,** die je nach Können 10–27 m entfernt sind. Überwacht wird das Schießen von qualifizierten Instruktoren, die beim Anvisieren und Nachladen behilflich sind.

Auf **Tontauben** wird an fünf Freiluft-Schießständen geschossen, die sogar nachts mit Flutlicht beleuchtet

Jenseits des Jumeirah Beach beginnt die Industriezone Jebel Ali

sind. Beim Tontaubenschießen werden die Geschosse von zwei *traps,* zwei Wurfmaschinen im Abstand von 36 m, entweder abwechselnd oder zeitgleich abgefeuert. Wer vorerst nicht zur Waffe greifen möchte, hat in einem Simulationsraum die Möglichkeit, sich per Laser mit den Grundlagen des Anvisierens und Abfeuerns vertraut zu machen.

Seit 2007 zählt auch klassisches **Bogenschießen** zum Angebot des Jebel Ali Shooting Clubs. Bis zu zwölf Bogenschützen können zur gleichen Zeit ihr Können erproben. Anfängern stehen qualifizierte Trainer zur Einführung in diese Sportart zur Verfügung.

Es versteht sich von selbst, dass die Schießanlagen des JA Shooting Clubs internationalen Sicherheitsstandards genügen und für Weltmeisterschaften ausgerüstet sind. Einer der Goldmedaillengewinner im Schießen bei den Olympischen Spielen 2004 in Athen kam aus Dubai: Ahmed Bin Hasher Al Maktoum. Das Mitglied der Royal Family hat auf dieser Anlage das Schießen gelernt.

Emirates Karting Centre 3
EKC Jebel Ali, links vor JA Jebel Ali Golf Resort, Tel. 282 71 11, Mobil 05 05 59 21 31, tgl. 11–18 Uhr, Okt.–Mai, 30 Min. 100 Dh

Je näher man der Küste kommt, um so größer wird die Ausdehnung des Grüns. Anfangs sind es nur die Seitenstreifen der Straße, auf denen blühende Büsche eine Vorstellung davon vermitteln, was inmitten der Wüste mit künstlicher Bewässerung gedeihen kann. Doch wenn man das Jebel Ali Resorthotel inmitten seiner Parkanlagen erreicht hat, ist die Vorstellung von der Realität schnell überholt. Bevor man in den Park hineinfährt, passiert man linker Hand noch das große Go-Kart-Zentrum des Emirats.

Das Emirates Karting Centre (EKC), eine Non-Profit-Government-Organisation mit einer hervorragenden Anlage und gepflegten 11 PS-Karts, befindet sich unter freiem Himmel. Kimi Räikönen ›trainierte‹ hier regelmäßig auf seinen Zwischenstopps zu den Formel-1-Rennen in Australien. Im Winter finden an den Wochenen-

Jebel Ali

Sehenswert
1. Containerhafen und Industriegebiet Jebel Ali
2. JA Shooting Club
3. Emirates Karting Centre
4. JA Jebel Ali Golf Resort
5. Jebel Ali Golf Course
6. The Palm Jebel Ali
7. Dubai Waterfront
8. Al Maktoum Airport

Essen & Trinken
1. White Orchid
2. La Fontana

Einkaufen
1. La Boutique
2. Pro Shop

Aktiv
1. JA Jebel Ali Shooting Club
2. The Spa
3. Club Joumana
4. Seawings

Abends & Nachts
1. Captain's

---

den regelmäßig abends Rennen unter Flutlicht statt. Immer geht es dabei um die Ehre, oft auch um große Sachpreise, nie um Geld. Wetten sind nicht erlaubt (Termine s. Tageszeitung).

JA Jebel Ali Golf Resort ❗
50 km südwestlich von Dubai City, Sheikh Zayed Rd. (Nationalstr. 11), Abfahrt Interchange 8 (braunes Hinweisschild), Tel. 814 55 55, www.jaresortshotels.com, s. auch S. 31

Nach staubig-brauner Wüste und einer Fahrt durch Industriegebiet öffnet sich das JA Jebel Ali Golf Resort als grüne Oase. Dichter alter Baumbestand und neu angepflanzte Palmen umrahmen die Auffahrt, Fasane und Pfauen bewegen sich zwischen den hügeligen Rasenflächen. Zur Rechten wandern Golfspieler entlang der Fairways. Von Industrie oder Fabriken ist in diesem Teil des Jebel Ali Resorts nichts mehr wahrzunehmen. Die eindrucksvolle Hotelauffahrt, die livrierten Türsteher und die großen Wagen auf dem Parkplatz signalisieren den Komfort, den dieses Hotel bietet.

Erfreulicherweise sind die Sportangebote der Anlage nicht nur für die Hotelgäste reserviert. Tennisplätze und Reitställe, Segelboote und Surfbretter, Fitnessräume und Squashplätze können von jedermann genutzt werden.

Das Jebel Ali gehört zu den schönsten und ruhigsten Erholungsorten von Dubai, wozu die Lage weit vor den Toren der Stadt wesentlich beiträgt. Man wohnt im JA Jebel Ali Beach Hotel oder im benachbarten JA Palm Tree Court. Zum seinem breiten Freizeitangebot des Resorts gehören auch Rundflüge per Wasserflugzeug über die Küste. Allein Start und Landung auf dem Wasser sind bereits ein Abenteuer, doch der Blick von oben auf die ›Palmen‹ und die ›Welt‹ werden unvergesslich bleiben.

Die westlich vom Hotel entstehenden Großprojekte The Palm Jebel Ali und Dubai Waterfront werden dem Resort noch größere Attraktivität verleihen. Doch wenn ab 2015 auf dem neuen Al Maktoum International Dubai Airport in Jebel Ali auch die ersten Passagierflugzeuge landen werden, beginnt für das heute noch wunderbar ruhige Anwesen und den ganzen Küstenabschnitt eine neue Zeitrechnung.

Jebel Ali Golf Course 5
www.jaresortshotels.com, auf dem Gelände des JA Jebel Ali Golf Resorts, Tel. 814 50 46

Tiger Woods, die Nr. 1 der Welt, der Südamerikaner Ernie Els und andere Golfgrößen spielen hier regelmäßig. Sie alle treffen sich hier zum Auftakt der **Dubai Desert Classics**, um ihr Können zu testen – zählt doch der von

Lieblingsort

Aktiv entspannen

Vor den Toren Dubais kann man sich wunderbar erholen, z. B. im traditionsreichen **JA Jebel Ali Golf Resort** 4 , kurz vor der Grenze nach Abu Dhabi. In diesem Resort erfährt man Qualität als Ensemble: Ein langer weißer Sandstrand, eine großzügige Pool-Landschaft, eine tropische Gartenanlage mit Spazierwegen und Wasserläufen, Palmen und üppigen Blumenbeeten, Ruhe und eine beständige Brise; dazu der unaufdringliche Service des Strandpersonals und die Möglichkeit, vielen verschiedenen Sportarten nachzugehen. Wer in Dubai lebt, kommt am Wochenende, wer Zeit mitbringt, sollte länger bleiben (s. S. 245).

Jebel Ali

Peter Haradine entworfene 9-Loch-Platz nicht nur zu den schönsten der Region. Der technisch anspruchsvolle Course ist optimal in die Landschaft integriert: Von jedem Fairway sieht man am Horizont das Meer, Pfauen stolzieren auf der Anlage frei umher, die Spieler schlagen unter exotischen Bäumen ab und ein großer Salzsee ist auf fünf Fairways eine Herausforderung. Vier verschiedene Abschläge pro Spielbahn machen den Platz für Golfer aller Handicaps reizvoll.

Vom Hotelstrand erkennt man linker Hand die bereits vollständig aufgeschütteten Sandflächen und die ersten Stützpfeiler aus Beton für die Verkehrswege von The Palm Jebel Ali.

The Palm Jebel Ali 6

s. auch S. 125

In Fläche und Umfang wird die Jebel-Ali-Palme doppelt so groß wie The Palm Jumeirah an der Küste des Stadtteils Jumeirah. Auch bei Jebel Ali verbindet ein breiter Stamm das Festland mit den insgesamt 16 ›Palmwedeln‹, darüber hinaus sichern zwei

Strandresort am Arabischen Golf

Dubai Waterfront

sichelförmige Schutzringe *(crescents)* die Palme zum offenen Meer hin. Der Innenring hat keine Verbindung zum Festland oder zur Palme.

Während vom äußeren, relativ breiten Ring zusätzlich zum Stamm jeweils schmale Dämme zum Festland führen, ist der schmalere innere Ring ein Gesamtkunstwerk. Auf seinen Inseln aus Sand, die sich zu beiden Seiten einer schmalen Sichel erstrecken, entstehen im Wasser mehrere hundert Bungalows auf Pfählen mit Bootsanlegeplätzen *(water homes)*. Aber das Besondere der Inseln ist ihre Anordnung: Sie bilden die kalligrafische Umsetzung eines arabischen Gedichtes, das Sheikh Mohammed Bin Rashid selbst verfasst hat und dessen bedeutungsschwerer Inhalt sich etwa so übersetzen lässt: »Übernehme die Weisheit des Weisen. Es bedarf eines Mannes mit großen Visionen, um auf dem Wasser zu schreiben. Nicht jeder, der ein Pferd reitet, ist ein Jockey. Große Männer wachsen an großen Herausforderungen.«

The Palm Jebel Ali wird ungeachtet der Water Homes und der Bebauung mit Villen als Ausflugsziel für Familien konzipiert. Dazu gehört auch das **Sea Village**, das entlang des zentralen Palmenstammes entstehen soll. Neben Luxushotels, Restaurants und Apartmenthäusern sind mehrere **Jachthäfen** sowie **Freizeit-** und **Unterhaltungsparks** geplant. Den Architektenwettbewerb des Bauträgers Nakheel für diesen Teil der Palme hat das holländische Architekturbüro Royal Haskoning gewonnen. Aber seit der Finanzkrise 2009 ruht die Bebauung der Palm Jebel Ali. Vom Dach des JA Jebel Ali Beach Hotels kann man die sandigen Konturen der neu geschaffenen Inseln sehr gut erkennen.

Dubai Waterfront 7

Nur wenige Wochen nachdem die vier großen städtebaulichen Visionen vor der Küste – die drei Palmen-Halbinseln Jumeirah, Jebel Ali und Deira sowie das Archipel The World – beschlossen waren, veröffentlichte der Bauträger Nakheel ein neues, alles in den Schatten stellendes Projekt: die Dubai Waterfront. Sie soll das größte Küstenbauprojekt werden, das jemals umgesetzt wurde. Die Planungen erstrecken sich dabei über die wenigen, bisher noch nicht verplan- ▷ S. 253

Auf Entdeckungstour:
Falken als VIP-Patienten

Nur eine Autostunde westlich von Dubai steht der Welt größtes Krankenhaus für Falken. Bis zu 800 Falken pro Monat werden hier im Abu Dhabi Falcon Hospital versorgt. Das kann nur verstehen, wer um die große Bedeutung von Falken in arabischen Gesellschaften weiß.

Reisekarte: ▶ Karte 4, A 3
Abu Dhabi Falcon Hospital: Tel. 02 575 51 55, www. falconhospital.com, 2 Std. 180 Dh, nur vormittags; Anmeldung bei Amer Abu Aabed, Tel. 050 666 07 39.
Anreise: 110 km auf der Emirates Ring Road Richtung Abu Dhabi, in Shahama nach Mafraq abzweigen, Ausfahrt Sweihan, 3 km hinter der Brücke rechterhand hinter dem Wassertank; auch Abholung vom Hotel in Dubai möglich.

Während ihres letzten Jagdausflugs hatte sich Latifah Al Sariyah (›die Schönste unter den Schnellsten‹) beim Schlagen eines jungen Kaninchens, das im letzten Moment noch unter einem Fels Schutz suchen wollte, an Fuß und Schnabel an einer scharfen Kante verletzt. Deshalb kehrte der Falke von Rashid Bin Ali nicht mit der Beute zurück, sondern blieb auf dem getöteten Tier sitzen. Rashid Bin Ali musste seinen Falken (arab. *al saqr*) mit dem Jeep aus den Dünen holen und ihn in die Falkenklinik bringen. Früher hätte eine solche Verletzung mehr oder weniger das Ende eines Jagdfalken bedeutet. Heute bleibt dieses Schicksal den zur Jagd abgerichteten Falken nicht nur erspart, ihnen wird sogar eine erstklassige medizinische Versorgung zuteil.

Hilfe für verletzte Falken

Aus der Ferne ist das begrünte Anwesen mit mehreren flachen, langen, einstöckigen Gebäuden mitten in der Wüste als Krankenhaus nicht zu erkennen. Erst direkt am Eingang sieht man das Schild über der Toreinfahrt: Abu Dhabi Falcon Hospital. Doch hinter der unscheinbaren Umzäunung befindet sich seit 1999 der Welt größtes und renommiertestes Forschungs- und Behandlungskrankenhaus für Falken, ausgestattet mit modernster medizinischer Technik. Bis zu 800 Falken pro Monat (!) werden hier behandelt.

Falken als Jäger

Für die Beduinen, die in oder am Rande der Wüste lebten, trugen jagende Falken früher zur Nahrungsbeschaffung bei. Denn nur mit ihrer Hilfe konnten die Beduinen größere Vögel wie Trappen jagen, die von Norden kommend in der Golfregion den Winter verbrachten. Da Wanderfalken selbst Zugvögel sind, die ebenfalls aus unseren Breiten nach Süden fliegen und bestimmte Arten an der Golfküste einen Zwischenstopp einlegen, konnten die Beduinen den Umstand nutzen, dass die Falken ca. drei Wochen vor den Trappen eintrafen. Hatte ein Beduine mit viel Geschick einen Falken lebend gefangen, blieben ihm nur ca. drei Wochen zum Abrichten des Tieres. Wenn die ersten Trappen die Golfküste erreichten, musste die Ausbildung abgeschlossen sein. Dann jagte er den Winter über mit dem Falken und ließ ihn im Frühjahr für den Rückflug nach Europa wieder frei, denn den Sommer hätte damals kein Falke in diesen Breiten überlebt. Die hohe Kunst des Abrichtens und Jagens brachte den beduinischen Falknern den Respekt ein, der sich in den Emiraten bis heute in der hoch angesehenen Tradition der Falknerei widerspiegelt.

In Zeiten immenser Vermögen und klimatisierter Lebenswelten hat das Kaufen von Jungvögeln das Einfangen von durchziehenden Falken ersetzt, und auch für das Abrichten kann man sich Zeit lassen. Heute ist die Falknerei eine prestigeträchtige Freizeitgestaltung. Inwieweit Tierschutzaspekte im Sinne artgerechter Haltung dabei eine Rolle spielen, ist umstritten.

Falken als Familienmitglieder

In Gefangenschaft können Falken bis zu 20 Jahre alt werden, wobei die zum Jagen abgerichteten Vögel Fortpflanzung und Brüten verweigern. Deshalb müssen für die Falknerei immer wieder junge Vögel neu abgerichtet werden. Bevorzugt werden am Golf Tiere aus Europa, insbesondere Wanderfalken *(falco peregrinus)*. Einen Falken zum Jagen abzurichten, ist eine hohe Kunst, denn es gilt, ein ausgewogenes

Maß an Aggression, Spannkraft und Gehorsam zu erreichen. Wird der Falke z. B. in Gefangenschaft zu gut gefüttert, verliert er das Interesse an der Beute, wird er schlecht gefüttert, ist er zu müde, den Köder zu schlagen. Damit er es mit der Geschwindigkeit der Beute aufnehmen kann, muss sein Federkleid bestens gepflegt sein. Zahm sollte ein Falke zwar nie werden, aber mit dem Menschen vertraut. Erst wenn ein abgerichteter Falke wie ein in freier Wildbahn aufgewachsenes Tier jagt, aber mit der Beute zu seinem Besitzer zurückkehrt, ist er sehr viel wert. Bis zu 500 000 Dh werden heute für ein kräftiges Weibchen – weibliche Falken jagen besser – bezahlt.

Von Sheikh Rashid ist überliefert – so die Tagebuchaufzeichnung eines britischen Diplomaten –, dass er vor der Jagdsaison 1953 für einen im Iran abgerichteten Falken die für damalige Verhältnisse außerordentlich hohe Summe von 1500 Rupien (ca. 5000 €) bezahlt hat. Angesichts solcher Beträge sind aufwendige und kostspielige Therapien bei einem kranken Falken weniger verwunderlich.

Patient Falke

Denn Falken können krank werden oder sich bei der Jagd verletzen. Deshalb ließ Sheikh Zayed Bin Sultan Al Nahjan 1999 aus seiner Privatschatulle das **Falcon Hospital** errichten, das von der deutschen Tierärztin Dr. Margit Gabriele Müller geleitet wird. Es ist ein öffentliches Krankenhaus mit 25 Angestellten und fester Gebührenordnung. Eine endoskopische Untersuchung kostet 350 Dh, ein präventiver Full Check 800 Dh: Für Tiere, die bis zu 1 Mio. Dh wert sind, ist das verhältnismäßig günstig. Aber die Falknerei war in Arabien nie nur Wohlhabenden vorbehalten, weshalb die Herrscherfamilie dafür sorgte, dass auch weniger Vermögende ihre Tiere im Falkenhospital behandeln lassen können.

Für jede Untersuchung werden die Falken anästhesiert. Operationen sind an der Tagesordnung, auch mittels plastischer Chirurgie werden Körperteile – etwa die bei einem Kampf stark verletzten Ohren – perfekt wiederhergestellt. Eine ganze Abteilung kümmert sich nur um das Ersetzen verlorener oder gebrochener Federn. Das Krankenhaus verfügt über ca. 40 000 Ersatzfedern, die genau passend in Farbe und Größe implantiert werden, damit Flugfähigkeit und Wert des Falken nicht leiden. Nach der Operation bleiben die Falken zur Nachsorge noch einige Tage in der ›Reha‹-Station in einem der 80 Einzel-Großkäfige, nach komplizierteren Operationen auch länger. Mit täglichen Übungen werden sie hier wieder fit gemacht für ihren nächsten Jagdeinsatz.

Falken, deren Besitzer in den Vereinigten Arabischen Emiraten leben, haben alle einen Pass mit Impfnachweisen und weiteren Angaben. So können die Tiere jederzeit an der Seite ihres Halters zum Jagen ins Ausland reisen: Beliebt sind Jagdgesellschaften in Kasachstan und Pakistan. Und sie tragen einen implantierten Chip unter dem Federkleid, damit sie jederzeit per GPS geortet werden können.

Während eines Besuchs im Krankenhaus kann man von der Aufnahme bis zur Operation alle Behandlungsschritte hinter Glas mitverfolgen. Ein Blick ins ›Wartezimmer‹ lohnt sich: Hier sitzen die Tiere, ihren Kopf mit einer Lederkappe *(burqa)* bedeckt, auf mit Grasteppich bezogenen Bänken in mehreren Bankreihen hintereinander und warten, bis sie von einer behandschuhten ›Krankenschwester‹ zur Behandlung abgeholt werden.

Al Maktoum International Airport

ten Küstenkilometer zwischen der Palme Jebel Ali und der Grenze zum Nachbaremirat Abu Dhabi. Wenn das Projekt 2020 zum größten Teil fertiggestellt sein wird, ist die 60 km lange Küste Dubais städteplanerisch ›verbaut‹.

Ein Teil der Bebauung wird als großer Bogen im Halbkreis westlich von The Palm Jebel Ali verlaufen. Da diese schon 7 km weit in den Arabischen Golf hineinragt, kann man sich die Dimensionen von Dubai Waterfront vorstellen. Auf einer Fläche von ca. 300 km^2 und einem neugewonnenen Küsten- und Ufersaum von mehreren Hundert Kilometern Länge soll eine neue Küstenstadt entstehen, die zweimal so groß wie Hongkong sein und Raum für 1,5 Mio. Menschen bieten wird. Ein 70 km langer Kanal, der **Arabian Canal,** wird als Wasserstraße weit in das Wüstengebiet des Hinterlandes geführt, um schließlich in einem Halbkreis am Jumeirah Beach in der Nähe der Dubai Marina wieder das offene Meer zu erreichen.

Al Maktoum International Airport 8

www.dubaiairports.ae
Als Sheikh Mohammed das Bauprojekt eines zweiten Flughafens für Dubai südlich des Containerhafens Jebel Ali im Modell vorstellte, verblüffte er alle Anwesenden mit dessen Dimensionen. Mit einer Kapazität von 120 Mio. Passagieren und 12 Mio. t Fracht pro Jahr wird der Al Maktoum Internationanal Airport der größte Flughafen der Welt sein. Bei der anwesenden Presse überwogen die skeptischen Stimmen. Ob denn Dubai sich damit nicht überschätze, fragten die Journalisten und erinnerten an die großen Flughäfen der Welt (der Frankfurter Flughafen ist zurzeit mit 70 Mio. Passagieren im Jahr der größte in Europa). Doch Sheikh Mohammed verwies auf die Situation, vor der sein Vater 1969 stand (s. S. 193).

Wenige Jahre später hat das Projekt bereits konkrete Formen angenommen. Insgesamt will der Al Maktoum International Airport das geplante Aufkommen auf sechs Rollbahnen und zwei Terminals bewältigen. Die erste Landebahn wurde Mitte 2008 fertiggestellt, Anfang 2010 landeten dort die ersten Cargo-Clipper. Der Frachtterminal trägt als eigener Teil des Flughafens den Namen **DWC – Dubai World Central.** Bereits heute weisen an der Sheikh Zayed Road große Ausfahrtschilder mit diesen Namen den Weg zu den Abfertigungshallen.

Zum Projekt des neuen Al Maktoum International Airport gehört natürlich eine entsprechende Infrastruktur der Umgebung. So sind dort ein großer Unterhaltungspark, ein Golfplatz, viele Wohnsiedlungen und ein großer Ausstellungsbereich geplant.

Essen & Trinken

Asiatische Küche – **White Orchid** 1 : im Jebel Ali Palm Tree Court, Tel. 814 56 04, Hauptgericht ab 100 Dh, Do–Di 19–23 Uhr. Eine perfekte asiatische Küche, die Spezialitäten aus Indien und China auf offener Flamme vor den Augen der Gäste zubereitet. Das White Orcheed ist das *signature*-Restaurant des Hotels, elegante Atmosphäre, »*smart casual*« schreibt die Kleiderordnung vor, Reservierung erforderlich. Neben dem Restaurant befindet sich die **White Orcheed Lounge,** eine Deluxe-Cocktailbar. Tgl. Livemusik ab 21 Uhr.
Viva Italia – **La Fontana** 2 : im JA Jebel Ali Palm Tree Court, Tel. 814 56 04, tgl.

Jebel Ali

Mein Tipp

Picknick am Strand
Ein Picknick unter Palmen oder am Strand – warum sollen Liebhaber dieser naturnahen und zugleich unterhaltsamen Variante eines privaten Ausflugs draußen vor den Toren Dubais auf dieses Vergnügen verzichten? Warum sich also nicht im Food-Court der Ibn Battuta Mall (s. S. 210) mit Proviant versorgen und an einem Strand außerhalb des Hotels ein Picknick organisieren? Wem das zu umständlich ist, der kann alle Zutaten und Utensilien – vom Sonnenschirm über die Kühlbox bis zu den Sandwiches – bei der Concierge des **JA Jebel Ali Beach Hotels** (s. S. 245) ordern und losziehen.

12.30–15.30, 19–23 Uhr, Hauptgericht ab 75 Dh, Buffet ab 150 Dh. Dezente italienische Musik im Hintergrund (je nach Tageszeit vom Gefangenenchor aus Verdis Oper »Nabucco« bis zu Hits von Eros Ramazzotti) ist Teil des Ambientes dieses Restaurants mit bevorzugt mediterraner Küche. Abends wechselnde Buffets.

Einkaufen

Garantiert passend – Wer irgendein notwendiges Kleidungsstück zu Hause vergessen hat oder gerne eine neue modische Badehose oder einen besonders knappen Bikini erwerben möchte, der findet das Passende garantiert in **La Boutique** 1 im JA Jebel Ali Golf Resorts. Im **Pro Shop** 2 des Jeabel Ali Golf Course gibt es außer Golfausrüstungen ebenfalls eine große Auswahl sportlicher Kleidung.

Aktiv

Schützenfest – **JA Jebel Ali Shooting Club** 1 : an der Zufahrt zum JA Jebel Ali Golf Resort, Tel. 883 65 55, s. S. 243

Erholung inklusive – **The Spa** 2 : im JA Jebel Ali Beach Hotel, Tel. 814 55 55, Sa–Mi 9–19, Do und Fr 9–20 Uhr, Anwendungen 30 Min. 150–250 Dh, 60 Min. 250–450 Dh, 90 Min. ab 500 Dh. Das zweistöckige, 900 m^2 große Spa im andalusischen Stil gehört zu den Leading Spa of The World. Der gesamte Wellness- und Spabereich ist ein eigenes Gebäude inmitten der Gartenanlage zwischen JA Beach Hotel und Palm Tree Court. Sein Zentrum ist der in beruhigenden Grüntönen gehaltene Ruheraum. An ihn schließt sich die Ladies *majlis* an, die einen herrlichen Blick über die weitläufigen Gärten des Hotels Jebel Ali gewährt. Um den zentralen Ruheraum gruppieren sich zehn Behandlungszimmer und die Erholungs- und Erfrischungsbäder (Dampfbad, Jacuzzi, Sauna etc.). Sehr beliebt ist unter den mehr als 40 Gesichts-, Ganzkörper-, Anti-Aging- und Anti-Cellulite-Behandlungen das Royal Hammam Ritual (90 Min. 350 Dh). Neu: »Zeit für Männer« nennt sich die Pflegeserie der britischen Spa-Kosmetik Elemis zu einer eigens für Männer kreierten Gesichtsbehandlung.

Tolles Sportangebot – **Club Joumana** 3 : am Jachthafen des JA Jebel Ali Golf Resort, tgl. 6.30–23 Uhr. Das Sportzentrum des Jebel Ali Resort ist der Club Joumana, ein eigenes großes Gebäude am Jachthafen, schräg gegenüber dem Streichelzoo und den Pferdeställen. Der Club Joumana bietet das übliche Fitness-Studio-Programm, veranstaltet aber auch Bogenschießen, Kamelausritte, Katamaran-Fahrten, Kajaking, Tauch-, Surf- und Hochseesegelkurse.

Adressen

Sommer, Sonne, Strand

Dubai aus der Luft – **Seawings** 4: im Jachthafen des JA Jebel Ali Golf Resorts, direkt neben dem Club Joumana, Tel. 883 29 99, www.seawings.ae, 1325 Dh/Pers., Kinder 1125 Dh, wegen großer Nachfrage im Voraus buchen. Vom JA Jebel Ali Golf Resort startet das Wasserflugzeug, eine Cessna C208A Caravan für acht Personen, zu Rundflügen. Das Flugzeug ist mit breiten Ledersitzen ausgestattet, der Pilot umfliegt mehrmals die besonders interessanten Projekte, um das Fotografieren von Bord zu erleichtern. Der Flug gen Osten entlang der Küste mit der Besichtigung der drei ›Palmen‹ und der ›Welt‹ ist ein einmaliges Erlebnis und schließt auch das historische Dubai und die Skyline der Sheikh Zayed Road ein.

Abends & Nachts

Strandbar – **Captain's** 1: im JA Jebel Ali Golf Resort, Tel. 804 86 04. Am Ende des schönen Gartens des Resorts genießt man direkt am Strand Snacks und Longdrinks bei Sonnenuntergang und noch lange danach. Das gleichmäßige Anschlagen der Meereswellen und das Rauschen der Palmen erschweren das Aufbrechen. Ab 18 Uhr kann man auch gemütlich eine *shisha* rauchen.

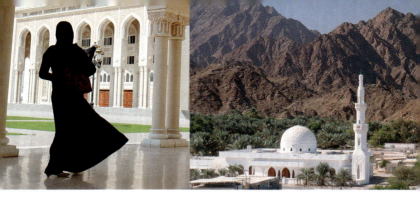

Das Beste auf einen Blick

Ausflüge

Highlight!

Hatta – Historische Oasensiedlung am Fuße des Hajar-Gebirges: Anreise und Ziel sind gleichermaßen von hohem Erlebniswert. Zunächst beeindrucken die hohen, kilometerlangen Sanddünen zu beiden Seiten des Hatta-Highways, nach einer guten Stunde Fahrzeit eröffnet sich die grüne Ebene der alten Oasensiedlung vor den imposanten, schroffen Felsen des Hajar-Gebirges. S. 258

Auf Entdeckungstour

Kamele zum Anfassen – auf dem Souq Jamal in Al Ain: Die grünste Stadt der Vereinigten Arabischen Emirate besitzt den größten Kamelmarkt der Arabischen Halbinsel. Im Souq Jamal warten unter freiem Himmel in nummerierten Gattern Hunderte von Kamelen auf neue Besitzer, darunter auch viele Jungtiere. S. 266

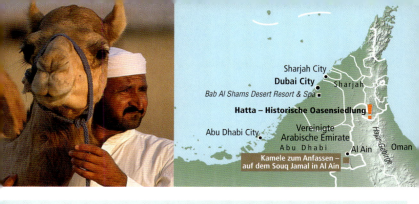

Kamele zum Anfassen – auf dem Souq Jamal in Al Ain

Kultur & Sehenswertes

Hatta Heritage Village: Mächtige Wachtürme und das historische Zentrum lohnen den Besuch des kleinen Ortes Hatta am Fuße des Hajar-Gebirges. S. 260

Al Ain National Museum: Am östlichen Rand der Oase Al Ain erhebt sich die Lehmfestung Al Hosn; in einem Anbau ist das bekannteste Museum des Emirats Abu Dhabi untergebracht. S. 264

Die Museen in Sharjah: Die UNESCO wählte die gleichnamige Hauptstadt des Emirats Sharjah 1998 zur Kulturhauptstadt der arabischen Welt. S. 277

Aktiv unterwegs

Baden gehen: Nach den ›Strapazen‹ einer Wüstenexkursion bieten die Bäder im Hatta Fort Hotel in Hatta oder im Hilton in Al Ain eine willkommene Erfrischung. S. 260, S. 269

Genießen & Atmosphäre

Al Hadheerah Desert Restaurant: Das Restaurant unterm Sternenhimmel in der Wüste im Stil einer offenen Karawanserei im Bab Al Shams Desert Resort & Spa ist garantiert ein außergewöhnliches Erlebnis. S. 274

Abends & Nachts

Cocktail in der Wüste: Bei Ausflügen kann man am Zielort in verschiedenen Hotels oder Wüstenresorts übernachten, die alle über Cocktail-Lounges oder eine Bar verfügen, z. B. die legere Sunset Terrace Bar im Hatta Fort Hotel oder in der Al Sarab Rooftop Lounge auf dem Dach des Wüstenresorts Bab Al Shams den Sonnenuntergang oder einen klaren Sternenhimmel erleben. S. 260, S. 272

Ausflug nach Hatta

Die Enklave des Emirats Dubai auf omanischem Gebiet liegt rund 120 km östlich von Dubai-Stadt entfernt am Fuß des Hajar-Gebirges. Bereits die Fahrt dorthin durch eine faszinierende Dünenlandschaft gehört zu den reizvollsten Routen im Land. Die Farben der **Sanddünen** links und rechts der Straße wechseln zwischen hellem Beige und dunklem Rotbraun. Kurz hinter Lahbab werden die Sanddünen immer gewaltiger, bis sie vor Madam enden und hinter Al Jizer in eine Ebene mit vereinzeltem Baumbestand vor der gewaltigen Kulisse des Hajar-Gebirges überzugehen. In dieser Ebene liegt **Hatta,** und an dessen Ortseingang die Oase des **Hatta Fort Hotels,** die einen grünen Kontrast zur Landschaft bildet.

Hatta selbst erstreckt sich weit auseinandergezogen in der Ebene, wobei einzelne Ansiedlungen auch die Hänge des Hajar erreichen. Der Ort beherbergt drei Sheikh-Paläste, sieben Moscheen und drei Schulen, eine Polizeistation, zwei Kliniken, Tankstellen, Banken und eine Post, sogar eine öffentliche Bibliothek und einen Fußballplatz – eine komplette Infrastruktur für höhere Lebensqualität, zu der auch das angenehme Klima beiträgt. Deshalb verbringen viele Dubai'in die heißen Sommermonate in ihren Häusern in Hatta.

Infobox

Reisekarte: ▶ Karte 4, E 2

Touristeninformation
Hatta hat keine Touristeninformation. Informationsmaterial des **DTCM** ist im **Hatta Fort Hotel** erhältlich (s. S. 260).

Transport und Anreise
Die Fahrt mit dem **Auto** von Dubai nach Hatta auf der E 44 führt durch omanisches Gebiet (Grenzposten, aber keinerlei Kontrollen). Von Dubai fährt der öffentliche **Bus** Nr. 16 nach Hatta. Abfahrt: **Al Sabkha Bus Station** (0–21 Uhr jeweils zur vollen Stunde), Fahrzeit 2 Std., Fahrpreis 15 Dh. Rückfahrt von Hatta stündlich ab Verkehrskreisel vor dem Hatta Fort Hotel (5.25–21.25 Uhr).

Übernachten
Die meisten Touranbieter in Dubai bieten Hatta als Tagesausflug an. Man hat jedoch mehr von der Anfahrt durch die Wüste und von Hatta selbst, wenn man im **Hatta Fort Hotel** übernachtet (s. S. 260).

Ausflüge in die Umgebung
Das Hatta Fort Hotel bietet **Exkursionen für Vogelbeobachter** sowie **Touren zu den Hatta-Pools,** einer Ansammlung natürlicher Wasserbecken am Ende eines Wadi, und zur **Ostküste** an.

Die historische Oasensiedlung Hatta !

Auf einer Anhöhe, inmitten eines Dattelpalmenhains, liegt das alte Dorf Hatta. Es wird überragt von einem **Fort** mit zwei mächtigen **Wachtürmen** aus dem Jahr 1800 und der 1780 erbauten **Juma-Moschee,** die als ältestes Gebäude von Hatta gilt. Zu den Spuren aus dieser Zeit gehören auch ca. 30 Lehm-

Oase am Fuße des Hajar-Gebirges: Hatta

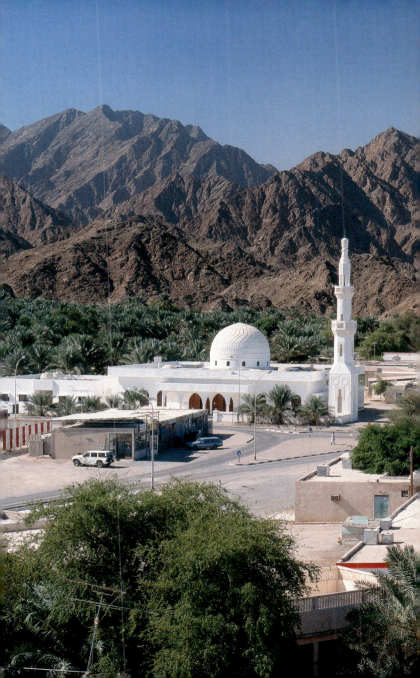

Ausflüge

häuser. Alle Gebäude des historischen Hatta, die teilweise stark verfallen waren, wurden als **Heritage Village** rekonstruiert. In den alten Gebäuden wurden Geschäfte, Restaurants, traditionelle Kunsthandwerker-Ateliers und Ausstellungsräume mit Szenen aus dem historischen Alltag eingerichtet. Im Zentrum des Heritage Village steht das historische **Hatta-Fort,** das 1896 von Sheikh Maktoum Bin Hashr Al Maktoum errichtet wurde. Heute beherbergt es Waffensammlungen, alte Fotografien sowie einfache Möbel und Teppiche. Im Innenhof der Festung steht ein Brunnen, der die Bewohner auch dann noch mit Wasser versorgte, wenn die Festung in Hatta belagert wurde. Direkt hinter dem Eingang befindet sich linker Hand der alte **Friedhof** (Sa–Do 8–20.30, Fr 14.30–20.30 Uhr, Eintritt frei).

Das neue Hatta

Neben dem Heritage Village steht das **Hatta Fort Hotel** im Range einer Sehenswürdigkeit. Aus Dubai kommend erreicht man am ersten Verkehrskreisel links die wunderschön gestaltete Gartenanlage des Hotels. Links und rechts der beiden Hauptgebäude liegen in einer hügeligen, großzügig angelegten Landschaft aneinander- und hintereinandergereiht die chaletähnlichen Gästebungalows, alle mit großen Terrassen und Gartenblick. Zur Anlage gehören ein Schwimmbad und zwei Restaurants: das **Gazebo** mit Terrasse am Schwimmbad und das **Jeema** für gehobenes Dinieren (beide sehr gute Küche). Sportlich Ambitionierte können zwischen Golf, Bogen- oder Taubenschießen, Tennis (zwei Flutlichtplätze), Reiten und drei ausgeschilderten Joggingstrecken wählen.

Das Hotel organisiert auch ›Safaris‹ zu den nahe gelegenen **Hatta-Pools** (keine hilfreiche Ausschilderung, deshalb nur mit ortskundiger Führung!), ornithologische **Exkursionen**, eindrucksvolle **Wüstentouren** sowie Ausflüge zur Ostküste nach Fujairah, Kalba und zur 1400 Jahre alten Al Badiah Moschee. Für Kinder gibt es einen eigenen Pool sowie einen großen Abenteuerspielplatz. 2010 wurde es erneut zum Favorite Getaway Hotel des Magazins »What's on« gewählt.

Übernachten

Oase der Ruhe – **Hatta Fort Hotel:** Tel. 04 809 93 33, www.jaresorthotels.com, DZ ab 600 Dh. Das Hotel verfügt über 50 sehr schöne Zimmer im Chalet-Stil.

Essen & Trinken

Blick auf den Hajar – **Gazebo:** tgl. 7–20 Uhr, Frühstück 40 Dh, Salate ab 25 Dh, Suppen ab 30 Dh. Das Restaurant oberhalb des großen Pools des Hatta Fort Hotels bietet ein ausgezeichnetes Frühstück, mittags leichte Gerichte.

Infos

Besuch des Oman: Für die Einreise nach Oman benötigt man ein Visum, das man an allen Grenzübergängen für 20 OR (ca. 200 Dh) erhält. Wer in die VAE in Dubai eingereist ist (Visumsstempel Dubai), erhält es innerhalb der ersten neun Tage am Grenzübergang Hatta kostenlos. Für einen Leihwagen muss man eine zusätzliche Pkw-Haftpflichtversicherung für Oman (7 Tage 150 Dh) abschließen. Voraussetzung ist dazu eine Bescheinigung des Leihwagenunternehmens, das man das Auto auch in Oman benutzen darf.

Ausflug nach Al Ain

Einst eine beschauliche Oase, später umkämpftes Grenzgebiet und heute die zweitgrößte Stadt des Emirats Abu Dhabi: In Al Ain trifft man sowohl auf beduinische Traditionen, etwa auf dem Kamelmarkt, als auch auf die jüngere politische Geschichte dank der aufwendig restaurierten Festungen und Paläste, die heute als Museen dienen.

Die ›Gärten Arabiens‹

Unter diesem Motto preist Al Ain seit 2005 seine Vorzüge gegenüber anderen touristischen Zielen in den Emiraten. Denn keine andere Stadt der Vereinigten Arabischen Emirate besitzt so viele Grünflächen und so große Palmenwälder wie Al Ain.

Mehr als 200 Quellen und Brunnen inmitten der Sandwüste an den Ausläufern des Hajar-Gebirges ließen 140 km westlich von Abu Dhabi und 130 km südlich von Dubai am Fuße des Jebel Hafeet ein 200 km^2 großes Oasengebiet entstehen, dessen Zentrum die Stadt Al Ain bildet. Al Ain ist nicht nur der fruchtbarste Landstrich, sondern auch die größte Oase der Emirate: Die Datteln von hier gelten als besonders schmackhaft, schon der Prophet lobte ihren Wohlgeschmack.

Eine vierspurige, zum Teil von Palmen gesäumte und des nachts beleuchtete Straße führt von Dubai durch die Wüste nach Al Ain. Das Oasengebiet im Grenzdreieck Oman, Saudi-Arabien, Vereinigte Arabische Emirate blickt unter seinem ursprünglichen Namen **Buraimi-Oase** auf eine bewegte, auch kriegerische Vergangenheit zurück. Buraimi war als größte Oase im Nordwesten der Arabischen

Infobox

Reisekarte: ▶ Karte 4, D 4

Touristeninformation
Abu Dhabi Tourism and Culture Authority (TCA): Ali Bin Abi Taleb Street, Tel. 03 764 20 00, Fax 03 764 456, www.visitabudhabi.ae. So–Do 8–14 Uhr. Informationsmaterial der TCA ist bei den **Concierges** der großen Hotels erhältlich (s. S. 269).

Vorwahlen
Abu Dhabi 02, Al Ain 03

Transport und Anreise
Von Dubai (Ghazal-Bus ab Al Gubeiba Bus Station, stündlich 5.40–23.40 Uhr, 20 Dh) und ab Abu Dhabi (Buslinie 700, 4.30–24 Uhr, alle 30 Min., 20 Dh) fahren öffentliche Busse nach Al Ain (ca. 140 bzw. 130 km). In Al Ain gibt es ein ausgebautes Busnetz (Tel. 800 55 55). Wer zeitlich unabhängig sein möchte, reist per **Leihwagen** oder **Taxi** an (s. S. 26).

Übernachten
Die Oasenstadt Al Ain ist eine beliebte ›Sommerfrische‹ und ein vielbesuchtes Wochenendziel der *expatriates* aus Dubai und Abu Dhabi. Da es in der Stadt auch touristisch Interessantes zu sehen gibt, besteht ein dichtes Hotelnetz für gehobene Ansprüche (s. S. 269).

Ausflüge

Halbinsel jahrtausendelang ein wichtiger Verkehrsknotenpunkt von Karawanenrouten, wie die Ausgrabungen von Hili bestätigen. Im 19. Jh. rückte das Oasengebiet ins Zentrum politischer Veränderungen, als saudische Truppen 1866 die Oase im Zuge der militärischen Eroberung zur Verbreitung ihres wahabitischen Islams einnahmen. Der omanische Sultan konnte 1869 nach erbitterten Kämpfen die Oase zurückgewinnen. 1952 marschierten die Saudis erneut ein; diesmal unterstützten sie fundamentalistische Aufständische, die den omanischen Sultan vertreiben wollten, da dieser nichtislamische (englische) Ölbohrtrupps ins Land geholt hatte. Mit britischer Hilfe gelang es, die omanischen Ansprüche 1959 militärisch durchzusetzen, und dank des Internationalen Gerichtshofs in Den Haag verzichtete Saudi-Arabien auf alle Ansprüche und erkennt seit 1974 die südlich des Oasengebiets verlaufende Grenze an.

Eine Oase – zwei Städte und zwei Staaten

Heute teilen sich Oman und die VAE die ursprünglich neun Dörfer der Buraimi-Oase. Die Grenze zwischen beiden Staaten verläuft entlang den traditionellen Besitzmarkierungen der vorstaatlichen Scheichtümer: Sechs Dörfer, historisch im Familienbesitz der Sheikhs von Abu Dhabi, gehören zu den VAE, drei zu Oman. Im Oman heißt dieser Teil nach wie vor **Al Buraimi,** während die VAE ihrem Oasengebiet den Namen jenes Dorfes gaben, in dem ihr Staatsgründer Sheikh Zayed geboren wurde: **Al Ain.** Die Grenze zwischen Al Ain und Al Buraimi, d. h. zwischen der VAE und Oman, verläuft heute entlang der Mohamed bin Khalifa Street. Nur die mächtigen Forts aus gestampftem Lehm erinnern noch an die kriegerischen Zeiten.

Die Oasenstadt Al Ain bewohnen heute ca. 480 000 Menschen. Wegen ihres trockenen Klimas ist sie die beliebteste Sommerfrische der VAE und zugleich auch ein kulturelles Zentrum: Hier befindet sich seit 1977 die Landesuniversität der VAE (20 000 Studenten), stehen mehrere eindrucksvolle Museen und hier förderten Archäologen im Stadtteil Hili die bedeutendsten Ausgrabungen der Region zu Tage.

Al Ain

Die Stadt ist heute dank sanfter städtebaulicher Planung und klarer Straßenführung eine der schönsten der VAE: ohne die Hochhäuser des Erdölbooms, mit vielen prächtigen Parkanlagen, imposante *roundabouts,* in denen sich Kunst und Natur in der spielerischen Weise des neuzeitlichen arabischen Geschmacks begegnen.

Historisches Zentrum

In Al Ain findet man sich leicht zurecht. Das Zentrum der Stadt erstreckt sich entlang der Zayed Ibn Sultan Street, die Al Ain von West nach Ost durchquert. Hier und in den von ihr abzweigenden Seitenstraßen befinden sich die wichtigen Behörden, auf ihr erreicht man an einem Kreisverkehr den neuen **Clock Tower** [1], der gar kein Uhrturm im klassischen Sinne ist, sondern nur ein schräg stehendes, riesiges, blaues Zifferblatt inmitten einer Grünanlage. Gegenüber erstrecken sich die **Central Gardens** [2], eine der schönsten Parkanlagen der Stadt mit eindrucksvollen Springbrunnen (tgl. ab 16 Uhr). Am Südrand der Cent-

Al Ain

Sehenswert
1. Clock Tower
2. Central Gardens
3. Jahili Fort
4. Oase Al Ain
5. Ali Ibn Hamad Al Mutawa-Moschee
6. Al Ain National Museum
7. Sheikh Zayed Palace Museum
8. Kamelmarkt
9. Hili National Archaeological Park
10. Hili Fun City
11. Al Ain Wildlife Park – Al Ain Zoo

Übernachten
1. Al Ain Hilton
2. Danat Resort Al Ain
3. Al Ain Rotana
4. Mercure Grand Hotel Jebel Hafeet
5. Ayla Hotel

Essen & Trinken
1. Zest
2. Luce
3. Le Belvedere
4. Flavours

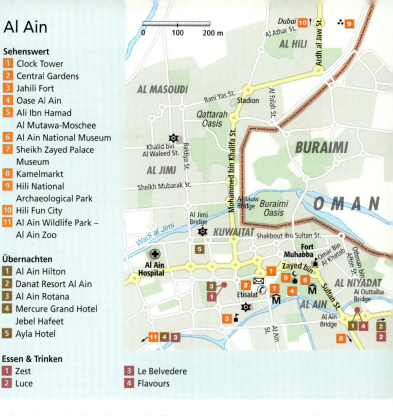

ral Gardens steht das 1898 von Sheikh Zayed Bin Khalifa erbaute **Jahili Fort** 3, ein restaurierter Lehmpalast mit zwei mächtigen Rundtürmen und einem eindrucksvollen Holztor. In dem Gebäude wurde 1918 der 2004 verstorbene Sheikh Zayed Bin Sultan Al Nahyan geboren, der Gründer und ehemaliges Staatsoberhaupt der VAE (Sa, So, Di–Do 9–17, Fr 15–17 Uhr, Eintritt frei).

Oase Al Ain 4
Tgl. 8–20 Uhr
Zentrum des alten Al Ain war die Oase, die als wunderschöner riesiger Palmenpark erhalten ist. Durch sie führen gepflasterte schmale Gässchen mit Begrenzungsmauern, hinter denen man sehr gut die alten Bewässerungsgräben des Falaj-Systems erkennen kann. Mitten in der Oase befindet sich die **Ali Ibn Hamad Al Mutawa-Moschee** 5, ein einstöckiger Lehmbau.

Die Oase wird von zwei sehenswerten Bauwerken begrenzt. Im Osten schützte das Sultan Bin Zayed Fort, auch **Eastern Fort** oder **Qasr Al Hosn** genannt, die Oase. Am Westende der Oasenstadt steht der ehemalige Palast von Sheikh Zayed Bin Sultan. Er lebte hier als Kronprinz und Gouverneur von Al Ain. Nach der Restaurierung beherbergt das Fort heute das **Sheikh Zayed Palace Museum**. Sheikh Sultan Bin Zayed regierte Abu Dhabi von

Ausflüge

Palmenpark der Oase Al Ain

1922 bis 1926, den größten Teil seiner vierjährigen Regierungszeit verbrachte er in diesem 1910 erbauten Fort.

Al Ain National Museum 6
Sheikh Zayed Bin Sultan St., Tel. 03 76 41 59, www.visitabudhabi.ae, Sa/So, Di–Do 8–19.30, Fr 15–19.30 Uhr, während des Ramadan nachmittags geschl., Erw. 3 Dh, Kinder 1 Dh
Am Ostrand der Oase steht auf dem Gelände des Eastern Fort heute das Al Ain National Museum, das schönste Museum im Emirat Abu Dhabi. Es wurde 1971 von Sheikh Tahnoun Bin Mohammed, dem Stellvertreter des Gouverneurs eröffnet und besitzt zwei Abteilungen, eine ethnografische und eine archäologische.

Man betritt das Museum in der **Ethnografischen Abteilung,** in der das traditionelle Leben im Emirat museumsdidaktisch sehr eindrucksvoll vorgestellt wird. Hier erhält man einen guten Einblick in den Alltag der Wüstenbewohner und ihre Handwerkskünste. In Szenen mit lebensgroßen Figuren wird vor allem das Alltagsleben in der Zeit vor dem Ölboom veranschaulicht. In Glasvitrinen sind Werkzeuge, Haushaltsgegenstände, Kinderspielzeug, traditioneller Schmuck, außerdem Waffen, Kleidungsstücke, kupfernes Kaffeegeschirr und Musikinstrumente ausgestellt, auch ausgestopfte Wüstenvögel gehören zur Sammlung. Eine ganze Wand ist einem *family tree* der regierenden Familie Al Nahyan vorbehalten, ein mit Fotos und Portraits illustrierter **Stammbaum** von 1793 bis zur Gegenwart, der die Bedeutung dieser Familie für das Emirat unterstreicht.

In der **Archäologischen Abteilung** gehören zu den historisch bedeutenden Stücken die 5000 Jahre alten Ausgrabungsfunde von Hili, eine herausragende Sammlung alter Keramiken aus Mleiha, die ins zweite Jahrhundert datiert werden, und ca. 300 hellenistische Silbermünzen, die in Al Ain gefunden wurden. Besonders die Schmuckstücke und Waffen der Grabbeigaben von Hili, aber auch Einzelstücke aus den Gräbern von Umm Al Nar sind beson-

Al Ain

ders eindrucksvoll. In einer eigenen Abteilung kann man Kurioses bewundern: Staatsgeschenke ausländischer Regierungsgäste an Sheikh Zayed Bin Sultan.

Sheikh Zayed Palace Museum [7]
Tel. 751 77 55, Sa/So, Di–Do 8.30–19.30, Fr 14.30–19.30 Uhr, Eintritt frei
Im Zuge der Restaurierung der Forts von Al Ain wurde auch jenes Anwesen am westlichen Rande der Oase wieder vollständig instand gesetzt, das Sheikh Zayed Bin Sultan bis 1966 bewohnte. 2003 wurde es als Al Ain Palace Museum der Öffentlichkeit zugänglich gemacht. Bei der Restaurierung legte man besonders Wert auf Authentizität, weshalb nur Materialien verwendet wurden, die man um 1900 in Al Ain kannte, also Lehm, Steine, Palmstämme und importiertes Teakholz.

Man betritt das Palastanwesen durch ein mächtiges **Holztor,** dessen Eingang zu beiden Seiten von zwei mehrstöckigen Rundtürmen gesichert wird.

Besonders eindrucksvoll ist innerhalb der Palastanlagen der **Old Residential Complex,** der 1937 erbaut wurde und sowohl Wohnbereiche als auch den großen Empfangsraum beherbergt, in dem der Herrscher Staatsgäste und Stammesführer empfing. Sitzkissen und Teppiche waren das damals ausreichende Mobiliar, und dort wo Sheikh Zayed saß, schmücken nun seine beiden Gewehre die Wand. Gegenüber dem Gebäude steht das große **Beduinenzelt,** in dem Sheikh Zayed im Sommer gerne in nostalgischer Erinnerung verweilte; es ist ebenfalls mit Teppichen und Kissen ›möbliert‹.

Zum Old Residential Complex gehört rechter Hand ein Gebäude, in dessen Parterre ein kleiner Raum als private **Palastschule** genutzt wurde: vier Schulbänke für max. acht Kinder, die hier mangels eines öffentlichen Schulwesens von Sheikh Zayed im Lesen und Schreiben unterrichtet wurden.

Nicht zu übersehen ist auf dem großen Innenhof ein sehr alter, britischer Landrover, die erste ›Staatskarosse‹ von Sheikh Zayed.

Kamelmarkt [8]
Der große Kamelmarkt von Al Ain ist der einzige in den Vereinigten Emiraten, auf dem Kamele öffentlich zum Kauf angeboten werden (s. Entdeckungstour S. 266).

Rings um das Zentrum

Hili National Archaeological Park [9]
Mohammed Bin Khalifa St., im Norden von Al Ain, aus Dubai kommend am Stadteingang, So–Do 9–21.30, Fr 10–22 Uhr, Eintritt 1 Dh
Verlässt man das Zentrum von Al Ain Richtung Norden, gelangt man in den Stadtteil Al Hili. Hier liegen die Ausgrabungsstätten der **Eisenzeit** und eine der großen Sehenswürdigkeiten der Stadt: der Hili National Archaeological Park.

Mittelpunkt des Parks ist ein ca. 3000 v. Chr. errichtetes **Rundgrab,** dessen bedeutendste Grabbeigaben in den Museen von Al Ain und Abu Dhabi zu besichtigen sind. Das 1974 restaurierte Rundgrab, das dänische Archäologen in den 1960er-Jahren freilegten, hat einen Durchmesser von ca. 10 m und eine Höhe von bis zu 3 m. Es wird der Umm Al Nar-Kultur zugeordnet (3000–2000 v. Chr.). Die Kultur trägt den Namen jener Grabstätte auf einer Insel bei Abu Dhabi, bei der freigelegte Gräber des gleichen Typs zum ersten Mal eine eigenständige Zivilisationsepoche in der Golfregion dokumentierten. Bei erneuten Ausgrabungen im Jahr 2004 stießen die französischen Archäologen in Hili auf Geschirr und ▷ S. 268

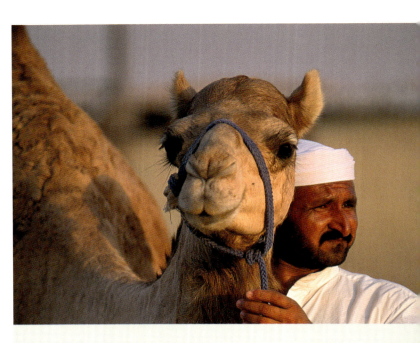

Auf Entdeckungstour: Kamele zum Anfassen – auf dem Souq Jamal in Al Ain

In der Vorstellung ausländischer Besucher gehören Kamele zur Wüste wie Fische zum Meer. Doch wilde, freilaufende Kamele gibt es auf der Arabischen Halbinsel nicht mehr. Sie teilen das Schicksal unserer Pferde: Sie werden gezüchtet, verwendet, verkauft, aber auch verehrt und bewundert. Erleben kann man das auf dem einzigen Kamelmarkt 8 der VAE in Al Ain.

Reisekarte: ▶ Karte 4, D 4
Dauer: ein halber Tag
Öffnungszeit: tgl. 6 Uhr bis zum Einbruch der Dunkelheit, 12–16 Uhr Mittagsruhe, Eintritt frei
Planung: Der Kamelmarkt befindet sich im Süden der Stadt an der Mezyadh Road hinter der Al Bawadi Mall. Man läuft zwischen den Gattern umher und schaut an den Rampen beim Verladen zu.

Zum zentralen Souq von Al Ain gehörte bis 1997 auch der Kamelmarkt *(Souq Jamal)*, der nördlich neben dem Murabbaa Fort lag. Weil aber der Kamelmarkt sehr viel Fläche mitten im Zentrum der Stadt einnahm, wurde er in den letzten Jahren mehrfach verlegt. Seit 2009 ist er Teil des neuen riesigen Central Markets im Süden der Stadt. Er ist der einzige in den Vereinigten Arabischen Emiraten, auf dem Kamele öffentlich zum Kauf angeboten werden.

Kamele zu kaufen

Auf dem Kamelmarkt treffen sich Käufer und Verkäufer. Es geht ums Geschäft, nicht um touristische Folklore. Die Gatter, Pferche und Hallen sind erschreckend funktional angelegt und eingerichtet, dazwischen befinden sich die Rampen zum Verladen der Tiere. Auf dem großen Areal gibt es mehr als 100 durch Drahtzäune voneinander abgegrenzte Pferche, in denen die Tiere Tag und Nacht im Freien stehen und auf Käufer warten. Gerne erklären die freundlichen (meist pakistanischen) Pfleger, um welche Art Kamele es sich handelt: Männliche Tiere, die als Fleischlieferant schon für 1000 Dh den Besitzer wechseln, oder Kamelstuten, die wegen ihrer Milch mindestens das Zehnfache bringen.

Junge potenzielle Rennkamele, die nicht unter 100 000 Dh zu haben sind, findet man nur noch ganz selten auf dem Markt von Al Ain. Sie werden bereits vorher aussortiert und auf der benachbarten Rennstrecke unter den Augen von Interessenten ›getestet‹ und dann direkt dort verkauft. Unter den zum Kauf angebotenen Kamelen befinden sich immer auch Jungtiere oder gerade geborene Fohlen.

Wenn man auf den schmalen Wegen zwischen den Pferchen umherläuft, wird man von den Pflegern öfter aufgefordert, sich doch den Kamelen zu nähern, sie zu berühren und die Jungtiere zu streicheln. Übermäßige Vorsicht ist dabei unbegründet: Die meisten Tiere halten still, aber der Pfleger erwartet ein Trinkgeld (2–5 Dh).

Wenn der Preis stimmt

Spannend wird es, wenn ein Pick-Up sich den Gattern nähert und der Verkauf eines Kamels sich anbahnt. Auch wer des Arabischen nicht mächtig ist, merkt schnell, dass Verkäufer und Käufer sich einen Wortwechsel liefern, bis sie sich schließlich gestenreich auf einen Preis einigen. Dann wird das Tier gnadenlos auf die Ladefläche des Pick-Ups gezerrt und geschoben und mit dicken Seilen festgezurrt. Dass es dabei spuckt und brüllt, stört niemanden mehr. Am Ende fügt sich das Kamel in sein Schicksal, die Männer verabschieden sich mit Handschlag und ab geht die Fahrt Richtung Stall oder Schlachthaus.

Ausflüge

Keramiken aus Mesopotamien und Indien als Grabbeigaben. Zudem entdeckten sie, dass sich die 5000 Jahre alte Siedlung über ca. 10 ha erstreckte.

In der Parkanlage, zu der auch ein großer Kinderspielplatz gehört, ist ein Ausgrabungsdistrikt ausgewiesen, der nur mit besonderer Erlaubnis betreten werden kann. Der Hili National Archaeological Park ist wegen seiner schönen Gartenanlage mit großen Rasenflächen und Schatten spendenden Bäumen an Feiertagen ein äußerst beliebtes Ausflugsziel.

Hili Fun City 10
Mohammed Ibn Khalifa Street,
Tel. 03 784 55 42, www.hilifuncity.ae,
Mo–Do 16–22, Fr und Sa 12–22 Uhr,
Mi freier Eintritt für Frauen und Kinder, Tageskarte 45 Dh, Mi–Sa 35 Dh

Wer mit Kindern reist, kann ihnen zuliebe die nahe Hili Fun City aufsuchen, eine arabische Variante des US-amerikanischen Disneylands, zu der auch ein Eislaufstadion *(ice rink)* von olympischen Ausmaßen gehört. Der 1985 eröffnete Vergnügungspark bietet über 30 Sport- und Spielstätten, Gelegenheiten zum Ponyreiten und Ruderbootfahren, über ein Dutzend ausgefallener Karussells, Picknickplätze, Restaurants und Souvenirshops. Die beliebtesten Attraktionen des größten Unterhaltungsparks der VAE sind moderne Großkarussells nach dem Muster der Rollercoasters (gigantische Achterbahnen) oder Gyrotowers, bei denen sich eine geschlossenen Kabine langsam an einem hohen Stahlmast hochschraubt, oben mehrere Runden dreht und dann wieder nach unten saust.

Al Ain Wildlife Park – Al Ain Zoo 11
Zayed Al Awwal St., Tel. 03 782 81 88, www.awpr.ae, tgl. 9–20 Uhr, während des Ramadan 16–22 Uhr, 14. Juni–30. Aug. geschl., Eintritt 15 Dh, Kinder 5 Dh, unter 6 Jahren frei

Stadtauswärts in Richtung Jebel Hafeet pass ert man auf der Jebel Hafeet Street den Zoo, den ein großes Giraffenkunstwerk am letzten Verkehrskreisel bereits angekündigt hat. Der Tierpark, der vor allem wegen seiner Zuchterfolge bei vom Aussterben bedrohten Tierarten auf der Arabischen Halbinsel Ansehen genießt, erfreut sich u. a. wegen seines Großaquariums großer Beliebtheit. 2008 wurde der Park vollkommen umgestaltet. Seine Fläche ist jetzt doppelt so groß (870 ha), es gibt einen neuen afrikanischen Safaripark mit Löwen, Nashörnern und Affenhaus. Auch Kinderspielplätze sind vorhanden.

Jebel Hafeet

Südlich von Al Ain erhebt sich der zweithöchste Berg der VAE, der 1249 m hohe Jebel Hafeet, zu dessen Gipfel eine 13 km lange kurvenreiche Straße führt. Der Hazza Ibn Sultan Street Richtung Süden folgend, zweigt nach 5 km die Gipfelstraße zum Jebel Hafeet in östlicher Richtung ab. 1 km hinter der Abzweigung erreicht man auf dem Weg zum Gipfel rechts die Freizeitanlage **Green Mubazzarah Hot Springs,** einst ein Thermalsee, dessen blaugrünes Wasser in vegetationsloser Wüste und vor dem Hintergrund des kargen Jebel Hafeet geradezu künstlich anmutet. Den See umrahmt heute eine riesige Ansammlung fantasieloser Ferienbungalows. Zu der Anlage gehören auch mehrere, für Männer und Frauen getrennte Badehäuser.

Vom Gipfel des Jebel Hafeet hat man bei klarem Wetter einen herrlichen Blick über das gesamte Oasengebiet. Hier oben hat 2004 das schöne **Mercure Grand Hotel Jebel Hafeet** mit zwei Restaurants und einem Schwimm-

Al Ain

bad inmitten einer großzügigen Gartenanlage eröffnet: Von hier oben präsentiert sich am Abend Al Ain in einem funkelnden Lichtermeer.

Übernachten, Essen

Der Klassiker – **Al Ain Hilton** 1 : Zayed Ibn Sultan St./Khalid Ibn Sultan St., Tel. 03 768 66 66, www.hilton.com, 202 Zimmer und 50 Villen, DZ ab 600 Dh. Das Tagesrestaurant **Flavours** 4, der klassische Coffeeshop, bietet ein sehr gutes Frühstücks- und Mittagsbuffet, tgl. 6–23 Uhr, Frühstück 80 Dh, Mittagessen 140 Dh. Der sechsstöckige Komplex mit weitem Atrium, ausgedehnten Gärten und großzügiger Poolanlage hat wesentlich dazu beigetragen, dass Al Ain ein beliebtes Ausflugsziel der Dubai'in geworden ist. Das Hilton verfügt über einen 9-Loch-Golfplatz, ein schönes, großes Kinderschwimmbecken und viele Spielmöglichkeiten. Der Hiltonia Club bietet zudem ein Schwimmbad mit attraktivem Sportangebot. Alle Zimmer sind bequem eingerichtet, der Service ist freundlich.

Tradition vor Ort – **Danat Resort Al Ain** (ehem. InterContinental) 2 : Khalid Ibn Sultan St., am Südostrand der Stadt, Tel. 03 704 60 00, www.danathotels.com, 220 Zimmer und 22 Villen, DZ ab 1100 Dh. Das Restaurant **Luce** 2 ist *der* ›Italiener‹ in Al Ain, mehrfach preisgekrönt, 19–23 Uhr, Pizza ab 28 Dh, Fleischgerichte ab 60 Dh, Cappuccino 10 Dh. Sechsstöckig, gestufte Hotelanlage mit zwei Flügeln, alle Zimmer mit Balkon und Gartenblick, zwei große Schwimmbäder und zahlreiche Sportmöglichkeiten, mehrere Restaurants, einladende Gartenanlage.

Ein Glaspalast – **Al Ain Rotana** 3 : Zayed Ibn Sultan St., Tel. 03 754 51 11, www.rotana.com, 150 Zi., DZ ab 700 Dh. Hervorragende libanesische Küche im Restaurant **Zest** 1 , tgl. 12–15 und 19–23 Uhr, Buffet 105 Dh, abends Barbecue-Buffet 120 Dh. Das Hotel ist das einzige 5-Sterne-Haus im Stadtzentrum, ein von Licht durchfluteter Glasbau mit üppigem Grün. Große ruhige Zimmer mit viel Komfort, u. a. auch Babysitting. Zum Hotel gehören mehrere Restaurants, darunter auch ein Trader Vic's, ein Fitnesscenter und ein sehr schönes Schwimmbad.

Traumhafte Aussicht – **Mercure Grand Hotel Jebel Hafeet** 4 : auf dem Gipfel des Jebel Hafeet, oberhalb von Al Ain, Tel. 03 783 88 88, www.mercure.com, 124 DZ ab 500 Dh. Mediterrane Küche im Restaurant **Le Belvedere** 3, 12.30–23 Uhr (Zwiebelsuppe 22 Dh, Filet 50 Dh), Mittagsbuffet im **Orient Café** für 60 Dh (10–1 Uhr). Allein die Lage mit dem Blick auf das 900 m tiefer gelegene Al Ain, über die Dünen und Wadis der Wüste und das angrenzende Hajar-Gebirge sind es wert, hier zu übernachten. Zudem bietet das Hotel ein großes Schwimmbad und zwei Flutlicht-Tennisplätze. Alle 145 Zimmer und neun Suiten sind geräumig, modern eingerichtet und haben einen herrlichen Ausblick. Kinder kommen dank der langen Wasserrutschen im Schwimmbad auf ihre Kosten.

Zentrale Lage – **Ayla Hotel** 5 : östlich des Al Ain Hospitals, Tel. 03 761 01 11, www.aylahotels.com, DZ ab 400 Dh. Neubau mit Komfort, 135 Zimmer mit aufwendiger Ausstattung.

Erfrischend
Die Hotels in Al Ain verfügen über sehr schöne Schwimmbäder, in denen auch Tagesbesucher nach einem Ausflug in die Wüste wohltuende Erfrischung genießen können (s. u.).

Ausflug in die Wüste

Wüsten bedecken den größten Teil der Arabischen Halbinsel. Sie sind ein Teil der ursprünglichen Naturlandschaften, die man vor den Toren Dubais in unterschiedlicher Weise kennenlernen kann. Nur eine halbe Stunde Autofahrt von Dubai entfernt erstreckt sich ein Wüstengebiet mit besonders hohen Sanddünen, die Einheimische und *expatriates* wegen der rötlichen Farbe des Sandes Big Reds getauft haben.

Die **Big Reds** werden gerne an Wochenenden mit vierradgetriebenen (4WD) Fahrzeugen erkundet. Schon die Anreise vermittelt einen Eindruck von der grenzenlosen Weite, die in literarischen Beschreibungen als die Faszination der Sandwüsten beschrieben wird.

Für viele sind die Big Reds heute ein ›Spielplatz‹: Junge Dubai'in treiben hier wagemutig den Sport des *dune bashing* (Dünen-Prügel) oder Möchtegerne-Wüstenrallyefahrer suchen sich besonders hohe Dünen aus, um mit ihren Pick-ups hinunterzubrettern. Inzwischen gibt es von Oktober bis März besonders an den Wochenenden an der E44 bei den Big Reds bereits eine Art Infrastruktur für die *basher:* Getränkestände, Reparaturbetriebe und ein improvisiertes Restaurant.

Wenige Kilometer abseits des Trubels wird es stiller. Hier wird man von der Faszination der Wüste ergriffen: Vom Farbenwechsel der Sanddünen von hellem Beige bis zu warmem Rotbraun, von der Formenvielfalt, die der Wind geschaffen hat und die sich zugleich ständig verändert, oder auch von der spärlichen Vegetation, die in Gestalt grüner Farbtupfer die sandige Weite unterbrechen.

Infobox

Reisekarte: ▶ Karte 4, C/D 2/3

Transport und Anreise
Man verlässt Dubai mit dem Auto auf der E44 Richtung Hatta und erreicht nach einer knappen halben Stunde hinter dem Ort Lahab zu beiden Seiten der E44 ein gewaltiges Dünengebiet namens Big Reds. Touren dorthin sind individuell machbar, organisierte Ausflüge jedoch sicherer und komfortabler (s. S. 271).

Übernachten
Neben Tagestouren werden auch mehrtägige Touren in die Wüste angeboten. Auf diese Weise erlebt man die einzigartige Faszination, die die Wüste gerade nachts entfaltet. Zu einem ganz besonderen Erlebnis wird dies in einem der komfortablen Wüstenresorts in der Nähe Dubais (s. S. 271).

Allein in die Wüste

Die Mehrzahl der Reiseveranstalter in Dubai haben Wüstensafaris als Halbtages-, Ganztages- und Übernachtungstouren in ihrem Programm (s. S. 27). Wer auf eigene Faust losziehen und seinen Wüstentrip individuell mit einem vierradgetriebenen Leihwagen gestalten möchte, muss einige lebenswchtige **Regeln** beachten:

Fahren Sie niemals allein, sondern immer mit mindestens zwei Fahrzeugen! Für den Fall, dass man in der Wüste eine Panne hat, sollte man unbedingt zusammenbleiben, d. h. Hilfesuchende sollten nur zu zweit aufbre-

In der Wüste

chen. Bevor man einen Ausflug in die Wüste unternimmt, sollte man sein Hotel darüber informieren, wohin man fährt und wann man ungefähr zurückkommen wird. Darüber hinaus sollte man vereinbaren, dass das Hotel zwölf Stunden nach Überschreiten der avisierten Rückkehrzeit die Polizei benachrichtigt. Sich auf sein Handy zu verlassen genügt nicht, weil nicht überall eine Etisalat-Verbindung besteht. Obligatorisch ist eine zweckmäßige Ausrüstung. Dazu gehören unbedingt pro Person 10 l Trinkwasser, ein Kanister Benzin, ein Erste-Hilfe-Set, eine Wolldecke, zwei Ersatzreifen, Abschleppseil, Schaufel, Kompass und eine Uhr; eventuell noch Sandbleche und ein Keilriemen.

Und noch eines: Autofahren im Sand sollte nicht erst in der Wüste erprobt werden. Lernen kann man es vorab in den Kursen verschiedener Reiseveranstalter (z. B. Arabian Adventures, s. S. 28). Bei erfolgreichem Abschluss erhalten die Teilnehmer einen entsprechenden ›Führerschein‹. Dieser in Dubai erworbene ›Wüsten‹-Führerschein ist gleichzeitig eine erinnerungsträchtige ›Trophäe‹.

Organisiert in die Wüste

Da ›die Wüste erleben‹ als Programmpunkt im Kopf eines jeden Dubai-Besuchers existiert, haben sich die örtlichen Tourenveranstalter seiner Erfüllung angenommen.

Die **Tour Operator Net Tours** und **Lama Tours** (s. S. 27) haben z. B. eine Autostunde vor Dubai inmitten der Wüste stimmungsvolle **Beduinenlager** für Besucher errichtet. Nach der Anfahrt, die besonders auf den letzten Kilometern nach dem Verlassen der Straße aufregend wird, kann man in der Nähe der Zelte in den Dünen umherwandern, einen Ausritt auf einem Kamel wagen oder sich eine Falkenvorführung anschauen. Die ersten Stunden des Abends verbringt man unter sternenklarem Himmel bei arabischer Musik. Gegrillte Köstlichkeiten werden gegen 21 Uhr serviert, die man auf Kissen und Teppichen sitzend zu sich nimmt. Dazu werden meistens auch Bauchtänze dargeboten. Wer mag, kann den Abend mit einer Wasserpfeife abschließen, bevor er sich auf sein Feldbett im Beduinenzelt oder in einen Schlafsack unter freiem Himmel zurückzieht. Beeindruckend sind in jedem Fall die Stille der Wüste und der Sternenhimmel, der von ungewohnter Klarheit ist. Bei Sonnenaufgang wird gemeinsam gefrühstückt, spätestens zum Mittagessen ist man wieder zurück in Dubai (Erwachsene ca. 500 Dh, Kinder 300 Dh).

Übernachten in der Wüste

Es liegt in der Natur der Sache, dass Dubai seinen Besuchern das Erleben seiner ursprünglichen Landschaft ermöglichen will, aber auch hier gilt der Grundsatz: nur auf höchstem Niveau. So entstanden zwei **Luxusresorts** inmitten der Wüste, Oasen des Komforts zwischen Sanddünen, knapp 50 km von Dubai entfernt.

Bab Al Shams Desert Resort & Spa ▶ Karte 4, C 3
Vom Autodrome in Dubailand 45 km in südliche Richtung, www.meydan hotels.com, Tel. 809 61 00, DZ 1880 Dh
Wenn die Anlage des Bab Al Shams Desert Resort & Spa hinter den Dünen am Horizont Konturen annimmt, erinnert sie an die Festungsarchitektur von Shibam im jemenitischen Wadi

Lieblingsort

Wüstentraum

Mitten in der Wüste erhebt sich verdeckt von hohen Sanddünen das ›Tor zur Sonne‹, ein flaches, in die Landschaft unauffällig eingebettetes Resort, das einer Fata Morgana gleicht, gäbe es nicht eine Piste, auf der man es erreichen kann. Die Farben des Hauses ähneln denen des Wüstensandes, die Architektur ist alten Traditionen verpflichtet und bietet dem Gast all den Komfort, nach dem er sich nach einer Wüstenwanderung sehnt: Ein großes Schwimmbad mit direktem Blick in die Dünen, ein Restaurant mit feinsten arabischen Speisen, eine Rooftop Lounge mit gekühlten Getränken, und wer will, kann hier auch noch traumhaft übernachten: im **Bab Al Shams Desert Resort & Spa** (s. S. 271).

Ausflüge

Hadramaut. Betritt man das hinter hohen Mauern gelegene Resort, ist man fasziniert von der Vielfalt der Blumen und Bäume inmitten der kargen Landschaft. Die Zimmer sind mit orientalischem Mobiliar ausgestattet und draußen sieht man nur hohe Dünen. Im Hotel fehlt es an nichts. 2012 wurde es vom DTCM als World's Leading Desert Resort ausgezeichnet.

Al Maha Desert Resort & Spa
▶ Karte 4, D 2
Von Dubai auf der E66 nach Al Ain, Ausfahrt bei Exit 47, Parkplatz am Eingangstor des Resorts, von dort Abholung für die letzten 10 km über sandige Piste; alternativ Abholservice vom Flughafen Dubai, Hin- und Rücktransport bis 4 Pers. 250 US$; Tel. 04 832 99 00, www.starwoodhotels.com, DZ inkl. Vollpension und Aktiv-Programm ab 4000 Dh

Wüstenaufenthalte sind heute nicht zwangsläufig mit Strapazen und Entbehrungen verbunden. Im Gegenteil, man kann die Wüste auch auf luxuriöse Art ›entdecken‹ und sich dort erholen. Das Al Maha ist ein Luxusdomizil inmitten der Wüste, eine Oase zwischen Sanddünen, die heute zur ›Luxury Collection‹ der Starwood Hotels gehört und 2004 die höchste Auszeichnung von National Geographic erhielt. Ein Genuss für betuchte Erholungssuchende und Naturliebhaber! 40 Suiten in einzeln stehenden Zeltbungalows mit großzügigem Wohnschlafzimmer, das auf eine überdachte Holzterrasse mit eigenem kleinen Swimmingpool führt. Wunderschöner Panoramablick über die liebevoll angelegte Oase bis weit hinaus in die Wüste, an deren Ende sich das Hajar-Gebirge erhebt. Alle Suiten *(beduin suites)* sind 75(!) m² groß, die Emirates Suite und die Royal Suite bieten auf 175 m² ein großes Wohnzimmer, je zwei Schlafräume und Bäder; beide verfügen über einen eigenen großen Swimmingpool.

Oberhalb der Zeltbungalows steht ein Gebäude mit maurischen Architekturelementen, das mit der Weite der Wüste und den Sanddünen perfekt harmoniert. Hier genießt man im großen Speisesaal mit Außenterrasse das abendliche Safaridinner. Zum Hauptgebäude gehören auch ein Salon, eine Bar, eine Bibliothek, zwei *majlis*-Zimmer und die großzügige Lobby. Ein großer Pool mit überdachter Terrasse liegt etwas abseits des Hauptgebäudes, ebenso der Timeless Spa mit einem hervorragenden Therapieangebot. Alle Suiten und die Verbindungswege sind von Grünanlagen umgeben; die Wege zu den Zeltbungalows werden nach Einbruch der Dunkelheit stimmungsvoll beleuchtet.

Al Maha ist ein Stück Wüste mit heimischer Fauna, darunter arabische Onyx-Antilopen, Berggazellen und Wüstenfüchse. Alle Tiere bewegen sich völlig frei und werden nicht gefüttert. Zu Pferd oder Kamel können die Gäste die Wüste entdecken, am frühen Morgen Einblicke in die arabische Tradition der Falknerei gewinnen oder an einer tollkühnen Dünen-Fahrt teilnehmen.

Essen & Trinken

Beste arabische Küche – **Al Hadheerah Desert Restaurant:** im Bab Al Shams Desert Resort & Spa, s. S. 45

Aktiv

Touren in die Wüste – **Net Tours,** Tel. 266 66 55, www.nettoursdubai.com. Der Veranstalter organisiert geführte Touren in die Wüste, s. S. 28.
Pferde- und Kameltrekking – **Al Maha Desert Resort & Spa:** Das Hotel bietet auch für Nicht-Hotelgäste geführte Touren in die Umgebung an.

Ausflug nach Sharjah

Der Reiz der gleichnamigen Hauptstadt des Emirats Sharjah ist ihre gelungene Verbindung von Alt und Neu: Moderne Wolkenkratzer stehen neben alten Festungen und zeitgemäße Shopping Malls konkurrieren mit traditionellen Souqs. Sharjah grenzt direkt an Dubai, ist stolz auf sein historisches Erbe, besitzt viele Museen, aber auch schöne Strandhotels. 1998 wurde Sharjah von der UNESCO zur Kulturhauptstadt der Arabischen Welt gewählt.

Da es keine Grenzübergänge innerhalb der Vereinigten Arabischen Emirate gibt, merkt man gar nicht, wann man das Emirat Dubai verlassen und Sharjah erreicht hat, das nur 15 km östlich von Dubai liegt. Das Emirat Sharjah ist mit 2600 km^2 nur in etwa halb so groß wie das Nachbaremirat Dubai und zählt knapp 600 000 Einwohner. Dazu gehören auch die Bewohner der am Golf von Oman liegenden Enklaven Khor Fakkan, Dibba und Kalba.

Infobox

Reisekarte: ▶ Karte 4, C 1

Touristeninformation
Sharjah Commerce &
Tourism Development Authority
Crescent Tower, 9. Stock
Tel. 556 67 77, Fax 556 30 00
www.sharjahtourism.ae

Anreise und Transport
Zwischen Sharjah und Dubai verkehren zwei öffentliche under mehrere private Buslinien. Die **Busse** fahren von 5 bis 24 Uhr praktisch im 15-Minuten-Takt, da sie besonders von den vielen *expatriates* genutzt werden, die in billigeren Sharjah leben. Die Haltestelle in Dubai befindet sich am Baniyas Square, in Sharjah an der Al Wahda Road, Fahrpreis 6 Dh.

Verkehrsmittel
In Sharjah-Stadt verkehren öffentliche Verkehrsmittel. **Taxifahren** ist günstiger als in Dubai (Grundpreis 2 Dh, 1 Dh/km).

Übernachten
Das Hotelangebot in Sharjah kann im Luxussegment nicht mit dem in Dubai mithalten. Doch auch hier gibt es schöne Hotels, und sie sind billiger als in Dubai. Preisbewusste Reisende wohnen daher in Sharjah und fahren jeden Tag ins nur 15 km entfernte Dubai. Hat man sich in Dubai einquartiert, lohnt es sich mitunter nicht, bei einem Ausflug nach Sharjah dort zu übernachten, es sei denn, man möchte sehr viel besichtigen (die Museen öffnen gegen 8 oder 9 Uhr) oder sich die Stunde Fahrtzeit im Berufsverkehr ersparen.

Alkohol: Ausschank und Konsum sind auch in den Hotels verboten.

Preise
Das Preisniveau in Sharjah ist generell niedriger als in Dubai, z. B. kosten Hotels durchschnittlich 20 % weniger.

Vorwahl
Sharjah: 06 (innerhalb der VAE)

Ausflüge

Sharjahs erste Touristen

Während der britischen Protektoratszeit war Sharjah das bedeutendste Emirat am Golf. Nach der Gründung der VAE öffnete es als erstes seine Tore für Touristen. Wie im Nachbaremirat Dubai ist man in Sharjah bis heute bemüht, Touristen durch attraktive Einkaufsmöglichkeiten, erholsame Strandferien und traditionsorientierte Sehenswürdigkeiten zu gewinnen, wenn auch mit unterschiedlicher Akzentsetzung und auf bescheidenerem Niveau.

In den 1970er-Jahren genehmigte der Emir den Bau von Strandhotels und sorgte so dank des internationalen Fremdenverkehrs für beträchtliche Deviseneinnahmen. Denn die Hoffnungen des Emirats auf Ölquellen hatten sich zunächst nicht erfüllt. Nachdem die befreundeten Saudis großzügige Finanzhilfe gewährten, fühlte sich der in England promovierte Emir Dr. Sheikh Sultan Bin Mohammed Al Qasimi im Gegenzug verpflichtet, Verkauf und Konsum von Alkohol in der Öffentlichkeit zu untersagen. Seit 1985 ist Sharjah daher *dry*, es herrscht also Alkoholverbot. Wer im Restaurant oder einer Bar ein Bier trinken will, muss sich ins 15 km entfernte Dubai begeben; privat darf aber jeder Nichtmuslim in seinem Hotelzimmer Alkohol konsumieren.

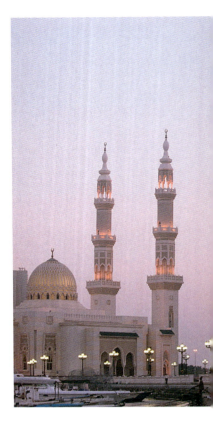

Sharjah heute

Trotzdem ist Sharjah ein sehr tolerantes Emirat. Sheikh Sultan schenkte der christlichen Gemeinde Land, damit sie eine Kirche errichten konnte, seit 1970 gibt es eine Oberschule für Mädchen und 1998 wurde – dank großer Anstrengungen der Herrscherfamilie um das historisch-kulturelle Erbe des Emirats – Sharjah von der UNESCO zur Kulturhauptstadt der Arabischen Welt erklärt. Viele sorgfältig restaurierte Bauten, die Museen beherbergen, führten zu dieser Auszeichnung.

Erdöl wird in Sharjah erst seit 1974 gefördert, doch die Einnahmen sind wesentlich geringer als die von Dubai und Abu Dhabi. Die Förderung auf der Insel Abu Musa wird mit Iran geteilt, der die Insel seit 1974 besetzt hält; die Ausbeute fällt mit ca. 60 000 Barrel pro Tag vergleichsweise bescheiden aus. Ergiebiger sind die Ende der 1980er-Jahre entdeckten **Erdgas-**

Sharjah

Sharjahs Große Moschee im Morgenlicht

vorräte, aus deren Einnahmen seit Mitte der 1990er-Jahre die Restaurierungsarbeiten bestritten werden. Insgesamt gilt Sharjah als Dienstleistungszentrum der Vereinigten Arabischen Emirate. Darüber hinaus hat es den **Hafen Khor Fakkan** an der omanischen Golfküste ausgebaut, um von dort Güter auf dem Landweg an die Westseite der Emirate zu transportieren; das erspart Frachtschiffen bis zu zwei Tage Fahrtzeit durch die Straße von Hormuz und erhebliche Kosten.

Stadtbesichtigung

Sharjah liegt an drei Creeks, deren Windungen zwar für einen besonderen Reiz der Stadt sorgen, aber auch gewisse Verkehrsbeeinträchtigungen zwischen den Stadtteilen verursachen.

Von Dubai führen mehrere Hauptverkehrsstraßen nach Sharjah, doch auf der küstennahen Al Ittihad Road ist man am schnellsten im Zentrum. Von Dubai kommend, biegt man am Stadteingang am Al Wahda-Fly-

over von der Al Ittihad Road nach links in die Al Khan Road Richtung Küste ein. Diese Straße führt zwischen den beiden großen Lagunen, den **Khor Al Khan** im Westen und den **Khor Khaled** im Osten, hindurch, kreuzt den Al-Qasba-Kanal (s. S. 283) und erreicht nach ca. 4 km im alten Fischerdorf Al Khan das Meer.

Al Khan

Im ältesten Stadtteil Sharjahs lebten die Bewohner früher vom Fischfang und wohnten in Lehmhäusern. 2002 wurde der ganze Stadtteil saniert und ein großer Teil der alten Lehmhäuser abgerissen. 2008 eröffneten hier zwei Museen: Das **Sharjah Maritime Museum** widmet sich der maritimen Geschichte des Emirats und des Perlentauchens (Sa–Do 8–20, Fr 16–20 Uhr, Eintritt 8 Dh, Kinder frei). Daneben bietet das **Sharjah Aquarium** als Museum die Möglichkeit, trockenen Fußes die Unterwasserwelt vor der Küste zu erkunden (Sa–Do 8–19.30, Fr 15–20 Uhr, Eintritt 20 Dh).

Neben den Museen beginnt die Mina Road, eine breite Straße, an der mehrere **Strandhotels** (z. B. das Sharjah Carlton, das Sharjah Grand Hotel, das Lou' Lou'a Beach Resort) liegen und die am Gebäude der Hafenbehörde von Port Khaled endet. Dieser Strandabschnitt gehört zu den schönsten des Emirats Sharjah, ist aber mit dem von Jumeirah weder in der Gestaltung noch in der Qualität der Hotels zu vergleichen.

Sharjah

Stadtzentrum

Um ins Zentrum von Sharjah zu gelangen, muss man auf der Al Khan Road 2 km zurückfahren und an der nächsten Kreuzung nach links Richtung Nordosten in die Al Arouba Street zur Sharjah Bridge einbiegen, die über den Khor Khalid in die Innenstadt führt.

Al Souq Al Markazi 3
Sa–Do 9.30–13, 16–22, Fr 16.30–22 Uhr
Auf der Brücke sieht man bereits rechter Hand inmitten großer Grünanlagen die langgestreckten blauen Hallen des Al Souq Al Markazi (auch als Central Souq bezeichnet) liegen. Die beiden 1978 errichteten Tonnengewölbe, die durch Laufbrücken miteinander verbunden sind, erinnern an gigantische Bahnhofshallen. Im Inneren werden die Hallen von unzähligen Säulen geschmückt und jeweils von zehn eindrucksvollen Windtürmen mit Frischluft versorgt. Die blauen und grünen Kacheln zieren kalligrafische Spruchbänder und Mosaike.

Diesem neoislamischen Baustil verdankt der Souq, dass er in den 1990er-Jahren nicht nur zu den bekanntesten Markthallen der Vereinigten Arabischen Emirate gehörte, sondern auch zum Wahrzeichen von Sharjah wurde und auf dem 5-Dh-Schein abgebildet ist. Mehr als 600 kleine Geschäfte bieten in den Korridoren der zweistöckigen Hallen alles nur Erdenkliche an, außer Lebensmitteln. Besonders lohnend ist das Angebot im ersten Stock der ersten Halle mit verschiedenen Teppich- und Antiquitätengeschäften. Hier kann man unter anderem schönen Silberschmuck aus Südarabien erstehen.

Die sich östlich hinter den Souq-Hallen erhebende **Große Moschee** wurde dem Emirat von König Feisal aus Saudi-Arabien gestiftet und trägt auch seinen Namen; die kleine zierliche Moschee zwischen der ersten Souq-Halle und der Sharjah-Brücke wird hauptsächlich von den Beschäftigten des Souqs zum Mittagsgebet aufgesucht.

Der historisch beeindruckende Teil der Stadt liegt an der Mündung des Khaled Creek, nördlich des Al Souq Al Markazi. Um dorthin zu gelangen, überquert man die Al Arouba Street unter einer Brücke und folgt dem Ufer der Lagune bis zum **Fischmarkt**. Hier werden täglich bis zum frühen Mittag direkt vom Boot Körbe und Kisten voller Fische zu den unmittelbar angrenzenden Verkaufsständen entlang der Kaimauer gebracht und lautstark zum Verkauf angeboten.

Heritage Area

Die Straße entlang dem Lagunenufer heißt in Anlehnung an ihre französischen Vorbilder Corniche Road. Auf dieser erreicht man hinter dem **Al Merralija Square** die historische Altstadt von Sharjah, heute ein großes Freiluftmuseum, genannt Heritage Area. Diese verkehrsberuhigte Zone erstreckt sich zwischen der Merralija Road im Westen und der Golf Road im Osten sowie der Al Arouba Road im Süden, in der die alte Festung Al Hisn steht.

Mehrere restaurierte, zum Teil auch nach alten Plänen neu errichtete Gebäude versetzen hier die Besucher in die Zeit des 19. Jh. Beeindruckend ist beispielsweise das 1845 erbaute **Bayt Al Naboodah** 4 (Sa–Do 8–20, Fr 16–20 Uhr, Tel. 568 17 38, Eintritt 5 Dh). In dem zweistöckigen Stadthaus, errichtet in traditioneller Golfarchitektur, wird der feudale Lebensstil einer wohlhabenden Kaufmannsfamilie in dem Haus mit 20 Zimmern und einem eindrucksvollen Innenhof dokumentiert.

Ausflüge

Fort Al Hisn 5

Al Bourj Av., Sa–Do 8–20, Fr 16–20 Uhr, Tel. 568 55 00, Eintritt 5 Dh

Bedeutendstes Bauwerk der Heritage Area ist die Festung Al Hisn (oft auch *Al Husn* transkribiert), die volkstümlich auch Sharjah Fort genannt wird. Von der 1822 erbauten eindrucksvollen Lehmfestung, die mehr als ein Jahrhundert das Zentrum Sharjahs bildete und in der einst die Herrscherfamilie der Qasimi lebte, war in den 1960er-Jahren nur ein 12 m hoher Turm erhalten geblieben. Alle anderen Gebäude fielen dem in dieser Zeit einsetzenden Hochhausbau im Zentrum von Sharjah zum Opfer. Sheikh Sultan Al Qassimi, der sich 1969 zu Studienzwecken in Kairo aufhielt und von den Abräumarbeiten während der Regentschaft seines Bruders Khalid zugunsten der Al Burj Avenue hörte, stoppte im letzten Moment den Abriss des Turms. In mühevoller Rekonstruktion nach alten Stichen und Fotos gelang es ihm nach seinem Regierungsantritt (1972), die Festung mit Originalmaterialien (z. B. roter Basalt aus Abu Musa und Mangrovenhölzer aus Sansibar) wieder aufzubauen.

Da die Rekonstruktionsarbeiten außerordentlich schwierig waren und weil auf originalgetreue Details geachtet wurde, dauerte es 25 Jahre, bis Fort Hisn 1997 wieder eröffnet wurde.

Die Amerikanische Universität AUS am ›Bildungsstandort‹ Sharjah

Sharjah

Heute wirkt es wegen der zu beiden Seiten unmittelbar neben der Festung stehenden Hochhäuser wie eine weiße Liliputanerburg.

Im Inneren des Forts faszinieren eine Ausstellung mit Fotos zur Geschichte Sharjahs, alte Dokumente und Waffen sowie eine Dokumentation der Restaurierungsarbeiten. Eindrucksvoll ist auch das Gefängnis im alten Al Mahalwasa-Turm, der als einziger Teil der ursprünglichen Festung erhalten geblieben ist.

Souq Al Arsah 6

Vom Naboodah-Haus überquert man den Platz zum Souq Al Arsah, dem ältesten Basar der Stadt mit engen Gassen, mehr als 100 kleinen Läden, schönen Holztüren und einladender Geschäftigkeit. In diesem Souq ist das Antiquitätenangebot am größten. Nur die unter Putz liegenden Stromleitungen verraten, dass die arabische Ladenstraße einer Komplettsanierung unterzogen wurde (Sa–Do 9–13, 16–21 Uhr).

An den Al Arsah Souq grenzen das arabische Kaffeehaus **Al Qahwa Al Shabiah** (tgl. 9–13, 16–20 Uhr) und die **Majlis Ibrahim Mohammed Al Midfaa** 7, das restaurierte Haus einer alteingesessenen arabischen Händlerfamilie. Die Al Midfaa kühlten ihr Haus durch einen eindrucksvollen runden **Windturm,** den man in dieser Form sonst nirgendwo im Emirat antrifft. Ibrahim Mohammed Al Midfaa gab 1927 die erste Zeitung in den Emiraten heraus und war bis zu seinem Tode 1983 Sekretär der Herrscherfamilie (Sa–Do 8–20, Fr 16–20 Uhr, Eintritt 2 Dh).

Auf der anderen Seite des Bayt Al Naboodah erhebt sich das Haus von Saeed Bin Mohammed Al Shamsi (Al Taweel), das heute das **Calligraphy Museum** 8 beherbergt. Es lädt zu einer Zeitreise zu den Arabischen Schriftformen ein (Tel. 569 45 61, So–Do 8–20, Fr 16–20 Uhr, Eintritt 5 Dh). Zu diesem Museumsensemble gehört auch der **Heritage Square,** ein offener Platz mit einem großen Zelthaus, in dem eine umfangreiche Bibliothek arabischer Literatur untergebracht ist.

Art Area

Neben der Heritage Area ließ Sultan Al Qasimi östlich der Bourj Avenue entlang der Corniche die alten Gebäude des **Souq Bin Kamil** restaurieren und schuf mitten im Stadtzentrum eine verkehrsberuhigte Art Area, einen weiträumigen Platz, der von restaurierten

Ausflüge

Gut planen!
Die Museen Sharjahs verteilen sich auf ca. 4 km voneinander entfernte Stadtbezirke. Deshalb sollte man seine Interessen bündeln: Die Ausstellungshäuser für Geschichte und Kunst befinden sich in der Heritage Area am Sharjah Creek, jene die sich der Archäologie und den neuen Wissenschaften widmen, im Südosten der Stadt an der Sheikh Rashid Bin Saqr Street.

Bauwerken umgeben ist, die sich alle der Kunst verschrieben haben.

Sharjah Art Museum [9]
Tel. 556 82 22, Sa–Do 8–20 Uhr, Fr 16–20 Uhr, Eintritt frei
Das 1997 eröffnete Kunstmuseum ist das Zentrum der Art Area, ein gewaltiger Bau in traditionell arabischer Architektur, dessen äußere Schmucklosigkeit in krassem Gegensatz zu Ausstattung und Wert der Exponate im Inneren steht. Auf zwei Stockwerken werden Bilder arabischer Maler und die Privatsammlung der Herrscherfamilie gezeigt, zu der viele ältere Zeichnungen und Gemälde des Briten David Roberts mit Motiven aus allen Teilen der Arabischen Halbinsel gehören. In dem anderen renovierten Gebäude der Art Area haben sich einige **Künstlerorganisationen** niedergelassen; hier kann man Kunstgegenstände und Bücher kaufen.

Entlang der Küste

Verlässt man die Heritage und Art Area und folgt der Corniche weiter die Küste entlang, so ist zur Rechten der ehemalige Al Majarra Souq nicht zu übersehen, denn seine prächtige Goldkuppel drängt einen Vergleich mit dem Jerusalemer Felsendom geradezu auf. Hinter den sich entlang der Corniche erstreckenden braunen Marmormauern von Al Majarra befand sich einst eine der schönsten Shopping Malls des Emirats. 2008 wurde sie zu einem Museum umgebaut.

Museum of Islamic Civilization [10]
www.islamicmuseum.ae, Sa–Do 8–20, Fr 16–20 Uhr, Tel. 565 54 55, Eintritt Erw. 5 Dh, Kinder frei
In dem 1987 errichteten Souq Al Majarrah kann man auf zwei Stockwerken in den umgebauten Fluren und Hallen herausragende Exponate der islamischen Geschichte wie alte Münzen und Gläser, ein großes Stück des schwarzen Stoffes, der die Kabaa in Mekka umhüllte, und alte Korantexte.

Palast der Herrscherfamilie
Auf der weiteren Fahrt entlang der Corniche gelangt man zum Radisson Blu Hotel, hinter dem der neue Palast der Herrscherfamilie beginnt. In diesen Palast, der von Palmen umgeben ist, zog die Herrscherfamilie Ende der 1950er-Jahre ein, als die alte Al Hisn-Festung zu baufällig wurde.

Cultural Square

Sharjah besitzt weit mehr Museen als alle anderen Emirate. Zwei der neueren liegen außerhalb des Stadtzentrums am Culture Square. In der Mitte dieses eindrucksvollen Verkehrskreisels steht als **Denkmal** ein überdimensional großes aufgeschlagenes Buch aus Marmor – der Koran als Kunstwerk. Unmittelbar am Verkehrskreisel befindet sich der **Cultural Palace,** dessen Treppenaufgang von außen beeindruckt und in dem Theater- und Kulturdarbietungen aufgeführt werden.

Sharjah

Sharjah Science Museum [11]
So–Do 8–14, 17–20, Fr/Sa 16–20 Uhr, Tel. 566 87 77, Eintritt 10 Dh
Rechter Hand des Cultural Square wurde 1996 in der Rashid Bin Saqr Road neben der Fernsehstation das Science Museum mit vielen naturwissenschaftlichen Abteilungen eröffnet. Es erfreut sich auch wegen seines herausragenden **Planetariums** vieler Besucher.

Sharjah Archaeology Museum [12]
Mo–Do, Sa 9–13, 17–20, Fr 17–20 Uhr, Tel. 566 54 66, Eintritt 5 Dh
Neben dem Science Museum eröffnete 1997 das Archäologische Museum, das mit modernsten audiovisuellen Mitteln und in Modellen den Besuchern die Frühgeschichte des Emirats näherbringt. Besonders eindrucksvoll wurde das 2500 Jahre alte Pferdegrab rekonstruiert, in dem ein Mann zusammen mit seinem Pferd und vielen Gegenständen aus Gold beerdigt wurde. In einem eigenen Raum des Museums macht Sheikh Sultan Al Qasimi seine wundervolle **Antiquitätensammlung** der Öffentlichkeit zugänglich.

Al Qasba-Kanal

Auf der Rückfahrt nach Dubai auf der Al Wahda Road kann man am westlichen Stadteingang einen Abstecher zum Al Qasba-Kanal machen. Es ist ein künstlich angelegter Kanal zwischen der Al Kahn- und der Al Kahled-Lagune von ca. einem Kilometer Länge. Entlang des Kanals und seiner breiten Uferpromenade befinden sich Terrassen, Plätze und Restaurants sowie Bauwerke islamisch-andalusischer Architektur, in denen kleine Geschäfte ihre Waren anbieten. Das ganze Gebiet versteht sich als neuer Unterhaltungsmittelpunkt. Dazu trägt die klimatisierte Gondel eines Riesenrads, genannt **The Eye of the Emirates** bei, das die Fahrgäste in 60 m Höhe hebt und mit einer herrlichen Aussicht belohnt.

Übernachten

Städtischer Luxus – **Millennium Hotel** [1]: Corniche Rd., Tel. 519 22 22, www.millenniumhotels.com, DZ ab 1100 Dh. Der 23-stöckige dunkelblaue Hotelturm liegt direkt an der Khalid Lagoon. 259 hell und sachlich eingerichtete Zimmer, drei Schwimmbäder, mehrere Restaurants; derzeit das beste Haus am Platz.

Strand und Sport – **Radisson Blu Resort** [2]: Corniche Rd., Tel. 565 77 77, www.radissonblu.com, DZ ab 1000 Dh. Das Hotel mit seinem 300 m langen Sandstrand gehört zu den traditionsreichen der Stadt. Großzügige Zimmer mit Meerblick, großer Pool und viele Sportangebote, familienfreundlich, kostenloser Shuttle nach Dubai.

Nahe den Museen – **Sharjah Rotana Hotel** [3]: Al Sharq Rd., Ecke Al Khaleej Square, Tel. 563 77 77, www.rotana.com, DZ ab 1000 Dh. Luxuriöses Stadthotel mit 205 Zimmern und Suiten. In günstiger Lage zu den Museen in der Heritage Area gelegen, hoteleigener Shuttle-Service zum Strand, Schwimmbad und Fitnesscenter.

Ideal zum Baden – **Lou' Lou'a Beach Resort** [4]: Al Mina Rd., Tel. 528 50 00, www.loulouabeach.com, DZ/ÜF ab 400 Dh. Das älteste Strandhotel der Stadt, viel Patina und viel Atmosphäre, kleine Zimmer, schöner Strand.

Nicht nur für Jugendliche – **Youth Hostel Sharjah** [5]: im Stadtteil Al Sharghan, nahe dem Al Muroor R/A, Tel. 522 50 70, www.uaeyha.com, pro Person und Bett 90 Dh mit DJH-Ausweis, sonst 120 Dh. Kleine Jugendherberge (nur 3–5 Betten pro Zimmer) in einem zweistöckigen Haus, sehr persönliche Atmosphäre; bis zum Strand sind es 5 km.

Sprachführer Arabisch

Die Landes- und Amtssprache ist Arabisch. Arabisch wird von rechts nach links geschrieben. Die Schriftsprache besitzt 28 Konsonanten und die drei Vokale a, i und u. Lange und kurze Aussprache der Vokale verändert die Bedeutung des jeweiligen Wortes, außerdem können die Vokale auch hell oder dunkel ausgesprochen werden (wie e oder o), je nachdem welcher Konsonant sie begleitet.

Für die Transkription von arabischen Begriffen und Namen gibt es keine Regeln, sie erfolgt nach Gehör. Deshalb findet man für dasselbe Wort oft unterschiedliche Schreibweisen, z. B. für Scheich: *sheikh, shaiq, sheigh* oder für den Namen des Großvaters des heutigen Herrschers: *Zayed, Saheed, Saeed, Seiid*. Da in Dubai und auf der Arabischen Halbinsel in der Presse, in Büchern, an Geschäften und auf Hinweisschildern durchweg die englische Transkription üblich ist, wird in diesem Buch (um des besseren Wiedererkennens vor Ort willen) ebenfalls die englische Schreibweise gewählt (es sei denn, es handelt sich um in die deutsche Sprache fest eingebürgerte Begriffe).

Das ›klassische‹ Hocharabisch ist die Sprache des Koran; es wird heute vor allem in der Wissenschaft, Literatur und Presse verwendet. Im Alltag dominieren die verschiedenen Dialekte. Obwohl Englisch im Geschäfts- und Handelsleben ebenso verstanden wird wie in den Hotels und an allen touristischen Orten, sollte man sich vor Besuchen auf der Arabischen Halbinsel zumindest ein paar arabische Redewendungen aneignen.

Grußformeln und Redewendungen

hallo	as salam aleykum, marhaba
willkommen	ahlan wa sahlan
auf Wiedersehen	ma'a salama
danke	shukran
bitte	afwan, men fadlak
tut mir leid/ entschuldigung	muti assif/udran
wie geht es Ihnen?	kaif halak?
macht nichts	maalish
ja	na'am
nein	la
wenn Gott will	in sha'allah
geh fort!	jalla!
wie viel	kam
es gibt	fi
es gibt nicht	ma fi
wie ist Ihr/ Dein Name?	ma ismak (zu einem Mann), ma ismik (zu einer Frau)
ich heiße ...	ismi ...
wo ist ...?	afwan aina ...
gut	zain

Unterwegs

Arzt	tabib
Auto	sayara
Bank	masraf
Berg/Hügel/Gebirge	jebel
Boot	safina
Botschaft	sifara
Bucht/Meeresarm	khor
Burg/Fort/Palast	qasr
Bus	autobis
arab. Café	gauwa
Flughafen	matar
Flugschein/Fahrschein	tazkara
Flugzeug	tayara
Geld	flus
geradeaus	dugri
Hafen	mina
Haus	dar/beit
Herberge, Hotel	funduk
Insel/Sandbank	jazirah
Krankenhaus	mustashfa
links	yasar
Markt	souq
Moschee	jami
Platz	meidan

Polizei	ashurta
Polizei-Station	markaz il buliz
Post	barled
rechts	yamin
Restaurant	matam
Schiff	bakhira
Schlüssel	miftah
Stadt/Altstadt	medina
Straße	shari
Tal/trockenes Flussbett	wadi
Taxi	taksi
Teich/Wasserlauf	ghadir
Toilette	hammam
Tor	bab
Turm	burj
Wasserkanal (künstlich)	falaj
Wassertaxi	abra

Zeit

der Morgen	saba
der Abend	masa
die Nacht	layl
der Tag	yom
morgen	bukra
gestern	ams
sofort	halan
später	ba´den

Glossar

Abaya	langer, schwarzer Umhang der Frau
Agal	(meist) schwarze Kordel, die das Kopftuch der Männer hält
Amir, Emir	Fürst, Adliger
Burka	Gesichtsmaske der Frau, meist aus Plastik
Dishdasha	langes, hemdähnliches Gewand der Männer
Diwan	Empfangsraum
Gutra/kafiya	weißes, schwarz-weißes oder rot-weißes Kopftuch der Männer
Hadsch	große Pilgerfahrt nach Mekka
Imam	religiöser (und weltlicher) Führer
Jami masjid	Freitagsmoschee, Versammlungsmoschee
Khaleej	(Arabischer) Golf
Mirab	Gebetsnische (gen Mekka) in der Moschee
Ramadan	islamischer Fastenmonat
Samsarat	Zollstelle, Handelsstätte, Karawanserei
Thoub	langes, hemdähnliches Gewand der Männer
Umra	kleine Pilgerfahrt nach Mekka

Zahlen

(werden von links nach rechts gelesen)

1	wahed	17	sabatasha
2	itnin	18	tamaniatasha
3	talata	19	tisatasha
4	arba'a	20	ishrin
5	khamsa	21	wahed wa ishrin
6	sitta	30	talatin
7	seb'a	40	arba'in
8	tamania	50	khamsin
9	tisa'a	60	sittin
10	ashra	70	saba'in
11	ahadasha	80	tamanin
12	itnasha	90	tisa'in
13	talatasha	100	mia
14	arbatasha	200	mia'tin
15	khamsatasha	300	talata mia
16	sittatasha	1000	alf

Kulinarisches Lexikon

Frühstück

laban abadi	Joghurt
baid	Eier
chubs muhammar	Toastbrot
murabba	Marmelade
asal	Honig
sudjuq	Wurst
djubne	Käse
sukhar	Zucker

Vorspeisen und Suppen

mezze	Vorspeisen
achar/muqabilat	eingelegtes Gemüse
baba ganoush	Auberginenpüree
houmus	Kichererbsenbrei
labneh	Gurken-Joghurt-Salat
salata khadra	grüner Salat
salata tamtim	Tomatensalat
wara enab	mit Reis gefüllte Weinblätter
zaitun	Salat mit Oliven, Tomaten, Zwiebeln, Paprika und Petersilie
shurbar addas	Linsensuppe
shurbar khudar	Gemüsesuppe

Fleisch, Geflügel und Fisch

lahm	Fleisch
lahm mashwee	gegrilltes Fleisch
lahm muhammar	Fleischbraten
shishlick	Fleischspieß
kifta	Hackfleischbällchen
kharuf	Hammel
shish kabab	Lammfleisch am Spieß
dahrat	Lammrücken gegrillt
dajaj	Hühnerfleisch
dajaj fi-l-furn	Backhähnchen
samak	Fisch
samak harra	gebratenes Fischfilet
samak mashwee	gegrillter Fisch
djambari mashwee	gegrillte Garnelen

Gemüse und Beilagen

chudar	Gemüse
aish/arous	Reis
maskoul	Reis mit Zwiebeln
muaddas	Reis mit Linsen
batatis mahile	frittierte Kartoffelscheiben mit Sesamöl
chubs/raghif	Fladenbrot
pitta	gefülltes Fladenbrot
samouni	Baguette
koussa mahsi	gefüllte Zucchini
falafel	frittierte Gemüsebällchen mit Kichererbsen oder Bohnen

Nachspeisen und Obst

fakiha	Obst
tamar	Datteln
baklawa	Blätterteig mit Mandeln und Nusssirup
basbousa	Mandel-Grieß-Kuchen
esh asaraya	Käsekuchen
halwa	halb Götterspeise, halb Nusskuchen
harissa	Maisgries mit Nüssen und Sirup
kich al fuqura	Mandel- Reis-Creme
kunafa	Teignudeln mit flüssigem Käse
mehabiya	Pudding mit Rosenwasser, Honig und Pistazien
muhammar	Reis mit Kardamom, Rosinen, Mandeln

Getränke

kawa/qahwa	Kaffee
chai/schai	Tee
halib	Milch
asir	Saft
ma/maq/muya	Wasser

Typische Gerichte und Zutaten

banarat	Gewürzmischung aus Koriander, Pfeffer, Zimt, Kümmel, Nelken, Paprika, Muskat

tahina	Paste aus Sesammehl, Knoblauch und Joghurt	kibde	dünne Streifen von Rindfleisch, Kartoffeln, Zwiebeln und Tomaten
taratur	Knoblauchsoße nach syrischer Art	kuba al aish	mit Reis gefüllte Lammfleischbällchen
talal	scharfes Püree aus Tomaten, Zwiebeln, Petersilie, Paprika, Walnuss, Oliven	kubbeh	Bällchen aus gehacktem Lammfleisch und Weizenschrot mit Pinienkernen
borek/fattayer	gewürzte Pastete mit Spinat und Quark		
tabuleh	gehackte Petersilie, fein gewürfelte Tomaten und Zwiebeln, mit Zitronensaft, Minze und Weizenschrot	machbous	gewürzter Lammeintopf mit Reis
		bastila	Huhn mit Mandeln im Teigmantel
		quarmah dajaj	Curry aus Hühnerfleisch
moutabel	gegrillte Auberginen mit Sesam-Knoblauch-Joghurt-Soße	samak narjeel	Fisch in Kokosmilchsoße
		shawarma	gegrillte Lamm- oder Huhnstreifen mit Salat im Fladenbrot
sambusa	gefüllte, gebratene Teigtaschen		
kubali	panierte Hackfleischbällchen	shish tawouk	mariniertes Hühnerfleisch am Spieß mit Joghurtsoße
mashaqiq	gegrillter Spieß mit mariniertem Fleisch		
ghuzi	gegrilltes ganzes Lamm auf Reis, mit Nüssen	yakni	Gulasch mit Bohnen oder Erbsen
		makaruna fi-l-furn	Nudelauflauf
hareis	Lamm mit gegartem Weizen	foul medames	dicke Bohnen in einer Soße aus Zwiebeln, Tomaten, Karotten
kabouli	Fleisch oder Fisch auf Reis mit Pinienkernen und Rosinen		
		sabaneq	Spinatgericht mit Koriander, Zwiebeln, Knoblauch, Zitrone, Olivenöl
kabsa	ganzes Lamm, gefüllt mit gewürztem Reis und Mandeln		

Im Restaurant

Ich würde gerne einen Tisch reservieren.	Ana uridu an ahjiza tawilatan lau samaht.	Wo sind bitte die Toiletten?	Aina al merhadh lau samaht?
Die Speisekarte, bitte.	Qa-imatu al ma'kulat, lau samaht.	Mittagessen Abendessen (Tages-)Gericht	Ta'amu al gada'a Ta'amu al ásha'a Wajbatu al yaum
Ich möchte bezahlen.	Al hisab lau samaht!	(Trink-)Glas	Koub lil shurb

Register

Abra 26, 140, 144, 192
Abu Dhabi 100, 261
Abu Dhabi Falcon Hospital 250
Ahmedia Heritage Guest House 39
Ajman 100
Aktiv sein, Sport, Wellness 68
Al Ain 261, 266
- Al Ain National Museum 264
- Al Ain Wilflife Park 268
- Ali Ibn Hamad Al Mutawa-Moschee 263
- Central Gardens 262
- Clock Tower 262
- Green Mubazzarah Hot Springs 268
- Hili Fun City 268
- Hili National Archaeological Park 265
- Jahili Fort 263
- Jebel Hafeet 268
- Oase Al Ain 263
- Qasr Al Hosn 263
- Sheikh Zayed Palace Museum 263, 265
Al Badia Golf Club 69
Al Fahidi Fort 133
Al Ghurair City 190, 197
Al Khor 144
Alkohol 74
Al Madrasah Al Ahmadiya 179
Al Maha Desert Resort & Spa 274
Al Maktoum Bridge 189
Al Maktoum, Familie 119, 142, 163, 232
Al Maktoum International Airport 91, 253
Al Mamzar Park 78
Al Marmoum 160
Al Nahyan, Familie 94, 264
Al Ras 172
Al Sufouh 232
Al Turath 143
American University 233
Anreise 24
Apartments 41
Apotheken 74
Arabian Courtyard Hotel & Spa 39
Arabian Ranches Golf Club 69
Arabisch 284
Arabische Küche 43, 44, 286
Arabische Liga 90, 100
Arabische Namen 118

Archäologische Ausgrabungen 225, 264, 265
Architectural Heritage Society 138
Architektur 123, 124,146
Ärztliche Versorgung 74
Atlantis 32, 126
Ausflüge 29, 256
Ausgehen, Abends und Nachts 10, 62
Ausrüstung 22
Außenpolitik 100
Aussichtspunkte 9, 48
Autofahren 27, 200, 201

Bab Al Shams Desert Resort & Spa 271, 272
Bait Al Banat 174
Bani Yas, Beduinenstamm 88, 94, 132
Barasti-Hütte 134, 137, 139
Bars & Lounges 62
Bastakiya 88, 132, 136, 148
Bastakiya Social Club 139
Bateaux Dubai 189
Battuta, Ibn 210
Bauprojekte 125, 210, 233, 248, 249
Bayt Al Wakeel 140
Beach Clubs 68
Beach Parks 68
Beduinen 143
Beduinenlager 271
Behinderte 78
Beschwerden 74
Bevölkerung 85, 111, 118
Big Bus 28
Big Reds 270
Bogenschießen 244
Boom 188
Briten 87, 93, 94, 187
British East India Company 87
Buraimi-Oase 261
Bur Dubai 130, 152
Bur Dubai Souq 55, 140
Burj Al Arab 31, 90, 229, 230
Burj Khalifa 91, 123, 203
Burj Naha 182
Burj Naif 182
Bur Juman Centre 158
Business-Bay-Brücke 192
Busse 25
Buti Bin Suhail Al Maktoum, Sheikh 179

Camel Racetracks 160
Canal Walk 192
Chadidsha 114

Chamber of Commerce and Industry 189
City of Gold 176
Clock Tower 190
Comfort Inn Hotel 40
Containerhafen Jebel Ali 242
Creek 7, 26, 132, 140, 141, 144, 165, 166, 186
Creekside Park 78

Dar Al Nadwa 137
Daten und Fakten 84
Deira 170
Deira City Centre 190
Deira Old Souq 55, 173, 176
Deira Tower 190, 196
Department of Tourism & Commerce Marketing (DTCM) 21
Dhaus 147, 186, 189, 193
Dhiyafah Street 160
Dinner Cruises 47, 189
Diplomatische Vertretungen 74
Dirham 75
Discos 64
Diving Village 147
Downtown Dubai 200
Dromedar-Dankmal 190
Dubai Creek Golf & Yacht Club 190
Dubai Duty Free (DDF) 59
Dubai Ferry 27
Dubai Festival City 192
Dubai Fountains 11, 64, 205
Dubai Grand Mosque 139
Dubai International Airport (DXB) 24, 89, 193
Dubai International Conference and Exhibition Centre (DICEC) 200
Dubai International Finance Centre (DIFC) 202
Dubai Ladies Club 224
Dubailand 210
Dubai Mall 205
Dubai Marina 235
Dubai Municipality Museum 174
Dubai Museum 133
Dubai Outlet Mall 61
Dubai Shopping Festival (DSF) 60
Dubai Waterbus 27
Dubai Waterfront 249
Dubai World Cup 66, 161, 162
Dubai World Trade Centre 158
Dubai Youth Hostel 41

Register

Dünen 258, 270
Dusit 202
Duty Free Shop 12, 53, 59
Dubai World Central 253

Einkaufen 9, 53
Einreisebestimmungen 13, 24
Eislaufen 205, 206, 268
Elektrizität 75
Emir 97
Emirate 98, 100
Emirates Airlines 12, 24
Emirates Diving Association 150, 151
Emirates Golf Club 209
Emirates Hills 210
Emirates Karting Centre 244
Emirates Ring Road 201
Emirates Towers 201
Erdöl 89, 106, 132, 276
Essen und Trinken 42
Etisalat 80
Etisalat Tower 189
Expatriates 111
Expo 2020 91

Falken 250
Fallschirmspringen 68
Familie, arabische 117
Feiertage 66, 75
Feilschen 56
Feste, Events, Termine 66
Festival City 190
Festival City Shopping Mall 192
Festkalender 67
Finanzkrise 91
Fish Market 182
FKK 75
Flamingos 165, 166
Flughäfen 21, 193, 253
Frauen 26, 79, 114
Freihandelszone 89, 242
Fremdenverkehrsämter 21, 173, 201, 219, 261, 275
Friday's Brunch 43, 52
Fujairah 100

Galerien 72
Gama, Vasco da 86
Garküchen 147
Gastarbeiter 111
Gate Village 203
Geld 75
Geografie 84
Geschichte 84, 87, 93
Gesundheitsvorsorge 77
Gewürzsouq 176, 194

Global Village 211
Godolphin Rennstall 164
Go-Kart-Zentrum 244
Gold- and Diamond-Park 205
Golden Sand 41
Goldkauf 57
Goldsouq 57, 61, 176
Golfen 69, 184, 192, 209, 210, 245
Golfkriege 89, 90, 100
Grand Hyatt Dubai 36
Grosvenor House 32
Gulf Cooperation Council (GCC) 89, 100

Hajar-Gebirge 258
Handy 80
Hatta 258
Hatta Fort Hotel 260
Hatta-Pools 260
Heirat, arabisch 117
Heritage House 180
Heritage Village 132, 143
Herrschertitel 96
Hili 93, 265
Hilton Dubai Creek 37, 189, 190
Hilton Dubai Jumeirah Resort 37
Historical Building Section 137
Hochseefischen 197
Hotel Atlantis 234
Hotelbuchung 30
Hotelpreise 30
Hotels 30
– Einfach in der Stadt 40
– In der Altstadt 39
– In der Shopping Mall 60
– In der Wüste 271
– Luxus am Strand 37
– Luxus in der Stadt 37
– Mittelklasse de luxe in der Stadt 39
– Mittelklasse in der Stadt 39
– Sehr einfach in der Stadt 40
– Strandhotels 234
– Superluxus 31
– Superluxus am Strand 31
– Superluxus in der Stadt 35
Hyatt Regency Dubai 38, 206

Ibis World Trade Centre 39
Ibn Battuta Mall 210
Ice Rink 206
Id-Feiertage 75, 161
Industriegebiet Jebel Ali 242
Informationsquellen 20

Interchanges 200, 201
InterContinental Festival City 36
Internet 20
Internet City 232
Islam 75, 86, 103, 143, 222
Islamische Baukunst 220

JA Jebel Ali Golf Resort 31, 245, 246
Jachthafen 235
Jalibout 188
JA Oasis Beach Tower 41
JA Shooting Club 243
Jebel Ali 89, 240
Jebel Ali Free Zone 90
Jebel Ali Golf Course 245
Jugendherberge 41
Juma Al Maktoum, Sheikh 142
Jumeirah 216
Jumeirah Archaeological Site 225
Jumeirah Beach 223
Jumeirah Beach Hotel 31, 228
Jumeirah Beach Park 78, 224
Jumeirah Emirates Towers 35, 60, 201
Jumeirah Living - World Trade Centre Residences 41
Jumeirah Mosque 219, 220
Jumeirah Road 219
Jumeirah Zabeel Saray 126

Kalif 96
Kamele 10, 109, 266
Kamelfarm 110
Kamelmarkt 110, 266
Kamelreiten 215, 274
Kamelrennen 110, 160
Karama 61, 160
Kempinski Hotel Mall of the Emirates 37, 60, 78, 209
Kempinski Hotel & Residences Palm Jumeirah 31
Khalifa Bin Zayed Al Nahya, Sheikh 97, 99
Kinder 77
Kitesurfen 70
Kleiderordnung 23, 81
Kleidung 22
Klima 22
Konzerte und Oper 65
Koran 104
Kreuzfahrtschiffe 25, 157
Kulinarische Spezialitäten 43

Lage und Größe 84
Landesflagge 84

289

Register

Leihwagen 27
Le Royal Meridien Beach Resort & Spa 37
Lesetipps 21

Madinat Jumeirah 31, 132, 232
Majlis 227
Majlis Gallery 138
Majlis Ghorfat Umm Al Sheif 227
Maktoum Bin Buti Al Abu Falasah, Sheikh 88
Maktoum Bin Buti Al Blofas, Sheikh 132
Maktoum Bin Rashid Al Maktoum, Sheikh 90, 119
Mall of the Emirates 206, 209
Maut 27, 200
Media City 232
Medien 78
Medikamente 74
Mekka 103
Mercato Mall 223
Metro 25, 91, 200
Meydan Racecourse 161, 162
Mina Al Seyahi 235
Mohammed 86, 103, 114
Mohammed Bin Ahmad Bin Dalmouk 179
Mohammed Bin Rashid Al Maktoum, Sheikh 90, 97, 99, 119, 126, 233
Moscheebesuch 220
Motorradverleih 27
Mövenpick Bur Dubai 37
Municipality Building 189
Münzmuseum 137
Museen 8, 72
Museum of Education 179

Nachtleben in Dubai 62
Nad Al Sheba 160, 161
Naif Museum 182
National Bank of Dubai 189
Nationalfeiertag 66
Nationalmuseum 141
Naturschutzgebiet 165, 166
Nol Card 26
Notruf 78
Novotel Deira City Centre 60
Novotel World Trade Centre Dubai 39

Oase Liwa 94
Oasen 258
Öffentliche Badeanlage 224

Öffnungszeiten 78
Oman 260
One & Only The Palm 34, 126
Opec 106
Open Air Arena 233
Orchid Hotel 40
Orientalische Livemusik 65
Orient Guest House 39
Osmanen 86

Palmenwälder 261
Palm Deira 125
Palm Jebel Ali 90, 125, 248
Palm Jumeirah 91, 125, 233
Parken 223
Park Hyatt Dubai 35, 184
Pauschalreise 30
Perlenfischer 88, 147, 187
Perlenhandel 88, 147
Perser 88, 94, 137, 172
Peter Cowen Golf Academy 69
Pferderennen 162
Philatelic House 137
Picknick 254
Piratenküste 88, 94, 187
Politik 11, 119
Politik und Verwaltung 99
Politische Lage 11
Polo 70
Port Rashid 154
Portugiesen 86, 93, 187
Post 78

Qawasim 88, 94

Radfahren 27
Radisson Blu Hotel Dubai Deira Creek 38
Raffles 35, 60
Ramada Hotel 40
Ramadan 75, 78
Ras Al Khaimah 100
Ras Al Khor Wildlife Sanctuary 165, 166
Rashid Bin Saeed Al Maktoum, Sheikh 89, 95, 97, 133, 141, 154, 193, 227
Rauchen 75
Regal Plaza Hotel 40
Reiseinfos von A bis Z 74
Reisekosten 275
Reiseveranstalter 29
Reisezeiten 22
Reiten 70, 215, 274
Religion 85, 103
Residenzstatus 113
Restaurantbesuch 81

Restaurants 42
– All you can eat 52
– Arabisch-Orientalisch 50
– Cafés 52
– Dinner Cruises 47
– Erlebnisse inklusive 47
– Für Heimwehgeplagte 50
– Gut und schnell 51
– In der Wüste 45
– Klassiker 46
– Speisen mit Aussicht 48
– Spitzengastronomie 45
– Unter freiem Himmel 49
Restaurantschiffe 141
Riviera Hotel 40
Roads & Transport Authority (RTA) 26, 27
Royal Garden Hotel 40
Rundflüge 29, 255

Saeed Bin Maktoum, Sheikh 88
Safa Park 225
Sambouk 188
Scheichs 97, 100
Scheichtümer 94, 119
Scheidung 118
Schia 105
Schießen 243
Schiff 25
Schiffsbau 187
Schnäppchen 61
Schnellüberblick 16
Schulwesen 179
Seawings 255
Shangri-La 38
Sharjah 100, 275
– Al Khan 278
– Al Qasba-Kanal 283
– Al Souq Al Markazi 279
– Bayt Al Naboodah 279
– Calligraphy Museum 281
– Cultural Palace 282
– Cultural Square 282
– Fischmarkt 279
– Fort Al Hisn 280
– Hafen Khor Fakkan 277
– Heritage Area 279
– Khor Al Khan 278
– Khor Khaled 278
– Majlis Ibrahim Mohammed Al Midfaa 281
– Museum of Islamic Civilization 282
– Palast der Herrscherfamilie 281
– Sharjah Aquarium 278
– Sharjah Archaeology

Register

Museum 283
- Sharjah Art Museum 282
- Sharjah Maritime Museum 278
- Sharjah Science Museum 283
- Souq Al Arsah 281
- Souq Bin Kamil 281

Sharwarma-Stände 45
Sheikh Juma Al Maktoum House 142
Sheikh Mohammed Centre for Cultural Understanding (SMCCU) 138, 151, 220
Sheikh Obaid Bin Thani House 143
Sheikh Saeed Al Maktoum House 141
Sheikh Zayed Road 198, 201
Sheraton Four Seascn 202
Shindagha 141
Shishas 45, 50
Shisha-Spot 191
Shopping Festival 53
Shopping Malls 53, 58, 158, 190, 200, 209, 210, 223
Sicherheit 79
Sightseeing 26, 28, 146
SIM Card 80
Ski Dubai 206
Skifahren 206
Souq Jamal 266
Souqs 53, 55, 140, 172, 176, 279, 281
Souvenirs 79, 275
Spartipps 76
Spaziergang 141, 235
Spezialgeschäfte 61
Spice Souq 177
Sport 68, 254
Sprachführer 284
Staat und Verwaltung 85
Stadtmauer 137
Stadtrundfahrten 29
Steckbrief 85
St. George Hotel 40
Stopover-Reisende 12
Strände 218, 224, 228, 242

Sultan 97
Sunna 105
Sunnitische Händler 88, 94, 137

Taxis 26
Telefonieren 80
Teppichsouq 196
The Address Downtown Dubai 35
The Address Dubai Mall 38, 60
The Address Montgomerie Golf Club 210
The Boulevard at Jumeirah Emirates Towers 202
The H-Dubai 38
The One & Only Royal Mirage Dubai 32, 125, 126, 234
The Orient House 138
The Palace Downtown Dubai 35
The Palms 125, 233
The Ritz Carlton 32, 235
The Track Meydan Golf Course 69
The Traders 39
The Walk 235
The Westin Dubai Mina Seyahi Beach Resort 235
The World 125, 126
Thronfolge 121
Times Square Center 206
Tourismus 85, 90, 276
Tour Operator 28, 29
Traditionelle Küche 43
Trinkgeld 80
Trucial Coast 88
Trucial States 94
Twin Towers 190

Übernachten 9, 13, 30
- In der Wüste 270
Umgangsformen 80
Umm Al Nar 93
Umm Al Qaiwain 100
Umm Suqueim 227, 228
UNESCO 275
Union House 157

Veranstaltungen 22
Vereinigte Arabische Emirate (VAE) 84, 89, 95, 97, 98, 121, 157
Verkehrsmittel 24, 25, 132, 154, 173, 201, 219, 242, 258, 261, 270, 275
Verkehrsregeln 27
Vertragsküste 88
Vertragsstaaten 94
Vogelbeobachtungsstationen 168
Vorislamische Zivilisationen 225

Wafi City 159
Wafi Mall 159
Wahabiten 88
Währung 75, 84
Wasel SIM Card 80
Wasser 45
Wasserparks 229, 234
Wassersport 70
Water Taxis 27
Wechselkurs 76
Wellness 70, 214, 215, 254
Weltrekorde 123
West Hotel 40
Wetter 22
Wild Wadi Water Park 229
Windtürme 132, 136, 281
Wirtschaft 85
Wohlfahrtsstaat 100
Women's Museum 174
Wüste 215, 258, 270, 272
Wüstentouren 260, 270

XVA 39, 138, 148

Yachthafen 235

Zayed Bin Sultan Al Nahyan, Sheikh 95, 97, 263
Zollbestimmungen 24
Zoo 219
Zuschauersport 71

Ich möchte mich sehr herzlich bei Dr. Caroline Lauer und Dr. Fee Lauer für die jahrelange verlässliche Zusammenarbeit bei der Erstellung meiner Reiseführer-Manuskripte bedanken. Ihr engagierter Einsatz hat auch wesentlich zum Zustandekommen dieses Buches beigetragen.

Mainz, Gerhard Heck

Abbildungsnachweis/Impressum

Der Autor: Gerhard Heck lehrte als Historiker und Erziehungswissenschaftler an den Universitäten Poona (Indien), Riad (Saudi-Arabien) und Mainz und schreibt seit drei Jahrzehnten Reiseführer. Zu seinen reisejournalistischen Schwerpunkten zählen Mexiko, Zentralamerika und die Arabische Halbinsel. In Dubai schätzt er die Qualität der touristischen Infrastruktur und die arabische Gastfreundschaft, aber auch Sonne und Strände. Zudem ist er fasziniert von der rasanten städtebaulichen Entwicklung und der Architektur.

Abbildungsnachweis
Corbis, Düsseldorf: S. 214 (Bibikow); 58/59 (Bibikow/JAI); 82/83, 161 (Bowater); 95 (Chauvel); 23 (Crisp/Reuters); 7, 232 (Grand Tour); 128/129 (Hicks); 107 (Latron); 153 li., 155 (Maisant); 181 (Peterson); 92 (Schafer); 33 (W. S. Atkins and Partners Overseas)
Getty Images, München: S. 44, 112, 119 (AFP/Sahib); 15 u. li., 246/247 (Cannon); 255 (Dolding); 53 (Hashim); 198 li., 204 (Horn); 216 re., 222 (O'Connell); 66, 114/115, 216 li., 218 (Rose); 199 li., 208 (Sahib); 130 li., 142/143 (Shah); 240 li., 243 (Younes)
Gerhard Heck, Mainz: S. 6, 73, 162, 186, 292
Bildagentur Huber, Garmisch-Partenkirchen: S. 48/49 (Bernhart); 256 re., 259 (Damm); 230 (Hallberg); 9, 54, 241 li., 248/249 (Schmid); 36, 159 (Simeone)
iStockphoto, Calgary (Kanada): S. 264 (Jeffries); 171 li., 191 (Lim)
Jumeirah Bab Al Shams Desert Resort & Spa, Dubai: S. 15 u. re., 272/273
Laif, Köln: S. 18/19, 28 (Bialobrzeski); 126/127 (Ebert); 120 (Giribas); 14 o. re., 91, 152 re., 166/167 (Heeb); 34, 220 (hemis.fr); 276/277 (Hub); 77, 239 (Kirchgessner); 57 (Krause); 14 o. li., 148/149 (Maisant/hemis.fr); 188 (Piepenburg); Umschlagklappe vorn, 116, 256 li., 280/281 (REA/Hamilton); 178 (Schmid); 122 (The New York Times/Redux); 11 (Tjaden)
Look, München: S. 105, 228/229 (age fotostock); 46, 63, 240 re., 250 (Kreuzer); Titelbild, 12, 98, 130 re., 144, 183, 226 (Stumpe); 15 o. re., 124, 194/195 (travelstock44)
Mauritius Images, Mittenwald: S. 15 o. li., 184/185 (Cobulmages); 87 (imagebroker); 101 (OM3)
picture-alliance, Frankfurt a. M.: S. 96; 267 (Damm); 102 (Deloche); 198 re., 206 (Epa/Zaklin); 51, 136 (KPA/Hackenberg); 152 li., 164 (Szchiffmann); 108, 131 li., 133, 150/151, 257 li., 266 (Schmid); 170 re., 172 (Schmidt); 170 li., 176 (Weißbrod)
Shangri-La Hotel, Dubai: S. 14 u. li., 212/213
The Ritz Carlton, Dubai: S. 14 u. re., 236/237
Kartografie
DuMont Reisekartografie, Fürstenfeldbruck
© DuMont Reiseverlag, Ostfildern

Umschlagfotos: Im Hotel Al Qasr mit Blick auf den Burj al Arab (Titelbild); in der Mall of the Emirates (Umschlagklappe vorn)

Hinweis: Autor und Verlag haben alle Informationen mit größtmöglicher Sorgfalt geprüft. Gleichwohl erfolgen alle Angaben ohne Gewähr. Bitte schreiben Sie uns! Über Ihre Rückmeldung und Ihre Verbesserungsvorschläge freuen wir uns: **DuMont Reiseverlag,** Postfach 3151, 73751 Ostfildern, info@dumontreise.de, www.dumontreise.de.

4., vollständig überarbeitete Auflage 2014
© DuMont Reiseverlag, Ostfildern
Alle Rechte vorbehalten
Redaktion/Lektorat: Silvia Engel, Marianne Bongartz
Grafisches Konzept: Groschwitz/Blachnierek, Hamburg
Printed in China